叢書・ウニベルシタス　1087

神　第一版・第二版

スピノザをめぐる対話

ヨハン・ゴットフリート・ヘルダー
吉田　達 訳

法政大学出版局

Johann Gottfried Herder, *Gott. Einige Gespräche*, Gotha: Karl Wilhelm Ettinger, 1787; *Gott. Einige Gespräche über Spinoza's System nebst Shaftesbury's Naturhymnus*, 2. Aufl., Gotha: Karl Wilhelm Ettinger, 1800.

凡例

・本書はヨハン・ゴットフリート・ヘルダーの著書“Gott. Einige Gespräche〔神。いくつかの対話〕”第一版（一七八七年）と増補改訂された第二版（一八〇〇年）の全訳である。第二版のタイトルは“Gott. Einige Gespräche über Spinoza's System nebst Shaftesbury's Naturhymnus〔神。スピノザの体系をめぐるいくつかの対話およびシャフツベリの自然への讃歌〕”となっている。本書のタイトルは、原著第二版に近い「神――スピノザをめぐる対話」とした。

・底本にはズプハン版全集（*Johann Gottfried Herder Sämtliche Werke*, Bd. 16, hrsg. von Bernhard Suphan, Berlin: Weidmannsche Buchhandlung, 1887）を使用し、フランクフルト版著作集（*Johann Gottfried Herder Werke in zehn Bänden*）第四巻（Bd. 4, hrsg. von Jürgen Brummack und Martin Bollacher, Frankfurt a. M.: Deutscher Klassiker Verlag, 1994）所収の第一版およびインターネット上の原文も適宜参照した。
　第二版の改訂箇所に疑義があるばあいには、プロス版著作集（*Johann Gottfried Herder Werke*, Bd. 2, hrsg. von Wolfgang Pross, München: Carl Hanser Verlag, 1987）やインターネット上の第二版の原文を適宜参照した。

第一版と第二版のあつかいについて

・本書では第一版と第二版を、重複する箇所も含めてそれぞれ独立に訳出した。両版を比較対照しながら読む読者のために、第一版の本文中には〔　〕でくくってズプハン版の頁番号を挿入し、第二版の本文中には第一版のほぼ該当する箇所の頁番号を同じく〔　〕でくくって挿入した。

・ズプハン版では第一版を本文として掲載し、第二版での改訂箇所を脚註で示している。第二版で大幅に増補のある箇所では脚註が頁の過半を占め、第一版の本文が数行しかないこともある。ズプハン版の頁番号が頻繁に変わるのはそのような箇所だとご理解いただきたい。また、第二版における大幅な改稿によって第一版に対応する箇所がないばあいには、やむをえず頁番号を飛ばし、訳註で断わった。

・翻訳にあたっては日本語としての読みやすさを第一に考えた。第一版と第二版のちがいはできるだけ訳文に反映させたが、読みやすさを犠牲にしてまで反映させる必要はないと判断したちがいについては、このかぎりではない。

・ヘルダーは第二版に詳細な内容目次をつけている。本訳書ではそれを第二版の訳文に見出しとしてゴシック体で挿入した。ただし、シャフツベリの「自然への讃歌」での扱いについては〔第二版の付録〕の訳註４を参照されたい。

記号や表記などについて

・原文の隔字体（ゲシュペルト）は、訳文では傍点で表す。ただし、第二版の見出しとして訳出した内容目次の隔字体は、煩雑になるのを避けるため適宜割愛した。

・原文の引用符は、訳文では「　」で表す。このほか、原文に引用符がないばあいも、内容的に引用と判断した箇所は「　」でくくった。

・〔　〕内は訳者の補足である。なお、〔…〕は、ヘルダーの引用中に省略があることを示す。

・〈　〉は訳者が適宜加えたものである。

・（　）は原則としてヘルダーの原文どおりに訳文に挿入した。ただし、原文では複雑なドイツ文を読みやすくするために（　）を挿入して構文を整理していることがあり、そのまま再現するとかえって読みにくくなるばあいは訳文では省略した。また、底本の原語を文中に挿入する際にも、（　）をもちいた。

・底本ではギリシア語のアクセントや気息記号が省略されている。訳文中に原語を示す際もそのまま表示した。

・原語をカタカナで表記するさい、長音の表記は現在の慣例にてらして不自然にならない範囲で省略した（たとえば、「ヘン・カイ・パーン」は「ヘン・カイ・パン」、「スピノーザ」は「スピノザ」とするなど）。
・訳者の判断で適宜、原文にはない改行をくわえた。

参照した翻訳・訳註について

・訳文の作成にあたっては、第一版の邦訳（『神についての会話』植田敏郎訳、第三書房、一九六八年）、英訳（*God, Some Conversations*, translated by Frederick H. Burkhardt, The Library of Liberal Arts, Indianapolis & New York: Bobbs-Merrill, 1940）、仏訳（*Dieu, Quelques Entretiens*, traduit par Myriam Bienenstock, Paris: Presses Universitaires de Fance, 1996）を参照し、多くの教示を得た。また、訳註の作成にあたっては、以上の翻訳の訳註や、フランクフルト版著作集の諸巻、とりわけ『神』を収録した第四巻の註釈に依拠した。これらの先行業績がなければ本訳書はありえない。深く感謝したい。
・ヘルダーの原文に出てくる人名・神名には原則として訳註をつけず、巻末の人名・神名索引に簡略な説明を掲げた。

引用について

・スピノザからの引用箇所は、慣例にしたがって節番号や定理番号、あるいは書簡番号などで示し、邦訳の頁番号は省略した。書簡番号は、ヘルダーの時代と現代では付けかたが異なっているため、適宜〔　〕で補足した。
　なお、訳註や「訳者解説」で『エティカ』を引用する際には、中公クラシックス所収の『エティカ』工藤喜作・斎藤博訳、中央公論新社、二〇〇七年の訳文を使用した。
・レッシングからの引用箇所は、*Gotthold Ephraim Lessing sämtliche Werke*, 23 Bde., Unveränderter photomechanischer Abdruck der von Karl Lachmann und Franz Muncker, 1886-1924, herausgegeben Ausgabe von *Gotthold Ephraim Lessings*

sämtlichen Schriften, Berlin & New York: Walter de Gruyter, 1979 にもとづき LM. の略号で示す。

・ヤコービの『スピノザの学説にかんするモーゼス・メンデルスゾーン宛書簡』からの引用は、『スピノザの学説に関する書簡』田中光訳、知泉書館、二〇一八年にもとづく。なお、慣例にしたがって同書は『スピノザ書簡』と略記する。邦訳は、ヤコービの死後に生前の彼の推敲にもとづいて出版された『ヤコービ著作集』第四巻所収の第三版の翻訳であり、ヘルダーが読むことのできた第一版、第二版とは異なる箇所もある。邦訳ではそれらの異同も紹介している（同書三二九頁以降）。

　訳註や「訳者解説」では邦訳の頁番号に加えて、同書を収録したヤコービ大全集第一巻の一（*Friedrich Heinrich Jacobi Werke*, hrsg. von Klaus Hammacher und Walter Jaeschke, Hamburg & Stuttgart-Bad Cannstat: Meiner, Frommann-Holzboog, 1998）の頁番号を略号 JW. とともに掲げる。

・カントからの引用箇所は、原則としてアカデミー版全集の巻数と頁番号で示す。現在入手できる邦訳には、たいていのばあいアカデミー版の頁番号がついているので、邦訳の頁番号は省略した。また、『純粋理性批判』からの引用箇所は、慣例にしたがって第一版・第二版（いわゆるA版とB版）の頁番号で示した。

・本文、訳註、「訳者解説」などで既存の邦訳から引用するさいには、地の文とのつりあいから表現や訳語などを変更したばあいがある。訳者のみなさまに感謝申しあげるとともに、ひたすらご海容を乞う次第である。

・ヘルダーが原註で挙げている文献の書誌情報（タイトルや出版年、出版地など）は、現在たしかめられる書誌情報と異なっていることもあるが、ヘルダーの表記のままにしておく。

・著作タイトルのうち、邦訳があるものについてはすでに定着している日本語タイトルで表記し、邦訳がないものについては原語も添えた。

いくつかの訳語について

・Dasein は「存在」と訳した。「現存在」という訳もカントやヤコービの翻訳で用いられてはいるが、対話における日本語としては「存在」のほうがふさわしいと判断した。

・Wesen の語はおもに「実在」と訳したが、文脈に応じて「生きもの」や「存在者」、あるいは「本質」などと適宜訳しわけた。

・動詞の wirken とそこから派生した名詞 Wirkung は、原則としてそれぞれ「活動する」と「活動」と訳した。文脈によっては「作用する」と「作用」などと訳すしかないばあいもあった。さらに、Wirkung は「原因」との対比で「結果」と訳したばあいもあるが、「第3の対話」（第一版）の訳註21で断わったように、このばあいにも「活動」という意味が同時に生きている。

・Wirklichkeit や wirklich も wirken の派生語で、これらも、wirken との関係を生かせばそれぞれ「活動態」、「活動的な／に」などとも訳せようが、対話の日本語としては不自然だと判断し、「現実」、「現実的な／現実に」という一般的な訳語をあてた。ヘルダーにとって「現実」とは固定し硬直したものではなく、神の有機的な力の活動そのものだということを念頭にお読みいただきたい。ただし、wirksam は「活動的な」や「活動している」と訳した。

・Energie は「エネルギー」と訳した。おそらくヘルダーは古代ギリシアのアリストテレスに由来するエネルゲイア（しばしば「現実態」と訳される）を念頭にこの語をもちいており、「現実に活動している力」という意味をこめているのであろう。今日の物理学で使われるエネルギーの概念が登場するのは一九世紀以降のことであり、その意味では時代錯誤ではあるが、現代日本の日常語としては「エネルギー」の語を「現実に活動している力」というほどの意味で使うことがあると判断した。

目 次

第二版　159

神

神がなんであるかを知れば、君はさらに快活になるだろう。[*1]

いくつかの対話

J・G・ヘルダー

〔出版〕
カール・ヴィルヘルム・エティンガー
ゴータ
一七八七年

〔403〕第一版への序文

私が『スピノザ、シャフツベリ、ライプニッツ』という標題になるはずだった小著の構想を温めていたのは、十年だか十二年だか前のことである。この作品は私の頭のなかではできあがっていて、何度もそれをかたちにしようとしたのだが、そのたびに中断されてしまい、べつの機会を待たなければならなかった。

時代状況があらたまった結果、[*2]私は思いがけず以下のような対話篇を書くことになった。読者がそれをスピノザの名誉回復と見なすだけなら、その意図を大いに見損なうことになろう。スピノザにそんな名誉回復は必要ない。私はわが青春の祭壇に数滴ばかりのしずくを奉納したかったのであって、その意図からすれば、スピノザにはその奉納のさかずきの取っ手になってもらうだけでよかった。私の出発点がスピノザだったのは、かたや私の思索がたどった順序のせいでもあれば、かたや時代が私自身にもたらした誘いのせいでもある。

とはいえ、私がいまどきの哲学の先頭に立ったり仲間に入ったりしたがっているとか、それらを追い散らそうとか、さまざまの党派を挑発しようとか、頼まれもしないのに党派間の仲裁者になろうとか、そんなことをしたがっているというふうに本書を解さないでいただきたい。これは、相手が自説を展開するのと同等の権利でおのれの意見を表明する登場人物の対話である。対話はなんらかの判定を下すものではなく、ましてや争いを惹きおこそうとするものでもない。私は神について争う気は毛頭ないからである。

私がそれ以上に切望するのは、ここでは対話というかたちで概略を示すしかなかった事柄が、われわれの哲学にもっとふさわしいかたちをとることである。〔404〕願わくは、『アドラステア*3——内的な必然性としての知恵と能力と善意に根ざすかぎりでの自然法則について』のために、おだやかで晴朗なひと夏が与えられんことを。だが、私は実人生において恣意ではなく必然性に従うよう定められているのだから、永遠の真理は、私の仕事を気に入ってくれればそのための閑暇も与えてくれるだろう。このささやかな予備作業が偏見のない哲学愛好家のいくばくかを喜ばせ、専門家のおめがねにかない、迷っている人*4には折にふれて道をさし示すことになれば、私としては満足である。

ヴァイマルにて。一七八七年四月二三日

ヘルダー

[412] 第1の対話

フィロラウス[*1] ほら、ごらんなさい、ひどい雷雨も終わって、ようやくよい天気になりましたよ。硫黄色の雲がもくもくと湧きあがって太陽を隠し、地上のものはみな息もたえだえでしたが、雲が散ってすべてがまた楽々と陽気に呼吸しています。スピノザやその同類が陰鬱な霧でこの世界から神を見えなくしようとしたときの知恵の状況も、さっきのようだったのでしょうね。スピノザたちの霧も天まで届いて青空を曇らせましたが、そんな巨人族さながらの霧をもっと健全な哲学が打ち倒し、思慮深い精神は輝く太陽をふたたび目にしているのですね。

テオフロン[*2] スピノザを読まれたのですか。

フィロラウス 読むものですか。だいたい、まともでない人間の書いたわけのわからない本などだれが読みたがりますか。でもね、彼を読んだ多くの人たちの口からは聞いていますよ。彼は無神論者で汎神論者、やみくもな必然性を説く人物であり、啓示の敵で、宗教をあざ笑う者であり、国家とすべての市民社会を荒廃させる者、要するに人類の敵でありそのような者として死んだ、とね。彼はすべての人類の友と真の哲学者から忌み嫌われて当然です。

[413] **テオフロン** さっきあなたはスピノザを雷雲にたとえましたが、雷雲は忌み嫌われなくてもよいで

しょう。雷雲といえども自然の秩序の一部であり、救いをもたらす有用なものですから。しかし、たとえ話はさておき、どうでしょう、スピノザについてもっとくわしく、はっきりしたことは読んでらっしゃいませんか。ご一緒にお話しできればと思うのですが。

フィロラウス　たくさん読みましたとも。たとえば、ベールの本のスピノザの項目です[*3]。

テオフロン　ベールは、この件について最良の証人ではありませんね。彼は、自分ではもともとなんの体系ももちあわせていなかったので、どんな体系にも無関心でしたが、ことスピノザにかんしては無関心ではいられませんでした。彼はやっきになってスピノザに敵対しました。彼がそうしたのは、疑いもなく時代や居場所の状況のせいです。おそらく彼は当時すでに亡くなっていたスピノザにあまりにも近い生きかたをしていたのでしょう。当時は、「それはスピノザの学説だ」と言うどころか、他人をスピノザ呼ばわりするだけでも侮辱の言葉でした。いまでもたいていそうですけれどね。ばかげたことや神を冒瀆することはなんでもスピノザ主義と呼ばれましたし、いまでも一部ではそうです。

　ともあれ、ひとつの体系を体系として究明し、それを真理へのかぎりなく深い感受性でまるごと心に刻むことは、俊敏な論争家であるベールの任務ではなかったのでしょう。彼はあらゆる体系をくまなく飛びまわり、それらの差異を鋭敏な感覚でとりあげました。それが彼の懐疑に役立つかぎりでね。彼にとっては、あるときはこっちの意見が、またあるときはあっちの意見が重要だというわけです。しかし、内面的な哲学的信念といったものになると、彼の軽薄な頭脳ではほとんど歯が立ちませんでした。それは彼の辞典がほとんど異論の余地なく示しているとおりです。

フィロラウス　まったくそのとおりですね。私もよく不思議に思ったものです。これほど鋭い感覚の持ち主が、自分の意見ではどうしてこうも不安定でまとまりがなかったのだろうとね。彼は、あるときはこちらの与太話に取り組んだかと思えば、今度はべつの与太話を同じくらい重要視します。〔414〕モレリがまちがって引用した年号にも、神は存在するか、どれだけの数の神が存在するのか、世界の悪はどこに由来するかといった問いにも、彼は等しく関心をもってとりくむのですからね。

テオフロン　むしろ、等しく無関心なままにとりくみ、それだけにますます鋭敏きわまりない思考の遊戯の手管を見せつけた、とでも言うべきでしょうね。まさにこのことがベールの類まれなとりえです。彼以外の書き手で、あれほどたくさんの雑多な話を同じくらいの優雅さと細心さで網羅し言及した精神の持ち主を挙げてごらんなさい。彼は当代の哲学的・歴史的なヴォルテールで、その好事家ぶりは、崇高このうえない問題から歴史状況、逸話、本の題名、さらには猥談のような卑小きわまりない些事にまでおよびました。

ともあれ、この種の精神の持ち主にはスピノザの体系はまるで不向きでしたね。この引きこもりがちの重厚な思想家〔スピノザ〕は、およそ意見と名のつくものをきわめて軽蔑すべきものと考え、純粋で冷徹な真理を発見できると思ったところではそれを数学的な厳密さで追求しました。彼は真理のためならそれ以外のすべてを忘れさりましたが、ベールのような博識や機知や鋭敏さはおそらく千分の一もなかったでしょう。こういう種類のふたつの頭脳がおたがいを正当にあつかうことはまずありえません。しかし、私は信じています。スピノザならあの辞典の著者にたいして、華やかな売れっ子のベールがスピノザにそうしたよりも、まだしも正当なあつかいをしただろうとね。〔415〕ベールにたいしてはすでに生前から、スピノザの体系を正しく理解していないという非難がなされ、彼はそれにたいして一通の手紙で弁明しているほどです。(1)

（1）『ベール著作集（*Œuvres de Bayle*）』第四巻一六九―一七〇頁〔『歴史批評辞典』第三巻、『ピエール・ベール著作集』第五巻、野沢協訳、法政大学出版局、一九八七年、六九一頁以下の註（DD）を参照〕。

フィロラウス　それはスピノザには災難でしたね。なにしろ、彼について世の人びとが考えていることは、ほとんどがほかでもないベールの決めつけの産物ですからね。スピノザの難解な本を読む人はなんとすくないことでしょう。世の人びとはみんな千倍も役に立ち、変化に富んで心地よいベールを読んでいます。

テオフロン　おっしゃるとおりです。軽装部隊の読者むけにはベールがスピノザのイメージを決定しましたが、同じことを重装備の密集陣形《ファランクス》むけにおこなったのは、たいていは論争家の哲学者や神学者で、おかげでスピノザはさらに災難にあったのです。彼は福音書を地でゆくはめになりました。[*4] 彼のもっとも身近な同居人であるデカルト主義者たちがまっさきにもっとも辛辣な敵になったのですから。彼らは、スピノザの出発点ともなればその用語の供給源ともなった自分たちの哲学をスピノザの哲学から区別しようとし、じっさいそうせずにはいられませんでした。自分たちまでスピノザ主義の嫌疑をかけられないようにとね。

当然ながら、デカルト学派のこの哲学上の用心は後続のすべての学派にひろまりました。神学者となるとさらに辛辣に、ほとんど思いつくかぎりの反スピノザの信仰告白をしました。というのも、スピノザはユダヤ教と旧約聖書についてとても自由に意見を述べたばかりでなく、なによりもまず――これが彼らにははるかに腹立たしかったにちがいないのですが――当の神学者たちへの反論のためにペンを執ったからです。スピノザは、キリスト教の堕落の大半は、このうえなく美しいその教義の無力さよりも、むしろ神学者たちの論争癖、けんか好きのせいだと考えました。［416］もちろん彼はこのことを辛辣にあげつらったわけではありませんが、あなたなら彼の本がどんな待遇を受けたか、すぐに見当がつきますね。

フィロラウス　まざまざと目に浮かぶようですよ。頭に血がのぼった党派に介入できるのは全権をもたない調停人だけですが、彼は両方を敵にまわすものです。

テオフロン　スピノザがもっていたのは、公正で真実な立場から受けとったと彼自身が信じているような全権でしかありませんでしたからね。しかも、言うまでもなく彼はそれを世知にたけた仕方では利用しませんでした。彼はみずからの宗教政治論を一冊の著書として公けにしましたが、[*5]その神学にユダヤ人とキリスト教徒は激昂せずにはいられなかったのです。そればかりか、彼の政治原則はあまりにも過激で単刀直入だったので、当時はたしかに受けいれられるはずがありませんでした。彼は、国家にたいしては、神への礼拝の外面をさしずする完全な権利を認め、[*6]理性にはその力を行使する無制限の自由を残しました。[*7]このふたつはおおかたの人には、火と水を混ぜあわせようとするかのような途方もない所業に思われました。こうして彼の理論はどうしても挫折するしかありませんでした。それは現代のわれわれにとってさえ、多くの点であまりにも過激であり、いってみればあまりにもホッブズ的だからです。[*8]われわれのほうが寛容と国家の運営にかんして進歩しているというのにね。ロックやベール、シャフツベリなどはまだしも穏健でした。

［417］**フィロラウス**　しかし、その人たちだって、自分たちのごくまっとうな主張が一般に認められるまでは、耐えしのばなければなりませんでしたよね。こういう危険な話題については、自分の主張を真正面から説くまじめな哲学者よりも、ベールのように好戦的な論争家やヴォルテールのようにたとえ話のうまい詩人のほうが、どう見てもずっと有利です。

ベールやヴォルテールのような連中はいつでも安全でいられます。彼らなら、「私はただ議論し、たとえ話をしただけです」と言えますからね。しかも、彼らはそんな玉虫色の偽りの衣装をまとっていながら、かえってもっと広範な影響をおよぼしたほどです。なにしろベールはスピノザやライプニッツ以上に、ヴォルテールはルソーやその他おおぜいのもっと厳格な哲学者以上に、同時代に影響がありましたもの。

テオフロン　そこは受けとりかた次第でしょう、フィロラウスさん。影響には外面的なものと内面的なものがあります。前者はいたるところに広がり、後者は広がらないぶん、しっかり根をおろします。青二才ではなく哲学的で批判的な人物が、いまこの時代にスピノザの『神学・政治論』に註解をつけて出版してくれたらよいのですがね。その後の時代が彼の議論のなにを確証し、なにを反駁したかを見るのは有益な試みになるでしょう。旧約聖書のもろもろの巻への批判については、その後、多くの人びとが多くのことを新発見として語りましたが、じっさいには新発見と言うにははるかに不完全で、同じことはスピノザの本ですでにもっと徹底的に論じられていました。[418] 寛容という点では、私たちの国家の本性は、スピノザがかつておおかたの憎悪を招きながら指ししめした道以外にはほとんど進みようがありません。もちろん、この作品にかぎらず彼のほかの著作においても、すべてのことが情け容赦なく語られています。たとえば、預言者の詩にたいして、彼には形而上学的なセンスしかありませんでした。それに、彼はその作品を書き継いでゆくあいだずっと孤独な思索者でありつづけました。彼は世間とのつきあいや愛想のよい語り口につきものの優雅さは気にかけませんでした。

フィロラウス　それだけで片づけてしまうとは驚きですね、テオフロンさん。健全な原則をもたない人間で、無神論者で、汎神論者であるような人物が、いったいどんな問題について理性的な人びとから受けいれられるような書きかたができるでしょう。それればかりか、彼は汎神論と無神論を証明するつもりだったそうじゃないですか。こんなにばかげた話がほかにありますか。

テオフロン　無神論と汎神論を証明するとおっしゃるのですか。どうして両者が同一の体系において可能でしょうか。汎神論者は、神の本性を誤解しているにせよ、いつでもなんらかの神をもっていますが、神を断固として否定する無神論者は汎神論者でも多神教徒でもありえませんよ。これらの名前をもてあそぶのでないかぎりね。しかも、無神論を、ということはひとつの否定的な主張を、どうやって証明できるのでしょうか。

フィロラウス　もちろんできますとも。神の本性のうちに内的な矛盾を発見すれば、または発見したと信じればよいのです。

[419]　**テオフロン**　人間にとって可能ななかでも最高の単純な概念のうちに内的な矛盾を発見するとおっしゃるのですか。率直な話、私にはまるで理解できません。

フィロラウス　まさにそうだからこそ、彼は証明できないものを証明しようとした愚か者だったのですよ。われわれの新しい哲学[*9]がはっきりと語っていますからね。「なんらかの神が存在するということも、存在しないということも証明されえない。ひとは神が存在することを信じるしかない」と。

テオフロン　私ならすくなくともこう考えるでしょう。おそらく両者のどちらか一方を信じなければならないのであって、無神論者であるか理神論者であるか人格神論者[*10]であるかは、われわれの信仰におうじて自由なのだ、とね。しかし、スピノザは無神論者か汎神論者だった、あるいは両者をあわせもつ化けものだったというような話題にはまだ触れないでください。あなたが未知の人物にそんなあだ名をつけるのは、聞いていて苦痛です。

スピノザはコルトホルトやブルッカーの時代になっても蔑称で呼ばれましたが、哲学においてそんな蔑称の時代は過ぎ去りました。コルトホルトは、〔スピノザの名の〕ベネディクトゥス〔祝福された者〕をマレディクトゥス〔呪われた者〕と言いかえ、スピノザという語は「とげだらけのイバラのやぶ」のことだと言って気の利いたことを言ったつもりでした。[*11] ほかのひとたちのあいだでは、「傲慢な、神なき、ばかげた、恥知らずの、神を冒瀆する、ペストのようにいまわしい、けがらわしい」といった呼び名が、スピノザを霊界から召喚するときのお決まりの修飾語です。ある選りすぐりの人物はスピノザの顔に永久追放のしるしまで見いだし、他の人びとは彼が死の床で同情を引こうとめそめそ泣くのを耳にしました。

〔420〕私はスピノザ主義者ではないですし、そうなるつもりも毛頭ありません。しかし、早世したもの静かなこの賢者について、惨めな争いの世紀だった前世紀の評価を今日もなお人びとが繰りかえしたがるその様子は、フィロラウスさん、正直に申しあげて私には耐えがたいのですよ。小さな冊子を一冊お渡ししましょう。八ボーゲン[*12]で、しかもそのほとんどは雑多な註釈ですから、そこは読み飛ばしてもかまいません。ほかならぬ『スピノザの生涯』(2)です。ひどくそっけないけれど、史実に即して語られています。というのも、お読みになれば一目瞭然なように、著者がどんなささいなこともていねいにあつかったからです。それを書いたのは不偏不党の人物で、スピノザ主義者ではなくプロテスタントの牧師です。

(2) コレルス『スピノザの生涯』(フランクフルト、一七三三年)〔リュカス、コレルス『スピノザの生涯と精神』渡辺義雄訳、学樹書院、一九九六年所収〕。

彼に言わせれば、「スピノザの『神学・政治論』にはなんら根本的なことは見いだされないし、そこには福音書の真理にたいして私がおこなった信仰告白に抵触するものもおよそ見いだされない。このことを私は神の前で証言する。なぜなら、そこにみいだされるのは根本的な証明ではなく、あらかじめ制限された命題であり、学校で先決問題要求の虚偽（petitiones principii）と呼ばれるものにほかならないのだから」[*13]とのことです。

ですから、あなたがスピノザという人物をもっとくわしく知りたければ、こういう用心深い案内人のほうが安心して頼れますよ。私は用事があるので失礼しますが、またすぐにお会いしましょう。ちょっとのぞいてみたいのでしたら、無神論者本人の著作も置いてゆきます。残念ながら小さな本が二冊だけですが。

フィロラウス　テオフロンさんはわけがわからない。こんな証明をする人間の肩をもつなんて。〔421〕それに、彼の生涯をプロテスタントの牧師が書いたものなんて読んでも、その人間のなにがわかるだろう。

＊＊＊

スピノザというのは風変わりな人物である。彼がみずからの思想をどこから獲得し、その思想がどんなものであるにせよ、それは彼の生涯の全体にわたって確固としたものである。彼はユダヤ神学に打ちこんでいたが、自然学を徹底的に学ぶためにそれを棄てる。デカルトの著書を手に入れると、それをたぐいまれな貪欲さで読み、のちには自分が哲学的認識として身につけているのはデカルトの著書から汲みとったものだと告白している。こうして彼は静かにユダヤ教を離れる。その教えにはもうついてゆけないと確信するにいたったからである。それでも彼がせめてシナゴーグにかよってくれればという望みから、千ギルダーの年金が提案される。彼はそれを断り、ことを荒立てずに隠遁生活に入る。彼は破門となる。彼は反対答弁をおこない、自活のための技術を黙々と身につける。不幸なアコスタ(3)が同様の境遇で見せたのとはなんと異なるふるまいだろうか。アコスタは銃で自殺するまでは平安を得られなかったというのに。アムステルダムのポルトガル人むけシナゴーグからの破門にたいするスピノザの弁明書を入手したいものである。おそらくそれは、ユダヤ教を棄てることにした彼の決意の理由をおだやかながらも堂々と、しかも静かに語ってくれるだろう。この人物の生涯には、穏やかで静かな精神がみなぎっているからである。

（3） リンボルフの『ユダヤ人との歓談（*amica collation cum Judaeo*）』（バーゼル、一七四〇年）に収録されたウリエリス・アコスタ〔正しくはウリエル・ダ・コスタ〕の「人間生活の実例（Exemplar humane vitae）」を参照せよ〔「ウリエル・ダ・コスタ『人間生活の実例』」工藤喜作訳、『目白大学文学・言語学研究』第二号、二〇〇六年〕。

〔422〕いまや彼は光学レンズを制作し、デッサンを独習する。筆者は彼のデッサン集を手に入れたが、そこにはスピノザを一度しか訪問しなかった人びともたくさん描かれている。おそらく記憶で描いたのだろう。それらのデッサンには有名な漁師の格好をしたマサニェロの絵もある。スピノザの家主が自信たっぷりに語るところによれば、この絵はスピノザ本人にそっくりだという。自分をマサニェロとして描くとは奇妙な思いつきである。この絵はもっと有名になってしかるべきである。

こうしてスピノザはレンズを磨き、友人たちがそれを売り、彼は質素に暮らす。彼は二、三日のあいだ誰にも会わないこともしばしばである。多くの人が彼に金銭の援助や助力を申しでる。しかし、彼はすべてを控えめに断って質素な食事で生き、三か月ごとに支払いをすませた。これは、どうしても消費しなければならないより以上の消費を避けるためにほかならない。彼は、みずから下宿の同居人に語るところによれば、尾を口にくわえて輪になった一匹の蛇である。つまり、年収からすこしも余計な金が残らない暮らしだというのである。私は彼の肖像の下にその記号が描いてあるのを目にしたが、愚かにもそれが彼の汎神論を意味するのだと考えていた。

　これらすべての点で彼はルソーをも凌ぐほどの本物の哲学者ではないか。彼はきちんと埋葬してもらうのに必要な以上の金を貯めようとはしない。だがまた、彼はだれのやっかいにもならず、あくまで自力で生きることを望む。彼のふるまいは静かで落ちついている。感情に振りまわされることがなく、悲嘆にくれる姿も手放しで喜ぶ姿もけっして見せない。〔423〕彼は下宿に苦しんでいる人がいたら話し相手になってなぐさめ、その災難を神から贈られた運命として不平を言わずに耐えるようさとす。こどもたちには礼拝に欠かさず参加するように説き、両親の言いつけを守れと教える。同居人には教会で聴いてきた説教にどんなためになる話があったかたずね、ここで名があげられている徳の高い優秀な聖職者(4)を高く評価している。このもの静かな賢者は語る。「あなたの宗教は立派です。ひたすら信心に身をゆだねて落ちついて静かに暮らしてさえいれば、ほかの宗教をさがすことも、その宗教で幸せになれるか疑うことも必要ありません」。彼のもっとも誠実な友人*14は、スピノザがもうすこし楽に暮らせるよう二千ギルダーを贈ると申し出る。彼はそれをていねいに断る。その友人が彼を遺産相続人にしようとするが、彼はその恩恵を受けいれず、べつの人物が友情ゆえに、晩年の彼に押しつけるように受けとらせていた年金もほぼ半額に減らす。*15このように彼は生き、四十五歳でそれまで生きてきたのと同じように穏やかに静かに死ぬ。そのほんの数時間まえ、以前に聴いた説教について下宿の人びとと長く語りあっていたのに、午後、彼らが教会から出るまえに医者にみとられながら息を引きとる。彼の全遺産は売却すると三百九十ギルダー十四スティーバとなる。この金額をめぐってさえ彼の親族は口論になる。

（4）『スピノザの生涯』を著したコレルスの前任者のこと。

スピノザの生涯を満たしているのは、人間の友情の穏やかな微光である。というのも、彼の友人がどれほど彼を愛しているか、彼を知るすべての人びとがどれほど彼を尊重しているか、だからといって彼がけっして思いあがらず、相手をむげにはねつけたりしないことは、ごらんのとおりだからである。［424］プファルツ選帝侯が彼の大学の教授職にスピノザを迎えようと、臣下をつうじて招聘を打診したとき[*16]、彼はおのれの意図にもっとも都合のよいしかたで原則どおりに思索を展開する自由を保証されていたにもかかわらず、慎重に、しかもへりくだってこう返答した。

「私は、国教を乱そうとしていると思われないようにするためには、自分の意見を説明する自由をどれくらい制限すべきか見当がつきません」[*17]。

こうして彼は招聘を受けなかった。

もちろん、彼の著書や意見についてどう考えればよいか私にはまだわからない。だが、ここで挙げられた、おそらくもっともいとわしい誤った箇所でさえ、どれほど逆説的であっても、この意見を抱いた当人の信念をはっきりと示している。彼は自分の信念をだれに押しつけるつもりも、どんな宗派を立てるつもりもない。しかもそれは人間への恐怖のせいではなく、自分の死後にまで他人の意見をじゃましたくないという遠慮のせいである。彼は生前、和解をもたらそうと著した小論文しか出版しなかった。この努力が失敗すると、彼はみずからの哲学に専念し、死の数日前には、着手しかけていた旧約聖書の翻訳も燃やしてしまった。その翻訳が死後にまで不和をもたらさないようにするためである。私としては、焼かなくてもよかったのにと思う。無価値なものなら、いずれ時代が抹消していただろうから。[*18]

＊＊＊

彼の著作そのものに目を向けよう。それらは彼の死後に出版されている。一見すればあきらかなように、彼が自分自身のために書いたものである。というのも、そのほとんどが断片だからである。

[425]『知性の改善について　さらには事物の真の認識にもっともうまく到達するための方途について』[(5)]

（5）『知性改善論』〔畠中尚志訳、岩波文庫、一九六八年〕（『スピノザ遺稿集（*B. d. S. Opera posthuma: quorum series post praefationem exhibetur*）』三五六頁）。

「私は日常生活でかくもしばしば出会うものがすべてむなしい見かけ倒しであることを経験から学んだ。なぜなら、私が恐れていたものはどれも、それ自体においては悪でも善でもなく、心がそれによって動かされるかぎりでそうであるにすぎないことがわかったからである。とうとう私は、以下のことを探究しようと決心した。つまり、真に善であり、みずからをわかちあたえるがゆえに、魂がその他すべてを放棄してもただそれによってのみ鼓舞されるようなものは存在するか、それればかりか、私がそれを見いだし手にしていれば、ゆるぎのない最高で永遠の喜びで満たされうるようなものは存在するかということを、である。

私は「とうとう決心した」と言う。というのも、その時点で不確実に見えるもののために確実なものを棄てようとすることは、はじめ一見したところでは得策でないように思えたからである。つまり私は、名誉や富から生まれる利点がわかっていたが、新たな目的を本気でめざそうと思ったとたん、そうした利点はもはや求めてはならないことになるからである。したがって、もし名誉や富に最高のものが含まれていれば、私はそれを失わなければならないこともわかっていた。だがそれらに最高のものが含まれていないにもかかわらず追求していても、私はやはり最高のものを失わなければなるまい。

そこで私は、ふつうの生きかたを変えなくても新たな目的に、あるいはすくなくともそのような目的が存在するという確信にたどり着けないかと思いをめぐらし、じっさいなんども試してみたが、むだであった。というのも、一般に生活のうちに現われ人間によって〔426〕最高善と見なされるものは（彼らの行動から判断するかぎり）富と名誉と快楽の三つにまとめられるが、この三つのすべてによって心は散漫になってしまい、それ以外の善をどうしても考えられなくなるほどだからである。

その理由はこうである。快楽についていえば、それは心をいっとき欺いてなんらかの善のうちに安らっているかのように思わせ、このためもっとべつの善に思いをはせることをじゃまする。だが、快楽の享受のあとにはすぐに底なしの悲哀がやってきて、精神をがんじがらめにはしないまでも、困惑させ鈍らせてしまう。私たちが名誉や富を追求するばあいも、魂は散漫になる。それらをそれだけ目的にして欲するときはとくにそうである。そのばあいそれらは最高善であるかのように見えてしまうからである。

だが、名誉は富にも増して心を散漫にする。なぜなら、名誉は真の善として、究極の目的としてたえず重んじられ、いっさいはそれに適合しなければならないと見なされるからである。さらに、たしかに名誉や富にあっては、快楽とちがって後悔は起こらず、両者をもてばもつほど喜びが強まり、それらをもっと増やそうという気になるが、なにかの偶然でその希望がくだかれると、どちらもこれ以上ないほどの悲哀をもたらす。最後に、名誉を得るには、どうしてもほかの人たちの考えかたにあわせて、他人が避けるものを避け、他人が求めるものを求めるように生きなければならないので、この点でも名誉は大きな妨げである。

　私は、これらすべてが新たな仕事に集中する妨げになるどころか、それと矛盾していてどちらか一方をどうしても棄てるしかないほどだとわかったので、どちらが私にとって有用なのか探らずにはいられなくなった。というのも、すでに述べたように私は、不確実な善のために確実な善を手放そうという状況にあったからである。だが、この考察をいくらか進めたとき、［427］私はまずつぎのことに気づいた。古い生きかたを新たな生きかたに置きかえても、結局のところ私は、本性からして不確実な善を、本性からして不確実ではありえず――なぜなら、私は確固とした善を求めているのだから――、それにたどり着けるかどうかだけが疑わしいという意味で不確実な善のために手放すにすぎない、と。

　私はさらに思索を進めて、すべてをよく考えたとおりに決めさえすれば、確実な害悪を確実な善に置きかえることになろうという洞察にさえいたった。つまり、私は自分が最大の危機のうちにあって、たとえ不確実な救助法であっても全力で求めるしかない状態にあり、それはちょうど、なんの薬も用いなければ確実に死んでしまう病人が、たとえ不確実な薬でもそれにすべての希望がかかっているからには全力で求めなければならないようなものだとわかったのである。だが、大衆が追い求めるような事物はすべて、われわれを維持する手段にはならないばかりか、その妨げにさえなるし、それを所有する人びとの没落の原因となることもしばしばであり、それによって所有されとり憑かれてしまった人びとにとってはつねに没落の原因である。

富のせいで死ぬほど苦しめられた人の例は枚挙にいとまがないし、財産を得るために幾多の危険に身をさらし、とうとうおのれの愚かさを命で償うはめになった人の例も数多い。名誉を手に入れるため、または保つためにこのうえなく悲惨な目にあった人びとも、それに劣らず数多い。最後に、度を超えた快楽のせいで死を早めた人びとの例も数えきれない。

これらすべての災いが生じるのは、幸福も不幸も、われわれの愛着する対象の性質によって決まるからだと思われる。〔428〕というのも、愛されていないものについて争いは起こらないからである。そのようなものがなくなっても悲嘆にくれる者はいないし、他人がそれを所有したところで嫉妬も、恐れも、憎しみも、要するになんの心の動揺も感じない。だが、さきに述べたすべてのような移ろいやすい事物を愛するときには、これらすべてが起きてしまう。

これにたいして、永遠で無限の対象への愛は魂の喜び、どんな悲しみも知らないような喜び以外のものはもたらさない。これこそまさにきわめて望ましい、全力で手に入れるべく努力しなければならない目的である。ところで、「私が本気で決心できさえすれば」という言いかたをするのには理由がある。というのも、たとえこれらすべてを心のなかでどれほど明晰に見抜いていても、私はそれによって、けちくささや快楽欲や名誉欲をまったく捨てきれなかったからである。

私にはひとつのことがわかった。私の心はこうした思索にふけっているかぎり、それらの性癖を忌み嫌い、本気でもっとべつの生きかたを考えていたということである。じっさいこれは、大きな慰めになった。私の災いがすくなくともそれに抗う手段がないほど大きくはないことがわかったからである。このつかのまの澄みきった時間ははじめのうちこそめったになく、ほんのすこししかつづかなかったとはいえ、私が真の善をますます認識するようになるにつれて、回数が増えたばかりか長つづきするようにもなった。しかも、金銭の獲得や快楽欲や名誉欲が障害でありつづけるのは、これらを手段ではなく目的として追いもとめるかぎりでしかないと見抜いてからは、なおのことそうだった。これらを手段として求めるなら、そこには節度がそなわり、じゃまになるどころか、これらがそのために求められる目的の達成を促進してくれる。

ここで、私が真の善という言いかたによってなにを考えているか、同時に最高善とはなにかをごく簡単に述べておきたい。このことを正しく理解するには、善も悪もただ相対的に語られるだけであり、したがって同一の事柄が異なる観点からは善とも悪とも言われることに注意しなければならない。完全や不完全についても同様である。〔429〕というのも、本性からして完全だとか不完全だとかと言われるようなものは存在しないからであり、とりわけ、われわれは生じてくるものがすべて永遠の秩序と一定の自然法則にしたがって生じることを知っているからにはなおさらである。

だが、弱い人間はおのれの思考によってはこの秩序に到達しない一方で、おのれの人間本性よりもはるかに確固とした人間本性を考えてしまい、さらには自分がそうした本性に到達できないのはなにがじゃまになっているせいなのかわからないため、その人は自分をそのような完全性に導いてくれる手段を求めずにはいられない。そのような人にとって、そこに到達するための手段でありうるものはすべて真の善を意味する。これにたいして最高善とは、そのような本性をできることならほかの個人とともに享受するようになることである。これがどのような本性であるかはしかるべき場所で見ることにしよう。それはつまり、心が自然の全体と一体になっているという認識である。

　したがって、私が努力している目的は、こうした本性に到達することであり、多くの人が私とともにそこに到達するようにということである。つまり、私が洞察したものをほかの多くの人も洞察し、彼らの知性と欲望が私のそれとすっかり一致するよう努力することも、私の幸福の一部なのである。こうしたことの実現のためには、人びとがこうした本性に到達するのに必要なだけその本性を理解する必要がある。さらに、多くの人びとがもっとも容易な仕方で確実にそこに到達するような社会をつくる必要がある。

　さらに道徳哲学とこどもの教育学にも力が注がれなければならない。健康はあの目的の達成の手段として軽視できないから、医学の全体が整備されなければならない。また技術によって多くの重労働が軽減され、多くの時間の節約になり生活がおおいに快適になるのだから、機械学もけっして軽視されてはならない。

［430］だがなによりもまず、知性がものごとを誤りなく最良の仕方で洞察するようになるために治療され、（最初からそれが可能であれば）純化されるような方法が編み出されなければならない。以上から、私がすべての事物を、人びとが上述の人間の最高の完成に到達するというただひとつの目的、ただひとつの目標に従わせたいと思っていることはだれの目にもあきらかであろう。したがって、諸学問のうちでわれわれの目的に貢献しないものは無用のものとして却下されなければならない。要するに、われわれの思考と行動はすべてこの目標に向けられなければならない。

　とはいえ、われわれは知性を正しい道に導こうとしているときも生活しなければならないのだから、いくつかの生活規則も善なるものとして受けいれなければならない。それはつぎのようなものである。

一、ふつうの人間の考えかたにあわせて語り、われわれの目標の達成をじゃましないものならすべて実行すること。というのも、ふつうの人間の考えかたにできるだけ合わせていれば、彼らからは多大な利益を期待できるからである。そうすれば彼らのほうも真理そのものにたいして進んで耳を傾けるだろう。

二、楽しみはそれが健康に必要なかぎりでのみ享受すること。

三、金銭やそのほかのものは、生活や健康に、そしてわれわれの目的に反しないかぎりでのその国のしきたりに必要な範囲でのみ求めること[*19]」。

＊＊＊

私は夢を見ているのだろうか。本当に本を読んだのだろうか。厚顔無恥の無神論者に出会うと思っていたのに、これはほとんど形而上学と道徳の心酔者だ。彼の魂は人間性について、学問について、自然認識について、なんという理想をいだいていることか。彼がその理想にむかってゆく歩みと流儀は考えぬかれ労苦に満ちたもので、おかげで多くの人がおのれの人生を変えるために修道院にゆかずにすむほどだ。〔431〕この論文はあきらかに、この人物がユダヤ教を離れておのれの哲学にそくした生きかたを選びとった若い時期に書かれたものだ。彼はその生きかたを生涯の最後までつづけた。彼はそれによってなにを得たのだろう。

おっと、テオフロンさんだ。

テオフロン　まだそんなに熱心に読んでらっしゃるのですね。フィロラウスさん、あなたはこの天気をほめていましたが、ちょっと正しくないところもあったようですよ。スピノザ主義の雷雲が雨を降らせたおかげで、寒くて仕方ありません。これはあなたのたとえ話からは予想もつきませんでした。

フィロラウス　私のたとえ話のことはもういいですから、この本を貸してください。私はスピノザを誤解していたのですね。まずは、なにを読めばよいと思われますか。

テオフロン　まずは彼の『エティカ』で、ほとんどこれに尽きています。そのほかのものは断片です。『神学・政治論』は初期のたんなる時務的な著作でした。ただし、旅立つにあたっていくつかルールを知っておくとよいでしょう。

一、スピノザを読む前に、たんに辞書としてでもよいから、デカルトを読まなければなりません。スピノザの用語や決まり文句、さらには風変わりで過激な表現もデカルトに由来していることにお気づきになるでしょう。[432] さらにデカルトの主著か、もしくは彼の弟子のだれかの著書を利用すべきです[6]。弟子のなかではとくにクラウベルクが、デカルト哲学の諸命題をとても明晰に秩序立てて論じてくれます。そうした命題はこの一冊でまとめて読めますよ。つぎに、スピノザ本人の『デカルトの哲学原理』に進むとよいでしょう。これは彼が弟子の一人のために書いたものです[7]。この二冊を読めば、彼がおのれ独自の体系に移ってゆく様子がおわかりになるでしょう。一本の樹を知るには、その原産地にたちかえらなければなりませんし、部分だけでなく、それが芽吹いて成長するのをうながした誘因も知らなければなりません。たとえそれが毒の樹だとしてもです。というのも、あなたがこの前世紀の哲学者をわれわれの哲学の言葉でお読みになるなら、彼が化けもののように思えるのは当然だからです。

（6）デカルト『哲学的著作集（*Opera Philosophica*）』（アムステルダム、一六八五年）。レギウス『自然哲学（*Philosophia naturalis*）』（アムステルダム、一六五四年）。レイ『自然哲学の鍵（*Clavis philosophiae naturalis*）』（レイデン、一六五四年）。クラウベルク『自然学抄（*Physica contracta*）』、『存在者の形而上学（存在論）（*Metaphysica de ente (Ontologia)*）』など。

（7）アムステルダム、一六六三年〔『デカルトの哲学原理――附形而上学的思想』畠中尚志訳、岩波文庫、一九五九年〕。

二、スピノザの幾何学的方法には十分に注意し、あなた自身がこの方法に幻惑されないようにするだけでなく、それがどこで彼を惑わしているかにも注意しなさい。彼はデカルトからその方法をとりいれましたが、それを形式上すべてのものにまで、［433］それこそ道徳をめぐるもっとも込みいった題材にまで適用するという大胆な試みに乗り出したのは、ほかならぬスピノザ自身です。本当ならまさにこの試みが、形而上学における幾何学的方法の後継者にたいする警告になっていたはずなのですが。

三、けっしてスピノザひとりに固執せず、彼の逆説的な命題に出会ったらもっと新しい哲学に助けを求めなさい。それがスピノザのような主張やそれに近い主張をどのように除去したか、あるいは同じことをもっと簡単に、もっと上手に、もっと差しさわりなく、もっとうまい具合に表現したかがおのずから問題になるでしょう。この著者が同じ命題をなぜ彼らのようにうまい仕方で表現できなかったかもすぐに見当がつくでしょうし、同時に、彼のまちがいの源泉にも、真理そのものの進歩にも気づくことでしょう。そのためには、数は多くないですが倫理の問題にかんする彼の手紙を解説に利用しなさい。(8) 多くの点でおおいに蒙を啓いてくれますよ。私のもっている書簡集の欄外には昔の人が書いた『エティカ』の対応個所への指示が、『エティカ』には書簡集の対応個所への指示があります。書簡集は、ほかの目的に利用しなければ、スピノザがおのれの哲学にどんなに真摯きわまりない態度でとりくんでいたか、おのれの哲学にどれほど強い確信を抱き、そのなかでどれほど幸福を感じていたかを教えてくれるでしょう。あなたが以上の仕事を終えて、思うところがおありでしたら、あなたの疑問や彼の誤りについてもっとお話ししようではありませんか。骨は折れるでしょうが、後悔はしないと思いますよ。あなたやほかの人たちはこの著者を無神論の証明者と見なしていますが、まさにそうした証明者であればこそ分析に値するのですからね。

（8）『遺稿集』三九五頁以下〔『スピノザ往復書簡集』畠中尚志訳、岩波文庫、一九五八年〕。

[434]　**フィロラウス**　ご提案は容易なものではありませんが、ぜひそのとおりにしましょう。

テオフロン　それから、いましがたある頌歌《しょうか》を手に入れたので、紹介したいと思います。神にささげられたもので、これも無神論者の手になるものです。[*20]

フィロラウス　スピノザのものですか。

テオフロン　いいえ、彼は詩人ではありませんでしたから。でもこれは、無神論のかどで火あぶりになった無神論者のものです。

フィロラウス　そんな人物が神への頌歌を書いたのですか。ぜひ読ませてください。

　　「神に寄せて
神の激しい意志が、至高の息吹きで私の魂を駆りたてる。

こうして私の魂はダイダロスの翼はためかせ、
道なき道を踏んで
高みを天翔けようとする。

私の魂が無謀にも目指すのは、
始まりも終わりもなく、
天空も記憶しきれないような神を推しはかり、
矮小な詩行に押しこむこと。

神は、万物の始原にして終極。
おのれ自身の始原であり源泉であり原点でありながら、
[435] おのれ自身の目標にして終極であり、
始まりもなければ終わりもない。

神は、どこにいようとまったきもの。
あらゆるときにあらゆる場所に安らいでいる。
神はあらゆる場所に割りあてられながら、
かくも十全で、いたるところにとどまっている。

第1版　28

神はなんらかの場所に封じこめられることも、
境界に閉ざされることもない。
それどころか神は完全に自由なものとして
あらゆる領域に分かたれながら[9]、たゆたっている。

その意欲は底知れぬ能力。
その業《わざ》は不変の意志。
神の偉大さは量として捉えようがなく、
その善は質として捉えようがない。

神の語ることは一瞬にして成就する。
言葉と業と、どちらが先だったのかと問うか。
神が語ったとたん、ああ、その声とともに
世界がまるごと同時に創造されたのだ。

［436］神は全体を貫き、万物を完成させる。
この唯一なるものは万物であり、一なる永遠のうちで、
いまあり、かつてあり、将来あるものを
みずから見とおしている。

まったき神は全体をおのれ自身によって満たし、
つねに同一でありながら万物を支えている。
万物をもたらし、動かし、包みこみ、
目配せひとつで統治している。

あなた、善良なる神よ、どうか私を見守りたまえ。
ダイヤモンドの絆で私をあなたに結びたまえ。
あなたがなしうる唯一のこと、一にして全なることは、
人びとを幸福にすることなのだから。

あなたに結びついて、
より深く一なるものに繋がろうとする者はすべてを得る。
豊饒な万物に満ち満ちて、
なんの不足もないあなたをも得るのだ。

あなたは、必要とあらば、どこであれ欠けることがないばかりか、
万物に万物を、あなた自身をさえも喜んで与える。
あなたは未来永劫存在し、

万物に万物をもたらす。

[437] あなたは、骨折って働く者にとってはまたとない活力。
高みめざして漕ぎだす者にとっては港。
ほとばしる水を求めて叫ぶ者にとっては
汲めども尽きぬ泉。

あなたは私たちの心の休息と平安のきわみ。
静謐《せいひつ》このうえない平和。
あなたは事物の測定者(10)にして尺度。
あなたは種であるとともに愛らしい形姿。

あなたは絶頂であるとともに下に引くおもり、数でもあれば装飾でもある。
あなたは秩序、すべてのものの平和であり名誉であり愛。
あなたは安寧にして生命。
美酒《ネクタル》と佳肴《アムブロシア》によってますます高まる喜びそのもの。
あなたは根源的な知恵の真の源泉。
あなたは真の光、畏怖すべき法。

あなたはたしかな希望。
あなたは永遠なる理法にして道にして真実。
あなたは栄誉にして光輝。いとおしい灯でもあれば
慈悲深く、しかも不滅の灯でもある。
あなたはすべてのもののすべて。これ以上のものがどこにあろうか。
最大のもの、最善のもの、一にして同じものよ」。

（9）〔原文の diditus〔広がった〕は〕divisus〔分割された〕と読むべきである。〔diditus は〕dividere〔分割する〕でなく didere〔広がる〕に由来する。
（10）ここは mensor〔測定者〕あるいは mensura〔尺度〕と読む。

第2の対話

〔438〕　**フィロラウス**　スピノザの本をもってきました。でも、かえってわけがわからなくなりそうです。彼が無神論者でないことはどの頁からもわかります。神の理念は彼にとって第一にして究極のもの、そればかりか私としては、すべての理念のなかでも随一の理念と言いたいほどです。なにしろ、彼は世界の認識も自然の認識も、おのれ自身の意識もおのれをとりまくすべての事物の意識も、倫理学も政治学も、そこに結びつけていますからね。神の概念がなければ彼の魂はなにひとつできず、自分自身を考えることさえできません。人間が神をそのほかの真理の帰結に、それも感覚的な知見の帰結にすぎないかのように扱えるということは、彼にはほとんど理解しがたいことです。真理にせよ存在にせよ、すべては永遠の真理、つまり神の無限で永遠な存在の帰結にほかならないのですから。[1]この概念は彼にとってきわめて生々しく、身近であり切実なので、〔439〕彼のことは神を疑い否定する者どころか、むしろ神の存在に熱狂する者と見なしたいくらいです。[*1]スピノザによれば、人間の完全性も徳も浄福もすべては神の認識と神の愛にかかっています。それがほんの見せかけでなく、心の底からの信念であることは、彼の手紙が示すとおりです。それどころか私は、彼の哲学的な建築物のどの部分も、彼の著作のどの一行も、それを示していると言いたいくらいです。彼は神の理念にかんして無数の点でまちがっていたかもしれません。しかし、かつて彼

の著作の読者が、スピノザは神の理念を否定し無神論を証明したなどと言えたのはどうしてなのか、さっぱりわかりません。

（1）『エティカ』四九頁の註解〔第二部定理一〇の系への註解〕および書簡二一、三九、四〇、四九〔現在では七三、三四、三五、四三〕を参照。

テオフロン　うれしいですね。私と同じところに気づいてくださいました。私もこの著者を読んで、自分の感じたことと他人が彼について語ったことを突きあわせたとき、自分を信じられないほどでしたもの。しかも私には、そうした他人の意見が変だと思うだけの理由がありました。私がスピノザを読んだのは、哲学の初心者としてでもなければ、下心をもってでもなく、むしろまったく公平に、彼に反対するような先入観をもちながら読んだからです。それ以前に私は、古代の哲学に加えて、バウムガルテン、ライプニッツ、シャフツベリ、バークリーの著書をひととおり読むにとどまらず、きちんと研究していましたからね。しかし、こんな違和感にこだわるのはやめましょう。彼の体系を端から端まで歩きとおせば、違和感もおのずから晴れるでしょう。彼の体系にたいしてどんな疑問をおもちですか。

フィロラウス　どこから始めて、どこで終わればよいのでしょうね。私にはこの体系がまるごと逆説です。

「ただひとつの実体だけが存在する。それが神である。すべての事物は神においては様態にすぎない」[*2]。

［440］　**テオフロン**　実体という言葉に迷わされてはいけません。スピノザがこの言葉をもっとも純粋な意味で受けとり、そうしなければならなかったのは、彼が幾何学的な書きかたをして第一の概念を根本に据えたかったからです。自分だけで存立し、みずからの存在の原因をそれ自身のうちにもつような事物としての実体*3とはなにを意味するでしょうか。この純粋な語義が哲学に取りいれられていたらよかったのですがね。もっとも厳密な意味では、世界の事物はなにひとつとして実体ではありません。すべては支えあっていて、最終的には神に支えられており、こうして神こそが唯一で最高の実体だからです。それにもかかわらず、この幾何学的概念は、哲学があいかわらず大衆的でなければならないかぎりは広く使われるようにはなりませんでした。なぜなら、私たちはどれほど依存したありかたをしていてもやはり自分は自立していると思っていますし、まもなく見るように、じっさいある程度まではそのように思うことができるからです。

フィロラウス　しかし、私たちはただの様態などではありませんよね。

テオフロン　この様態という言葉は、私たちにはつまずきのもとですから、けっして哲学に受けいれられはしないでしょう。とはいえ、［441］ライプニッツ学派は大胆にも物質をもろもろの実体の現象と呼んだのですから、スピノザが彼なりのもっと過激な表現をしていけない理由はないでしょうね。世界の実体はどれもすべて、存在するようになったのも神の力のおかげなら、維持されているのも神の力のおかげです。ですからそれらの実体は――こうした言葉づかいをお望みであれば――神のさまざまな力という様態化した現象をかたちづくっており、みずからがそれぞれに現象する際の位置や時間や器官に応じてそうしているのです。だからこそスピノザは彼の唯一の実体についてひとつの簡潔な定式〔神すなわち自然〕を用いました。*4この定式は、彼の体系を多くのものに結びつけはしますが、それでも私たちには耳障りです。

とはいえ、デカルト主義者の連中の唱える機会原因[*5]よりはまだましでした。スピノザが出発したのもこのデカルト派からで、彼らによれば神はやはり万物そのものですが、おりにふれ機会に応じて活動するだけだというのですからね。こっちのほうがはるかにやっかいな表現です。しかも、それはなんと長いあいだ通用したことでしょう。ライプニッツの哲学でさえ、この表現をとりのぞくために、またべつの仮説をもちだすしかありませんでした。その仮説はたしかに耳には心地よいものですが、これはこれでまた難点があります。すべての事物の予定調和というのがそれで、まもなく私たちも話題にすることでしょう。ごらんのとおり、このふたつの表現にはこれっぽっちも異端的なところはありません。前者のほうが後者よりも扱いづらいですけれどもね。そもそも、私たちがどちらの表現を使おうとほとんどなにも理解していないことに変わりはありません。〔442〕私たちには、力とはなんでありどのように活動するのかがわかっていません。ましてや、神の力がなにかを産出し、個々の事物にそれぞれにあったやりかたでおのれをわかち与えるのはどのようにしてかということになると、なおさらです。それでもやはり、すべてのものは、存在するのも結びつけられるのも、したがってまたそれぞれの力を表出するのも、唯一の自立的な実在に依存するしかないのであって、このことは首尾一貫した精神であれば疑いようがありません。

　なにを笑ってらっしゃるのですか、フィロラウスさん。

フィロラウス　スピノザ反対を唱えるあのたくさんの熱弁がまるごと無に帰すのが目に見えるようです。あれは「ただひとつの実体とその様態」という言葉と格闘していただけなのですね。みんな扱いづらい言葉の霧と闘っていたにすぎません。テオフロンさん、あなたならよくごぞんじですね。どれほど多くのばかげた矛盾と瀆神がスピノザになすりつけられたことでしょうか。たとえば、スピノザの体系によれば、神はとてつもなく善でありながら世界におけるいっさいの悪をなし、したがって神はありとあらゆる愚行を犯し、ありとあらゆる誤謬を思考し、おのれ自身にたてつき、スピノザ本人のなかでおのれを冒瀆し否定せずにはいられないなどと言うのですから。スピノザの様態にあてはまることは、デカルト主義者の機会原因やライプニッツの予定調和にも、それればかりか物理的影響[*6]にだって当てはまりますよ。いま言ったようなことが神の世界で生じるとすれば、〔443〕それは神の力を、神が自分から独立した存在者のために調達しているような力だと見なし、そんなものを使用し、濫用さえしているせいです。このことは、神の摂理や助力というものを、どんな仕方で思いえがいていようと変わりはありません。そもそも私が見るところでは、だれかの意見をあまりにも悪趣味で不合理なものだと言いたてるような人は、みずから不当なことをおこなっているか、不合理なことを言っているかのどちらかです。〔悪趣味とか不合理といった〕決まり文句を持ちだせばたしかにどんなに難しい問題についても簡単に勝てますが、そんなものはしょせん見せかけの勝利にすぎません。

テオフロン　それなら、あなたはスピノザが自立的な実在〔神〕をすべての事物の一時的ではなく恒常的で内在的な原因と呼んでも、[*7]それを瀆神とは見なさないのですね。

フィロラウス　どうして瀆神と見なせるでしょう。それどころか、神が事物の一時的な原因だったらなにも考えられませんよ。神が一時的なものとして通りすぎる（vorübergehen）のは、いつどのようにしてであり、だれにとってなのでしょうか。神がつきそっていなければ被造物はなにものでもありません。場所を占めることも空けわたすこともなく、生成変化とはおよそ無縁な神がどうして一時的なものでありうるでしょうか。

テオフロン　しかし、もし神が世界の外にいるとしたら、どうでしょう。

〔444〕**フィロラウス**　世界の外の場所なんて、どこにあるのですか。私たちが事物を測ったり数えたりす

る際の唯一の拠りどころとなる世界そのものにしても、そのなかの空間や時間にしても、それらが存在するのは神という無限者によってのみです。

テオフロン　フィロラウスさん、すばらしいです。では、あなたはこんなふうな問いの迷宮に迷いこむ心配もありませんね。

「かつて神がたったひとりで永遠性を考え抜いたのはどのようにしてか。

神が世界を創造したのが、このときであってそれ以前でなかったのはなぜか」。

あるいは、

「始まりなき持続の広大な領域がその旅路を阻まれ、永遠が時間となったのはどのようにしてか。

時間の流れがいつか永遠性の海に没せざるをえないのはどうしてか」。

フィロラウス　そんな問題に首を突っこむわけがありません。

「そんなものは私には理解すべくもないし、被造物がそれを問うべくもない。

わが敵がそんな屁理屈に頭を悩ましていようとも」[*8]。

たとえ敵であろうと、そんな空想の幻を究めがたい知の対象だと見なしてほしくはないですからね。神は孤独のうちで永遠性を考えつづけたのでもなければ、世界が存在する以前に〈いま〉や〈それ以前〉が存在したわけでもありません。始まりのない持続は神の永遠性ではありませんし、その永遠性には旅路などありません。永遠が時間になることも、時間が永遠になることも、有限が無限になることもないのです。

テオフロン　そうしたことを、あなたはスピノザからはじめて学んだわけではありませんね。

フィロラウス　それどころか、彼がこうした問題をめぐる、よくあるまったく非哲学的な混乱をそれこそ素通り（vorübergehen）して、時間と永遠、［445］つまり無際限で無規定なものとそれ自身によって無限なものを正しく区別しているのを見て、うれしくなりましたよ。(2) 神の永遠性は、たとえ時間の持続を無規定（indefinite）だと想定したところで、持続や時間によっては説明できません。*9 持続は存在の無規定な継続ですが、そこではどの時点にもすでに移ろいの基準がつきまといます。そんな持続を、移ろわないもの、まったく変化のないものとすりかえることはけっしてできません。

（2）　書簡二九〔現在では一二〕を参照せよ。

テオフロン　では、世界も神と同じく永遠ではないのですか。

フィロラウス　世界が永遠であるはずがありません。だって、それはまさに世界であり、相互関係や前後関係に秩序づけられた事物の持続のシステムなのですし、その事物だってどれひとつとして絶対的に存在することも、基準や時間的持続を絶した不変なる永遠性をもつこともないのですから。

テオフロン　それでは、神の永遠の能力は創造をおこなったとはいえ、どんな被造物にも、また体系全体としての被造物にさえも神の永遠性は属さないと言われても［446］、あなたは頭が混乱しないのですね。

フィロラウス　神の永遠の能力が創造をおこなったのは、思案する必要もなければ怠けていることもありえなかったからです。しかし、被造物であるからには神と同じく永遠だというわけにはゆきません。被造物が存在しているのは、一定の帰結によってでしかありませんし、そうした存在はほかの同様の存在とともに変化にまつわる時間の基準をふくんでいます。ですから、不断に進展する世界創造といえども、この進展のゆえにけっして永遠にはなりません。進展の尺度は無際限ですが、私たちの観念においてはやはりひとつの尺度です。すべて私には簡単に理解できます。

　しかし、私はもうひとつの疑問が気になっていて、そちらを解決したいのですよ。それは、スピノザにおいてこの無限で永遠の神がもっている属性にかんする疑問です。時間と永遠をこれほど適切に区別しているスピノザが、他方では「延長を神の属性とし[*10]」ていながら、それでいて「神は延長しているものである[*11]」ということは十分にくり返しきっぱりとは言えませんでした。こんなつじつまの合わないことができるのはどうしてでしょう。空間は時間とまったく同じありかたをしています。時間が永遠なものの概念とはまるで比べようもないのなら、空間だって、スピノザが岩のように確固として想定している単純実体の概念で測定できるはずがありません。

[447]　**テオフロン**　まことにもっともなご意見です。しかし、スピノザがこの誤りをどこでもち出しているかにも注目すべきです。その原因がすぐにわかりますよ。

　フィロラウス　彼がこういう誤りをもち出すのは、物質から魂を、つまり延長しているものから思考するものを区別するときです[(3)]。

（3）『エティカ』第二部。

テオフロン　では、延長と物質は同じでしょうか。ここにデカルトの誤謬を見てとるべきですよ。スピノザほどの哲人もこの誤謬からは自由になれず、そのせいで彼の体系の半分はあいまいなものになってしまいます。デカルトは物質を延長によって説明しましたが、時間によって説明することだってできるでしょう。延長も時間も、物質がそのほかの物質と同時に存在したり順番に存在したりする際の外的な条件ですからね。だから、どんな思考する精神にとっても両者はたしかに欠かせない基準です。どんな精神もそれ自身が場所と時間に制限されているのですから。それでも、両者が物質の本質だということにはけっしてなりません。

スピノザは〔448〕ながいあいだ、デカルトのこの説明に反発していました。おそらく、そこに不明瞭なものがあると気づいていたからでしょう。彼は、先生のデカルトが物質と精神をにべもなく分断したことには不満でした。でも、彼になにができたでしょう。彼には、両者を結びつける媒介概念なんてなかったのですから。こうして彼は残念なことに、『エティカ』においても物質を延長つまり空間と見なし、それを思考というまったく異種の事物に対置してしまいました。[*12] このときから彼が見通しのきかない混乱にはまりこんでいったことは言うまでもありません。だって、思考と物質がたがいにどんな接点をもつと言うのですか。両者のほかにも属性は無数にあってそれらは一致してひとつの最高の実在を表現しているはずなのに、無限者がそれをとおしておのれを啓示する属性になりうるのはこのふたつだけだとどうして言えるのでしょう。[*13] 延長を無際限のもの、どこまでもきりのない持続のように無規定につづくものだと想定したとしても、そんな延長のうちにどんな実在性があるのでしょうか。活動する力という本質がなければ延長のうちにはなにも存在しません。[*14] 延長はあくまでも複数の被造物が並存する世界の条件にすぎないのです。創造主という絶対的な無限者には、延長はまったく不要ですし、その存在の内的な本質的完全性を延長が表現することもありません。無限者の存在はどんな空間も、したがって無際限の空間さえも満たさず、どんな時間をもってしても、したがって無際限の時間をもってしても測れないのですから。

〔449〕 **フィロラウス**　テオフロンさん、おかげさまで胸のつかえがとれました。スピノザの言う無限に延長する神というのが、私にはまったくわけがわからなかったし、幾何学を尊重する哲人にふさわしくないようにも思えましたからね。スピノザが無限に延長していながら単純なこの実在を数学的な空間イメージによって分割するまいとしていることはよくわかりました。数学的な線と面からは物理的な物体〔身体〕[*15]は生じないというわけですね。しかし、それにしても、数学的空間はあくまでも想像力の生んだ抽象物にすぎず、空間において以外には考えられないような真理の条件でしかないのですから、そんな空間は、物理的な物体を説明するはずの神の属性については、やはりなんの解決にもなりません。いまとなってはこの誤謬は、それ以外の点ではあんなに考えぬかれている体系の一番の弱点のように思われますよ。スピノザにはこんな誤謬はしないでほしかったです。

〔450〕 **テオフロン**　そのことで彼を責めないでください。真理は静かに進歩するものです。スピノザの時代は自然科学の幼年期でしたし、自然科学がなければ、形而上学は空中楼閣を築くか暗中模索をくりかえすかのどちらかです。その後、物体をなす物質を物理学が研究するにつれて、物質のうちにも作用したり反作用したりしている力が発見され、物体は延長であるという空虚な定義は放棄されました。

すでにライプニッツは、自然界や科学から実りゆたかなアイディアを受けいれる精神の持ち主でしたから、物体の概念においても最後に必然的にゆきつくのは単純な実体にほかならないと主張してやまず、そうした実体をモナドと呼んで、じつに多くのことを語りました。しかし残念ながら、こうした人物の活気に満ちた知性はなにごとも仮説と見なすのが好きで、なかばは詩として歌いあげたため、彼のモナドにしても、ヴォルフその人にさえ正しくは理解できなかったらしく、やがて気の利いたおとぎ話あつかいされるようになりました。もっとも私は、ライプニッツが形而上学の豊饒化をもたらすことになった三つの意味深い仮説[*16]のうちこれがいちばん根本的だし、いつかは正当に評価されると信じていますよ。ボスコヴィチは、まったくべつの立場からですが、モナドと同じように分割不可能なままで働き、それがなくては物体の本性そのものが物理的に説明できなくなるような要素に思いいたりました。[(4)]［451］ところであなたは、スピノザがデカルト的な二元論を避けるために求めたけれども結局は得られなかった、精神と物質のあいだの媒介概念がなんというものかごそんじですか。

（4）　ボスコヴィチ『自然のうちに存在する力の単純な法則に還元された自然哲学の理論（*Philosophiae naturalis theoria redacta ad unicam virium in natura existentium*）』（ウィーン、一七六〇年）。

フィロラウス　実体的な力です[*17]。これ以上にはっきりしたものはありませんし、スピノザの体系そのものをこれ以上に美しく統一するものはありません。彼の神が無限の属性を含んでいて、そのどれもが永遠にして無限の実在を表現しているのであれば、私たちはもはや、たがいになんの接点もない思考と延長というふたつの属性を想定する必要はありません。属性（Attribut）などという不愉快で不適切な言葉はきっぱりとまるごと棄てて、そのかわりにこんなふうに想定しましょう。神はさまざまな無限の力となって無限の仕方でおのれを啓示している[*18]とね。そうすればすぐに、私たちを足止めしていた彼の体系のあの邪魔なかんぬきもなくなります。それは「神はもっとべつの世界システムにたいしては、思考と延長以外のどんな属性においておのれを啓示するのか」という問いでした。なにしろ、私たちの哲人によれば、神はおのれの同じ本質を表現する属性を無限にもっているはずなのに、彼はそのうちのふたつの名前を告げることができただけですからね。

すべての世界において神は力をつうじておのれを啓示します。したがって、〔452〕神は本質を表現する力を無限にもっており、その無限性は、いたるところで同じ神を啓示していながら、とどまるところを知りません。だから私たちも、自分以外の世界システムをうらやんで「そちらでは神はどんなふうに具現されましたか」などと問いかける必要はありません。それは、ここでもどこでも同じことです。どこであれ活動しうるのは有機的な力にほかならず、その力はどれも私たちに一なる無限な神のさまざまな属性を知らせてくれるのです。

ここから世界の内的な連関についてもどんなにみごとな帰結が生じるか、おわかりですね。世界が結びあわされているのは、空間と時間というたんに外面的な条件によってだけではありません。世界がもっと密接に結びあわされているのは、それ自身に特有の本質によって、つまりみずからの存在の原理によってです。世界のいたるところで活動しうるのは有機的な力だけですからね。私たちが知っている世界にあっては思考力が上位にあって、そこから感覚力や活動力などが無数に生じますが、かの自立した者は、〔453〕語の最高かつ唯一の意味において力であり、つまりはすべての力の根源となる力、すべての魂の魂です。かの自立した者がなければ、どんな力も魂も生じませんでしたし、かの者なしにはどんな力も魂も活動しません。すべてはこのうえなく密接に結びついていて、それぞれに制限され、形式をまとって現象しながらも、かの者の自立的な実在を、つまり自分たちが存立し活動しているのもそのおかげであるようなあの実在を表現しているのです。

テオフロン　フィロラウスさん、さきほどの考えをじつに正確に受けとり、じつに豊かに応用してくださいましたね。うれしいかぎりです。われらが哲学者の体系は、以前は統一性に欠けていましたが、おかげでもう非の打ちどころのない統一性にもたらされたも同然です。ところで、お気づきですか。あなたの示された魂と身体の媒介概念、つまり実体的な有機的力から、もっとべつの帰結は出てこないでしょうか。

フィロラウス　ずらりと出てきますとも。たとえば、耳障りな表現はすべて消え去るでしょう。「あれこれの体系によれば、神は死んだ物質にむかって、また死んだ物質をつうじて活動するというが、それはどのようにしてか」などといった問いは生じようがありません。物質は死んでいるのではなく、生きています。物質にあってはその内と外どちらの器官から見ても、無数の生きている多様な力が活動しているのですからね。私たちが物質を知れば知るほど、そこにはますます多くの力が見いだされ、死んだ延長などという空虚な概念は、すっかり消滅してしまうほどです。わずかな期間のうちに、大気中になんと多くのさまざまな力が発見されたことでしょう。[454] 新たな化学は、はやくもすべての物体のうちに、引力や結合力や溶解力や斥力など、なんと多様なエネルギーを見いだしたことでしょう。磁力や電力が発見される以前には、そんな力が物体のうちにあるとだれが予想したでしょう。物体にはこのほかにどれくらいたくさんの力が発見されないまま眠っているのか、見当もつきません。

スピノザのような思索的な精神の持ち主があんなに早く舞台から消えなければならなかったのは残念なことです。科学のおかげで彼の体系もさらに見事なものになったでしょうに、その科学の巨大な進歩を彼は体験できなかったのですからね。

テオフロン　私たちだってこの世を去らなければなりませんし、後世の探求にゆだねられているものを体験することはありませんよ。いま生きているうちに神の臨在と活動を認識し、神がどこでどのように啓示されるかを認識すれば十分です。

　スピノザに言わせれば、神のどんな属性も、あるいは私たちの呼びかたでは、創造において啓示される神のどんな力も、一なる無限なものを表現しています。この点はどのようにしてつじつまをあわせますか。世界の部分はどれも、場所と時間についてのみならず、それぞれに内在している自然のエネルギー、つまり神的なエネルギーについても制限されているわけですが。

フィロラウス　空間も時間も無際限なのではないでしょうか。そこではなんと無数の神的な力や形式が啓示されていることでしょう。場所と時間からみれば、同じ現象はふたつとありえないのですから、新たな若返りをくり返してやまない神的な美のこの源泉からは、なんという無限性が生じてくることでしょう。天空を眺めてごらんなさい。あまたの恒星と世界からなるあの銀河を。ひょっとしたらまさにいま、［455］われらが民族のコロンブスが、[*19]肉眼では見えないくらい小さな星雲のかけらに住まう新たな銀河の支配者を、望遠鏡で発見しているところかもしれませんよ。なんと瞠目すべき時代に私たちは生きていることでしょう。前代未聞の信じがたいほどの神の啓示の数々が天から降りそそいでいます。それはどれも、これらの世界のすべてをかつて創造し、いまも支えてくれているあの根源的な実在の偉大さを、それぞれ新たに表現しているのです。

「無限のもののうちに無限なるかたが、一にして永遠なるかたが存在する
なにかを表現していようと、存在していようと、またなにかを保持し創造していようと、そのかたは
ひたすら一つであり、
いつでもおのれに等しく無限である。彼が思考した法則は、まるで永遠の柱石のように確固としてい

る。

それらの法則から、彼が思考したとおりに変化が流出し、しかも全能の能力はあくまでも法則のうちにある」(5)。

(5) アウグスト・ヘニングス『哲学試論(*Philosophische Versuche*)』(コペンハーゲン、一七八〇年)より〔この引用は、同書のヘニングスの頌歌「神」の複数の箇所を自由につなぎあわせたものである〕。

テオフロン　すばらしい。さすがです、フィロラウスさん。無際限な空間と無際限な時間における自然力どうしの結合を度外視しても、それぞれの自然力そのもののうちに無限なものが含まれていることを、最後の一行で同時に示唆なさいましたね。[*20] どんな生きものにおいても現われている力の内的な充実を考えてみてください。生きものはどれも、おのれに植えつけられた巨大な活動性によって生じ、ほかでもないその活動性によって維持され繁栄できたのです。動物の身体構造のなかでじつに黙々と活動している力を考えてみてください。動物の諸部分はなんという能力とつながっていることでしょう。彼らは動きまわり、体液を全身にめぐらせ、自分に定められているすべての行為をいとなんでいますし、ついには、本性からして同種である生きもの、つまり同等の資質にしたがって自力で生きて活動するおのれの似姿を産みだします。そのためには、どれほどの歯車とばねをもつ装置が要ることでしょう。〔456〕世代交代は、〔生きものに〕根を下ろし内在している神の能力の奇跡にほかなりません。思いきった言いかたをしてよろしければ、神はどんな有機体にもいわばみずから身を縮めて入りこみ、[*21] この生物のうちで永遠の法則にしたがって、ちょうど神が自分ひとりで活動できるのと同じように、ゆるがず変わることなく活動しているのです。

私たちが死んだものと呼ぶ物質のどの点をとりあげても、そこには負けず劣らずの神的な力ががんばっています。私たちは万能の力にとりかこまれ、万能の能力の大海に浸っているのです。ですから、「神は、いたるところに中心がありどこにも周がない円である」というあの古来の比喩[*22]はいつでもかわることなく真実です。空間も時間も私たちの想像力のたんなるイメージであって、想像力からすればそのどこにも限界など見つけようがないのですから。

ですから、時間は永遠性の象徴的なイメージにすぎないというスピノザの表現は、とても適切だと思います。私もあなたと同じく、スピノザが空間も不可分のものの絶対的な無限性の対極にほかならないと考えていればよかったのにと思いますよ。永遠なものの実在が測定不可能なのは、けっして私たちにとってだけではありません。永遠なものはそれ自体においてどんな尺度も受けつけず、その活動のどの点にせよ、それがひとつの点であるのは私たちから見てのことにすぎず、そこでは永遠なものがみずから無限性をまるごと担っているのです。

フィロラウス　心配なことがありましてね。それ自身によって無限なものと、想像力のなかで空間と時間にもとづいて思考される無際限なもののちがいがわかる人なんて、まずいないでしょう。[457]ところが、このちがいはまぎれもなく真実であり欠くべからざるものなのです。私たちは制限された存在として、空間と時間に浸っています。ですから、なにを数えるにも測るにも、私たちは空間と時間の尺度を使いますし、想像力のイメージを抜け出して、こうした尺度をすべて排除するような純粋概念へと上昇するときは苦労するものです。このちがいがわかっていれば、世界そのものでありながらなおかつ世界の外にいる神についてこんなに議論になることも、きっとなかったでしょうし、ましてやスピノザにたいして、神を世界に閉じこめ、それと同一視しているなどという嫌疑がかかることもなかったでしょう。理性の観点からする無限なものと想像力の観点からする無際限なものが同一でないのと同様に、スピノザの言う最高に現実的である無限な実在も世界そのものではありません。ですから、世界のどの部分も神の一部だということにもなりません。単純な最高の実在はけっして部分をもたないからです。いまならはっきりわかります。われらが哲学者にたいしては、無神論の罪を着せるのとおなじくらい汎神論の罪を着せることも不当なのです。彼はこう言っています。「すべての事物は様態である」[23]。あるいは、もっとあたりさわりのない言いかたをしたければ、すべての事物は神的な力の表現であり、世界に内属している神の永遠の活動の顕示なのであって、まったく不可分で唯一なる存在の断片的な部分などではありません。

テオフロン　フィロラウスさん、それはそうですが、スピノザの敵にとっては多くの過激な表現がさっきのような誤解のもとになったのかもしれませんよ。この点は否定しないでおきましょう。なにしろ彼らは、いくつかの用語にこだわるばかりで、〔458〕スピノザの明快きわまりない原則によってそれを解明する気はなかったのですから。

スピノザはみずからの体系を過大に評価していただけでなく、実体という言葉に異例の意味を与えて体系の基礎にすえました。しかも彼は、物質は延長にすぎないというデカルト流の霧をふり払うことができなかったため、その体系の半分ほどは過激な表現を選ぶしかありませんでした。とはいえ、彼にたいしては神の実在と世界の実在をごちゃまぜにしたなどという誤解をなすりつけるべきではありませんでした。彼の議論の多くがこんなにもやっかいなのは、彼が神の実在と世界の実在をいつも区別したがっているくせに、「これこれの様態、これこれの属性において見られた〔かぎりの〕神[24]」という言葉づかいを十分に繰り返せていないからにほかなりません。力と活動という概念を選んでいれば、彼にとってすべてはもっと容易になっていたでしょうし、彼の体系もはるかに見通しがきいてつじつまの合うものになったでしょう。しかし、哲学的な真理をもっとわかりやすく結びつける作業は、徐々にしか進みませんでした。

ライプニッツというあの学問上のプロテウス、[*25] ほかのだれにも先んじて物事を結びつけて考えられる頭脳の持ち主は、デカルトやスピノザやホッブズといった人びとのじつに多くのわかりにくい考えかたに寄りそいながら、真理をもっとわかりやすく結びつけるという功績を挙げました。〔459〕多様なものをうまい具合にやすやすと結びつける手腕は、思うにライプニッツのもっとも輝かしい才能でしたね。まったく取るに足らないような論文においてさえ、彼はよく大事な種を落としていったのですが、それらはヴォルフという彼にはおよそ釣りあわない後継者によってすべてが拾いあげられるにはほど遠く、ましてやすっかり収穫されるにはいたっていません。ライプニッツ自身には、自分自身の富を使い尽くす暇がありませんでした。あまりにも多くのことに気を散らして、結局は早死にしてしまいましたからね。

フィロラウス　テオフロンさん、さきほど精神と物質のあいだの媒介概念として実体的な力を教えていただいたときに私も同じようなことを言いたかったのですが、いまの発言でさきを越されてしまいました。このドイツの哲学者にたいして、あなたは際立った功績を認めておられましたね。つまり、物質をすべてと見なすか、さもなければ無つまりたんなる延長と見なすしかなかったデカルトやスピノザやホッブズらの過激な意見表明のあとで、物質の現象の根拠として非物質的な諸実体なるものを形而上学に導入したのはライプニッツが最初だった、と。しかし、その導入のあとで、思考と物質の予定調和という仮定は必要だったのでしょうか。まるで両者がふたつの時計のように、一致してはいても、それぞれまったく独立に動いているという話です。意味深いとはいえ、ひどく強引な仮定のように思うのですが。さらに、彼の言う物質は、まさに非物質的な力によって生かされ、その力のいずれにたいしてももっと高次の種類の非物質的な力が作用することができるのでした。〔460〕こうしていわゆる物理的な影響もほかならぬ彼の体系によって証明されました。自然はいたるところでこの影響を私たちに示しており、恣意的な仮定を立ててそれに逆らうことはできません。神の世界はまるごと非物質的な力の王国になります。そうした力はどれもたがいに結合しなければ存在しません。それらすべてが結合し相互に作用してはじめて世界の現象と変化が生じるからです。ライプニッツがこの一歩を踏み出したとき、そのための犠牲はなんと小さくてすんだことでしょう。なにしろ、彼の言う予定調和は、じっさいにはすでにデカルト主義に、その誤りとして含まれていましたし、スピノザやゲーリンクスといった人びとは、精神と身体の区分をそれによって根拠づけているのですからね。だから、ライプニッツはこの仮説の考案者でさえなかったのです。それどころか、こんな考案はごく簡単なのですから、彼独自のもっと美しい真理のために犠牲にしてもよかったくらいです。

テオフロン　彼がもっとうまい説明をしようにもできなかったのは、こんなふうにデカルト哲学に近かったせいにほかなりません。どんなにひどい人間精神でも、場所と時代にしばられていわば一定の思想のなかで成長したあとで、苦労しながらではあれ、そこから身をふりほどけるようになるのが運命というものですからね。

ライプニッツがその哲学的生涯のピークを生きたのは、思想的にはドイツよりむしろフランスでした。フランスで彼はじつに多くの人と交流し、彼の明敏な知性はかの地においてはじめてヨーロッパ全土に輝いたのです。当時のフランスではデカルトとマールブランシュが、受容されるにせよ反論されるにせよ、おおかたの名声を博していましたからね。〔461〕このため彼の努力も、どこよりもまずフランスというこの栄光の戦場に傾注されました。こうして彼が予定調和の仮説をたくみに仕上げたおかげで、この仮説は新説のように思われて、デカルト〔主義者〕の機会原因もマールブランシュの神の直接の介入もお払い箱になりました。もちろん、この仮説がデカルトの不完全な原則のうえに建てられていたことに変わりはないですがね。ライプニッツは他人の理解力にあわせて語るのが大好きで、彼がきわめて意義深い仮説の数々を考案したのもそのためでした。彼は、のちにモナドロジーの学説によって身体〔物体〕の形而上学にまったくべつの道をさし示したとき、かつて好評で迎えられて彼の名声をおおいに高めた予定調和の仮説はそのままにしていました。なぜなら、予定調和の仮説は、モナドロジーという新しい仮説といっしょに並べられてもある程度までは自己弁明ができたからです。たとえ精神と身体のあいだの予定調和がなくなっても、力と力のあいだに調和が残れば、調和はとにかく存続します。どうやって力が力に作用するか説明できる人は、今も昔もいませんからね。

フィロラウス　ご自身の崇拝する人物をじつに見事に救い出しましたね。でも、私にも言わせてください。スピノザの言葉づかいはなにしろ難解そのものですが、〔462〕そのスピノザのどこを探しても、まさに彼自身も根本に据えている予定調和ほどのこじつけは見つかりませんでした。

テオフロン　フィロラウスさん、技巧というものはまさに難しいことを楽々と乗りこえるものであって、ひどく強制されてやったことでも自由にのびのびと演じ気持ちよさそうに見せる稀有な才能によって成りたつことだってありますよ。〔463〕そんなこともごぞんじないのですか。コロンブスが卵を立てて見せたのも、ライプニッツが予定調和の仮説を形成したのもそうでした。それ以外の多くの仮説が形成されたのも同じようにしてです。

フィロラウス　そんな技巧は、どんなに才能ある頭脳が考えだしたものだろうと、哲学にかんしては願い下げにしたいですね。実直に自然の歩みに付きしたがわなくてはね。

テオフロン　実直でありながらも抜け目なく注意して、と言うべきでしょう。なにしろ自然は、単純でありながらも豊かです。ライプニッツができなかったこと（というのも、彼は形而上学の体系を書きませんでしたからね）も、ほかの人がなしとげるでしょうし、すでにいろいろな試みがおこなわれています。一部の人びとの思いこみとはうらはらに、哲学はけっして停滞しませんし、たとえ哲学がしばらく休んでいるとしても、それは見かけだけでかならず哲学に寄与するものです。それでも、物理学と自然誌は力強く進歩しますし、［464］思弁哲学は形而上学（Metaphysik）にすぎず、自然科学のあとを追うもの（Nachphysik）にすぎないのですから、[*26]数世紀にわたってそうしてきたし、残念ながらそうするしかなかったとおり、思弁哲学がでしゃばらないほうが人間精神にとってはいつでも有益でしょう。

フィロラウス　でも、デカルトの時代から思弁哲学は数学というもっとも厳密かつ純粋な学問に付きしたがおうとしてきましたよね。

テオフロン　哲学は数学に付きしたがい、この先導者が教えうることはすべて学びとりました。それは概念を規定し、証明や議論の秩序を厳密にするといったことです。じっさい概念を恣意的に理解したり、中途半端に抽象化したりするようでは、それをどれほどすぐれた方法的秩序にしたがって数学的に純粋に記述してもなんの役にも立ちません。証明が詭弁になるばかりか、厳密な形式そのものが真理のじゃまをしかねません。これこそ、私たちがスピノザに見たものです。物質という概念ひとつだけでも、それを恣意的に想定したせいで、属性や様態や空間や物体〔身体〕といったものについて、またべつの恣意的な説明をごっそり誘いだしてしまいました。数学的な方法は、そうした説明を首尾よくなしとげることはできませんでした。

作品批評のばあいなら、散文で無意味なことは韻文でも無意味にちがいないという試しかたがあります。［465］だったら、自由に議論すると感情を害するような過激な表現は幾何学的な形式だけで埋めあわせできるはずがありません。この種の命題は証明されているように見えるのに、私たちのほうが方向を決めなければならないとなれば[*27]、むしろ腹が立つでしょうね。

フィロラウス　当てにならない哲学ですね。読者のほうが方向を決めなければならないなんて。哲学のほうこそ、そもそも方法についてもわれわれに方向を決めるよすがを与えるはずなのに。それでも、スピノザが無神論者でも汎神論者でもないというのはよくわかりました。でも、彼には第三の結び目がまだ残っているように思います。

テオフロン　どの結び目のことをおっしゃっているか、すぐにわかりますよ。その結び目のなかに、それこそもっともすばらしい黄金のかけらが見つかったらどうしますか。

フィロラウス　そうなればとてもうれしいですね。それを解くためならどんな労もいといませんよ。それにしても、あなたがこのまま教えてくださったスコラふうの頌歌の作者はだれなのですか。

テオフロン　火刑に処された無神論者のヴァニーニです。彼は刑場に着いたあとも一本のわらくずをかかげて言いました。「不幸にしてこのわらくず以外に神の存在証明を見いだせないなら、私にはこのわらくずで十分です」とね[*28]。

フィロラウス　それなのに火刑に処されたのですか。こともあろうに異端として。

[466]　**テオフロン**　彼はうぬぼれ屋の若者で、多才で、名誉欲も人一倍でした。哲学のユリウス・カエサルになろうとして[*29]、その悲惨な供物になったのです。彼の頌歌はお気に召しましたか。

フィロラウス　ヴァニーニの時代にしてはとてもよいと思います。ラテン語の表現はいかにも当時ののですし、最高実在についての理論はスコラ的ですが、第二部はじつに実感がこもっていて熱烈ですね。詩人はみずからの対象によって満たされており、彼がいなくては私たちが存在しなくなるようなあの唯一なるかた、つまり、彼によってこそ私たちはみずからが現にそうであり、なすことができ、じっさいになしているとおりのすべてであるようなあの唯一なるかたを表現するために、あらんかぎりの言葉を尽くしています。

テオフロン　でしたら、最高の実在をめぐる東方の箴言《しんげん》をあつめたこの紙もきっと期待を裏切らないでしょう。それらはオリエントの言葉の精神において考えられており、したがって歌われるのもその精神においてであって、その精神においてしか読みようがありません。われらがスピノザについてはまたあしたお話ししましょう。

＊＊＊

神、――東方の国々の箴言抄

私たちは神のうちに生き、活動し、存在しています。私たちは神の種族です。[*30]

＊＊＊

すべての事物は神によって、神において、神のために存在しています。神に永遠の栄光がありますように。[*31]　パウロ

＊＊＊

[467]　私たちがどれほどたくさん語っても、言い尽くすことはない。神はあらゆる思考の総体であ

り、万物なのだから。[*32] シラ書

＊＊＊

「私」と言えるのは神だけ。神の王国は永遠でその望みはおのずから満たされる。神以外に「私」と言う者は悪魔である。

＊＊＊

被造物はすべて二種類の性質をもつ。というのも、それらは一方では力をもちながら他方では弱いから。ひとつのものに充溢があると同時に欠乏もある。知と無知はあわせてひとつであり、力と無力、生と死もおなじこと。ただ創造主のばあいだけ、その力には限界がなく、その富には欠如がなく、その知には死角がなく、その生には死がない。すべての事物は二重の性格をもつが、神だけは唯一にして永遠である。

＊＊＊

神よ、人間どもがあなたを測るときの尺度は、あなたを測るためのしかるべき尺度ではありません。あなたの本質は、ただあなたの本質からしか理解できませんから。というのも、永遠に存在するものと時間のうちで創造されたものの関係はいかなるものでしょうか。ほんのわずかな水と土にすぎないものとすべての事物の主の関係はいかなるものでしょうか。[*33]

＊＊＊

天上で神の栄光の神殿に讃美をささげる人びとは、告白して言う。「神よ、私どもがあなたを崇拝しても、それはあなたにふさわしい崇拝ではありません」。彼らは、神の輝かしい美をほめたたえるとき驚愕に立ち尽くし、こう嘆く。「神よ、私どもがあなたを認識しても、それは真の認識ではありません」。

〔468〕さて、ほかならぬ私が、だれかに神を称えるよう求められても、まともな心をもたないものが、かたちのないものをどうして語れようか。愛するものは愛されるものの供物となり、供物は言葉をうしなうばかりである。

＊＊＊

神を観照する誠実な人物は、こうべを垂れて観照の海に沈潜しているかのようだった。彼がわれに返ったとき、ある親しい人が声をかけて言った。「あなたがおられた庭園にはどんなに美しいものがありましたか。私たちにも教えてください」。

彼は答える。「私は薔薇をつもうとしました。私の衣に、胸にそれをいっぱいに詰めこんで、友人たちへの贈りものにしようと。美しいさわやかな薔薇が咲きほこる茂みに、たしかに近づいたのですが、その強い香りに恍惚となって圧倒されてしまいました。衣もあつめた薔薇もすべて手から落ちてしまったのです」。

声高らかに歌う小夜啼鳥《さよなきどり》よ、愛のなんたるかを虻《あぶ》に学ぶがよい。虻はいとしい炎に飛びこみ、羽を焦がす。死んで沈黙したまま炎にのみこまれる。

神について大言壮語するおしゃべり屋は、神のことなどまるでわかっていない。神を知る者は沈黙する。

ああ、あなたはあらゆる思考よりも、あらゆる判断よりも、どんな意見よりも、どんな想像よりも高い。私は父祖の語ったことを読みつくし、聞きつくした。語らいと生命は終わり、私はまさにあなたを描きだそうとしている。[*34]

第3の対話

フィロラウス　なんと美しい女神でしょう、あなたがごらんになっているのは。愛の女神のように美しく、知恵の女神のように厳粛ですね。ヴェールで覆われた胸元に目をやって左手をかまえ、その手にのせたなにかを測っているかのようです。〔469〕測られるほうの手には木の枝を一本もっています。彼女の歩みは静かで、ものごし全体に崇高な優美さがありますね。

テオフロン　これはギリシア人の言うネメシスで、観念の擬人化のなかでもとくに私のお気に入りです。厳粛で美しいですね。なにしろ正義の女神の娘ですから、賢明で善意に満ちた女神にきまっていますよ。だからこそ彼女は死すべき人間の行状と幸福を右手で測り、公平を期すために胸元を見おろしています。そして、おめがねにかなった人間に与えるために、ほうびの枝をもっているのです。ふつうは足元に車輪もついています。傲慢な人間が繁栄を誇ったら、彼女がたちまち軽々と駆けつけてそれを挫き、彼を滅ぼすことを示すためにね。この立像では、作者がそのシンボルをとりのぞき、そのかわりに、あなたがおっしゃったとおりの静かな歩みと、おだやかでしっかりとしたものごしを与えました。じっさい、私たちのネメシスには、恐怖と没落をもたらす車輪なんていりません。女神自身の厳粛ながらも善意に満ちた顔つき、思慮深い節度とその手のなかの幸運の枝だけでシンボルとしては十分で、私たちにあの確固たる自然の真理を思いださせてくれます。「事物が存続し繁栄し、そもそも存在するということからして、すべては節度と均衡と秩序によってのみ成りたち、それによってのみ維持される」とね。

フィロラウス　テオフロンさん、あなたがいまおっしゃったのは、私が現代のライプニッツと呼びたいくらい尊敬してやまない哲学者ランベルトのテーゼそのものですよ。『新オルガノン』でも〔470〕『建築術』[*1]でも、彼はつぎのような真理に倦むことなくくり返し立ちもどります。

　「制限された事物がいたるところでそれぞれに持続し実在しているのは、対立する規則を相殺させあい制限させあう原理のおかげである。それゆえ事物の存立と内的な真理、そしてそれに伴う均衡や秩序や美や善意はある種の内的な必然性にもとづいている」。

つまり、ランベルトは、測る腕をもち枝を手にしたあなたのネメシスが、数学や自然科学や形而上学の規則であることを示しているのです。

テオフロン　そんなふうな姿のネメシスだって、私は好きですよ。まるで異質なものを比較してよければ、そちらのネメシスのほうが、芸術家が描きだすような姿かたちのネメシスより好ましいくらいです。芸術家はたくさんのシンボルを組みあわせることに甘んじるしかありませんでしたが、〔学問の〕抽象的な真理は同じシンボルを必然的な概念規定そのものとして示してくれますし、したがってネメシスの尺度もほうびの枝もはるかに本質的な姿をとるようになります。ところで、ネメシスの変転の車輪は、あなたのおっしゃる数学的な公式のどこにあるのですか。

フィロラウス　この賢人はそれを忘れていません。彼は、

「事物やそのシステムは、もし持続を損なわれることがあれば、あれこれの仕方でふたたび持続に近づこうとする」

と述べ、その仕方をあきらかにしました。

テオフロン　すばらしい。フィロラウスさん、あなたはこうした科学的な公式の長所がわかってらっしゃる。常識が日常経験のなかでぼんやりと、しかし直観的に気づいているものを、科学の公式は明確にして普遍法則に変換し、さらにそれが可能なばあいには数と量に変換します。そうすればその主張は、きちんとした確実性という点だけでなく、[471] 後世の人びとが個々の事物において随意に追求できるような普遍的な応用という点でも価値をもちます。おそらくあなたのランベルトも同じことをしたのでしょうね。

フィロラウス　大いにそうしましたとも。彼は持続の原理が多様きわまりない対象に適用できることをいろいろな実例で示し、どんなに制限され合成された力のシステムにもそれを見いだしています。たとえば、彼はある論文で人体の運動を計測し、そこに一連の原理を見いだしました。同様にして、彼は秩序の理論を構想し、彼の言う持続を美や善意や有用性といった対象にも適用しはじめたのです。彼は、何度も望みを語っていましたよ。合成され制限された力のいかなるシステム――たとえば宇宙の構造のようなものです――においても、こうした規則が証明され適用されればよいのだが、とね。ランベルトが若くして亡くなったのは彼が開拓したいくつもの学問には痛手でしたが、まだ健在なら、きっと大好きなこのテーマをもっと追究していたことでしょう。

テオフロン　彼が亡くなったのは残念なことです。でも、もっとほかの聡明なひとたちが、彼が未完成のまま残したものを開拓するでしょう。数理物理学においてはすでに、同じような法則や最高の知恵に準ずるものがたくさん発見されています。それらはいかなる恣意も寄せつけず、思考する精神にたいして「どんな事物の存在と持続にも内在している完全性と善意と美」を見事に理解させ、筆舌に尽くしがたい喜びを感じさせてくれます。たしかに、はじめのうちはこのいくつかの所見からあまりにも多くを推論しようと欲張りすぎたきらいはあります。しかし、それでもこれらの発見の美しさは損なわれません。誤謬は修正されて真理が残ります。真の物理学が進歩するほどに、私たちはやみくもな能力と恣意の王国からますます脱出し、〔472〕賢明このうえない必然性の王国に、つまりそれ自体で確固とした善意と美の王国に入ってゆきます。ほがらかで明晰な信念をもっていたるところに創造のはたらきを察知するなら、無意味な恐怖はことごとく消え去ります。なにしろ創造にあっては、どんなに小さな点にも、知恵と善意をもつ神の全貌がありありと現われていますし、この被造物の実在から見れば、神は分割されてもいなければ分割不可能でもあるような力で活動していますからね。

　たとえば、ひとつの彗星が地球を呑みこみはしないかといったむなしい恐怖はどこに残っているでしょう。いまでは天体の運行がさらに厳密に認識されて、七十を超える天体の運行が計算ずみなばかりか、自然法則のうえではパニックを心配しなければならない事例さえ計算ずみですからね。そうした事故の起こる可能性は、計算してみればきわめて低くなり、宇宙を成りたたせている力の内的本性からすれば、ほとんど無も同然です。天体がたがいの引力のせいでいつかは陥ってしまうと言われた不規則な状態やその悲惨な結末について、人びとはどれほど妄想をたくましくしたことでしょう。むなしい恐怖は、ものごとをもっと明晰に認識するだけで消えさります。不規則な状態が相殺されることはすでに発見されたとおりです。慈悲深く美しい必然性ではありませんか。私たちはいたるところに広がるこの必然性の支配下を生きているのです。この必然性は、最高の知恵の子であり、永遠の能力とは双子の姉妹どうしであり、いっさいの善意や浄福や確実性や秩序の母です。[473] この必然性をあらわすもっと美しい古代の像を私が知っていたなら、ネメシスはさらに高位のアドラステア[*2]にすぐにでも地位を譲るところですね。

フィロラウス　すると、私が結び目を解いたら下さるとおっしゃっていた黄金のかけらというのはそれのことですか。この結び目は、神の本性の内的な必然性と結びつけてスピノザが突きつけてきたものでしたね。

でも、テオフロンさん、まだ結び目は解けていませんよ。彼は創造における神の意図すべてをなんと厳しく否定することでしょう。神には知性も意志もないことを、なんと決然と語ることでしょう[*3]。存在しているすべてのものをあくまでも神の無限の能力から演繹し、その能力を知性や意図を超えたものと見なすばかりか、それらから完全に分断しさえするとき彼はなんと決然としていることでしょう。ごぞんじのとおり、こうした主張のせいでわれらが哲学者は過激このうえない敵を呼びよせました。スピノザをとても尊敬していたライプニッツでさえ、『弁神論』[*4]できわめてはっきりとそれに反対しています。あなたがこのひどく目ざわりな主張を、健全な理性や、そのほかの点ではじつにすばらしいスピノザの体系と統一なさるのなら、[474] 私はあなたに枝をさしだすネメシスになりたいものです。

テオフロン　枝を受けとるのは真理の手からだけにしたいですね。だって私には、つぎの二点をはっきりと証明できるのですから。つまり、一方でスピノザは、こうした主張をしながら自分の言っていることを完全には理解していませんでした。なぜなら、この主張は、彼がその体系において受けいれ、時代にあわせて受けいれるしかなかった悪しきデカルト的な説明の帰結だからです。また、他方でスピノザの表現があいまいだったというよりも、人びとのほうがはるかに誤った仕方で彼を理解してしまったのです。しかし、デカルトのあの誤謬を取りさり、スピノザ独自の体系がそのうえに構築された基本的な思想だけにしたがってスピノザの主張を解明すれば、それらはおのずからあきらかになって霧が晴れます。私の考えでは、スピノザはライプニッツに一歩先んじてさえいます。ライプニッツは慎重でしたが、この点ではスピノザについてゆくにしても、おそらく慎重すぎたのです。

フィロラウス　とてもそそられるお話ですね。

テオフロン　まず私は、スピノザが神を思考しない実在としてでっちあげたなどということは完全に否定します。これ以上に彼の体系にそむくような誤りはまずありえません。神の実在は彼において徹底的に現実です。スピノザ自身はことのほか思考に沈潜する人物だったので、こうした完全性も、つまり私たちが認識するなかで最高の完全性といえども実在していると内面で評価し感じとらずにはいられなかったのです。したがって、神の最高の実在は、いっさいの完全性を最高に完全な仕方で有しているのですから、そのなかでもっとも卓越した完全性である思考を欠くはずがありません。だって、もしそんなことになったら、どうしてさまざまな思考やイメージが、制限されながらも思考する被造物〔人間〕のうちに存在するのでしょう。〔475〕制限されながらも思考する被造物だって、スピノザの体系によればすべて最高に実在的な存在の表現であり実在的な帰結にほかなりませんし、さらにこの存在は、彼の説明によれば自立的に存立するものの名に値する唯一のものなのですよ。だからこそ、彼がはっきりと言うように、神における無限の属性には無限の思考という完全性も含まれるのです。スピノザがそれを有限な実在の知性やイメージのありかたから区別するのは、神における思考が種において唯一であって、有限な実在の知性やイメージとはまったく比較にならないことを示すためにほかなりません。あなたも彼の比喩はお読みになりましたね。〔476〕神の思考と人間のイメージの関係は、犬座と呼ばれる天の星と地上の一匹の犬の関係とほとんど変わらない、と。[*5]

フィロラウス　あの比喩には、教えというよりむしろ衝撃を受けましたよ。

テオフロン　あれは教えを授けるものではありませんでしたからね。すぐにわかることですが、あの比喩にはじつは比喩を成りたたせる共通項がありません。それでも、つぎのようなことはわかります。つまり、スピノザはここでも神というもっとも価値ある最高概念の熱烈な信奉者で、被造物の個々の現象とのあやふやな比較のために神を引きずりおろすどころか、むしろ鋭すぎるほどの把握と過激なまでの表現をしたのです。しかし、思いきって言わせてもらえば、私たちの魂のうちなるすべての純粋で真実で完全な認識はいわば神的な認識の公式のひとつにほかならないということを、スピノザ以上に強く主張した者はいません。まさに彼は人間における神的なものの本性を、ほかでもなく神とその属性と活動の純粋で生き生きとした認識のうちに置いたのです。

フィロラウス　しかしですね、まさにそのせいで、彼の言うような思考する無限な実在というのは、個々の被造物において現実となり生きている知性と思考の力のすべてをあらわすたんなる集合名詞[*6]になってしまいませんか。

テオフロン　では、神は集合名詞だとおっしゃるのですか。このうえなく現実的な実在はまがいものであり、個々の人間が抱くイメージの影だと。それどころかたんなる単語、名前の響きだとでも。つまり、最高の生命に満ちた者が死んだ者であり、〔477〕もっとも活動的な者が、人間の力の鈍重このうえない最低の活動だとおっしゃるのですか。フィロラウスさん、もしあなたが本心からそんなことをスピノザに押しつけて、彼の体系をまるで正反対の体系にしてしまえるとしたら、あなたにスピノザの本をさしあげて、彼についてひとことなりとも言葉を交わしてしまったことを残念に思います。失礼ながら、本心を率直に打ち明けますよ。本心を打ち明けても、あなたには痛くもかゆくもないと思うからです。なにしろ、過ちを犯すときでさえすくなくとも一本筋がとおっている賢人を、あなたほどのかたがどの頁も端から端までそんなふうに誤解したなんてことはありえないからです。どうやらあなたは、前世紀の彼の敵の口を借りて語ったようですね。もちろん、そんなことは許されませんがね。

フィロラウス　かっとなってはいけません。対話をしていれば、ときには異質な意見を招きいれることだってありますよ。それが話題を展開する一助となり、対比による説明をしてくれるのならね。私自身としては、『エティカ』を読んで以来、その点にかんするスピノザの考えについてはまったく疑いがありません。神を世界の抽象的で死んだ論理的帰結にしたがる連中に反対して、彼はどれほど熱弁を振るっていることでしょう。彼においてこの唯一の実在は、すべての存在と思考の原因であり、ひいては私たちの理性の原因でもあり、すべての真理の原因でもあれば、真理の結びつきすべての原因でもあるのですから。彼は完全無欠な観念をなんと堅く守ることでしょう。彼にとってそれは永遠の神的な実在の認識であり、それ自身が神的でもあります。〔478〕それは事物を偶然ではなく必然のものとして永遠の相のもとにイメージし、まさにこの内的な必然性を、神がなしうるのと同じようにおのれ自身にもとづいて確信していますからね。[*7] 死すべき人間のなかで人間の心の本質をこれほど高めたひとはスピノザ以外にはいません。なにしろ、心はその本性の力によって真理を認識し、真理をそのものとして愛するというのですから。そのスピノザが、すべての認識の根源であり対象であり総括である彼の神を、まるでポリュペモス[*8]さながらやみくもにでっちあげるなんてことがあるでしょうか。私はこんな見当ちがいの非難を彼にたいしておこなったことを、彼の精神の前で恥じ入りたいくらいです。

テオフロン　それならよいのです。スピノザによれば無限で根源的な思考力、つまりいっさいの思考の根源が神の本質をなしています。この体系によれば、神のうちなる無限な活動力については疑いようがありません。

フィロラウス　そのとおりです。スピノザによれば知性と意志は一体をなしているくらいですからね。つまり、われわれなりにもっと穏当な言いかたをすれば、最善を洞察する知性はかならず最善を意欲し、知性にその力があれば最善を実現するのです。ともあれ、彼の言う神の無限の能力については疑いようがありません。スピノザはこの能力に万物を従属させ、そこから万物を導出するのですからね。

テオフロン　彼は無限な思考力と活動力を結びつけませんでしたし、[479] 両者を結びつけていれば必然的に見いだしていたこと――最高の能力は必然的にもっとも賢明な能力でもあり、つまりは内的な永遠の法則によって秩序づけられた無限な善意であるということ――を、その結びつきのうちでさらにはっきりと表現することもありませんでした。彼にはなにが欠けているのでしょう。というのも、無秩序で不規則でやみくもな能力はけっして最高の能力ではないからです。そんな能力がすべての秩序と知恵と規則性の模範にして総体であるはずがありません。私たちは制限された生きものですが、それでも被造物のうちなる永遠の法則にしたがってそうした秩序や知恵や規則性に気づいています。もちろん、被造物それ自身はそんな法則など知りませんし、それをおのれの永遠の内的な本性として行使することはありませんけれどね。やみくもな能力はかならずや秩序ある能力によって凌駕され、したがって神ではありえません。

こうした点についてスピノザがあんなふうにあいまいなままで、おのれ自身の体系の一貫した強みに気づかなかったのはどうしてなのでしょうね。

フィロラウス　テオフロンさん、やっとわかりました。ちゃんとした道筋に連れ戻してくださって、ありがとうございます。ここでもスピノザからせっかくの光を奪ったのは、あいもかわらずデカルト流の誤った説明なのですね。つまり、スピノザにとって思考と延長はふたつの触れあうことのない事物として対立しあうことになるのです。思考は延長によって、延長は思考によって制限されようがありません。スピノザは、両者を神という不可分の実在の属性と考え、それぞれを他方から説明しようとはしなかったので、両者がそこで接合されるような第三のものを考えざるをえませんでした。彼はそれを能力と呼びました。もしスピノザが物質の概念と同じように能力の概念も展開していれば、〔480〕物質の概念においてのみならず、自分の体系の帰結としても、物質にあろうと思考の器官にあろうと同じように活動するような力の概念に必然的にたどりついたにちがいありません。そうすれば彼は、思考の概念においても、能力と思考を力という同一のものとみなしたでしょう。思考もまた能力であり、しかも、もっとも完全で端的に無限な能力です。それは思考そのものが、おのれ自身において根拠づけられる無限な能力に属するもののすべてでもあれば、そのすべてをもってもいるからにほかなりません。これで結び目は解けました。そこに仕込まれた黄金はもう目前ですよ。永遠の根源力、つまりすべての力の力はただひとつです。しかも、この力はどんな属性においても、私たちのか弱い知性がこの力をどれほど分割しようとも、変わることなく無限です。

神は、その本質の永遠の法則にしたがって思考し活動するものであり、神自身にしか思考しえない仕方で、つまりはもっとも完成した仕方で完成のきわみにあります。神の思考は知恵をもつどころか知恵そのものであり、神の活動はたんに善いのではなく善意そのものです。すべてはそれとは反対のことも起こりうるかのように強制や恣意によって起こるのではなく、内的で永遠で神にとって本質的な本性によって、根源的で完全きわまりない善意と真理によって起こるのです。

ようやく私にもわかりましたよ。なぜスピノザがあんなに〔神の〕意図に反論し、過激にもみえる仕方でそれに反論するのか、ということがね。彼にしてみれば、そんなものは芸術家なら手に入れたがることも、そうでないこともあるような恣意や願望です。神がみずからの活動について［481］まずは検討して、それから選択する必要などありませんでした。その活動はもっとも完全な実在の本性から流出したのであって、唯一のものであり、それ以外にはなにもありえなかったのです。[*9]

ライプニッツの名著『弁神論』のものも含めて、たくさんの神人同感説[*10]がどうにも腑に落ちなかったのを思い出しますよ。あのときはやみくもな必然性に尻込みしてしまい、代わりの改善案を出せませんでしたが、いまならこう言えます。「怖がらなくてもよかったのだ。あの光に満ちた思考する必然性、それ自身の実在の本性によって存在し活動するような必然性を讃えるためには、やみくもな必然性など必要ない」とね。テオフロンさん、いま『弁神論』をおもちですか。

テオフロン　いくつかの言語のものがありますよ。でも、あなたにはわれらがごひいきの詩人のひとりの手になる短縮版の弁神論をお見せしましょう。ここの連をお読みなさい。

フィロラウス

「神が世界の創造にさいして目の当たりにしていた裂け目は
いまも開いたままだ。
可能なものの王国がいつもながらの夜から湧き出てくる。
無数の魅惑的な設計図が
合図ひとつでたちまち実現するたびに
世界は変貌してつねに新たに壮麗だ。
〔…〕だが、私を恍惚とさせたもろもろの世界を覆いかくすように黄昏と冷たい影がおとずれる。
創造主はそれらの世界を選ばず、私たちの世界を、
化けものどもの居場所を選ぶのだ[*11]」。

［482］これ以上読むのはかんべんしてください。どういう結末になるか見当がつきますから。ライプニッツの無邪気な『弁神論』が美しい詩になっていますね。でも、神にふさわしい哲学的な純粋真理がないように思われます[*12]。神の目の前に裂け目なんて広がっていませんでした。神は、千々に乱れる思いで構想を立ててはそれらを比べ、破りすてたり選んだりする悩める芸術家みたいに座っていたのではありません。可能なものの王国が、神なしに神の外部に存在するはずがありません。彼が創造するつもりがなかったり、創造できなかったりしたものは、もともと不可能だったのですから。神が世界を観念として思いえがくということは、かつてありえませんでした。ましてや、魅力的な設計図にもとづいていて、目くばせひとつで実現するのに、結局は選ばれないままの無数の世界を神が思いえがくなんてことは、なおのことありえません。神は、どれかひとつの世界が気に入って選びとるまで、まるでしゃぼん玉で遊ぶ子どものように世界で遊んだりはしませんでした。もっと偉大な神なら、そのほかに無数の異なる世界が可能であれば、それをすべて創造できましたよ。苦労して呻吟するような弱々しい者はもともと神ではなかったのです。

テオフロン　さきを読んでください。

フィロラウス

「暁の星が彼を讃え、
混沌の深みが彼の創造の言葉に騒ぎだすまえに、

賢明このうえない者は実行計画を選びとった[13]」。美しい詩ですが、同じことばかり言っていますね。賢明このうえない者は選んだりしませんでした。〔483〕前もってあれこれ疑って考えなくてもよかったのですから、選択の必要なんてなかったのです。つぎつぎに湧いてくるアイディアとか、さまざまな計画とか、二転三転する設計図といったものはどれも、永遠不変の精神のもっとも完成した本性とは相いれません。そんなものは耳も聞こえず口もきけないような永遠性に属するものです。怠け者の神がそうした永遠を、「かつて、たったひとりで考えぬき、そのあとでようやく神は全世界をつくった[14]」というわけです。この点について、私たちはもう同じ意見です。偉大で厳格な思想家のライプニッツがどうしてこんな神人同感説を許容できたのでしょうね。

テオフロン　そんなことを不思議がってはいけません。彼が神人同感説を許容したのは『弁神論』という通俗書においてです。通俗的な表現の方法はえてしてそんなものに誘いこむものじゃありませんか。ベールがもっともらしい非難をさんざんしたせいで、ライプニッツとしても反対理由を練りあげ、そのためにすべての頁を費やすほかなかったのです[15]。じっさい、神人同感説（Anthropopathien）どころか、一連の神人同形説[16]（Anthropomorphismus）がほとんどしょっちゅう出てくるのはそのためです。私からすれば、そんな説はこの見事な書物から消えてもらいたいくらいですが、しかし、ライプニッツの時代にはおそらく必要だったのでしょう。ただ残念なのは、ライプニッツの後継者たちが、彼においてよそ行きの衣装や通俗的な表現でしかなかったものと厳密に彼の体系に属するものとを、かならずしも区別していないことです。このためスピノザにたいしても、「神の外部」の世界と「神の内部」の世界などといった区別を立てることで反論したつもりになってしまうことが昔からありました。「神の内部で世界は永遠に観念として存在した」。つまり、世界は神が想像のなかでもてあそぶしゃぼん玉として存在していたというわけです。神はそれをおもしろがって、〔484〕なかなか孵化しない卵をはてしなく永遠に温めつづけました。ついにその時がきました（考えてもみてください。無為の神の永遠におけるはてしなく長い時間というのですよ）。いまや神は創造を決意したのです。突如として神のなかから世界が生まれ出ました。あれほど長いあいだ神の内部にあった世界が、いまやつねに神の外部に存在しています。神も世界の外部に存在しています。太古以来の無為の永遠という大いなる無のうちには神の小部屋があって、神はそこでおのれ自身にむきあい、永遠にわたって沈思黙考しているというわけです。

率直に言って、人びとがスピノザを単刀直入に反駁するつもりでもちだしたこんな無為で憂鬱な存在よりも、エピクロスの神々[*17]のほうがまだましです。こんなたわごとはライプニッツのせいではありません。たしかに、彼は詩人的な頭脳の持ち主で、厳密な真理を論じるときも、イメージや比喩やアレゴリー、そして神人同感説のようなよそゆきの衣装をはねつけませんでしたけれどね。

フィロラウス　彼の後継者にはなおさら不都合ですね。こんな言葉のがらくたのほんの一部が、いまでは多くの人びとのもとで厳密な哲学として崇められているのですから。

テオフロン　多くの人ではあっても、もちろん、すべての人がそうしているわけではありません。凡庸な頭脳の持ち主は、ライプニッツにしたがうにせよスピノザにしたがうにせよ、どっちみち凡庸なままです。もっとまともな頭脳なら、つねに自分で考え、先人一人ひとりの最善のものを活用します。ライプニッツはデカルトについても、古代人についても、それればかりかスピノザについてもそうしました。彼はスピノザをも読んで利用していたのですよ。

フィロラウス　でもライプニッツは、スピノザの必然性にたいしては強く反論しましたね。

〔485〕**テオフロン**　通俗書の『弁神論』では、そうしなければなりませんでした。もう一冊の優れた著書でロックに反論したのとはちがって[1]、『弁神論』における彼のねらいは、スピノザをていねいに是正することではなく、おのれ自身の体系をスピノザのそれからはっきりと区別することだったのです。

(1)『ライプニッツ哲学著作集（*Œuvres Philosophiques de Leibnitz*）』（アムステルダム、ラスペが出版したもの。一七六五年）。おそらく、ライプニッツの著作のなかでもっとも示唆に富むものであり、いずれにせよ本書はどの行も示唆的である〔『人間知性新論』谷川多佳子・福島清紀・岡部英男訳、『ライプニッツ著作集』第四・五巻、工作舎、一九九三―九五年）のこと。本書の出版は、カント、レッシング、ヘルダーといった当時のドイツの若き思想家に深い影響を及ぼした〕。

フィロラウス　そのおのれ自身の体系というのは――

テオフロン　神における道徳的な必然性の体系です。神は適合性の観点から最善のものを選んだというものです。

フィロラウス　そうした道徳的な必然性は、私なら本質的で内的で神的と形容したいあの必然性とはどうちがうのでしょう。神は最善のものをくまなく見てとってそれを造りださなければなりません。しかも、それは薄弱な恣意ではなく神の本性によってなしとげられるのでなければならず、神なしではなにものでもないようなもっと劣悪なものとの悠長な比較などしていられません。じっさいスピノザの体系においては、外からのやみくもな強制を意味するような物理的な必然性はまったく論外です。そんな必然性にたいして彼は全力で反撃しています。外から課せられる道徳法則は神のあずかり知らぬところなのです。

テオフロン　ライプニッツもそんな法則は考えませんでしたよ。彼は「道徳的な必然性」という言葉を選びましたからね。[*18] 彼はそれを〔486〕物理的な力、つまりやみくもな力や外的な強制に端的に対置し、道徳的な必然性の観点からスピノザの過激な表現に異議を申し立てたのです。ですから、ライプニッツにやみくもな運命論をなすりつける人たちは彼を不当に扱っていると思いますよ。彼自身、その点についてはクラークにきちんと説明していますし、[*19] 神におけるあの道徳的な必然性についても、設計図とか選択とか最適性などをもちだす神人同感説によってできるかぎり穏健なものにしたくらいですからね。

フィロラウス　テオフロンさん、そうした穏健化の罰は、誤りそのものとつながっていたように思われます。そもそもライプニッツは、神が最適性にしたがって最善のものを選ぶと言ったとたんに、神にしかわからないような神的な意図をそれこそ何度も引きあいに出さなければなりませんでしたが、私たちからすれば、そんな意図は、神がそれを選んだのだから善であり、さもなければ神は選ばなかっただろうと受けいれるしかないのですから。

テオフロン　たしかにライプニッツがしたのはそういうことですね。

フィロラウス　死すべき人間なら、それ自身で善意であるような内的な必然性から目をそらし、最適性にしたがう神の個々の外面的な意図を憶測しようとしたとたんに、ライプニッツと同じようにする以外にはありません。彼は思いもかけないことに、究極目的という虚構の海に沈みこみます。彼はそうした目的を讃美したり憶測したりしますが、そのさい現象の全体の根拠、つまりことがらそのものの内的な本性を探究することは、いともあっさりと放棄してしまいます。どれほど多くの弁神論や目的論や自然神学が、[*20] ライプニッツのおみごとな書物に追随したことでしょう。そうした議論は、最適性にもとづいて最高の実在にしばしばきわめて限定されたちっぽけで薄弱な意図を押しつけたばかりか、〔487〕たいていの場面で一切を神の恣意にして自然の連鎖を切り裂き、自然のなかのいくつかの対象を特別あつかいしたため、神の恣意的な意図があちこちで電光のようにひらめくはめになりました。言っておきますが、こんなものは私の哲学ではありませんよ。

テオフロン　では、あなたの哲学はどんなものですか、フィロラウスさん。

フィロラウス　あるがままの事物の内的な本性に寄りそうことです。世界の存在が条件づけられていることは疑いようがありません。結果[*21]は原因によってのみ存在するのであり、それ自身によってではありませんからね。世界は、どうやって生じたにせよ、とにかく存在していますし、知恵や善意の痕跡を、よく言われるように、ところどころで示しているどころではありません。むしろ、こう言ってよければ、世界はどんな点、どんな事物やその性質の存在においても、神をまるごと啓示しています。つまりかくかくしかじかの外皮をまとって空間と時間のこれこれの点において目に見えるようになり実現しえたとおりの神をまるごと啓示しているのです。なぜ、そしてどんな秘密の意図のために神はこんなふうにおのれを啓示したのか、ということばかり問うているのはなんと子どもじみたことでしょう。これでは、もっと必要なもっと美しい探究がなおざりになってしまいます。それはこんな問いです。おのれを啓示するものはなんであり、それはどんな姿でおのれを啓示するのか。言いかえれば、あれこれの器官において活動するのは自然のどんな力であり、それらはどんな法則にしたがっているのか、と。

テオフロン　もっとつづけてください、フィロラウスさん。

［488］　**フィロラウス**　私たちが世界は偶然のものだと言うのは、それがひとつの活動〔結果〕であり、どこもかしこも活動〔結果〕だらけだという理由からです。でも、こうした表現は不適切で、言葉そのものに反してさえいます。最高の知性はおのれ自身の存在の必然的な内的法則のままに、ということは最高に

完全な善意と知恵のままに活動するのですから、その活動は偶然ではありません。これは、神の知性が知恵をそなえ善であるのが偶然でないのと同じことです。神は可能なものを創造したのであり、無限な能力をもつ無限な知性にとっては、可能なものはすべてが実現可能です。ところで、私たちがそんなふうに「すべて」と呼んでいるものは、空間と時間という秩序によって拘束されています。産出された事物はどれも最高に完成した個体性[*22]によって規定され、それによって輪郭づけられています。ですから、世界の全体にも最小の部分にも偶然は存在しないのです。全能の活動をする精神が可能だと見なしたもの以外は、どんな可能性も夢のようなものです。空間の外に空間がなく、時間の外に時間がないのと同じようにね。そんなものはすべて想像力の空しいまぼろしであり、夢が寄せあつめた言葉であって、夢はそんな言葉でなにか直観したつもりになっているだけです。

ですから、創造主は一瞬たりとも休みませんでした。神の永遠のうちにはいかなる瞬間も存在せず、本質的に活動するものはけっして休まなかったからです。しかし、そうだとすれば、世界は神とちがって永遠ではありません。世界は時間的な事物の連結にすぎないからです。したがって、時間系列のどの瞬間も、それどころか時間系列そのものの全体さえも、神の絶対的な永遠性とは比べものになりません。時間系列の事物はすべてが条件づけられ、たがいに依存しあうとともに、それらを産出した原因にも依存しています。ですからそこには神の存在に比すべきものはなにもありません。

系列にとって時間にあたるものは、並存にとっては空間です。神はどんな空間によっても〔489〕計測できません。いかなる事物であれ、神がおのれに等しいものと見なしてそれと並存することはないからです。神はすべての事物の永遠で無限な根源であって、私たちの想像力をはるかに超えているため、神にあっては、あらゆる空間も時間も消えてしまいます。

私たち有限な存在者は空間と時間に包囲されていて、なにを考えるにもその尺度だけが頼りです。そんな私たちが最高の原因について言えるのは、それは存在する、それは活動するということだけですが、この言葉で私たちはすべてを言いつくしているのです。この原因は、無限な能力と善意をもっていて、空間のどんな点にも、飛ぶように過ぎゆく時間のどんな瞬間にも活動しています。それにひきかえ、私たちにとっての空間と時間は、あの確固たる永遠の秩序にしたがう存在の連関の、ぼんやりしていることもあればはっきりしていることもあるようなイメージにすぎませんが、この永遠の秩序は、無限な現実性そのものの属性と活動であり、したがって、ほかでもなく分割不能の永遠な無限性に安らっているのです。したがって、私たちの精神は、永遠なる者がかつて思考していた秩序に深く思いをいたすこと以上に高貴な仕事を知りません。永遠なる者の法則はどれも事物そのものの本質であり、したがって事物に恣意的に付けたされるどころか、それらと一体をなしています。事物の本質は永遠なる者の法則にもとづいており、永遠なる者の法則は事物の本質にもとづいてもいれば、すべての本質の結びつきにもとづいてもいます。もし私が円とそのさまざまな均衡の美に感嘆して、なぜ神はこうした円を創造したのか、なぜ神はおのれの内なる正確で美しい均衡を空間の本性ともすれば、それを測定するわれわれの理性の本性ともしたのかと、秘められた特殊な意図をもとめて思いにふけるとしたら、なんと子どもじみていることでしょう。空間においで可能なあらゆる輪郭のうちに円も含まれていなければ、〔490〕空間は空間ではありません。われわれの理性が円のどの部分にも美しい均衡を認められなければ、それは理性ではありません。[*23]

テオフロン　フィロラウスさん、べつの例で加勢しますよ。もし人間が、こんなふうにとにかく感嘆して立ちつくしていたら、どうでしょう。つまり――

「無数の星々が
つねに同じように運行し永遠に明るい光を放ちながら、
隠れた法則によってすれちがいはしても入り乱れることはなく、
それぞれの軌道をゆき、けっして進路を誤らない[*24]」

と、こんなふうに感嘆していたら、それだけでもうまちがいなく神へのある種の崇拝でしょう。さらに神について語られるのはこうです。

「神の意志が星たちの力だ。
神は運動と静止とあらゆる性質を
節度と意図にもとづいて配分している[*25]」。

こうしたばあいには、まちがった意図や真なる意図、品位ある意図やそうでない意図など、たくさんの意図をでっちあげることだってできたでしょう。でも、この自然科学者はそんな意図は最初から無視し、まさに「隠れた法則」を探究したのです。その法則によって星々は、

「すれちがいはしても入り乱れることはなく、
それぞれの軌道をゆき、けっして進路を誤らない」

というわけです。たしかに彼は、意図を語らせれば人類最大のあの詩人〔ライプニッツ〕がなしえたよりも多くのことをなしとげました。彼は神の思考に思いをめぐらし、恣意的な最適性の夢ではなく、彼がみずからその均衡を測定し、重さをはかり、数えている事物そのものの本質に神の思考を見いだしたのですからね。いまや私たちはこの世界という建造物の偉大な法則を認識しています。私たちの感嘆は理性的です。さもなければ、それはとにかく永遠に敬虔ではあっても空疎な驚きでしかなかったでしょう。

〔491〕**フィロラウス**　まったくいんちきな驚きと付けくわえてもよいですね。私たちが、もともとから特殊な神の意図なるものを被造物にもちこんで、永遠の議事堂でこんな問いが発せられるのを耳にしたと言いはるとしたら、どうでしょうか。「土星には輪があり、われらが地球には月があるのに、火星や金星になにもないのはなぜか」などとね。たいていは将来、反駁されてしまうようなあてにならない仮説のままに、私たちはなんてとんでもない道を突き進んでしまうことでしょう。土星の環や、地球や金星の月については、神の意図の公式記録なるものにもとづいて、じつにたくさんのことが語られ信じこまれてきました。しかし、金星には月がないことがわかり、土星にはダイヤモンドの輪があるのだから住民がいるはずだという証明にしても、地球の月そのものについてと同じく、最初のみかけにもとづいて考えられたとおりではないとわかったときには、すべて赤面しつつ撤回しなければなりませんでした。

謙虚な自然研究者は、神の名を濫用するこうした誤りのどれにも陥りません。彼は神の議事堂の特殊な意向を告げることはせず、そのかわりに事物そのものの様子を探究し、そこに本質的に植えつけられている法則を認識するのです。彼は、神の意図を忘れているように見えますが、被造物のどんな対象、どんな点においても、まるごとの神を探究し、見いだしています。つまり、どんな事物においてもそれにとって本質的な真理や調和や美を見いだすのです。これらがなければ事物は存在せずまた存在できませんし、したがって事物の存在は内的な必然性によってそこに根ざしてもいます。この内的な必然性は条件つきですが、その種類からすれば、神の存在が無条件にもとづいているのと同じく本質的な必然性なのです。事物が神に依存しているからには、〔492〕事物の実在は神の善意や美の必然的な似姿です。神の善意や美は、ほかでもなくそのような現象においておのれを啓示するしかなかったのですから。

スピノザの生まれるのが、あともう一世紀遅ければよかったのにと思いますよ。そうすればデカルトの仮説を離れて、数学的な自然科学や真の自然誌のもっと自由で純粋な光のなかで哲学に専念できたでしょうに。彼の抽象的な哲学だって、どれほどちがったかたちを取っていたことでしょう。

テオフロン　スピノザが黎明期に切り拓いてくれた道を、ほかの人たちが決然と進んでくれればよいのですがね。それは、精密で純粋な自然法則を展開して、それにかんして神の特殊な意図など気にかけない道です。塩《えん》や植物や動物や人間といった、いわゆる非生物や生物の現象が、活動する力の内的な必然性と連結のままに、ほかでもないこの器官において生じるさいの自然法則を私に示せるような人がいれば、神へのもっとも美しい感嘆と愛と崇拝をうながしてくれたことでしょう。神の議事堂にかこつけて「われわれは歩くために足を、見るために目をもっている」といったお説教をする輩をはるかに凌駕するほどにね。そうしたひそかな発見がなされれば、だれからも疑われはしないでしょうに。

フィロラウス　じっさい、そういった低俗な自然神学はもう終わりかけていると思いますよ。

〔493〕**テオフロン**　自然神学といえども、その時代にはとても有用でしたし、もともとはもっときちんとした新たな自然科学の無邪気で大衆むけの応用にすぎません。ですから、自然神学の土台はいつまでも残りますし、それどころか、こまごました事態に出会うたびにいちいち〔神の〕小さな意図をとらえようとあくせくするのはもうやめにして、だんだんと全体を見わたすようになれば、自然神学の真理は、これま

でにないくらい賞賛されるでしょう。全体はもっともささやかな結びつきにいたるまでただひとつの体系をなしていて、そこではこのうえなく賢明な善意が不変の内的な規則のままに啓示されるわけですからね。神の崇拝のための建造物は形而上学としては無際限の空間と時間を超越しているとともに、自然科学としては事物そのものの実在にゆるぎなく確固として安らってもいます。ですから、真の自然法則が発見されるたびに、真理だけを見てとり現実だけを活動によってもたらさずにはいられなかった永遠の神の知性の規則がまたひとつ発見されたことになるのです。

フィロラウス　そうした方向をさし示しているスピノザ哲学があんなにたくさんの恐ろしい過激さとからみあっているとは、なんとも残念なことです。彼の哲学は、こんなかたちをとるかぎり、あいかわらず一握りの人のものでしかないでしょうからね。

テオフロン　だからこそよいのですよ。この哲学は大衆が読むべきものではありませんし、党派をつくるようなものでもありません。

フィロラウス　その点はすでに、著者が書きかたそのものによって気をつけているわけですね。それでもやはり、私はこう願わずにはいられません。彼が神や世界について、人間の本質と本性について、その弱さと強さについて、その隷属状態と自由について語っている美しい真理が、たいていの人が彼の本から読みとることができ、また現に読みとっているより以上にひろまって、もっと深い影響をおよぼせばよいのに、とね。［494］私はあんなに彼に反対していましたが、いまではこの人の内なる真理愛やその道徳的原則や哲学的原則のすばらしさにも魅了されています。もっと多くのひとがこんなふうに彼に親しめばよいのにと思いますよ。

テオフロン　そうしたことなら、時代と真理によってじきに実現するでしょう。この本を読んで、レッシング、ガがスピノザについて語ったことをごらんなさい[2]。この学者の墓のうえで「彼はスピノザ主義者だった」という騒ぎが起きているのですが、なにも聞いていませんか。

（2）〔ヤコービの〕『スピノザの学説について〔通称『スピノザ書簡』〕』（ブレスラウ、一七八六年）〔『スピノザの学説に関する書簡』田中光訳、知泉書館、二〇一八年〕。

フィロラウス　そんなものに耳を貸す気にはなれませんでしたね。なにしろごぞんじのとおりスピノザについてはあんなにひどい話を聞かされていましたし、レッシングの名前をちょっとでも汚すようなことは避けたかったのです。でも、いまではそれがどんな話なのか、だんだん読みたくなりました。もちろん、レッシングは私たちふたりと同じくスピノザ主義者のはずがないと思いますけれどね。どんな主義だろうと、レッシングに「なになに主義者」なんてものはまるで似合いませんでしたよ。彼は学識ゆたかで鋭敏ですから、スピノザの議論に残っているデカルト的な誤りをきっと見てとったことでしょう。

テオフロン　そう決めつけずに読んでごらんなさい。それからもっとお話ししましょう。

〔495〕第４の対話

フィロラウス　お借りした小さな本をお返しします。ありがとうございます。ちょっとした言葉のはしばしにもレッシングの肉声が聞こえてきますね。でも、私たちの話題については、やはりレッシング本人にもっとくわしく聞きたいというのが正直なところです。

テオフロン　同感です。でも、彼がわずかながら語っていることをどう思いますか。

フィロラウス　それを判断するには発言がすくなすぎますし、他方では断片的すぎますね。また、レッシングの流儀のせいで、あちこちで言いかたがきつすぎるようです。もしさしつかえなければ、彼の言葉をとりあげて、それについて僭越にならない範囲で私の意見をお話ししたいのですが。

テオフロン　ぜひお願いします。するとあなたは、もう自分では説明することのかなわない著者の註釈者になりきるわけですね。

フィロラウス　レッシングは言っています。

「神の正統な概念はもう私にはむいていません。私はそんなものを楽しめません(1)」。

私も同じです。スピノザのつまずきの石はもうとりのぞきましたからね。世界の外に座っていて内省にふける怠惰な実在、しかも世界の設計図を仕上げるまでは永遠に内省しつづけたような実在なんて、私にもあなたにもむいていません。

（1）『スピノザの学説について』一二頁〔JW. 16. 邦訳七二頁〕。

テオフロン　しかしわかりませんね、フィロラウスさん。なぜレッシングはそんな退屈でなまけものの神のまぼろしを正統な概念と呼ぶのでしょう。〔496〕それは概念の整合性を欠いていますし、そもそも正統派の哲学者、つまり明晰な概念をあつかえる哲学者の意見となったこともありません。そんな神は、たしかにインド人の正統ではあります。ジャガナートという神はもう何千年もまえから、腕を組んで腹のうえに下げたまま座って安らっています。ほかの神々のうちの一柱〔ヴィシュヌ〕は永遠の昔から横になってうとうとと眠り、その頭は妻のひとりの膝に、足はもうひとりの妻の膝に安らっています。頭のほうにいる妻は神の頭をかいてやり、足のほうの妻は足の裏をなでてやるのです。彼にはひっきりなしに砂糖とミルクの湖が注がれ、彼はそれを味わいながら、夢見心地の自己内省に安らっています。これがヒンドゥー教の典型的な正統の神々です。しかし、私たちの神がどうしてジャガナートやヴィシュヌのような神でなければならないのでしょう。私にはわかりません。

フィロラウス　テオフロンさん、それでもあなた自身は認めてらっしゃいますね。現在の通俗的な哲学者のなかには、そうしたインド流の考えかたを誘いだした者もいるし、すくなくともそうした考えかたに本気で反対しなかった者がいるのだ、と。レッシングをもっと読みます。

「ヘン・カイ・パン（Εν και παν）！　一にして全[*1]（Eins und Alles）。私はそれ以外を知りません[2]」。

私も知りません。とはいえ、私たちの言語に可能ななかでもっとも偉大なこのふたつの言葉の結びつきを彼がどう説明したのか、できることならレッシングの本心を聞きたいところです。世界もある種の一ですし、神もある種の全です。レッシング自身、これだけではまだなにもはっきりしたことを言っていないと感じていたでしょう。彼はこの点をもっとくわしく説明しはしましたが、そのさらなる説明もこちらが望むほどのものではありません。私にはレッシングがスピノザ哲学を尊重していたことがわかります。でもそのさい、彼が本当に興味をもっているのは私たちと同じくスピノザ主義の精神だけです。彼はこう言っていますからね。

「私が考えているのは、スピノザ本人のうちにみなぎっていた精神です[3]」。

「私の信条はどんな本にも出ていません[4]」と彼は自分で言っていますし、彼がだれかの信奉者を自称するなんてことは、[497] じっさいにはおのずと無効になってしまうような条件下でしかありえません[5]。ですから、レッシングが荒けずりな「一にして全」――じっさいスピノザの体系はそんなものではありません――をみずからの体系にしなかったことは、あれこれの示唆ばかりかレッシング自身の思考方法の全体からしても十分に保証ずみです。ですから、まさにここで、私は知りたくてうずうずしてきました。レッシングはどうやって「スピノザ本人のうちにみなぎっていた精神」を呼びだし、わがものにしたのだろう、とね。でも、この点については不満と言うしかありません。

（2）一二頁〔JW. 16. 邦訳七三頁〕。

（3）一四頁〔JW. 18. 邦訳七四頁〕。

（4）一七頁〔JW. 20. 邦訳は第三版を底本としており、この箇所は本文としては訳出されず、同邦訳の三三五頁に紹介されている〕。

（5）一二頁〔JW. 16f. 邦訳七三頁〕。

レッシングは、世界の知性的で人格的な原因の話を聞くと、彼ならではの流儀で、今度はまったく新たなことを聞くことになりそうだと喜んでいます。[6] レッシングの知性には神の知性は疑いようがありませんでした。このため、彼の好奇心は世界の人格的な原因に向けられたのですが、当然ながら、それについて彼はなんら新たなことを聞けませんでした。

（6）一七頁〔JW. 20. 邦訳七六頁〕。

神学者が人格という表現を神について用いるばあい、彼らはそれをけっして世界には対置せずに、神の本質における区別*2にすぎないと考えますが、そのばあいでも、人格という表現は、神学者がみずから言うとおり神人同感的なものにすぎません。ですから、哲学的にはこの点についてはなんの決着もついていません。

［498］レッシングはさらに意志の自由について語ります。彼はこんなふうに言います。

「私は自由意志なんて欲しくありません。〔…〕私はあくまでもまじめな［499］ルター派であって、人間的というよりむしろ獣のような過ちと神への冒瀆を守って、自由意志は存在しないと考える者です。［500］スピノザの澄みきった純粋な頭脳も、やはりそれに甘んじることができたのです[7]」。

こんなふうに彼はアウクスブルクの帝国議会決議の言葉で軽口をたたきます。[*3] 彼は、スピノザの澄みきった純粋な頭脳を引きあいに出すことで、自分が人間の自由ならざる意志をどのように受けとめようとしたかを説明してみせます。人間の意志の隷属をスピノザ以上に徹底的に解剖し、またその自由をスピノザ以上にみごとに規定した哲人を私は知りません。[*4] 自由の目標として人間に定められているのは、神自身の自由にほかなりません。それは、ある種の内的な必然性によって、つまり、私たちにほかでもなく神の認識と愛を示してくれるような完全な概念によって、感情のみならず運命そのものまでも支配するような自由です。自由をなんでもありのやみくもな恣意と見なすなら、人間だけでなく神自身も自由という卓越した高貴な名前に値しないということを、スピノザは徹底的に証明しました。それどころか、神がそうした仕方で自由なのでなく、やみくもな恣意などあずかり知らないということは神の本性の完全性の一部ですし、なんでもありの恣意が全体としての被造物からは追放されていることも神の業《わざ》の完全性の一部です。（これまたアウクスブルクの帝国議会とともに語ることにすると）そんな恣意があろうものなら、それは創造における瀆神的な裂け目であり、それを有するどんな被造物にとっても壊滅的なわざわいです。ですから、恣意が自己矛盾でありあきらかな無意味であるのは幸いなことです。あなたも同意見ですね、テオフロンさん。

（7）　一九頁〔正確には一九と三〇頁。JW. 21, 28. 邦訳七七および八三頁〕。

テオフロン　異存ありません。しかし、レッシングは神の思考についてなにを語っているのでしょう。それについては新たなことを言っていたように思うのですが。

〔501〕　**フィロラウス**　こんな箇所があります。(8)

「私たちは思考をもっとも優れた第一のものと見なしてそこからすべてを導出したがりますが、それは人間の偏見のひとつです。さまざまなイメージを含めてすべてはもっと高次の原理にもとづいているのですから。延長や運動や思考はあきらかに、それらによってはとうてい汲みつくされないようなもっと高次の力に根ざしています。その力はあれこれの活動よりも果てしなく卓越したものであるに決まっています。したがってその力には、いっさいの概念を圧倒するだけでなく完全に概念なるものの範囲外にあるような享受の仕方だってあるかもしれませんよ。それについて私たちはなにも考えられないとはいえ、この可能性は否定できません」。

この箇所についてどう思いますか、テオフロンさん。

（8）　一九、二〇頁〔JW. 21f. 邦訳七七頁〕。

テオフロン　あなたの考えをお聞きしたいですね。

フィロラウス　でしたら、こう告白しなければいけません。私はここからなにか明確なものを見つけだそうと努めていますが、それはむだなようです。思考をもっとも優れた第一のものと見なしてそこからすべてを導出したがることが人間の偏見のひとつであるのは、私も喜んで認めます。私たちは思考よりも種において高次のものを知りません。レッシング自身、もっと高次のものの名をあきらかにできませんでした。すべてを思考から導出しつくすことは、これまで空しい試みでしかありませんでした。というのも、重力や運動やそのほか宇宙で活動する無数の力が思考とどのようにつながるかは、あいかわらず謎だからです。思考がそれに従属するほかの多くの力に作用することはわかっています。もちろん、その作用の仕方までは認識できませんが。しかし、思考や運動や自然のすべての力（すでにみたとおり、ここには延長はなんら含まれません）がそこに根ざすようなより高次の力とはどんな力でしょうか。［502］だれがそれを私たちに語ってくれるのでしょうか。レッシング自身、そうした力が存在するかもしれないと語るだけで、私たちはそれについて考えることはできないとみずから認めています。

テオフロン　そこはレッシングの言いすぎでしょうね。もっと高次の力ではないにせよ、まともな概念の名を私が挙げたら、どうなさいますか。その概念にはそれらすべての力が根ざすばかりか、すべての力をもってしても汲みつくせません。その概念は、レッシングが未知の力に要求している性質をすべてそなえていますよ。

「その概念は個々の力の個々の活動のどれにもまして果てしなく卓越しており、じっさいにある種の喜びをもたらします。その喜びはいっさいの概念を圧倒しているばかりか、さらに（どんな概念にとってもその範囲外にあるわけではないにせよ、しかし）どんな概念も超えており、それ以前に存在しています」[*5]。

なぜなら、どんな概念もこの喜びを前提し、それにもとづいているからです。

フィロラウス　で、その概念というのは――。

テオフロン　存在です。おわかりですね。レッシングはスピノザについては中途半端なところで立ちどまっています[*6]。そうでなければ、彼はすでにこの概念を展開していたでしょう。われらの哲人〔スピノザ〕がすべての力の根拠にして総体としてあますところなく叙述しているのはこの概念なのですからね。存在は、それ自身のどんな活動にもまして卓越したものです。存在がもたらすのは、個々の概念を圧倒しているばかりか、それらをもってしてはまったく測れないほどの喜びです。イメージの力は、そのほか多くの力がそれに従うとはいえ、あくまでも存在の力のうちのひとつにすぎませんからね。人間においてはそうですし、制限された存在者においてもすべて同様であるにちがいありません。神においてはどうでしょうか。

[503]　**フィロラウス**　神の存在には、レッシングがすべての思考を超える高次の力について予感していたものがぴったりあてはまりますね。神の存在はいっさいの現実の根源的根拠であり、すべての力の総括であり、いっさいの概念を超えているような喜びですもの。

テオフロン　しかも、その喜びはいっさいの概念の範囲外にあるというわけですか。あらためておわかりになりますね。レッシングはスピノザの複雑にからまりあった思想を完全には解きほぐしていないのです。最高の力はおのれ自身を認識するにきまっています。そうでなければ、それは思考する力によってまちがいなく乗りこえられてしまうようなやみくもな力であって、神ではありません。

フィロラウス　「しかし、スピノザは、意図にあわせて行動するわれわれ〔人間〕のみじめな仕方を最高の方法と称して思考を上位に置くようなまねはしませんでした(9)」。

(9)　二〇頁〔JW. 22. 邦訳七七―七八頁〕。

テオフロン　スピノザにおいても思考は、すべての力の根拠である存在についで高い地位にありますよ。ただし彼は、制限されたイメージの仕方や、経験《アポステリオリ》的な認識や、まちがいやすい助言や、恣意的な意図といったものを無限者に与えるようなまねはしていません。だからこそ彼の体系はすばらしいのです。

フィロラウス　レッシングはさらに、「あなたはどんなイメージにもとづいて、世界の外にいる人格的な神を想定しているのでしょうか。〔504〕ひょっとしてライプニッツのイメージにもとづいてでしょうか」と問い、ライプニッツは内心ではスピノザ主義者だったのではないかと恐れました(10)。

(10)　二一頁〔JW. 23. 邦訳七八頁。なお、引用文中の強調はヘルダーによるもの〕。レッシングがこんな恐れを抱いたのは、弁神論にかんするライプニッツのプファフ宛書簡に疑問をなげかける風評のせいだとすれば、この点については『ライプニッツ著作集』第一部のドゥタンの序文をお読みいただきたい。ライプニッツはプファフにたいしてプファフの流儀で答えたのだというビルフィンガーの判断にご同意いただけるであろう〔ヘルダーの念頭にあるのは、ルイ・ドゥタンによるラテン語版『ライプニッツ全集（*Opera omnia*）』（全六巻、一七六八年、ジュネーヴ）の第一巻にドゥタンがつけた「概括的序論（Praefatio generalis）」であろう。ここでは『弁神論』におけるライプニッツの書きぶりの問題が挙げられ、クリストフ・マティアス・プファフとゲオルク・ベルンハルト・ビルフィンガーの証言が記されている」。

テオフロン　ライプニッツが内心ではなにものだったかは知りません。でも、彼の『弁神論』からは、彼が世界についてそんな立場をとるつもりなどなかったことがわかります。むしろ彼は、神はじっくり考えてから選択するとか、たくさんの不出来なものから最適性にしたがって比較的ましなものを選ぶといった神人同感説のほうが好みでした。すべてはただスピノザ的な必然性を逃れるためで、それに代えて彼はいい、道徳的な必然性というもっと慎重な表現を選んだのです。

フィロラウス　あの鋭敏な人物が、よくもまあそんな逃げ道で満足できたものですね。

テオフロン　それこそが絶妙の逃げ道だったのですよ、フィロラウスさん。それはベールの懐疑とスピノザの過激な体系の中間でした。ライプニッツはそこをすり抜けてゆくつもりだったのです。じっさい彼はそのためにずいぶん手練手管を使いました。でも、ベールもスピノザももう生きていませんでしたからね。どちらも自分がすっかり乗りこえられたと考えることはありませんでした。

[505]　**フィロラウス**　レッシングはこうつづけています。

「ライプニッツは、みずからの真理概念の性質からして、真理をあまりに狭く限定することには耐えられませんでした。彼の主張の多くはこうした思考方法に由来します。どれほど鋭敏な感覚をもってしても、彼の真意を確かめるのはしばしばきわめて困難です。だからこそ、私は彼を尊重します。つまり、彼を尊敬するのはこの偉大な思考法のゆえにであって、彼がもっているようにみえたり、じっさいにもっていたりするようなあれこれの意見のゆえにではありません[11]」。

(11) 二二一頁〔JW. 23. 邦訳七八―七九頁。強調はヘルダー〕。

テオフロン　すばらしい。じつにすばらしいです。きれいに色を塗った一ダースばかりの言葉の小箱をただの雑貨ではなく専売品だと抱えこんで、ほかの商人にはまたべつの小箱があることがまるでわからないのは偏狭な頭脳でしかありません。そもそも本物の哲学者からすれば、容れものなんてほとんど意味がありません。彼が見るのは、中身がなんであり、なにが自分にとって有益かということです。あなたもそう思いませんか、フィロラウスさん。あなたはそんな本物の哲学者の形而上学的な概念をめぐって、だれかと仲たがいしたり言い争ったりできますか。

フィロラウス　できるわけがありません。スピノザは私にこう教えてくれました。概念が完全になればなるほど、感情はますます沈黙し、すべての人間の心は明晰な真理認識においてますます自発的に一体化してゆく、と[*7]。というのも、ただひとつの理性、ただひとつの真理しか存在しないからです。しかし、ライプニッツとなると、私には彼はあまりにも柔軟すぎ、仮説が多すぎるように思えて仕方ありません。なんでもかんでも利用して自分のために役立てようと、なんにでも嬉々として順応するのが彼のやりかたなのです。

テオフロン　そんなことを言ってはいけませんよ。ライプニッツには自分の考えていることがよくわかっていましたし、みずからの扮装や仮定の多くにも必要以上にこだわっていました。彼はそれらを思いもよらないかたちで公表するはめになっても断固として変えませんでした。〔506〕クラークやハルトゼーカーとの往復書簡に見られるようにね。そうでなければ、彼は敵がたの意見を自分の意見にあうように整えて、慇懃《いんぎん》にふるまいます。

フィロラウス　それなら、レッシングが引用しているように、ライプニッツが神について「神はたえまなく拡張しては収縮している。これが世界の創造であり存立である」といったとき、[*8]ライプニッツが当時のどのカバラ主義者[*9]に同調しようとしたのかも、わかるはずがありませんね。こんなぞっとするようなイメージがレッシングのお気に召したとは驚きです。

テオフロン　ライプニッツのこの箇所はいまだに納得がゆきません。それにしても、レッシングがこんな箇所をおもしろがるとは、どういうことでしょう。おしゃべりでは、ときとしてどんなことに興が乗るかわかりませんね。関心の的になるのは、なによりもまず、しかもたいていのばあい、グロテスクきわまりないものですからね。レッシングがこんなイメージの仕方をスピノザの体系だと見なしていたら、がっかりするところでしたよ。すくなくとも、彼が「延長は神の属性のひとつである」といった混乱した概念を乗りこえておらず、したがって、スピノザの哲学をきちんとわかってもいなかった証拠がまたもや挙がることになりますからね。[(12)]〔507〕神のたえまない拡張と収縮によって事物の創造と存立を説明できる人がいたら、レッシングと同じく私だってその説明を「はっきりとのべていただきたいのは当然だ」と思うでしょう。いまとなってはそんな説明には、神にかんするカバラ流の粗雑な具象化しか見てとれません。そんなものにはつきあいきれませんよ。

(12)　三四頁〔JW. 31. 邦訳九三頁〕。

フィロラウス　それでも、スピノザは彼自身の体系の大部分をユダヤ人のカバラから引き出していますね。*10

テオフロン　それはカバラのがわから見てのことですよ。その件はいまは措くことにして、レッシングの対話についてはもう終わりにしましょう。

フィロラウス　終わりにしましょう。すると、今回はレッシングからほとんど学ぶところはありませんでしたね。

テオフロン　それでも、この対話が彼の友人の手でこんな断片的なかたちながらも記録され公表されたことは悪くないと思います。派閥争いの好きな中身のない人間が彼をどう言おうと、故人をはずかしめることにはなりませんし、レッシングのような卓越した思想家もスピノザに無関心ではいなかったのを見るのは、うれしいですからね。じっさい、もし彼にスピノザをもっとくわしく吟味し研究する時間と余裕があったら、スピノザをどんなふうに語っていたでしょう。〔508〕彼の友人*11の本をお読みになれば、きっとたくさんの真実で美しいことがきっぱりとみごとに語られるのに出会うでしょう。

フィロラウス　おっしゃるとおりです。しかし、テオフロンさん、私は同じくらい率直に告白しなければなりません。私はレッシングと同じく「世界を超えその外にいる人格的な神」とは折りあえません。神は世界ではなく、世界は神ではない。これはもちろんたしかです。でも、だからといって世界の外とか世界を超えているという言いかたもやはりあまりうまくないように思うのです。神について語るときには、空間や時間にまつわるすべての先入見《イドラ》を忘れなければなりません。そうでなければどんなに努力してもむだです。

第二に、つぎのこともはっきり言わずにはおれません。つまり、ヤコービは私がいまスピノザの体系について抱いており、われわれふたりがひとつひとつ了解しあったような理解の仕方には同意していません。メンデルスゾーンの『朝の時間』[*12]も手に入れましたが、歴史的な事実についても、スピノザの体系がなんであるかについても、私たちとほぼ一致する意見でした。ですから、すぐにわかっていただけるでしょうが、「スピノザ主義は無神論である。〔…〕ライプニッツ・ヴォルフ学派の哲学は、スピノザ主義の哲学に劣らず運命論である。〔…〕証明という方法はどれも運命論にゆきつく」というような結論[(13)]にも、賛成しかねます。というのも、私の確信するところでは、スピノザ自身が考えていたとおりのスピノザ主義はけっして無神論ではないからです。それに、スピノザの表現の過激さを見ても、ライプニッツ・ヴォルフ学派における必然性はスピノザのそれと同じではありません。

(13)　一七〇、一七二頁〔JW. 120, 123. 邦訳一八一頁〕。

それから、どんな言葉についてもそうですが、運命論という言葉を怖がる必要はないと思います。
〔509〕運命といっても、やみくもなものもあれば、ものごとをきちんと見すえているものもありますし、異教的なものも、イスラム教的なものも、キリスト教的なものもあります。[(14)]キリスト教的な運命は、
〔510〕最高の能力と知恵と善意という変更しようのない概念に含まれるものです。ですから、それはまた真なる証明すべての目標にほかなりません。恣意は証明しようがありませんからね。

（14）ライプニッツはこれらすべてをクラークにたいして擁護している〔ライプニッツからクラーク宛の第五の手紙（一七一六年八月十八日発送）の「一三」（米山優・佐々木能章訳、『ライプニッツ著作集』第九巻、工作舎、一九八九年、三三六頁以下）を参照〕。

[511]　**テオフロン**　すると、ヤコービの言う「人間の認識と活動すべての基盤（Element）である信仰[15]」についてはどんなご意見ですか。

（15）一七二頁〔JW. 125. 邦訳一八二頁〕。

フィロラウス　その点を、ヤコービがもっとはっきり説明してくれればよかったのですがね。彼が悪意ある誤解を受けないか心配です。彼が人間の認識と活動の原理（Principium）と言っているものは、一方ではあきらかに思考の内的な規則、お望みなら内的感覚と言えるものであり、他方ではすべての外的感覚が正しく使用されたもの、つまり経験の規則です。ところで、自分の感覚や理性を信用するなら、それもなるほど「信仰」でしょうが、こうした表現はドイツの哲学者にはずいぶん珍しいものです。また、他人の証言を信じるとか、さらには伝承された証言を信じるとか、ばあいによっては匿名の言い伝えを信じるというのは、まったくべつのことです。ですから、その価値の評価ももっとべつの規則によらなければなりませんが、そうした規則においても、私としては理性を除外せずにおきたいものです。

テオフロン　まったくおっしゃるとおりです、フィロラウスさん。しかし、残念ながらあなたは、この著者については——ハラーの言いかたにならえば——意味の衣である言葉に囚われたり、つまずいたりしていますよ。ヤコービがそうした表現で言いあてようとしている真実は、〔512〕公平無私に考えれば、やはりいつでもちゃんと受けいれるに値するものでしょう。もうお気づきのこととは思いますが、彼はレッシングとの対話においても、つぎのようなことをきちんと見すえていますよ。

「理屈をこねることは、人間の思考力の本質のすべてでも、その存立のすべてでもありません。われわれの本性のもっとも高貴な力を含めて、すべてのものの根底にあるのは実体であり、存在です。これは理屈によって解消されることはありえず、ましてや理屈でそれを取りさるような議論などありえません。人間は、みずからが存在せず、しかもひとつづきに存在していなければ、いま現にそうしているように思考することもありません。したがって、人間の思考の目標は、まぼろしを夢みたり、みかけだけの概念や言葉や自分がでっちあげた現実をもてあそんだりすることではなく、私〔ヤコービ〕が言うように、存在をあらわにすることにほかならず、存在を与えられたものとして、つまり（私の表現によれば）それを超えでたり背後にまわりこんだりできないような神の啓示としてあらわにすることなのです。ですからわれわれは、おのれの感覚を経験によって、内的な感覚を思考のうちなる真理愛と秩序と連関によって純化し、研ぎすまさなければなりませんし、ありもしないみかけだけの概念の恣意的な結びつきのすべて、つまり惰性的な死んだ無を棄てさり、そのかわり現に存在しているものと、現に存在しているとおりの性質と関係のままになじまなければなりません。内面的な真理感覚と結びついたこうした認識だけが真であり、それだけが精神に光を与え、まごころを育て、われわれの生のあらゆる活動に秩序と規則性をもたらします。〔513〕それにたいして、あの形而上学的な思いわずらいは、外からもたらされる存在も、内からもたらされる真理の規則も前提しないがゆえに頭脳を荒廃させ、まごころを空っぽにしてしまうのです[13]」。この思考の原理はあなたにとってもすっかり納得できるものではありませんか。

フィロラウス　そうした原理を疑う哲学者は、いまだかつていなかったでしょうね。

テオフロン　理論にかんしてはいませんでしたが、ひょっとしたら実践にかんしては疑う者もいたでしょうね。それにしても、この規則をメンデルスゾーンの哲学とは対極の原理と見なそうものなら、無私で誠実な書き手にたいして不当だと思います。メンデルスゾーンはじつに明晰で温厚な哲学者でした。わが祖国の哲学のために、こうしたひとがもっとたくさんいてくれればと思うくらいですよ。ライプニッツ、ヴォルフ、シャフツベリ、レッシング、ケストナーと同じく、さらには哲学者の名に値するすべての哲学者と同じく、彼はくっきりとした概念を愛好していて、それを無の直観から、つまりはむだな思弁にふける想像力の幻から、慎重に区別しようとしていましたからね。

　だれに植えつけられたわけでもないのに最初から植えつけられているような思考力の形式なるものにもとづいて、いっさいの経験を欠きそれに先立つような人間的認識やら、対象の感覚的受容を欠きそれに先立つような感覚的直観やらを云々するのは[14]、理性的に思考する者ならだれにとってもそうであるように、メンデルスゾーンにとってたわごとでした。ですから、メンデルスゾーンもヤコービも、さらに言わせてもらえば、ほかならぬおのれ自身の存在を感じとっている者ならだれでも、〔514〕さきほどの原理において一致しているのです。すくなくとも私なら、理解もできず事柄の裏づけもない、あんな記号のような言葉とたわむれている哲学者を見るとげっそりしてしまって、自分が生きていることをもう一度実感しようにも、自然な実生活にすんなり戻れなくなるほどです。

フィロラウスさん、われわれだってこうして対話しながら、神の名をいくどもたんなる記号として用いざるをえませんでしたね。ここでひと休みしてはどうでしょう。穏やかな歌か讃歌を、想いのあふれるがままに歌っていただければ、われわれの魂も元気をとりもどすでしょう。

フィロラウス　私もそう思っていたところです。

「力に満ちた主を、慈悲ぶかき主を讃えよ、
主のすべてである世界たちよ！
恒星たちよ、彼の栄光のために燃えよ。
地球よ、彼を讃えて歌え。

こだまよ、主を讃えよ。
自然よ、主のために喜ばしい調和を歌え！
そして、ああ、地球の主人である人間よ、
調和のうちにすっかり溶けこむがよい。

主はおまえに、なににもまして特別な喜びを与えた。
おまえにひとつの精神を与えてくださったのだ。
全体の構造を見抜き、
自然のからくりを探究する精神を。

主への讃美をみずからの浄福とせよ。
主は讃えられるまでもなく幸福だ。
おまえが主にむかって身を躍らせれば、
下等な好みや悪徳は逃げさる。

太陽たるもの、赤く染まった波から昇ることも
そこへと沈むこともあってはならない。
おのれの声を自然の声とは
一致させずにおくために。

主を讃えよ。雨のときも干ばつのときも、
日が照るときも、嵐のときも、
〔515〕雪が降るときも、水が凍って橋になるときも、
大地が緑に覆われるときも。

洪水のときも、戦争やペストのときも、
主を信頼し、主を讃美して歌え。
主はおまえを思いやってくださる。

主は、人類が幸せになるよう創造してくださったのだから。
ああ、主は私のこともなんと慈悲深く思いやってくださることか！
名誉や富のかわりに、
真実を見抜く力と
友と楽の音《ね》を私に与えてくださった。

主よ、あなたの賜物を奪わないでください。
これ以上はなくても私は幸せです。
私は聖なる畏怖におののきながらあなたを永遠に讃えましょう。
さもなければ、私は無力です。

まっくらな森のなかでも私は
あなたのことで心がいっぱいで、
大きくため息をつきながら
枝越しにのぞく天空を見あげましょう。
私は海辺へとさまよい、波の一つひとつのうちに
あなたを見ます。

嵐のうちにあなたの声を聴きとり、
緑なす草原であなたに感嘆します。

私は恍惚として断崖をよじ登り
雲の切れ間からあなたを見やり、
一日中あなたを探します
夜が来て聖なる夢のゆりかごに導かれるまで[*15]」。

テオフロン　ありがとうございます、フィロラウスさん。あなたの声とクライストの想いとの調和に、心の底から元気が湧いてきました。ヴァニーニがわらくずについて言ったこと[*16]を、音楽について言いたい気持ちです。「神の存在を疑うくらいに不幸であっても、〔516〕音楽を聴けばそれだけで私には神の存在証明になるでしょう」と。

フィロラウス　するとあなたは、ずいぶん古い考えかたをなさるのですね、テオフロンさん。神の存在証明は不可能だし現になりたっていないということが最近、すっかりあきらかになりましたよ[*17]。

テオフロン　だからこそ私は、神の概念がなければ理性はなく、ましてや証明など存在しないと主張したいのです。思考し行動し活動している力の根源、おのれ自身を超えてゆく超越的哲学者でも数が膨大すぎてけっしてこの世界から除去しきれないような力の根源のことなど考えなくても、それらの力すべてがみずからの本質のままに活動している仕方だけで私にとっては神の証明として、つまりは、力の存在そのものが含んでいる内的な真理や一致や善意や完全性の本質的な根拠[*18]の証明として私には十分ですからね。たとえばひとつの真理つまり考えられうるものが存在していて、それが内的な規則のままに結合され、そうした仕方での結合が無数にありながらもおのずから調和と秩序があらわになりさえすれば、私にとってはこのうえなくなじみぶかい神の存在証明です。たとえ、私がみじめなエゴイストか観念論者で、世界における唯一の思考する実在を妄想しているのだとしてもね。

どんな主語と述語のあいだにも〈……である〉または〈……でない〉があります。[517] 異なる概念が同等で一致することを定式化しているこの〈……である〉、つまりこのたんなるイコール（＝）の記号が、私の神の存在証明なのです。というのも、くりかえしになりますが、不変の規則にそくしている世界には一なる理性が、つまりは考えられうるものの結びつきが存在しており、ひいては、この結びつきの本質的な根拠が存在するにちがいないからです。唯一の思考する実在があると仮定しさえすればね。この結びつきの規則は、勝手にでっちあげられたものでもなければ、空間と時間にとらわれたまま思考する生物が勝手に行使するものでもありません。この規則は、そうした生物にとってもすべての思考にとっても必然的な根拠であり、精神の世界においてはちょうど天体のあいだの均衡の規則にあたるもので、内的な必然性を伴います。ですから、そうした内的な必然性が、つまりは自立的な真理が存在するのです。

フィロラウス　では、その自立的な真理はどこに宿っているのでしょう。

テオフロン　神のうちにであり、派生的な仕方では神が現実性をあたえたすべてのものにですよ。客観的にせよ、主観的にせよ、そうしたもののうちに宿っているのです。私たちの認識は感覚と経験からくみとられます。私たちは、まずはひたすら知覚し、似たものを集め、個々ばらばらなものからより普遍的な概念を分離し精錬しなければなりません。その途上では、知覚するにも、分離するにも、概念どうしを結びつけたり切り離したりするにも、誤謬はありうるどころか、ほとんど不可避です。これは人類の必然的な宿命です。それでも、私たちが知覚し、分離し、推論し結びつけるさいの魂の内なる規則は、神的な規則です。〔518〕誤謬を犯したときでも、私たちはその規則にしたがって行動したのですし、そのように行動するしかありませんでした。たとえ思考の対象がことごとく妄想だとしてもね。幾何学の真理を考えてごらんなさい。私たちの感覚にとっては、完全な円なんて自然のうちには存在しないでしょう。しかし、たとえ完全な円がまったく存在しなくても、虚構のなかの数学的な円は、内的な必然性にしたがってそこに設定され、抽象化され、証明されるすべてのものとともに、私にとっては自立した神的な真理の完璧このうえない証明になります。つまり円は、世界のうちに数学的な理性が存在することを証明してくれるのです。私たちの感覚は、自然のいたるところにそうした理性を認識し適用することをじゃまするばかりですが、ほかでもないこの理性が、その実在のままに、こんなふうに語っているのです。「たとえ世界をさらに繊細な感覚で直観するような思考する生物がいようと、彼らはこの唯一の必然的な規則にしたがって思考するだろう。したがってまた、私の理性にとってもどんな理性にとってもその原因である実在もまた、同じ内的な思考法則をもっとも卓越した仕方でわきまえているにちがいない。なにしろ、そうした実在にしても、活動するにはこの内的な思考法則を存在の根本法則にするしかなかったのだから」とね。おわかりですか、フィロラウスさん。

フィロラウス　よくわかります。ただ、あなたの証明はたんに仮説的なものですね。「一なる理性が存在するなら、それの一なる根拠も存在するにちがいない。しかもそれはそれ自身によって必然的な根拠である。なぜなら、理性の法則はそれ自身によって必然的なのだから」とね。ここには「ところで、一なる理性は存在する。したがって、うんぬん」という話も含まれているのでしょうね。〔519〕しかしですよ、そんな理性が存在しなければ、どうしますか。

テオフロン　そうなればどんな理性も存在しませんし、おのれの理性を放棄したり否定したりする哲学者は、当然ながら神の存在証明なんてできるはずがありません。これで論証は完了です。しかし、彼が理性を承認し、そのなんたるかをみずからはっきり理解すれば、そのとたんに彼はその理性概念そのものにおいて神の存在証明を、つまりはさまざまな真理を結びつけている本質的な必然性を与えられるでしょう。あえて申しあげますと、これこそが唯一の本質的な神の存在証明です（本質的な存在証明がいくつもあるはずがないですからね）。この証明は、どんな証明がなされようと復活してきますが、なによりわれわれの知性の法則においてこそもっとも鋭く純粋なかたちで現われるものです。

たとえば、内的な力の関係にもとづく事物の運動や静止や存立などの必然的法則を利用するのは自然にもとづく神の存在証明ですが、それらはすべて、われわれが自分の理性のもとでもっとも純粋に見てとるのと同じ規則を土台にしています。つまり、「どんな事物もあるがままのものであり、その本質は力に、その存立は力の均衡に、その活動はほかの事物にたいする力の関係にもとづく。しかもこれらすべては、完全に無視できるような恣意的な意図にではなく、必然性にもとづく内的な法則によっている。存続も破壊も、合成も分解も、運動も静止も活動も、この法則から帰結する」という規則です。だから真の自然神学はどれも、［520］永遠の必然的法則にしたがう神的な理性と力を、被造物の構造のうちで、さらには場所と時間におうじた結びつき全体のなかで展開するものにほかなりません。この神学がどんなばあいであれ含んでいるのは、同一の推論、それどころか同一の直観であって、目にみえないほど微小なものから見わたしがたいほど大きなものにいたるまで、どんなにたくさんの実例と対象を重ねようと、変わりはありません。たとえば、あなたが楽しませてくださった音楽は、たとえ私の耳が現に存在せず、私が音楽の喜びなんてまるで無視して知性でそれを計算し測定しているだけだとしても、必然的で永遠な調和の定式です。ところで、私の耳や音楽にたいする私の感受性が創造されているということにせよ、私と同じような感情をもつこれほど多くの人びとにまさしく同じように作用するということにせよ、これらすべては音楽のうちなる調和と美の証明にますますの精彩を添えますが、証明としての価値にはなにもつけ加えません。というのも、たとえこの世に耳が存在せず、音楽の本質がただひとつの計算する知性によって思考されるだけだとしても、証明は完結しているからです。

フィロラウス　しかし、計算する知性がまるで存在しなければどうなるでしょう。

テオフロン　どうしてまたもや無意味な話をもちだすのでしょうね。計算する知性が存在しなければ、計算されるものも、したがってまた知性の帰結にほかならない調和や秩序も存在しません。思考するものを一掃してしまえば、［521］思考されうるものもありません。現実的なものを一掃してしまえば、なにものも現実ではありません。でも、こんな屁理屈をこねてどうなるのでしょう。こんなものが哲学者にふさわしいのでしょうか。あなたが理性の永遠の原則を踏みにじり、それを存在もしなければ内的な真理の必然的な認識もしないような仮定の言葉のでっちあげに解消してしまうなら、唯一なる存在の証明は言うにおよばず、どんな存在の証明も不可能です。しかし、あなたはそれによって、すべての思考の根拠である存在を廃棄する以外になにをしたのでしょう。そんなことでは、このさき健全な哲学がどうして可能でしょうか。私の感覚でさえすでにそれ自身の仕方で、つまりぼんやりと混乱した仕方でではあれ、存在を確信させてくれます。そうだとすれば、私の理性がそれ自身の仕方で、つまりすっかり出そろっている明確な概念によって存在を確信させないはずがあるでしょうか。

それにもかかわらず、私が理性にたいして、おまえのもつ概念を感覚的直観なき感覚的直観として与えろとか、あるいは、おまえの領域には属さない感覚的対象の存在を純粋な理性的真理として証明しろと要求したあげく、理性はそうしたことをする気もなければする能力もないと非難するなら、その非難の理由は、私が色を聴いたり、光を味わったり、音を見たりしたがっているからでしかありません。フィロラウスさん、常識という健全な知性にたいするこんなむちゃくちゃな批判[*19]のほうに流されないよう気をつけましょう。そこでは、材料もなしに建築し、存在せずに存在し、経験なしに知り、力なしになしとげることができるのですから。そんな領域にある概念は蜃気楼と同じで、不安定で長つづきせず真実を教えることもない反映像でできた見かけだおしのがらくたです。

フィロラウス　それなら、あなたは原因と結果の概念にもとづいて証明を組みたてることもないのですか。

〔522〕　**テオフロン**　そうした概念なら日々の常識的な経験から受けとっていますよ。でも、それを証明の領域に移植することはできません。私はなにが原因で、なにが結果なのかきちんと分かりませんし、両者の結合についてはなおのことそうですからね。ふたつのものがいくどとなく同時に見いだされたり、連続して見いだされたりしたからという理由で、両者が原因と結果にちがいないと感覚によってはっきり識別、というよりむしろ憶測することはあっても、「あれが原因で、その結果としてこうなった」ということは、どんな経験においても証明できません。因果関係については、ごくありふれた事物をめぐる日常的な経験においてさえ、どれほどあやまった憶測がしばしばなされたかは、あなたもごぞんじのとおりです。その理由はあきらかです。原因から結果を推論しようと、あるいはぎゃくに結果から原因を推論しようと、けっして証明にはならず、いつでもただ感覚の領域での憶測にすぎなかったからです。

私たちは、力がなんであるかも、それがどのように活動するのかも知りません。ただ傍観者としてその活動を見て、そこから類推による判断をくだしているだけです。この点についてもっとも信頼できると思われる普遍的な規則でさえ、私たちはまったく証明できません。私たちの内部で思考し活動している力以上に、身近なものはありません。にもかかわらず、その力のことは、私たちの外部のほかのどんな力とも同じく、私たちにはほとんどわかっていません。私の魂の思考でさえ、それを結果と見なすかぎりは把握できません。私がそれを把握できるのは、「私の理性の本質に属する永遠の真理として」内的な必然性の規則に従属させうるばあいだけです。ですから、私は神にかんする証明もこの範囲に制限しています。あまりにもたくさん証明したがる者は、なにも証明しない危険がありますからね。

〔523〕**フィロラウス**　では、創造の仕方についても、それが産出なのか流出なのかといったことは説明なさらないのですか。

テオフロン　どうしてそんなことができるでしょう。私には創造とはなにか、産出とはなにかもわかりませんよ。普通にイメージされるのは、神は世界をおのれ自身のうちから考えだしたというもので、これがもっとも純粋なイメージの仕方のように思われます。私たちは自分の魂の思考よりも純粋な活動を知りませんからね。ライプニッツをはじめとする思考明晰な頭脳もすべてこのイメージを重んじています。彼らは経験からもっとよいイメージを得ることも、言葉からもっとよい表現を得ることもなかったからです。よく言われるように、われわれの魂の思考はそれ自体ではなにも実現しないイメージです。しかし、神の思考は全能の能力を伴っており、最高の仕方でものごとを実現しました。神が思考すると、そのとおりになった。神が意欲するとそれが生じた。われわれにとって説明のつかない事柄について、これよりも慎重な公式はないと思いますよ。

それにもかかわらず、この公式はわれわれに〔神の〕活動の本質をあきらかにはしてくれません。それどころかこうした公式についてさえ、それを演繹してみせようなどと度を越さないよう気をつけないといけません。たとえば、神ははるかな永遠を経たのちに、まるでクモが身のうちから糸を吐いて巣を編むかのように、世界をおのれのうちから考えだしたというような粗雑なイメージの仕方は耐えがたいものです。

フィロラウス　それなら、もっと粗雑な流出説[*20]は、あなたにはもってのほかでしょうね。しかし、こともあろうにスピノザはユダヤ人のカバラ主義からおのれの体系を借用したと責められているのですよ。

テオフロン　だれにそんなことを吹きこまれたのですか、フィロラウスさん。

フィロラウス　これはごくふつうの意見ですよ。

テオフロン　そんな意見は、学識ある夢想家の権威を根拠にしているだけです。この夢想家を、私はあらゆる点で尊敬しますが[*21]、〔524〕哲学者としてはべつです。ヴァハターはあるユダヤ人[*22]と論争になり、スピノザ主義はユダヤ教だと決めつけようとしました。その後、彼自身がかなり混乱したスピノザ主義者になり、スピノザの学説ではなくおのれ自身のスピノザ主義をカバラと統一しようとしたのです。どちらの努力も失敗でした。スピノザの哲学はカバラとはべつものですし、彼の哲学をカバラによって説明しようとするのもむだな努力です。カバラは、玉石混交ながらも全体としては狂信的であいまいなイメージからなるつぎはぎだらけのがらくたで、お話にもならないような図像で成りたっています。スピノザの純粋で晴朗な哲学的センスが、そんなものを相手にしたはずありません。もしそうなら彼はユダヤ教徒のままだったでしょう。彼の『エティカ』のどこにも図像は見あたりませんし、ごくわずかな比喩はほとんどが失敗しています。カバラとは正反対の人間がひとりでもいたとすれば、それはほかでもなくスピノザそのひとでした。また、スピノザの体系は、流出説〔525〕とはまったく無関係です（なにしろ流出説は、ユダヤ人によって考案されたものでも、彼らによって改善されたものでもありませんからね）。彼は産出や活動といった言葉を使うしかないときには、産出の仕方までは説明せずにその語を使いますが、彼がいちばん気にいっているのは表現（Ausdruck）という言葉です。

「世界は神の属性つまり力を表現しており、無限の属性を無限の仕方で表現している」。[*23]

こうした言いかたは哲学的で、純粋で高貴だと思います。神からの流出をスピノザはけっして語りません。[*24] じっさい、幾何学的な精神からすれば、そんなイメージがいちばんのお気に入りのわけがありません。ライプニッツはかつて、神の活動を説明するために「閃光」という表現をもちいました。[*25] 彼は太陽光線の美しいイメージをもとにしていたのです。ケストナーを読むと、このイメージがのちにどれほど笑うべき仕方で解釈されたかがわかりますよ。[16] ですから、神について語るならイメージはないほうがよいのです。モーセの十戒と同じく、哲学においてもこれが私たちの第一の戒律です。[*26]

（16）　ケストナーの『雑纂（*Vermischte Schriften*）』第二部一一頁以下。

フィロラウス　それなのに、ヘブライのカバラ主義者はあんなに多くのイメージを神のうえに積みあげたのですか。

テオフロン　彼らはほとんどが悪しき哲学者だっただけでなく、モーセの悪しき弟子でもありましたからね。彼らの神はエホヴァと呼ばれました。これは私は〈私がそうであるもの〉であり、また〈私がそうであるだろうもの〉であろうという意味です。[*27] ［526］この概念はまったく比類のない存在を含むとともに、いかなる流出も排除しています。スピノザはこの気高い唯一の概念にあくまでも忠実でした。だからこそ、彼は私にとっても大切なのです。人間理性において、これ以上に絶対的で純粋で実りゆたかな概念はありません。なにしろ、すべてがそれによって設定され、すべてがそのうちに与えられているような、それ自身で存立する完全無欠で永遠の存在となれば乗りこえようがありませんからね。

フィロラウス　それなら世界の魂[*28]というイメージも、あなたにはあまりお気に召さないでしょうね。

テオフロン　それは人間的なイメージですからね。注意して使えば、それによって神の親密で内在的な力についてたくさんのことを目に浮かぶように語れますが、それでもやはり、最大限の注意を払わないとたちまち出来そこないになってしまうイメージであることに変わりはありません。たとえば、レッシングがそうしたイメージを考えている個所を読んでください。

フィロラウス

「レッシングは、人格神を思い浮かべようとするとき、それを万物の魂だと考えました[(17)]」。

（17）『スピノザの学説について』三四頁〔JW. 31. 邦訳九四頁〕。

テオフロン　人格神を思い浮かべようとするとき、というところに注意してください。それにしても、この人格なるものについては彼自身がもっと以前から異議を唱えていたのですがね。それに、身体のなかの魂をどうして人格と呼べるのでしょう。

フィロラウス

「彼は全体的なものを有機的身体のアナロジーで考えていました。したがって、全体的なものの魂は、すべての可能な体系によればすべてのほかの魂がそうであるように、魂としては結果でしかありません」[*29]。

［527］**テオフロン**　妄想のようなイメージのもたらすぞっとするような帰結を考えてみてください。「神、つまり全体的なものの魂はひとつの結果であり、世界の結果にほかならない。そのほかすべての魂は、すべての可能な体系によれば、魂であるかぎりで結果でしかない」ということになりますよ。ということはおそらく、構成の担い手もなしに構成がなされた結果でしかないというのでしょう。世界という身体が創造者となり、神は被造物のひとつとなります。構成の帰結としてこれほどひどいものを考えられるでしょうか。こんなものが通用するなら、だれだって自分が魂だと考えそれについて妄想するものを自分勝手な魂の概念ごと神のうちにもちこむことになるでしょうよ。

フィロラウス

「魂の有機的な領域は、おのれの外部に存在するものとはなんら関係せず、そこから受けとることもそこに返すこともないかぎり、この領域の有機的な諸部分とのアナロジーでは考えられないでしょう[*30]」。

テオフロン　ということはつまり、ここで世界の魂としての神はすでにひとつの有機的な領域をもち、その領域の諸部分をもっています。神は、その外部に存在するなにかに関係するにちがいありませんし、そこから受けとることもあれば、返すこともあるでしょう。

ああ、スピノザよ、あなたはどんなに過激な表現を重ねていても、世界の魂などという誤った比喩とはまるで無縁でした。

フィロラウス　「したがって、神はおのれの生命を維持するために、ときどきおのれのうちにいわば引きこもり、おのれのうちで死と復活を生と統一しなければなりません。こうした実在の摂理については、さまざまな仕方で思い描くことができるでしょう*31」。

きっとこんなのはすべてレッシングのただの冗談だったのでしょう。彼の友人がそのすぐあとでみずから、〔528〕「彼は世界の魂という思いつきを、ときには冗談で、ときにはまじめに使いました」と言っているとおりですよ(18)。

(18)　三五頁〔JW. 34. 邦訳九四頁〕。

テオフロン　イメージは総じて、まじめな話にも冗談にも、こんなふうにもべつなふうにも利用できる欺瞞的なものだということを、レッシング本人がこうやって暴いたわけですね。ばかげたことをばかげたやりかたで暴くために、ものごとをそんなふうにまぜっかえすレッシングの流儀は、あなたもごぞんじのとおりです。

フィロラウス　それでもやはり、私たちは世界全体のイメージを求めてしまうでしょう。われわれの魂は個別的なものではとても満足できません。そうした全体が「無に逆らい、恐ろしいくらいに身をよじらせて縮こまってはまた身を伸ばしもするような、つまり、永遠に生きる者がときどきおのれの生命を維持するためだけに、死と生を生みだすような」巨人ではないことくらい、私だって当然わかっています。こんな話はすべてもちろん無意味だとしても、世界の全体を私たちはどのように思い描けばよいのでしょう。

テオフロン　感覚的なイメージを当てにしてはいけませんよ、フィロラウスさん。無際限なものにはどんなイメージもありません。絶対的に無限で永遠のものとなればなおさらです。われらがハラーが、無際限なものを想像力のかぎりをつくして描写しようとしているのをごらんなさい。彼にはそれができないのですよ。

「無限よ、だれがおまえを測るのか。
おまえのもとではどんな世界も一日かぎりのもの、人間はまたたくまに過ぎさる。
いま回転している太陽はかれこれ千番目のもので、
まだこれから一千の太陽が控えている。
太陽は神の力に動かされてさきを急ぐ。
まるで振り子の重みから力を得る時計のよう。
ひとつが力尽きると、べつのものが時を告げる。
だが、おまえ自身は変わらずにとどまり、時を数えることはない」。*32

［529］最後の行で詩人は、自分のおこなった描写をみずから全否定しています。もっと美しい永遠のイメージについても同じことをしています。

「思考にくらべれば、時も音も風も、

光さえも、その翼はのろまなものだが、
その思考の羽ばたきでさえ、
おまえには疲れはて、果てまでゆこうという望みを捨てる。
私は巨大な数を
何百万と山積みにし、
時を時のうえに、世界を世界のうえに重ねる。
その戦慄すべき高みから
私がめまいをおぼえながらあらためてお前をみやると、
数の力をすべて合わせて何千倍に増やしても
おまえの一部にも足りない。
私はすべてを取り払うが、おまえはそのまま私の眼前にある」。[*33]

ですから、無際限の空間や無際限の時間、それどころか分割できない永遠の存在をイメージするような形而上学的な空想や空虚な直観は放棄しなければならないということは、一介の哲学的な詩人からも学べるのですよ。それを放棄したがらない連中が哲学に化けものを連れこんだあげく、ばかげたことに、考えだした当人がまっさきに恐れおののくのです。

フィロラウス　それなら、どんなイメージも抜きにして、神の摂理の自然法則、つまり一なる必然的な善意と英知という最高の現実性を表現するシンボルを知りたいものですね。テオフロンさん、私だけでなくあなたにとっても、神の知性の内なるそうした永遠の理念を解明したり、ふりかえったりすることはきっと楽しいと思いますよ。

〔530〕　**テオフロン**　それについては明日の晩に取りあげましょう。ところで、この讃歌はもうごぞんじですか。神のイメージではありませんが、たぶんイメージよりももっとまともなものを示してくれますよ。

「神(19)

万物にとっての万物であるような唯一者
それがわれらの神だ！　被造物よ、崇拝せよ。
それ自身は創造されたのでない者、唯一なる者を、
始原なる者を崇拝せよ、被造物よ。

偉大で広大な美しき世界よ！
おまえはあの火球どもをすべてしたがえているが、
そのおまえでさえ、はじめはまだ存在しておらず、生成することによっていまや
その壮麗な姿で存在しているのだ。被造物よ、崇拝せよ。

彼の太陽は一万も登場し
永遠にその大いなる軌道をゆく。
彼の地球は一万も登場し
永遠にその大いなる軌道をゆく。

一億の霊が彼の玉座のまわりに並ぶ。
彼の玉座のまわりにだって？
玉座など消しされ。彼は座すことも立つこともない。
彼は王でも皇帝《カリフ》でもない。
彼はすべての本質の本質。彼は神。
われらの神だ！　被造物よ、崇拝せよ。

彼が自分の仕事場に呼びよせたのはだれか。
彼が仕事をするさまを、ここまで来て見るようにと。
彼が大海をいくらでも意のままにしながらも、
その深みから一滴たりとも水をこぼさないさまを！
[531]　彼が月をか細い糸につないで蒼天に漂わせているさまを、
目にもとまらぬうちに
百億の太陽の距離を測り
しかもりんごの実ひとつ、埃ひとつも見落とさないさまを！

だれが彼に比肩しうるだろうか。彼の地球には
彼に忠誠を誓う崇高な精神は住んでいない。
雲の流れや朝焼けに彼を見てとり、

彼がどうやってそうしているかを私に語ってくれる者はいない。
それを知っている神の見者も、聖人も、敬虔な信者もいない。

ちっぽけな地球よ、お前のうえでわれわれは
あの百億の天体が、
遙かなる太陽にいたるまで、そして太陽から遙かシリウスにいたるまで
きらめいているのを見やるだけだ。
シリウスはおまえより百万倍も大きいが、
哀れな虫けらにはひとつの点でしかない。
小さなこがね虫から、コーカサス山脈も
石ころにしか見えないほどの高みを飛ぶ
誇りたかい鷲にいたるまで。
誇りたかい人間の衣服を染めるのに欠かせない血をもつ
小さな巻貝から
美しくあろうとして頬を色で染める
こざかしい猿にいたるまで、そしてさらに
すべての本質の本質である神を考えようとする精神にいたるまで。

ああ、どれほどの段階があるのだろう、ここにも

そしてあの幾百万の天体にも!
すべての死んだもの、すべての生きているもののうちにも、
すべての軽いもの、すべての重いもののうちにも!
神、万物にとっての万物である唯一のもの
それがわれらの神だ!　被造物よ、崇拝せよ」。

(19)　グライムの『ハラダート』三を参照(『ハラダートあるいは赤い書(*Halladat oder Das rothe Buch*)』(一七七四年)はコーランに触発されて書かれた詩集。なお、グライムはヘルダーとレッシングに共通の友人だった。ヤコービはグライムの家でもレッシングと議論をしている。本書の「訳者解説」を参照)。

第5の対話

［532］

テアノ[*1]　いままでは見えないところにいましたが、どうか今日は見えるところで聞かせてください。おふたりのお話にはわからないところがたくさんありましたし、今日も全部をわかろうとは思いません。おふたりのやりとりの要点におおまかについてゆければ十分です。私がいてもおじゃまにならないよう、黙って自分の仕事をしながら、頭のなかでだけご一緒します。

テオフロン　テアノさん、私たちのおしゃべりにようこそ。フィロラウスさんも、彼女が聞いていたってかまいませんね。

フィロラウス　大いに反対です。だまってらっしゃるだけのつもりならね。ぜひとも対話に加わっていただかないと。もし話がからっぽの形而上学に迷いこんだら、人間にふさわしい場所に戻れるよう力を貸してください。お約束いただけますか、テアノさん。

テアノ　できるだけおじゃましないようにするつもりですが、そういうことなら今すぐにおふたりが対話に入れるようお手伝いしましょう。きのう、フィロラウスさんはおっしゃっていましたね。世界における神の摂理の規則、あなたの言いかたでは、神の現実性や能力や知恵や善意を表現するシンボルを知りたいものだ、と。[*2]ですが、私たちを取りかこむ大海からほんの数滴たりともすくいとることが、どうしてテオフロンさんにできるでしょうか。テオフロンさん、きのうはまるで神の存在は証明できないと言わんばかりのご意見でしたね。[*3] 私は聞くにたえない気持ちでした。こんなことに思いを潜めてらっしゃるなんて、びっくりです。〔533〕私の考えでは、ある実在が存在していると認識されるのは、実在とその直観によってだけで、恣意的な概念や空虚な言葉によってではありません。それは、そうした存在が概念や言葉によって取り除かれたりしないのと同じことです。「夢ではふところもおなかもふくらまない」ということわざがありますね。それと同じで、言葉によってはなにも手に入りません。私たちは人間です。そうであるからには、私たちにじっさいに与えられ啓示されているがままの神を知らなければならないと思います。概念によって私たちが受けとるのは概念としての神にすぎず、言葉によって受けとるのは言葉としての神にすぎません。しかし、私たちは自然を直観したり、みずからの力を行使したり、みずからの生命を享受したりすることによって、力と生命に満ちた現実の存在としての神を享受します。おふたりがこういう話を夢想だとおっしゃるなら、私はよろこんで夢想家になりましょう。頭を悩ませながら虚構で絵空事の薔薇《ば》薇《ら》を殺伐とした夢に見るよりも、ほんものの薔薇を眺めて楽しむほうがよいですもの。

テオフロン　おっしゃるとおりです、テアノさん。でもね、薔薇を眺めて楽しみながら、その楽しみによって目隠ししなくてもよいはずです。そこでなんのお仕事をなさっていますか。まさにこの花を刺繡してらっしゃいますね。すると、あなたは自然の技巧を模倣しておられる。あなたの注意ぶかい目のおかげでその技巧が目に見えるものとなり、今度はあなたの魂の目が、つまりは、あなたの鮮明な記憶がその針をいわばさしずしているわけです。ですから、被造物を感じとり楽しむことから思考を締めだすようなことをしてはいけません。あなたの魂のなかの図案のイメージがあなたの動かす針には欠かせないように、思考は私たちが神を直観するために欠かせないのですから。創造主を直視し認識することなく、ただ味わい感じたがるような人がいるとすれば、その人は人間性を誤解しているのですよ。

〔534〕 **テアノ**　そんな非難はやめてください、テオフロンさん。私はフィロラウスさんに、一面的な分断をするのは同じく間違いだと戒めているのです。私は哲学が大好きです。それが自然のさまざまな対象のもとにとどまってそこに光を当てているならばね。あなたがお友達の注意を美や善意や真理に向けさせたとき、私はとてもうれしく思いました。それらは対象に勝手にくっつけられているのではなく、現実そのものとしてそれぞれの実在のうちにあり、その実在をかたちづくっているのですから。そのときから、私は身のまわりのすべてのうちに、努めてこうした純粋な必然性の側面を見つけようと心をくだき、そこにいつでも真理と善意と美があることに気づきました。できることなら、どんなにささやかな技術でも、それこそこんなみすぼらしい花でもよいですから、自分の仕事を一生かけてやりとげて、織物を織るミネルヴァ*4が「この花はこれ以外のかたちには作れなかった」とみずから言わずにはおれないようにしてやりたいものです。

「必然性」という言葉には、どれほどたくさんの慰めが、どれほど快い優美さがあることでしょう。とくに自然の秩序と人間の制度のせいで勝手気ままがほとんど許されない私たち女にとっては。女は勝手気ままを一番ほしがりますが、私は女にそんなものがほとんど許されていないことを、善なるアドラステアに感謝します。いまの私はこの親切な知恵の娘を愛して、すべての気まぐれを憎みます。そんな気まぐれは、われこそはこの地上の気ままな主人だと思っていらっしゃる男性たちにお任せしましょう。

テオフロン　テアノさん、この勝手気ままな男どもをあまり買いかぶらないでください。理性がない者ほど、〔535〕気ままになってそれを愛するものですよ。人生のどんな些事も無数の方法で等しく上手にやりとげることができるし、その方法のどれを選ぶかも自分のやみくもな選択しだいだと思っているような男がいたら、お目にかかりたいものです。男の人生のもっとも美しくもっとも困難な目的は、若いころから一貫して義務を学ぶことであり、しかも、人生のどんな瞬間にも、義務をまるで義務ではないかのように、このうえなくやすやすと最善の方法で果たし、そのつど技術の最高地点、つまり甘美で美しい必然性という唯一最善のものの法則に到達することなのですからね。この必然性は強制でもなければ、内的あるいは外的にさし迫った必要でもありません。まあ、未熟で怠惰で気まぐれな人間にはそんなふうに思えるでしょうがね。いったん慣れてしまえば、その必然性のくびきは快適で、負担も軽いものです。悪い習慣に凝りかたまった男は、せいぜい苦しめばけっこう。おのれの義務とそれを果たすもっとも美しい方法が本性となり、必然性となっている理性的で活動的な人物にこそ幸いあれ、ですよ。彼は善き天使たちの報いをおのれのうちにもっています。宗教の立場からいえば、その天使たちはまちがいなく善であり、もはや堕落することもありえなければ、そうするつもりもありません。彼らにとって義務は本性であり、徳は天国と浄福ですからね。私たちも、この浄福な者たちの内面的な報いを楽しむよう努めたいものです。いえ、それどころか、天使のところに立ちどまっていてよいものでしょうか。だって、自然のいたるところで、われらの父そのものの範型がゆくてを照らしてくれているのですから。彼は、最小のものにおいても最大のものにおいても、これっぽっちの恣意もなしに、自立的な理性や真理や必然性のまったき美と善意をもって働いています。

　フィロラウスさん、筆記板を用意してらっしゃいますね。これは書き留めておこうと思えるようなテーゼをまずは私が考えだせるよう、テアノさんともども力を貸してください。

フィロラウス　喜んでそうしましょう。先導さえしてくだされればね。

[536] **テオフロン**　さあ、みなさん、神みずからが加勢してくれますよ。私たちは神の実在とそのわざの

本性をもっとも賢明な最善の必然性としてくりひろげようと努めているのですからね。神が実在するものを私たちには理解できない仕方で産みだしたとき、神はそれにおのれ自身において最高のもの、つまり存在より高次のなにを与えることができたでしょう。神のうちには、すべての喜びの根拠と総体が、神の無限の力すべての根っこが存在していますが、それは現に存在しているどんな事物においても同様に存在しています。私たちはどんなに依存したありかたをしていようと誰もが実体ですし、自分はそういうものだと考えています。私たちはみずからの存在を感じていることを心底から確信し、そこに安らかな愛と喜びを感じていますから、自分自身が破壊されるようなことは考えたくないどころか、そんな事態など思い浮かべないよう全力を尽くすほどです。

無のことなどまるで理解できないのは思考する精神の本質であって、無が思考可能な概念だと想像するだけでも頭をことさら酷使しなければなりません。精神は、０とか$\sqrt{-1}$のような無を表す記号だって考案できますし、これら両者が矛盾しあうとわかれば、一方を他方によって取りのぞくことだってできます。つまり精神は、自分が一方をイメージしているまさにそのときに他方をもう一方と同じものだとは考えられないことをはっきり認識しています。しかし、それによって精神は、絶対的な無どころかなにものも理解してはいません。たとえば精神は、中身のある宇宙空間のかわりに巨大な暗黒の空虚な空間を想像できはします。〔537〕しかしそれではまだ無を想像したことにはなりません。要するに無はなにものでもないのです。したがって無は、現に存在しているどんな生きものにとっても、それどころかすべての現実の総体である神にとってさえ、なにものでもないものであり、つまりはまったく思考不可能です。フィロラウスさん、思考するすべての実在にとっての存在という概念のこの内的な必然性を拠りどころにしているのはなんだと思いますか。

フィロラウス　それを拠りどころにしているのはもっとも美しい真理です。つまり、自然のうちにはいかなる無も存在しておらず、また存在したことも存在するであろうこともない、ということです。そんなものは思考されず、それこそなにものでもないものだからです。「無からなにかを創造する」という表現も、詩人のつぎのような描写も、あくまで詩的な意味しかもちません。[*5]つまり、

「実在に満ちた言葉の力によって受胎して
太古の無が出産する[*6]」

だとか、

「新たな実在が物ならぬ物と闘い、
太古の無の夜に
最初の光の流れが注いだときに[*7]」

といった描写がそうです。「なにかを無にする、なにかを無に帰する」というばあいも、私たちの心にはなんの見当もつきません。あるいは、詩人がこんなふうに歌うばあいもそうです。

「第二の無がこの世界を消し去るとき、
万物のあった場所のほかにはなにも残らないとき[*8]」。

なにしろ、この世界の存在していた場所がまだあって、したがって新たな世界のための場所があるなら、すくなくとも無がそこを支配しているというのですからね。［538］いまや、これらすべての見かけ倒しの表現、あいまいな空想の産み出した空虚な亡霊が私にはどれほどいとわしいことか、とてもお伝えできないくらいです。形而上学者が世界や神そのものという思考されうるものを取りのぞき、おそるべき無を理性のもっとも純粋な対象として十分に思考されうると見なしたとしても、そんな無からは、どんなに理性を駆使しようと、神も世界もなにも導出できないのが当然しごくだとわかるのがおちでしょう。

テアノ　お願いですから、フィロラウスさん、そんなぞっとするような無の話はやめてください。

フィロラウス　むしろ形而上学者にとっては、神の存在、つまりその喜ばしく必然的な存在さえもがぞっとすると思えるくらいですからね。彼らはこんなふうに言います。

「純粋な必然性は、すべての事物の究極の担い手であるかぎりで、理性にとっては深淵である。ハラーの描く永遠でさえ、神の必然的な存在としてめまいのような印象を心にもたらすにはほど遠い。というのも、ハラーの永遠はものごとを測定しはしても、それを担う必要はないからである。ある実在がたとえあらゆる可能なもののなかで最高のものとして思い描かれていようと、それがたとえば、「私は永遠の昔から永遠の未来にわたって存在する。私の意志によってはじめてなにものかであるようなものがなければ、私以外にはなにも存在しない。それにしても、私はどこから来たのだろう」などと自問するといったことは考えるだけでも恐ろしい。ここで私たちの足元のすべてが崩れ落ちる。この最大の完全性も、最小の完全性も、支えを失って思弁的理性の目の前を浮遊するばかりである。この理性にとっては、どちらの完全性にせよあっさりと消滅させたところで痛くもかゆくもない」。*9

［539］**テアノ**　テオフロンさん、フィロラウスさんがもちだす殺伐としたイメージから助けだしてください。私は女です。この前のおふたりの対話を聴かせていただいたあとでは、測定をおこなうハラーの永遠だろうと、担い手であるもっとも賢明な必然性だろうと、誇り高い無知なる者としての最高者だろうと――最高者のくせに、自慢げな独りごとをいって、ばかげたことに「私はどこからきたのか」なんて問うんですね――、どれも私は考えたくありません。哲学者のあいだでは、ぼんやりした感覚がはっきりした理解を決定するのかどうかも、私にはわかりませんし、最大の完全性だろうと最小の完全性だろうと勝手にあっさりと目の前で消滅させてしまうことが理性の勝利なのかどうかもわかりません。それでも、私の考えでは、万物がそれによって存在し、それによって喜んで生きるようなかたの存在よりも高くて浄福な存在はないということはわかります。

このかたはなにひとつ苦労して支える必要はありません。どんな事物の存在も自分自身の最高の知恵と善意の内的な必然性にもとづいているならね。じっさい、すべてのものはおのれ自身を支えています。ちょうど球がそれ自身の重心に安らうように。*10というのも、すべての存在はまさに自分自身の永遠の本質に、つまり自分の能力と善意と知恵に根ざしているからです。テオフロンさん、あなたはイメージを用いないようにしろと注意してくださいましたね。でも、根が木を支えなければならないと考えることは耐えがたくありませんか。根が大枝や小枝や花や実をつけた幹といった産物を支える必要がないようでは、それは枯れたも同然で、根とは言えません。［540］森羅万象をつらぬいて絡まりあっているような、測り知れない生命の木の永遠の根、つまり神についても同じことが言えます。神は存在の無限の源泉であり、存在は神だけが分かちあたえることができた最大の贈りものです。

テオフロン　この贈りものによって私たちは、生命のまったき存続のためにどれほどあかしを得ることでしょう。存在は、それ以上は分割できない概念であり実在です。それは無でもなければ無に帰することもありません。神だって、おのれ自身を無に帰すことはできないでしょう。ここでは、いわゆる空間や時間のなかにあるような現象もなんらかの形態の合成も問題にはなりません。現われでるものはすべてかならず消滅もします。時間の産物はどれも同時に分解の萌芽をも宿していて、そのためどの産物も現象したとおりのまま永遠につづくことはありません。合成されたものは解体されます。というのも、まさにこの合成と解体こそが世界の秩序であり、活動してやまない世界精神の生命だからです。ですから、人間の魂の不死の話もいまはまだ控えておきましょう。魂が時間と空間という偉大な世界秩序のなかでほかの有機的な器官をどのように受けいれ、どのようにして魂としてのおのれの力を新たに行使するか、といった問題をめぐる想像力の幻影を紹介するつもりもありません。[*11] 私たちが問題にするのは存在という単純な概念です。どんな低次の実在も最高の実在とともにこの概念を共有しています。〔541〕なにものであれ滅亡することも、無に帰することもありません。もしそんなことになったら、神がおのれ自身を無に帰するはめになるでしょう。しかし、合成されたものはすべて解体され、場所と時間を占めるものはすべて移ろいます。さて、存在することができ現に存在しているすべてのものが無限な存在に含まれているのなら、世界はなんと無際限なことでしょう。空間的、時間的に無際限で、それ自身において永続しているのですから。神はみずからの浄福の根拠を、さまざまな実在にわかちあたえます。それらは最小のものであれ最大のものであれ、神と同じく存在を享受し、テアノさん、あなたの比喩を使えば、小枝となって存在の根から永遠の樹液を吸いあげているのです。フィロラウスさん、そうなると私たちは聖なる必然性の第一の自然法則を描きだしていることになりそうですよ。

フィロラウス　一、最高の存在はみずからの被造物に、存在より以上のものを与えるすべを知らなかった。

テオフロン　いまふたつの存在が出てきましたが、両者は概念としてはごく単純でも、それぞれの状態は非常に異なっていますね。フィロラウスさん、存在の段階や差異を示すのはなんだと考えますか。

フィロラウス　力にほかなりません。私たちは神自身において、それよりも高次の概念を見いだしませんでした。しかも、神の力はすべて同一にほかなりません。最高の能力は、永遠に生き永遠に活動する最高の知恵と善意以外のなにものでもありえませんでした。

テオフロン　するとフィロラウスさん、あなたはご自分でわかってらっしゃいますね。最高のもの、というよりむしろ万物が（というのも、神はおのれに似たものの段階系列における最高のものではないのですから）、［542］万物のうちなるものとして活動をつうじておのれを啓示できたのだ、と。神においてはなにものもまどろんではいられませんでした。神が表現したものはほかならぬ神自身であり、つまりは不可分の知恵にして善意であり全能の能力だったのです。だからこそ、神の世界は最善の世界です。その理由は、劣っている点では似たり寄ったりの世界のなかから神がこの世界を選んだからではなく、神なしには善いものも劣ったものも存在しないからであり、神はおのれの存在の内的な必然性によってなんら劣ったものをもたらしようがなかったからです。だからこそ、存在可能だったすべての力は現に存在していますし、それらはひとつのこらず、まったき知恵と善意と美の一なる表現です。どんな小さなものにも、どんな大きなものにも神が活動しています。空間と時間のどの点においても、つまり森羅万象のどんな生命力においてもです。空間と時間は私たちの想像力の幻想にすぎず、事物を前後関係や並存関係で理解するしかない有限な知性の基準にすぎませんからね。神以前には空間も時間もなく、すべては永遠に拘束されたままです。神は万物に先立っており、万物は神のうちにあります。世界の全体は、神の永遠に生き、永遠に活動する力の表現であり現象なのです。

テアノ　まあ、なんて喜ばしいことでしょう。私たちはこんなにもはかない現象なのに、そのうちには能力と知性と善意という神と世界の三つの最高の力の表現が宿っているなんて。私にはこれ以外の性質は考えられませんし、もっと高次の性質となればなおさらです。［543］だって、私が自然のあらゆる作品において神々しいと見なすものはおのずからこの三つにさかのぼりますし、この三つはたがいを解きあかし、その最高の総体と根源は神に宿っているのですから。こうして私たちもみずからのうちに神の本質的な法則をもっています。私たちが有限ではあれもっている能力を、真理と善意の理念のままに秩序づけるためにです。ちょうど、全能なるかたが完全性のきわみにある本性のままにみずからそれを遂行しているのと同じようにね。神はそうすることによっておのれ自身の本質を私たちに告げ、私たちをその完全性の似像にしてくれました。神の力の本性は、やみくもにではなく最高の知性をもって、とるに足らないものはすべて締め出すような善意をもって活動することにあるのですからね。でも、これらの力を理性も善意もないような仕方で自分勝手に使ったとたん、私たちはこの規則にどれほど違反してしまうことでしょう。

テオフロン　ご心配は無用です、テアノさん。やみくもではなく知恵と善意にしたがって活動するのが神的な力の本質であるからには、たとえ被造物に影があるように見えても、いずれは光が当たって解きあかされますよ。フィロラウスさん、そうすると神的な必然性の第二の主要テーゼはさしあたってこうなると思います。

二、私たちが能力や知恵や善意と呼ぶようなただひとつの本質的な力を宿している神が産出できたものは、［544］その力の生きた複製であり、したがってそれ自身が力や知恵や善意であるようなものにほかならない。この力や知恵や善意もこれはこれで不可分のままに、世界に現れるすべての存在の本質をなしている。

フィロラウス　おっしゃったテーゼを書きとめました。それは神の本性から理解できますが、よろしければ、テアノさんと私のために、個々の実例を示していただけますか。世界における完全性の度合いは数えきれないくらい多様で、最低のものは不完全性とみまごうばかりですからね。

テオフロン　それ以外のありかたが可能だったでしょうか、フィロラウスさん。すべての可能なものが現に存在し、しかも神の無限な力という原理によって存在しなければならないのですから、万物のうちには最低の完全性も最高の完全性も存在するのが当然です。ただし、すべてはもっとも知恵のある善意と結びあわされており、最低の完全性のうちにさえ、無つまり本質的に悪いものは存在しないのです。[*12] テアノさん、許してください。またもや無という言いかたをしなければなりません。もっとも、それはおのずから否定されるような化けものですが。フィロラウスさん、あなたはごぞんじですね、単純実体を唱えたライプニッツがなんと偉大なものをほめたたえたかを。

「単純実体は森羅万象の鏡であり、宇宙をそれぞれ自分の立場から描写し映しとる表象能力を与えられている。無限者は最小のものにさえ万物を見てとり、万物のうちに最小のものを見てとる」[*13]。

こうした思想はじつに崇高であり、世界を最高の完全性の活動がすべての部分においてつながりあったものと見なしたとたんに必然的になる思想ですが、それでも大方の誤解にさらされました。とりわけ、森羅万象を映す無限小の単一な鏡というのは不当な解釈を受けました。[545] そもそもイメージは哲学にふさわしくないのですから、誤解を招くイメージは脇にやって、こんなふうに言いましょう。

「どんな実体的な力もその本質からすれば、最高の能力や知恵や善意を宇宙のこの位置で――つまり、そのほかすべての力とのつながりのなかで――具現され啓示されえたとおりに表現している」。

これを理解するには、世界においてこの実体的な力がそれぞれどんなふうに活動しているかを見るだけで十分です。フィロラウスさん、その力が有機的に活動するという点には同意なさいますね。

フィロラウス　もちろんです。身体の外部で、つまり有機的な器官ぬきで現われるような力なんて聞いたこともありません。しかし、有機的な力とこれらの有機的器官がどのようにしてまとまったのかも、私にはよくわかりません。

テオフロン　双方の本性によってですよ、フィロラウスさん。最高に完全な能力と知恵がつながる領域では、そのほかの仕方はありえませんでした。というのも、私たちが身体とか有機的な器官と呼ぶものはなんでしょうか。たとえば、人間の身体に生命のないものはなにもありません。髪の先からあなたの爪の先にいたるまで、すべてにそれを維持し養う一なる力が浸透しています。どんな小さな部分も大きな部分も、その力がなくなれば、身体から離れてゆきます。こうして私たち人間の生きた力の領域から切り離されると、それは自然力の領域からけっして逃れられません。抜けおちた髪の毛や棄てられた爪は、[546]

いまや世界のもっとべつの連鎖の領域に入りこみ、今度はそこでの自然にまかせて影響を及ぼしたり及ぼされたりするだけです。人間をはじめとする動物の身体の生理学が列挙してくれるような驚くべき事実を見わたしてごらんなさい。目に入ってくるのは、生きた力の領域にほかなりません。それらの力はどれも、それぞれの位置に置かれることで、全体のつながりや形態や生命をさまざまな活動によって生みだします。そうした活動はどれも、それ自身の実在の本性から帰結したものです。身体はみずからを形成し維持していますが、その一方で日々解体されており、最後にはすっかりなくなってしまいます。

ですから、私たちが物質と呼ぶものはすべて、程度の差こそあれ、それ自身が生きています。それは、現象のうちに身を置く私たちの感覚から見てだけでなく、それ自身の本性と結合から見ても一なる全体をなすような活動する力の領域です。一なる力が支配しています。さもなければ、それは一なるものでも全体でもないでしょう。複数の力はきわめて多様な段階にわたって働き、これらの多様さはそれぞれ完全に規定されていながらも、そのすべては共通する活動をおこない、たがいに影響しあいます。さもなければ、それらがふたたび一なるものや全体をかたちづくることはないでしょう。

さて、もっとも完全な能力と知恵の領域においてすべてはもっとも賢明な仕方でつながっており、そこでは事物そのものに内在する必然的な法則にしたがうものだけが調和しあい、助けあい、たがいを形成するので、私たちも自然のいたるところに無数の有機的な組織をみいだします。それらはどれもそれぞれの仕方で知恵があり善であり美しいだけでなく、ひとつの完全なものであり、つまりこのつながりにおいて目に見えるものになりえた知恵と善意と美の複製です。ですから世界のどこであれ、木の葉だろうと、砂粒だろうと、私たちの体のちょっとした繊維質だろうと、どこにも恣意が支配する余地はありません。
[547] 被造物のどんな点にあろうと完全このうえない知恵と善意にしたがって活動している力によって、

すべてのものが規定され、設置され、秩序づけられています。

奇形や発育不良や化けものの記録に目をとおしてごらんなさい。そこではよくわからない原因のせいで自然の法則が秩序を失ったように見えますが、自然の法則が無秩序になることはけっしてありませんでした。たとえべつの力によって妨害されても、力はそれぞれがおのれの本性に忠実に活動していましたからね。こうした妨害も結局のところ、妨害された力がべつの仕方でおのれを修正しようとする結果しかもたらさなかったのです。ひとつのシステムのうちで妨害された力におけるこうした修正作用については、私自身も風変わりな考察を重ねたことがありますが、それについてはまだべつの機会にお話しできるでしょう。[*14] ともあれ、一見すると最大の混沌に見えるようなところもふくめていたるところに、私は恒常的な自然を、つまりどんな力においても活動している最高の必然性と善意と知恵の不変の規則を見いだしたのですよ。

フィロラウス　テオフロンさん、物質というあいまいな概念をあきらかにしていただいてうれしく思います。なにしろ、物質とは私たちの感性の現象にほかならず、実体的な統一体の集合にほかならないと考えるライプニッツの体系には喜んで同意した私にとっても、この体系に出てくる、「これらの実体の観念的な結びつき」[*15] なるものは謎のままですからね。ライプニッツは物質を雲にたとえました。雲は雨粒からできていても、［548］私たちには雲にしか見えないというわけです。さらには、いろいろな草木がおいしげる庭や、魚やらなにやらがたくさんいる池にもたとえました。[*16] でも、私にはそれだけではまだこの現象の存立が、つまり、さまざまな力のつながり具合がうまくのみこめなかったのです。

雲のなかの雨粒や、庭の植物、水のなかの魚には、それらを結びつける媒体があります。では、物質を成りたたせている諸力におけるそうした媒体はどんなものかと言えば、それらの力がたがいに影響しあうための実体の力以外のなんでしょうか。こうして、力が媒体となって有機的器官が形成されます。というのも、そうした器官もそれ自体が、さまざまな力が緊密に結合して一なる支配的な力に寄与しているようなシステムだからです。いまや私にとって物質は、私の観念のうちなる現象、つまりイメージを思い描く被造物の観念によって結合されただけのものにはとどまりません。物質が物質であるのは、おのれ自身の本性と真のありかたによってであり、つまりは活動する諸力の緊密なつながりによってなのです。自然においてはなにも孤立していません。なにものであれ原因なしに存在することも、結果なしに存在することもありません。すべてのものは結びつき、すべての可能なものがそこに含まれているのですから、自然においてはなにものも有機的な組織なしには存在しません。どんな力も、それに奉仕するかそれを支配するようなほかの力と結びついています。

ですから、私の魂はひとつの実体的な力であり、たとえその現在の活動領域が破壊されたとしても、魂の新たな器官が被造物のうちで欠けたままになることは断じてありえません。新たに寄与する力が魂を助け、一なる世界とのつながりを更新することによって、その活動領域をかたちづくるでしょう。被造物にはどんな裂け目も飛躍も孤島もありませんし、一なる世界にあってはすべてがつながりあっているのですからね。

テオフロン　フィロラウスさん、そうするとなんと避けがたい義務が生じることでしょう。つまり、魂がこの世を去るときにはその内面において、〔549〕つまりそれ自身の力のシステムにおいて適切に秩序づけられているよう配慮するという義務です。というのも、魂はあるがままの仕方でしか活動できないからです。その外的な姿も、その内的な力の姿のとおりにしか現われません。私たちの身体は魂の道具、魂を映しだす鏡にすぎず、有機的組織はどれも現象を成りたたせる緊密な努力の外的な複製です。

フィロラウス　お話を聞いていると、スピノザが身体と魂の結合についておこなったいくつもの見事なコメントを思い出します。彼はデカルトの体系にしたがって、両者を思考と延長のようにたがいにまったく独立のものと見なすしかなかったにもかかわらず、さすがに鋭敏な精神の持ち主だけあって、両者の調和についてぬかりなく考察していました。彼は、身体概念を人間の魂の本質的な形式にし、[*17] そこからこの概念の性質や変化、完全性や不完全性をみごとに導きました。[*18] 彼の諸原則からはひとつの観相学の下書きが描かれましたが、それは私たちが観相学的な妄想に耽るときに陥りがちな混乱をうまく整理し、ある明確な真理へと連れもどしてくれるものです。とくに私にとって心地よかったのは、スピノザが生活の仕方、つまり身体の状態変化をおおいに重視し、思考の仕方つまり魂の概念形式を生活の仕方と対比させていることです。スピノザは、魂やその能力や性格のきわめて移ろいやすく繊細きわまりない動因を骨のシルエットから導出したりはしません。もちろん、身体のちょっとしたシルエットであっても、［550］全体を類推するのに必要であることはだれも否定しないでしょうけれどね。

おや、テアノさん、黙ってしまいましたね。

テアノ　おふたりの話はとてもすてきだと思います。でも、さきほどおふたりの話がおかしな方向にいったら元の道に戻してほしいとおっしゃいましたから、申しあげましょう。観相学のとりとめもない話題は放っておいて、もっと一般的な考察に戻ってくださいませんか。私はいつもほんの最小限のことで満足していますから、有機的組織はどれも内的な生きた力のおりなす一なるシステムの現象であり、さらにそれらの力は知恵と善意の法則にしたがって一種の小世界を、一なる全体をかたちづくっているという話だけでもう十分です。

私にはこんな望みがあるんです。私の仕事のために薔薇の精を呼びだす魔法が使えたら、そしてその精が薔薇の美しい姿をどうやって造りあげたのか教えてくれたら、とね。あるいは、薔薇はその茂みの娘のひとりですから、茂みに宿るドリュアス[*19]が、どうやって根っこからほんの小さな枝先にいたるまで自分の木に命を吹きこんだのか教えてくれたら、とも思います。ほんのこどものころから、私はよく木や花をまえにじっと立ちつくして、下等なものから高等なものまでどんな生きもの[*20]にも見てとれる不思議な調和に驚嘆しながら見入ったものです。そうした調和をいくつも見くらべ、草木の葉や小枝や花や幹、全体の姿かたちを観察しながら何時間もぼんやりと夢見心地に過ごしました。このかけがえのない美しい姿を生きたまま写しとりたくてうずうずしたおかげで、私は注意力が磨かれましたし、花や草木と仲よくおしゃべりに耽ったあまり、その本質が生けどりになって私の小さな手芸に宿ったと思えたことだって何度もあります。

でも、だめでした。私の手芸はいつでも死んだ写しのままで、美しくもはかない草木たちは、おのずから静かに満ち足りたまま、言ってみればそれ自身においてい〔551〕完結したありかたにすっかり満たされて、そこに立っていたのです。こうした問題についてもっとお話ししてくだされば、たどたどしく自然を語る私の言葉にも助けになるでしょうに。

テオフロン　テアノさん、そうした言葉はどうしてもたどたどしくあるしかないのでしょうね。事物の内なる本質をのぞきこもうにも、私たちにはそのための感覚がありません。私たちは外がわに身を置いて観察するしかないのです。私たちがまなざしを研ぎすましてじっくりと見つめれば見つめるほど、自然の生きいきした調和があらわになります。そこではどんな事物もそれぞれがこのうえなく完全な一なるものであり、それでいてすべてはたがいに幾重にも多様な仕方で織りあわされています。芸術はこうした自然観察のあとを、足音を忍ばせてついてゆきます。近代のさらに注意ぶかい自然科学は芸術と姉妹なのです。

自然科学は、どんな事物についても、それがなんであり、どのようにかたちづくられ、どのように影響したりされたりするかだけを観察し、草木や鉱物や動物について、その発生や成長、開花や凋落や病気について、またその生と死について貴重な知見を積みかさねてきました。それらは、個々の対象に自立的な調和と善意と知恵の世界があることを教えてくれます。

しかし、いまはこの話はやめておきましょう。こうしたことはどれも宵闇のなかのおしゃべりで耳にするより、春や夏のよく晴れた日にこの目で見るほうが楽しいに決まっていますからね。おふたりに注意していただきたいのは、自然の生きた力のすべてが何千もの有機的組織に働きかけるさいの単純な法則です。というのも、最高の知恵がなすことはすべて最高に単純であるにちがいないからです。つまり、そうした法則は、三つの単語に含まれるように思われますが、その三つも根本的にはやはりあくまでも一なる生きた概念なのです。

一、持続、つまりそれぞれの実在の内的な存立。

〔552〕二、同種のものとの統一と対立するものからの区別。

三、おのれ自身と類似しおのれの実在を複製してもうひとつの実在とすること。

この点について――テアノさん、あなたの言いかたを使えば――私もたどたどしく話すのをお聞きになりたければ、お話ししましょう。フィロラウスさん、そうすれば、すくなくともスピノザをめぐるこの対話の有終の美を飾ることになるでしょう。ごぞんじのとおりスピノザそのひとも、これらの概念のうえに彼の道徳を築いていますからね。

では、第一の点です。実在はどれもあるがままのものであり、無のことなどまるで念頭になく、それに憧れることもありません。事物の完全性はその現実の姿に尽きています。この現実の感覚が、事物の存在にもとからそなわっている報酬であり、切実な喜びです。スピノザは、いわゆる道徳的な世界はもうひとつの自然の世界だと見なして、人間のすべての感情や努力を存在とその持続への内面的な愛に還元しようとしました[*21]。

物理的な世界では、人びとはこの自然法則から帰結するさまざまな現象にたくさんの名前を与えましたが、一部には不適切なものもありました。あるときは、それぞれの事物はあるがままにとどまり、原因がなければみずから変化しないからというわけで慣性力という名前がもちだされ、またあるときは、べつの観点からではありますが、重力という名前ももちだされました。それによれば、どんな事物もみずからがそこで安定することになる重心をもつというわけです。慣性も重さも、その敵対者である運動と同じく現象にすぎません。空間や物体はそれ自身が現象にすぎませんからね。そうした現象における真実で本質的なものこそが、事物の存在の持続であり継続です。事物は存在にもとづいてみずから自分を破壊することなどできないし、しようともしません。

さて、どんな事物も持続の状態にむかって努力していることは、事物の姿かたちそのものが示しています。テアノさん、[553] 自然を図案化なさっているあなたのことですから、事物のかたちをごらんになればご意見もたくさんおありでしょうね。もっとも同種的でありながら同時にもっとも動きやすく、したがってひとつのかたちをいわばみずから選べるような事物のシステムから、いちばん簡単な例をとりあげたいと思います。こうしたものは流体と呼ばれます。よろしいですね。さて、フィロラウスさん、すべての流体は、その諸部分は同種的でたがいになんの障害もなしに作用しあいますが、それらはどんなかたちをとるでしょうか。

フィロラウス　しずくのかたちです。

テオフロン　なぜしずくのかたちなのでしょう。このかたちを恣意的に好む、たとえばしずく形成原理のようなものを自然のうちに想定すべきでしょうか。

フィロラウス　けっしてそんなことはありません。しずくはひとつの球です。球にあってはすべての部分がただひとつの中心点のまわりに同種的なものとして調和しあい秩序づけられます。球はおのれ自身に安らい、その重心は中心にあります。つまり、球のかたちは同種の実在がもっとも美しい仕方で持続している状態であり、それらの実在はこの中心点のまわりに結びつき、等しい力でバランスをとりあっています。[*22] ですから、しずくのなかでは、調和と秩序の必然的な法則にしたがってひとつの世界が生じるのです。

テオフロン　フィロラウスさん、それでは、しずく形成の法則には、同時に私たちの地球や太陽やそのほかの天体系の形成の規則も含まれるとおっしゃるのですか。[*23] というのも、地球もまたかつては流動の状態から生じて、おのずからしずくのかたちにまとまったわけですからね。太陽やその引力が支配している太陽系もぜんぶが、もっと大きなしずくであることになります。すべてのものは半径の方向に引きつけられており、円運動をつづけるのはほかの力のおかげにほかなりません。〔554〕だから、すべての惑星の軌道は程度の差こそあれ円に近づかずにはいられないのです。太陽系の太陽は、そのほか何百万もの恒星とともに、共通の中心点か焦点の周囲を運動することによって、これまたひとつの円か楕円をかたちづくります。これは銀河系が示してもいれば、さまざまな星雲のような恒星系が示してもいるとおりです。どれもすべて、神という海の輝くしずくであり、それらは調和と秩序という内在的な永遠の法則にしたがって、その姿と運行のうちにそれぞれの持続状態を求め見いだしたのです。しずくたちは、ほかでもなく球の形態のうちに、その円形軌道のうちに、つまりは対立しあう力の産物のうちに、それぞれの持続状態を見いだすことができました。それは恣意的にではなく、流動体や球形や楕円運動において均質に活動している力の内的法則にしたがってのことです。

テアノさん、あなたが朝ごとに薔薇のがくにくっついているのを目にされる小さな露でさえも、地球や太陽やすべての恒星系や、それればかりか天体系のすべての形成の法則をあなたに示しているのですよ。なにしろ、私たちが空想の向こう見ずな飛躍を許して森羅万象の全体を考えても、そこから現われてくるのは巨人どころか、おのれ自身に安らっているひとつの球なのですから。

テアノ　テオフロンさん、ありがとうございます。おかげさまで途方もない展望が拓けて、それ自身においてて成りたつじつに単純な自然法則がわかりました。〔555〕でもまあ、地球に、せめて太陽系に戻ってらっしゃい。そんなに高く飛ぶのはごめんです。さっき第二の自然法則の話もなさっていましたね。同種のものはたがいに一致し、対立するものを遮断する、と。その実例を挙げていただけませんか。

テオフロン　私としてはあくまでも流体のしずくの話をしているだけですけれどね。それはともかく、テアノさん、自然界における憎しみと愛の石というのをごぞんじですね。

テアノ　磁石のことですね。

テオフロン　まさにそれです。[*24] 磁石の理論はまだひどく曖昧なままですが、磁石にまつわる現象はますますあきらかです。それでは、磁石のふたつの極と両者の友好的な活動と敵対的な活動もごぞんじですね。

テアノ　知っていますよ。磁石の軸には最大の愛の地点とまったくの中立の地点があることもよく知っています。

テオフロン　それなら、私が例に使うことはすべてごぞんじですね。その磁石をひとつぶの丸いしずくだと思ってください。そこでは磁力が同種的〔均等〕かつ規則的に配分されていて、対立しあう極が北極〔N極〕と南極〔S極〕です。一方は他方なしにはありえません。

テアノ　それも聞いたことがあります。一方を変えると両方とも変わってしまうんですよね。

[556]　**テオフロン**　被造物の憎しみと愛のもっともみごとなイメージを磁石からきちんと見てとっておられますね。私の確信するところでは、流体の多くに、ひょっとしたらすべてに同じことが発見できるのです。

フィロラウス　同じこと、と言いますと――

テオフロン　同種の力からなるひとつのシステムに軸が生じるところでは、その力は同じ軸のまわり、しかもその中心点のまわりに層をなし、そのさい同種のものはどれも同種の極にむかって流れ、中心点からだんだんと増大して頂点に達し、そのあとは中立地点を経由して反対の極にいたるというふうに幾何学的な法則によって秩序づけられている、ということです[*25]。こんなふうに考えれば、どんな球も対立する極をもつ半球をふたつ合わせたものです。ふたつの焦点をもつ楕円もすべてそうです。そのようにして形成されたシステムの活動力には、この構成の法則が一定の規則にしたがって含まれることでしょう。

ひとつの球に南極のない北極がありえないように、規則的にかたちづくられた力のシステムには、友好的なものと敵対的なものが分裂しないような形態、したがって相関的に増減するふたつの度合いのバランスによって全体が形成されないような形態はありえません。おそらく対立しあうふたつの電気がなければ、世界に電力の体系はまったくありえないでしょうし、現にそのふたつは経験的に見いだされています。

[557]　寒暖についても同じことがいえますし、多様によってのみ統一が保たれ対立者によってのみ連関が保たれるような現象のどんな体系にしても同様です。

観察にもとづく自然科学はまだとても若いですし、これらすべてにかんしていつかきっと大きな成果を挙げて、ついにはやみくもな恣意を世界からことごとく追放するでしょう。そんなものを許していたら、すべてはばらばらになり、自然法則はみんな根こそぎなくなってしまいますからね。おふたりもきっと認めてくださるでしょうが、磁石や電力や光や寒暖や引力や重力といったものが恣意的に活動するなら、また三角形が三角形でなく、円が円でないなら、私たちは物理学や数学のすべての考察は無意味だと宣告して、恣意的な啓示を待ち望むばかりになりかねませんよ。でも、すでにこれだけ多くの力について数学的に厳密な自然法則を発見したことは確かなのですから、そこからさきでは自然法則が見いだされなくなるどころか神のやみくもな意志が始まるような境界線なんて、だれが設定したがるでしょう。被造物においてすべてはつながっており、すべては秩序をなしています。ですから、そのどこかでたったひとつでも自然法則が成りたつなら、いたるところをさまざまな自然法則が支配しているにちがいありません。さもなければ被造物は混沌さながらに雲散霧消してしまいます。

〔558〕**テアノ**　あら、あなたはご自分から愛憎の法則を離れてしまうのですね。あなたのおっしゃるシステムによれば一方は他方なしにはありえないというのに。

テオフロン　存在しうるすべてのものがこの世界では現に存在するのですから、対立するものも存在しなければなりませんし、最高の知恵の法則ならそれこそ北極〔N極〕と南極〔S極〕のような対立物からでさえ、いたるところでなんらかのシステムを形成するにちがいありません。自然のどの領域でも三十二方位の風の表[*26]は成りたちますし、どんな太陽光線にも色彩のピラミッド[*27]がまるごと含まれています。もちろん、私たちが気にするのは、いまはどの風が吹き、つぎにはどの風が吹くのかとか、どの色がそっちとこっちのどちらに現れるのかといったことばかりですがね。

流体から固体が生じたとたんに、活動する力の体系に含まれていた内的な法則にしたがってすべてが結晶として形成されます。すべてのものはたがいに引きあうか、反発しあうか、中立のままかのいずれかです。これら活動する力の軸は、どんな度合いのちがいをも一貫して結びつけています。化学者があつかうのは結婚と離婚にほかなりませんが、自然ははるかに豊かではるかに内密な仕方でそれをあつかっているのですよ。[*28] 愛しあうものはすべて、求めあい、見いだしあいます。自然科学そのものも、物体の結合にかんして選択的な親和性という表現を受けいれずにはいられませんでした。[*29] 〔559〕 対立しあうものは、たがいに遠ざかり、中立の地点によって折りあうだけです。全体としてのシステムどうしは、そのシステムのなかの個々の力どうしとはちがうかかわりかたをするとはいえ、力はしばしば、すばやく入れ替わります。憎しみは愛に、愛は憎しみになりうるのです。すべては同一の理由によっています。つまり、どのシステムもそれぞれおのれ自身において持続しようとし、それにおうじて力を秩序づけているからです。

　ですから、おわかりと思いますが、外的な現象のアナロジーで考えるときにはとても慎重にしなければなりません。なにしろ、磁力やら電気やらにいくつか似たような法則があるからといって、それらをすぐさま同一のものと見なす権利はないからです。力のシステムはたがいに似ても似つかないとはいえ、それでも同一の法則にしたがった活動が可能です。なぜなら、自然のうちでは、すべては結局つながっているにちがいないのですし、どれほど異なる力も秩序づけてしまうような、たったひとつの基本法則しかありえないからです。

テアノ　あなたのおっしゃる持続の法則も、愛憎の法則も、私の考えではその基本法則に非常に近いように思えますね。自然には無数に異なるものや対立しあう現象があっても、その法則はいたるところに現れるのですから。ほんのいっときでも、もっと高次の精神になって、この偉大な作業場の内がわを見られたらよいのですが。

テオフロン　そんなことを望んではいけません、テアノさん。内がわの観察者よりも外がわの観察者のほうがおそらくましですし、すくなくとも快適です。じっさい内がわからは全体は見わたせないでしょうからね。舞台の正面にいる観客のほうが、［560］舞台裏で耳をすましている人よりも快適ですよ。真理を探究しているうちは刺激が感じられますが、それを手にしてしまえば満足して怠惰になるだけでしょう。*30 自然を追跡し、その高次の諸法則をまず予想したうえで観察し、検証し、その確かさを証明していまや何千回も確認できるようになったら、それを新たに応用し、ついにはいたるところに同一の賢明このうえない規則と同一の聖なる必然性を見てとってそれを愛するようになり、わが身に引きうけること、こうしたことはまさに一生をかけるに値します。

というのはね、テアノさん、私たちはただの観客でしょうか。私たちはみずからが俳優であり、自然の協働者であり模倣者ではないでしょうか。愛憎は人間界をも支配してはいないでしょうか。そして、両者はどちらも全体をかたちづくるために等しく不可欠ではないでしょうか。憎むことができない者は、愛することもできません。そんな人間は、正しく憎み正しく愛することを学ばなければいけません。人間のあいだにも無関心の中立地点がありますが、しかしありがたいことに、それは磁石の軸全体のなかではただ一点でしかありません(1)。

（1）例に挙げたアナロジーについては、べつの機会に論じる予定である。

フィロラウス　テオフロンさん、そろそろ思い出してもらわないと。自然の大法則の三番目がまだ残っていますよ。「実在［つまり生きもの］がたがいに類似し、それぞれの種の複製をずっと形成しつづけるのはどのようにしてか」という話です。

テアノ　テオフロンさん、このあたりで失礼してはいけませんか。

テオフロン　すべての優美の名にかけて、それは許されませんよ、テアノさん。これから、このうえなく神聖でまちがいなく神的な法則の話になるのですから。

愛しあうものはすべてたがいに類似します。ふたつの色が混ざると、その中間の第三の色が生じるように、〔561〕人間どうしの心ばかりか、しぐさや顔つき、思考や行動の仕方の繊細きわまりないうつろいにいたるまで、たがいを思いやりながら一緒にいるだけで驚くほど似かよってきます。熱狂や恐怖や情念はどれもこれも伝染病のようなものです。それらがそれ自体として災厄であり空しいからではなく、強い活動力をもつからです。そうであればこそ、むしろ秩序や調和や美といった規則的な力の活動のほうこそ、はるかに本質的な力をもってほかの人びとに広まり、伝わってほしいものですがね。

私たちが有機的な組織の発生を目にしたのは、より強い力が弱い力をみずからの領域に引きこみ、ひとつの姿としてかたちづくったからであり、しかも必然的な善意と真実というもとから植えつけられていた規則にしたがってそうしたからにほかなりません。善なるものはすべて共有されます。それは共有されずにはいられない神の本性をもってもいれば、神の誤りなき活動を果たしもしますからね。たとえば美の規則は、私たちにいやおうなしに迫ってきて光を投げかけてくれます。それらはいつのまにか私たちのうちに入りこんできます。まさにこれこそが、いたるところで結びつき活動しながらもそれ自身で存立している被造物の秘密です。人間が親しくつきあっていると、無理じいもせず言葉も交わさずとも、おたがいの心が似かよってきます。

ライプニッツがモナドの観念的な影響を想定したように、*31 私もこうした観念的な影響を被造物の秘密のきずなだと考えたいのです。そうしたきずなが、思考し行動するどんな生きものにおいても打ち消しようがなく不滅であることは、われわれも目の当たりにしているとおりです。だれも自分の存在の活動に失望しなくてよいのです。各人の存在のうちに秩序があればあるほど、そして自然の諸法則にしたがって一様な仕方で行動すればするほど〔562〕、その活動はますます誤りないものとなります。各人の存在は神のように万能に活動しており、光が生じるためにできることと言えば、おのれをとりまく混沌を秩序づけて闇を追いはらうことにほかなりません。その人は、自分とともに存在しているすべてのものを、自分自身の美しい姿に似せます。彼にあらがってくるものをさえも、程度の差こそあれ、そのように似せるのです[2]。

（2）　これらの普遍的な自然法則、とりわけ生きものにおける親和性と模倣については、「宇宙についての考察（*Betrachtungen über das Universum*）」（エアフルト、一七七七年）〔著者はカール・テオドル・フォン・ダルベルク〕における一連のすぐれた見解を参照されたい。

テアノ　元気が出てくる美しい真理ですね、テオフロンさん。私たちの心を励まして、これまでの人生で経験した数えきれないくらい多くのことを思い出させてくれるだけでもすでに真理のしるしを帯びています。ひとりの人間の存在をなすもののうちには、その人の行動が無言の実例となっているとおり、言葉では言い尽くせない力が潜んでいるものですね。私のうちなる善は、こうして私のものになります。だからこそ、テオフロンさん、あなたの考えかたは好ましいと思います。そういうふうに考えれば、あらゆる活動をつかさどる者をいたるところにまざまざと見てとれますもの。それは調和と美の本質的な規則となって被造物そのものの存在をとおして私たちに作用してきます。

神の王国に生きているすべてのものは神に似るべきだし、それどころか、こう言ってよければ〔563〕神に似ずにはいられない、という気持ちになってきますね。神の実在や思考や活動は、たとえ私たちの意志に反してでも、神の秩序や善意や美の証拠を千も二千も積みかさねて不変の規則として迫ってきます。従うつもりがない者でも従わずにはおれません。なにしろ、万物がその人を引っぱってゆき、彼は万能の鎖を逃れられませんから。進んでそれに従う人は幸いです。自分で自分を形成したというおのれのうちなる甘美な錯覚によって報われるのですから。本当は神が彼を不断に形成しているというのにね。彼は、理性によって服従し愛をこめて奉仕しているうちに、あらゆる被造物とできごとから神の刻印を受けとります。彼は理性的になり、善良になり、筋がとおり、幸福になります。彼は神に似るのです。

でも、自然の摂理のお話にもどりませんか。ひとつの力がべつの力を圧倒して自分のがわに引きつけ、自分の本性に統合してしまうのは強制というものじゃありませんか。被造物の生命はすべて自分以外の種を破壊することで成りたっており、人間が動物を糧にしたり、動物がほかの動物を糧にしたり、植物や果実だけを糧にしたりして生きているのを見ると、有機的組織はたしかにたがいに形成しあっているとはいえ、同時にほかの有機的組織を破壊しているのがわかります。つまり、被造物には殺戮と死が含まれているのです。草も花も木の実も、結局は動物も、ほかのものの食べものになってしまいますが、こうしたものだって、それをかみくだいておのれの血肉に変える者の有機的組織に引けをとらないみごとな有機的組織ではないでしょうか。テオフロンさん、この雲を追いはらってください。私からすればどんな被造物にも太陽が輝いているというのに、この雲はまるでヴェールのようにその眺めをさえぎってしまうのです。

テオフロン　そんな雲は流れさってしまいますよ、テアノさん。一見すると死とも見えるものが被造物のうちになければ、万物がそれこそ本当に［564］死んでしまうということにお気づきになればね。そんなことになれば万物は惰性のままに静止し、真の活動的な存在が死に絶えた荒涼たる影の王国になってしまうでしょう。

さっきのあなたの話しぶりは、まるでプラトンのお弟子さんのようでしたね。[*32] あなたの先生の教えには、移ろうものにあっては万物が移ろいであり、時の翼に乗れば万物は足早に移りゆき過ぎさってゆくというものがありませんでしたか。被造物の歯車のどれかひとつを止めてみなさい。すべての歯車が止まってしまいますよ。私たちが物質と呼んでいるもののどこか一点を惰性的な死んだものにしてごらんなさい。すべては死に絶えますよ。絶対的な剛体とかいうものが自然界に存在しているなんていう非哲学的な妄想には、よもや耽ってらっしゃいませんね、フィロラウスさん。

フィロラウス　まさか、どうして私がそんなことを。そんな剛体があったら運動はすべて恥辱になってしまい、果てしなく小さな剛体でさえ被造物全体の歯車を止めてしまうでしょう。

テオフロン　そのとおりです。絶対的な静止も、完全な不可入性や硬さや惰性も、もしそんなものがあるとすれば万物の力を奪ってしまう無であり、つまりは矛盾であって、じっさいには存在しえないのですから、あとはもうプラトンの言う流れに、つまり、移ろうものがすべてひとつの波であり、時間的なものがすべていっときの夢であるような流れにあえて身をまかせながら考えるしかありません。

びっくりしてらっしゃいますね、テアノさん。怖がることはありません。流れのなかの波といっても、流れそのものは全体としては存在ですし、その波はひとつの自立的で本質的な真理の夢ですからね。永遠にして分割不可能な者は、永遠でありながら時間的な現象として、分割不可能でありながら空間的な形態として目に見えるものになろうと欲し、そのさいその形態一つひとつを、もっとも短命であると同時にもっとも長命なものとして存在させずにはおれませんでした。このせいで形態の一つひとつが時間と空間のイメージにそくして現象するように要求されるのです。現象するものはすべて消滅せざるをえません。それは可能なかぎり早く消滅しますが、可能なかぎり長く存続もします。〔565〕いたるところでそうであるように、ここでも両極端は合致し、そもそも同一なのですよ。有限な存在はどれも現象であるかぎり破滅の萌芽をすでに含んでいます。有限な存在が、最高の頂点をめざしてたゆみない歩みでさきを急ぐのは、没落を急いで、私たちの感覚からすれば極微のものになるためなのです。ごらんのとおり、このことは私がここに描いてみせる線のかたちだけで言い尽くせます。

テアノ　見ているだけで悲しくなりますね。

テオフロン　草が足早に開花にむかう様子をよくごらんなさい。草は、水分や空気や光といったすべての元素を吸収し加工します。成長して汁液を供給し、花を咲かせるためです。花は存在しはしますが、やがて消えてゆきます。草は、母となって自分自身の分身を残し、それが力強く生き抜いてますます繁殖するよう、力と愛と生命のすべてを注いだのです。いまや草という外見もなくなります。草はこの外見を自然へのたゆみない奉仕のうちで使い果たしました。草はその一生のはじめから、みずからの破滅のために働いてきたと言ってよいでしょう。

しかし、草にとって破壊されたのは、これ以上は維持できない外見以外のなんでしょうか。この外見は、この線をたどって、みずからの美しい形態と美の範型の位置する頂点に達し、今度は急速に下降しただけのことです。草がこんなことをしたのは、死んでしまったいまの外見よりももっと若くて生き生きした外見に地位を譲るためではけっしてありません。そんなふうにイメージしたら、そりゃあ悲しくなりますとも。でも、草はむしろ生きた外見であるがままに、おのれの存在の喜びのすべてをこめておのれ自身の存在を産出し、それにこのうえなく賢明で美しい芽の姿をあたえて、永遠に花々が咲きみだれもすればこの草もそこで花開くことにもなる時間という庭園に残したのですよ。草そのものは〔566〕外見もろとも死に絶えるわけではなく、根っこには力が生きつづけていますからね。草は冬の眠りからふたたび目覚め、美しい青春の装いも新たに萌えいずるでしょう。草の存在が生みだした娘たちは、ういういしいたおやかさもそのままに、いまや草の友であり姉妹なのです。

ですから、被造物のうちに死はありません。死は、留まりえないものが足早に立ち去ることであり、休みなく持続する永遠に若い力の活動であって、この力はその本性からして一瞬たりとも無為だったり、停滞していたり、怠惰なままだったりすることがありえなかったのです。その力はつねに、もっとも豊饒かつ美しい仕方でおのれ自身のために働いてもいれば、この力が存在を生みだし分かちあえるかぎりの他のものの存在のために働いてもいます。万物が変化してゆく一なる世界にあっては、どんな力も永遠に活動し、したがってみずからの有機的な器官を永遠に変えつづけています。この変化はそれ自身が、この力の知恵と善意と美に満ちた不滅の活動の表現にほかなりません。草は生きているかぎり、自分自身が繁茂するとともに自分の存在を何倍にも複製できるよう働きました。草は、おのれ独自の有機的な力によってひとりの創造主となったのです。これは被造物がなりうる最高のものです。

草はその死にさいして、世界からひとつの愛すべき姿を消し去りました。草を支え生みだした内的な生命力はおのれ自身のうちに引きこもりましたが、それは世界の若々しい美となってふたたび姿を見せるためです。万物は新たな生命へと、新たな青春の力と美へと、これ以上ないほどの急ぎ足で突きすすみ、だからこそ瞬間ごとに変化するのです。テアノさん、変化と呼ばれるものに含まれる知恵と善意の法則として、[567] これ以上美しいものが考えられますか。

テアノ　空が美しく白んでくる様子が目に浮かぶようです、テオフロンさん。でも、日の出はまだです。

テオフロン　それなら、この休みなく働いている力が時の翼に乗って目まぐるしく変身してゆくさまを考えてごらんなさい。

一枚の葉のほんの一部でさえ、一瞬たりとも無為ではいられません。さもなければ、被造物のうちにあって死んでいるも同然でしょう。それは吸収したり、排出したり、蒸散したりしています。テアノさん、葉が表と裏でこんなにちがった造りになっているのはそのためです。葉に宿る力はいつでも永遠に有機体としての装いを変えつづけているのです。ですから生命は運動であり、活動であり、しかも、持続を心底から楽しみもすればそのために努力しもするようなひたむきな力の活動です。変化の王国にあってはなにものも不変のままではありえません。それでも万物はみずからの存在を維持しようと欲し、またそうせずにはいられません。だからこそ、万物はつねに持続し永遠に若々しい姿で登場するために不断に運動し、永遠の再生をくりかえすのです。[*33]

テアノ　でも、その変化は発展でもあるのでしょうか。

テオフロン　たとえそうでないとしても、やはり変化は死や永遠の死をまぬかれる唯一の手段でしょうね。つまり、変化があるからこそ、私たちの生命力はいつまでも活動し、［568］生きていることを切実に感じとるのです。だとすれば、〔発展でなく〕変化だけでもすでに望ましい恩恵でしょう。永遠の生命のほうが永遠の死よりも望ましいようにね。さて、そこでですが、テアノさん、活動をつづけないにもかかわらず生命が発展したり、力がつねに活動したりしているような事態、つまり発展なき発展を、あなたは考えられますか。

テアノ　そんなのは矛盾じゃないでしょうか。

テオフロン　まさに矛盾です。たしかに、空間と時間において現象する力はどれも、ほかならぬ空間と時間がもたらす限界を守るしかありません。しかし、力は活動するたびに、それにつづく活動を容易にしてゆきます。そうしたことが力に可能なのは、調和と知恵と善意というみずからに植えつけられた内的な規則にしたがうからにほかなりませんし、その規則は、あなた自身が主張なさったとおり、どんな被造物にも愛情深くおせっかいを焼き、刻印を残し、被造物がどんな活動をするときにも助力を惜しみません。ですから、あなたがいたるところでごらんになるのは混沌から秩序への発展であり、さまざまな力が調和と秩序の規則をますます遵守しながら限界を新たに押しひろげひたむきに拡大し美しくなってゆく様子です。どんなやみくもな力にも光が、どんな不規則な能力にも理性と善意がつきまといます。被造物においてはその試みも活動もなにひとつ無駄ではありませんでした。ですから、神の王国には発展があるにちがいありません。そこには停滞はなく、ましてや後退などありえないからです。

また、さまざまな形態の死をまのあたりにして眉をひそめる必要もありません。だって、被造物のなかには死がない以上、死という形態もないのですからね。そうした形態を、腐敗とか、次世代への栄養供給とか、分解とかどのように呼んでもかまいませんが、それは新たな若い有機組織への移行であり、成熟のきわみの年たけた幼虫が新たな生物として現われるための繭ごもりの段階です。[569] 満足なさいましたか、テアノさん。

テアノ　満足です。私をここまで導いてくれたこのうえなく賢明な最高の善意に身も心も委ねましょう。なんの功績もない私にこんなにも多くの力が与えられたのも――もちろん、まったく無償で与えられたわけではありませんが――、愛と善意にみちた幾多の力が私をとり巻いてくれているのも、そうした善意があればこそです。おかげで、私の知性も、心もおこないも、それ自身において根拠づけられた必然的な知恵と善意というただひとつの永遠の規則にしたがって整えられています。

ねえ、フィロラウスさん、黙りこんでしまって、私にしゃべらせるんですね。私は黙っているはずだったし、じっさいそうするつもりだったのに。筆記板のほうもお留守になっていませんか。

フィロラウス　すぐに追いつきますよ。ざっと一連の結論を加えておきたいと思うんです。それ自身で必然的な真理と善意を説くテオフロンさんの体系からは、こんなふうな結論が異論の余地なく帰結するように思われます。さっきは第二の命題まででしたね。つづきはこうです。

三、自然の力はすべて有機的に活動する。どんな有機的組織も、さまざまの生きた力からなるひとつのシステムにほかならず、それらの力は、知恵と善意と美という永遠の規則にしたがって一なる根本力に奉仕する。

四、この根本力がもろもろの生きた力を支配し、生きた力が根本力に奉仕する際の法則は、以下のとおりである。つまり、どんな実在も内的に持続する。同種的なものは一体化し、対立するものからは区別される。最後に、どんな実在〔生きもの〕もおのれ自身に類似し、おのれの実在をもっとべつの実在として複製する。これらは、神自身がおのれを啓示する活動であり、それ以外の活動やもっと高次の活動は考えられない。

五、被造物にはいかなる死もなく、存在するのはむしろ変化である。それは必然性というもっとも賢明かつ最善の法則にしたがった変化であり、〔570〕その法則によればどんな力も、変化の領域においてつねに新たでつねに活動的でありつづけようとする。このため、力がまとう有機体という装いは牽引と反発、友情と敵意によってたえず変化している。

六、被造物にはいかなる静止もない。というのも、なにもせずに静止することは死だからである。生きている力はどれも活動し、しかも活動しつづける。したがって、力はさらなる活動のたびにますます発展し、おのれを鍛えあげる。これは、力を求めもすれば力のうちにひそんでもいる知恵と善意の内なる永遠の規則にしたがってのことである。

七、力は、おのれを鍛えれば鍛えるほど、ほかの力にも作用し、おのれの境界を押しひろげ、ほかの力を有機的に組織し、おのれのうちに宿っている善意と美のイメージをそこに刻印する。したがって、自然の全体を支配しているのは、混沌から秩序が、眠っている能力から能動的な力が生じるという一なる必然的な法則である。この法則の活動はとどめようがない。

八、したがって、神の王国には現実であるような悪は存在しない。悪はすべて無である。それにもかかわらず、私たちは、制限となるもの、対立するもの、過渡的なものを災厄と呼ぶが、これら三者はどれもその名に値しない。

テオフロンさん、この点についてはあなたとお話しできればと思います。私は賢明な必然性の弁神論を考えているところなのですよ。

九、だが、空間と時間においてはどんなものも一定の度合いで存在するので制限が必要であり、いっさいが存在している神の王国にも対立物が存在しなければならないので、この王国の最高善には〔571〕対立するものどうしが助けあい促進しあうことが含まれる。というのも、対立する両者の統一によってはじめて、どの実体のうちにも一なる世界が、つまり善意と美を完備した一なる存続する全体的な存在が生じるからである。

十、人間の過ちでさえ、思慮ある精神にとっては善である。というのも、この精神にとって過ちはすぐさま過ちであることがあきらかになるにちがいないし、ひいては過ち以上にもっと多くの光がありもっと純粋な善意や真理があることを際立たせて精神の助けとなるにちがいないからである。しかも、こうしたことのすべては恣意としてではなく、理性と秩序と善意の永遠の法則にしたがって生じる。

私の出した結論に満足ですか、テオフロンさん。

テオフロン　すっかり満足しています。フィロラウスさん、あなたの鋭敏な精神はいつでも私のさきを走ってゆきますね。まるで駿馬が、走路を空けてやりさえすれば、まっしぐらにゴールにむかって駆けてゆくようです。スピノザの影に感謝しますよ。彼のおかげで、おふたりとこんなに気持ちよく何時間も語りあえたのですからね。この種の問題についてお話しする機会はめったにありませんよ。しかし、こうした問題は精神をじつに卓越した仕方で高揚させ、明晰判明で唯一の必然的な真理にむかって形成してくれるものです。それに、みなさんとこんなふうに語りあうと、第二の喜びがあります。こうやってお話ししていると、若いころに考えたことが思い出されるのですよ。思索に耽りながらライプニッツやシャフツベリやプラトンに抱かれるように何時間もすごした甘美な時は、夢見心地と言うだけでは尽くせないほどです。

テアノ　テオフロンさん、そうしたお話についてまとまったものを書いてくだされば、なおのこと結構ですのに。しゃべったことは、しゃべるそばから消えてしまいます。〔572〕それに、この種の問題についてのおしゃべりを書きとめたものにもいつもなにかが欠けているような気がします。さきが気になって読み進めますが、そう思ったときにはもう終わっています。それでいつもまた元に戻りたくて仕方なくなってしまうのです。

テオフロン　それなら元に戻ればよいのですよ、テアノさん。そうしたおしゃべりがいわばおのずから魂から流れ出るようになるまでね。おしゃべりにはいくつも欠点がありますが、私たちが暗記をしなくてすむようにしてくれるのはまぎれもない長所です。真の哲学はけっして暗記されるようなものであってはなりませんからね。

テアノ　その規則を弟にも聞かせてやりたいものです。弟はこのごろある哲学[*34]に凝っているのですが、それについて話し出すとたんに弟も私も頭がこんがらかってしまうのです。テオフロンさん、スピノザもデカルトもライプニッツもだれかれも放っておいて、あなたご自身の考えを書いていただけますか。

テオフロン　テアノさん、私は先人たちの足跡をたどってゆくほうがよいです。必然的で永遠なる真理がみずから印を押してくれるような著作を企てるには、まだ不足だらけですからね。

神

神がなんであるかを知れば、君はさらに快活になるだろう〔第一版訳註1〕。

スピノザの体系をめぐるいくつかの対話
および「シャフツベリの「自然への讃歌」

J・G・ヘルダー

改訂第二版
カール・ヴィルヘルム・エティンガー
ゴータ
一八〇〇年

第二版への序文

　この版はもう何年も前に出版できたかもしれないが、私はさまざまな理由からそれをためらっていた。というのも、（この対話篇が印刷された）一七八七年以来、ドイツの哲学的地平では多くのことが一変したからである。かつてはその名を口にするのもおぞましいと毛嫌いされる一方だったスピノザの評価が、このころから一部の人のあいだでうなぎ登りになり、彼らはライプニッツやそのほかの卓越した精神の持ち主をこきおろすためにしかスピノザの名を挙げないほどだった。それどころか彼の体系は濫用されたあげく、スピノザ本人が人間の認識の制限を正当にも認めていたことはすっかり忘却されて話がねじまげられ、こともあろうに森羅万象のいっさいを、内容もまるごとそのままに空想上の偏狭な自我から紡ぎだすような暴挙までなされたのである。この埒もない夢想は超越論的なスピノザ主義と呼ばれ、スピノザ御大ご本人はこの境地には達しなかったと嘲笑のまとになった。[*1] 他方では、「スピノザは神を切りきざみ、その思考作用を剝奪した。彼の神は集合名詞にすぎない」[*2] という主張はあいかわらずだったし、さらには、「スピノザにあっては、この集合名詞のもとで万物が盲目的な必然性の連鎖に囚われている。スピノザの神は、独裁的で野蛮な〔ひとつ目の巨人〕ポリュペモスのようなものであり、彼はこの神のただひとつの目さえも奪ってしまったのだ」という主張もあいかわらずだった。こんなにも傲慢な非難のうずまく時代であってみれば、スピノザの体系についての地味な対話篇が世の人びとから好意的に迎えられるはずがなかった。

とはいえ、この対話篇の目的は、スピノザの体系をその片言隻句にいたるまで救済することでも、ましてやそれを神聖視することでもなく、むしろそれをわかりやすくし、いくつかの言葉の障壁を取りさることによって、スピノザがめざしていたものを指ししめすことにあったから、私は尊敬すべき思想家に人類としての義務を果たすことを恥じる必要はなかったし、いまでもその必要はない。私には、ホラティウスにおけるアルキュタスの霊が呼びかけてくるように思えたのである。

「船乗りよ、埋葬されずにいる頭部と四肢に、
吹けば飛ぶようなちりを、わずかなりとも
かけるのを忘れないでくれ。
たとえ先を急いでいても、長くとどまらなくてよいから、
一握りの土を三回、私にかけてくれ。あとは航海をつづけるがよい[*3]」。

スピノザにたいしてこうした好意を示してならないはずがあろうか。何世紀もまえからずっと、真理の王国はひとつにまとまった分割なき王国をなしている。前の時代の誤解を取りのぞいたり減らしたりする者は、それによって来たるべき時代の知性を浄化しているのである。

スピノザはべつの言語と思考様式のうちに身を置いていたため、〔ラテン語という〕書き言葉の語法においてはいわばよそ者であった。したがって理性と公正の要求からすれば、まっさきに石にかじりつくのではなく、つまり、よりによってもっとも難解な言葉に拘泥するのではなく、むしろ彼の表現をしかるべく補正すべきではなかろうか。著者をその当人自身にもとづいてあきらかにすることは、高潔な人間が高潔

な人間のだれにたいしても果たすべき義務である。
そもそも、なににもまして心の自由と喜び、真の認識と能動的な浄福こそが肝要であるような体系を評価し捉えるためには、先入見にとらわれない自由なセンスが必要である。というのも、真の認識や喜ばしい感覚や能動的な愛がどうして強制されるだろうか。スピノザはこう言っている。

「浄福は徳の報酬ではなく、徳そのものである。われわれはさまざまな感情を克服するから浄福なのではない。むしろわれわれは浄福だからこそ感情を克服するのである」[*4]。

同じことは真理の認識にもあてはまる。われわれは真理を認識するからこそ先入見を克服する。ぎゃくに、悪しき認識者にとってはむしろ真理における束縛とみえるものも、真の認識者にとっては自由という能動的な法則、王者の法則となるのである。「私たちは神のうちに生き、活動し、存在しています」と使徒〔パウロ〕は言っている。「私たちは神の種族です」とは、ある詩人が神について語ったことであり、使徒は彼に賛同してこれを引用した[*5]。私は、パウロが詩人の言葉を引用したのと同じ自由によってスピノザの体系を解明できた。あの詩人の言葉は、ほかでもなくこの体系を凝縮したものだからである。
約束していた『アドラステア』[*6]の代わりに、さしあたってはシャフツベリの「自然への讃歌」を置くことにしよう。この「讃歌」には、『モラリストたち』[*7]の登場人物が繰りひろげる魅力的な対話の流れが与えている以上の彫琢を施すことはできなかった。叙情詩としての完成度が欠けているところは内容が補ってくれるだろう。

神は、完全なものであるだけではない。真なるもの、美しいもの、善なるものなのでもない。

神は真理そのもの、善意そのものであり、完全性そのものである。

その完全性は敵を友に、闇を光に変える。

神が愛する者はみずからも愛し、万物によって愛されて浄福である。[*8]

〔412〕　第１の対話

スピノザをめぐるやみくもな評価

フィロラウス〔第一版訳註１〕　テオフロンさん、ごらんなさい、ひどい雷雨も終わって、ようやくよい天気になりましたよ。硫黄色の雲がもくもくと湧きあがって太陽を隠し、地上のものはみな息もたえだえでしたが、雲が散ってすべてがまた楽々と陽気に呼吸しています。スピノザやその同類が陰鬱な霧でこの世界から神をみえなくしようとしたときの学問の状況も、さっきのようだったのでしょうね。スピノザたちの霧も天まで届いて青空を曇らせましたが、そんな巨人族さながらの霧をもっと健全な哲学が打ち倒し、思慮深い精神は輝く太陽をふたたび目にしているのですね。

テオフロン〔第一版訳註２〕　スピノザを読まれたのですか。

フィロラウス　読むものですか。だいたい、まともでない人間の書いたわけのわからない本などだれが読みたがりますか。でもね、彼を読んだ多くの人たちの口からは聞いていますよ。彼は無神論者で汎神論者、やみくもな必然性を説く人物であり、啓示の敵で、宗教をあざ笑う者であり、国家とすべての市民社会を荒廃させる者、要するに人類の敵でありそのような者として死んだ、とね。彼はすべての人類の友と真の哲学者から忌み嫌われて当然です。

〔413〕 **テオフロン**　さっきあなたはスピノザを雷雲にたとえましたが、雷雲は忌み嫌われなくてもよいでしょう。雷雲といえども自然の秩序の一部であり、救いをもたらす有用なものですから。しかし、たとえ話はさておき、どうでしょう、スピノザについてもっとくわしく、はっきりしたことは読んでらっしゃいませんか。ご一緒にお話しできればと思うのですが。

ベールのスピノザ評価、ベールの功績・性格・影響

フィロラウス　たくさん読みましたとも。たとえば、ベールの本のスピノザの項目です〔第一版訳註3〕。

テオフロン　ベールは、この件について最良の証人ではありませんね。彼は、自分ではなんの体系ももちあわせていなかったので、ふだんならどんな体系にも無関心でしたが、ことスピノザにかんしては無関心ではいられませんでした。彼はやっきになってスピノザに敵対しました。彼がそうしたのは、疑いもなく時代や居場所の状況のせいです。おそらく彼は当時すでに亡くなっていたスピノザにあまりにも近い生きかたをしていたのでしょう。当時は、「それはスピノザの学説だ」と言うどころか、他人をスピノザ呼ばわりするだけでも侮辱の言葉でした。いまでもたいていそうですけれどね。ばかげたことや神を冒瀆することはなんでもスピノザ主義と呼ばれましたし、いまでも一部ではそうです。

　ともあれ、ひとつの体系を体系として究明し、それを真理へのかぎりなく深い感受性でまるごと心に刻むことは、俊敏な論争家であるベールの任務ではなかったのでしょう。彼はあらゆる学説の建築物をくまなく飛びまわり、それらの差異を鋭敏な感覚でとりあげました。それが彼の懐疑に役立つかぎりでね。彼にとっては、あるときはこっちの意見が、またあるときはあっちの意見が重要だというわけです。しかし、内面的な哲学的信念といったものになると、彼の軽薄な思考方法ではほとんど歯が立ちませんでした。そ

れは彼の辞典がほとんど異論の余地なく示しているとおりです。

フィロラウス　彼の辞典やそのほかの著書が、というべきでしょうね。私もよく不思議に思ったものです。これほど鋭い感覚の持ち主が、自分の意見ではどうしてこうも不安定でまとまりがなかったのだろうとね。彼は、あるときはこの重要な思想にとりくんだかと思えば、今度はべつの与太話を同じく重要視します。〔414〕モレリがまちがって引用した年号にも、神は存在するか、どれだけの数の神が存在するのか、世界の悪はどこに由来するかといった問いにも、彼は等しく関心をもってとりくむのですからね。しかし、こういうことは辞典編纂者には当然なのかもしれません。

テオフロン　ベールをそんなふうに分類するのはやめましょう。たしかに彼は辞典を編纂しましたが、そこでも鋭敏な感覚に満ちた思考の遊戯をやすやすとこなす自立的な思想家であることをいたるところで示していますよ。彼以外の書き手で、あれほどたくさんの雑多な話を同じくらいの優雅さと細心さで網羅し言及した人を挙げてごらんなさい。彼は当代の哲学的・歴史的なヴォルテールで、その好事家ぶりは、崇高このうえない問題から歴史状況、逸話、本の題名、さらには猥談のような卑小きわまりない些末事にまでおよびました。

ともあれ、この種の精神の持ち主にはスピノザの体系はまるで不向きでしたね。この引きこもりがちの重厚な思想家〔スピノザ〕は、およそ意見と名のつくものをほとんど唾棄すべきものと考え、純粋な真理を発見できると思ったところではそれを数学的な厳密さで追求しました。彼は真理のためならそれ以外のすべてを忘れさりましたが、ベールのような博識や機知や鋭敏さはおそらく千分の一もなかったでしょう。こういう種類のふたつの頭脳がおたがいを正当にあつかうことはまずありえません。しかし、私は信じています。スピノザならあの辞典の著者にたいして、華やかな売れっ子のベールがスピノザにそうしたよりも、まだしも正当なあつかいをしただろうとね。〔415〕ベールにたいしてはすでに生前から、スピノザの体系を正しく理解していないという非難がなされ、彼はそれにたいして一通の手紙で弁明しているほどです。(1)

(1)『ベール著作集（*Œuvres de Bayle*）』第四巻一六九―一七〇頁〔『歴史批評辞典』第三巻、『ピエール・ベール著作集』第五巻、野沢協訳、法政大学出版局、一九八七年、六九一頁以下の註（DD）を参照〕。

フィロラウス　それはスピノザには災難でしたね。なにしろ、彼について世の人びとが考えていることは、ほとんどがほかでもないベールの決めつけの産物ですからね。スピノザの難解な本を読む人はなんと少ないことでしょう。世の人びとはみんな、スピノザの千倍も変化に富んで心地のよいベールを読んでいます。

スピノザに多くの敵ができた原因

テオフロン　おっしゃるとおりです。しかし、かならずしもそのせいとも言い切れません。軽装部隊の読者むけにはベールがスピノザのイメージを決定しましたが、同じことを重装備の密集陣形《ファランクス》むけにおこなったのは、残念ながらたいていは論争家の哲学者や神学者で、おかげでスピノザはさらに災難にあったのです。彼は福音書を地でゆくはめになりました〔第一版訳註4〕。もっとも身近な同居人であるデカルト主義者たちが彼のもっとも辛辣な敵になったのですから。彼らは、スピノザの出発点ともなればその用語の供給源ともなった自分たちの哲学をスピノザの哲学から区別しようとし、じっさいそうせずにはいられませんでした。自分たちまでスピノザ主義の嫌疑をかけられないようにとね。

当然ながら、デカルト学派のこの哲学上の用心は後続のすべての学派にひろまりました。神学者となるとさらに辛辣に、ほとんど思いつくかぎりの反スピノザの信仰告白をしました。というのも、スピノザはユダヤ教と旧約聖書についてとても自由に意見を述べ、それらにまっこうから盾突いたばかりでなく、なによりもまず――これが彼らにははるかに腹立たしかったにちがいないのですが――当の神学者たちへの反論のためにペンを執ったからです。スピノザは、キリスト教の堕落の大半は、このうえなく美しいその教義の無力さよりも、むしろ神学者たちの論争癖、けんか好きのせいだと考えました。〔416〕もちろん彼はこのことを辛辣にあげつらったわけではありませんが、あなたなら彼の本がどんな待遇を受けたか、すぐに見当がつきますね。

フィロラウス　目に浮かぶようですよ。頭に血がのぼった党派に介入できるのは全権をもたない調停人だけですが、彼は両方を敵にまわすものです。いえ、そもそもユダヤ人のスピノザにはどんな全権があったのでしょう。

テオフロン　彼が公正で真実な立場から受けとったとみずから信じている全権以外にはありません。ただし、言うまでもなく彼はそれを世知にたけた仕方では利用しませんでした。彼はみずからの宗教政治論を一冊の著書〔第一版訳註5〕として公けにしましたが、その神学にユダヤ人とキリスト教徒は激昂せずにはいられなかったのです。(2)彼の政治原則はずばずばと言いすぎ、単刀直入でありすぎて、当時はたしかに受けいれられるはずがありませんでした。彼は、国家にたいしては、神への礼拝の外面をさしずする完全な権利を認め〔第一版訳註6〕、理性にはその力を行使する無制限の自由を残しました〔第一版訳註7〕。このふたつはおおかたの人には、火と水を混ぜあわせようとするかのような途方もない所業に思われました。こうして彼の理論はどうしても挫折するしかなかったのです。じっさいそれは現代の私たちにとってさえ多くの点であまりにも過激で、あまりにもホッブズ的に思えます〔第一版訳註8〕。私たちは寛容(Duldung)の原則についてははるかに進歩しているというのにね。ロックやベール、シャフツベリなどはまだしも穏健でした。

（2）『神学・政治論　本書は、哲学する自由を認めても道徳心や国の平和は損なわれないどころか、むしろこの自由を踏みにじれば国の平和や道徳心もかならず損なわれてしまうことを示した論考からなる』ハンブルク（〔じっさいの出版地は〕アムステルダム）、一六七〇年〔『神学・政治論』全二巻、吉田量彦訳、光文社古典新訳文庫、二〇一四年〕。

[417]　**フィロラウス**　しかし、その人たちだって、自分たちのごくまっとうな主張が一般に認められるまでは辛抱（dulden）しなければなりませんでしたよね。こういう種類の話題については、自分の主張を真正面から説くまじめな哲学者よりも、ベールのように好戦的な論争家やヴォルテールのようにたとえ話のうまい詩人のほうが、どう見てもずっと有利です。ベールやヴォルテールのような連中なら、いつでもこんなふうに言うことを許されますし、じっさいに言ってのけます。「私はただ議論し、真実と虚偽を対比し、両者をたとえ話で表しただけです。お好きなほうを選びなさい」とね。彼らはこんな玉虫色の偽りの衣装をまとってもっと安全な道をとっただけでなく、もっと広範な影響をおよぼしさえしました。なにしろベールはスピノザやライプニッツ以上に、ヴォルテールはルソーやそのほかのもっと厳格な哲学者以上に、同時代に影響がありましたもの。

テオフロン　そこは受けとりかた次第でしょう、フィロラウスさん。影響には二種類あります。一方はいたるところに広がり、他方は広がらないぶん、しっかり根をおろします。青二才ではなく哲学的で批判的な人物が、いまこの時代にスピノザの『神学・政治論』に註解をつけて出版してくれたらよいのですがね。(3) その後の時代が彼の議論のなにを確証し、なにを反駁したかを見るのは有益な試みになるでしょう。旧約聖書のもろもろの巻への批判については、その後、多くの人びとが多くのことを新発見として語りましたが、じっさいには新発見と言うには不完全で、同じことはスピノザの本ですでにもっと徹底的に論じられていました。〔418〕寛容という点では、私たちの国家の本性は、スピノザがかつておおかたの人びとの憎悪を招きながら指ししめした道以外にはほとんど進みようがありません。もちろん、この作品にかぎらず彼のほかの著作においても、すべてのことが情け容赦なく語られています。たとえば、想像力の産物である詩にたいして、スピノザには形而上学的なセンスしかありませんでした。彼はその作品を書き継いでゆくあいだずっと孤独な思索者でありつづけました。彼は世間とのつきあいや愛想のよい語り口につきものの優雅さは気にかけませんでしたし、私が思うには、じっさい気にかけずにいることを許されてもいたのでしょう。

（3）　その後、『神学・政治論』は翻訳が出版された（ゲーラ、一七八七年）。ただし、ここで待望された註釈はついていない。スピノザの『エティカ』には註釈がついている〔ヘルダーがここで言及しているスピノザの翻訳は、シャク・ヘルマン・エーヴァルト（Schack Hermann Ewald）の三巻本の『スピノザ哲学著作集（*Spinoza's Philosophische Schriften*）』（ゲーラ、一七八七―九三年）〕。

フィロラウス　それだけで片づけてしまうのですか、テオフロンさん。健全な原則をもたない人間で、無神論者で、汎神論者であるような人物が、いったいどんな問題について理性的な人びとから受けいれられるような書き方ができるでしょう。そればかりか、彼は汎神論と無神論を証明するつもりだったそうじゃないですか。こんなにばかげた話がほかにありますか。

無神論で汎神論だという非難は矛盾している

テオフロン　無神論と汎神論を、しかも両方を同時に証明するとおっしゃるのですか。どうして両者が同一の体系において可能でしょうか。汎神論者は、神の本性を誤解しているにせよ、いつでもなんらかの神をもっていますが、神を断固として否定する無神論者は汎神論者でも多神教徒でもありえませんよ。これらの名前をもてあそぶのでないかぎりね。しかも、無神論を、ということはひとつの否定的な主張を、どうやって証明できるのでしょうか。

フィロラウス　もちろんできますとも。神の概念のうちに内的な矛盾を発見すれば、または発見したと信じればよいのです。

〔419〕 **テオフロン**　人間にとって可能ななかでももっとも単純かつ最高の概念のうちに内的な矛盾を発見するとおっしゃるのですか。率直な話、私にはまるで理解できません。

フィロラウス　まさにそうだからこそ、彼は証明できないものを証明しようとした愚か者だったのですよ。われわれの新しい哲学〔第一版訳註9〕ははっきりと言っていますからね。「なんらかの神が存在するということも、存在しないということも証明されえない。ひとは神が存在することを要請として受けいれ、信じるしかない」と。

テオフロン　もっとべつの人物ならこう言うでしょう。「だからこそ、すくなくとも両者のどちらか一方を信じ、要請として受け入れること、つまり無神論者であるか理神論者であるか人格神論者〔第一版訳註10〕であるかは、われわれの信仰におうじて自由であるにちがいない」とね。しかし、スピノザは無神論者か汎神論者だった、あるいは両者の雑種だったというような話題には触れないでください。あなたが未知の人物にそんなあだ名をつけるのは、聞いていて苦痛です。

スピノザはコルトホルトやブルッカーの時代になっても蔑称で呼ばれましたが、哲学においてそんな蔑称の時代は過ぎ去りました。コルトホルトは、ベネディクトゥス〔祝福された者〕をマレディクトゥス〔呪われた者〕と言いかえ、スピノザという名は「とげだらけのイバラのやぶ」のことだと言って気の利いたことを言ったつもりでした〔第一版訳註11〕。ほかのひとたちのあいだでは、「傲慢な、神なき、ばかげた、恥知らずの、神を冒瀆する、ペストのようにいまわしい、けがらわしい」といった修飾語が、スピノザを霊界から召喚するときのお決まりの呪文です。ある選りすぐりの人物はスピノザの顔に永久追放のしるしまで見いだし、他の人びとは彼が死の床で同情を引こうとめそめそ泣くのを耳にしました。

〔420〕私はスピノザ主義者ではないですし、そうなるつもりも毛頭ありません。しかし、早世したもの静かなこの賢者について、惨めな争いの世紀だった前世紀の評価を今日もなお人びとが繰りかえしたがるその様子は、フィロラウスさん、率直に申しあげて私には耐えがたいのですよ。小さな(4)冊子を一冊お渡ししましょう。八ボーゲン〔第一版訳註12〕で、しかもそのほとんどは雑多な註釈ですから、そこは読み飛ばしてもかまいません。ほかならぬ『スピノザの生涯』です。ひどくそっけないけれど、史実に即して語られています。というのも、お読みになれば一目瞭然なように、著者がどんなささいなこともていねいにあつかったからです。不偏不党の人物がそれを書きました。スピノザ主義者ではなくプロテスタントの牧

師です。

（4）　コレルス『スピノザの生涯』（フランクフルト、一七三三年）〔リュカス、コレルス『スピノザの生涯と精神』渡辺義雄訳、学樹書院、一九九六年所収〕。

彼に言わせれば、「スピノザの『神学・政治論』にはなんら根本的なことは見いだされないし、そこには福音書の真理にたいして私がおこなった信仰告白に抵触するものもおよそ見いだされない。このことを私は神の前で証言する。なぜなら、そこにみいだされるのは根本的な証明ではなく、あらかじめ制限された命題であり、学校で先決問題要求の虚偽（petitiones principii）と呼ばれるものにほかならないのだから〔第一版訳註13〕」とのことです。

あなたがスピノザという人物をもっとくわしく知りたければ、こういう用心深い案内人のほうが安心して頼れますよ。(5) 私は用事があるので失礼しますが、またすぐにお会いしましょう。ちょっとのぞいてみたいのでしたら、無神論者本人の著作も置いてゆきます。残念ながら小さな本が二冊だけですが。

（5）　ハイデンライヒの『自然と神』（第一巻、一七八九年）において、「ベネディクトゥス・デ・スピノザ氏の生涯と精神」という論文の第一部が翻訳されている。この追想録はスピノザの知己のひとりによるもので、熱狂的な書きぶりではあるが、コレルスの伝記と一致しており重要である〔ハイデンライヒの本の正式の題名は『スピノザから見た自然と神（*Natur und Gott nach Spinoza*）』。この本は、ヤコービも『スピノザ書簡』第二版で追加した付録五でヘルダー批判のために援用している〕。

フィロラウス　テオフロンさんはわけがわからない。こんな証明をする人間の肩をもつなんて。〔421〕それに、彼の生涯をプロテスタントの牧師が書いたものなんて読んでも、その人間のなにがわかるだろう。

＊＊＊

スピノザの生涯

スピノザというのは風変わりな人物である。彼の体系がどのようなものであれ、それは彼の人柄と生涯にあっては真理をもとめてやまない、毅然として自立したものである。彼はユダヤ神学に打ちこんでいたが、自然学を徹底的に学ぶためにそれを棄てる。デカルトの著書を手に入れると、それをたぐいまれな貪欲さで読み、のちには自分が哲学的認識として身につけているのはデカルトの著書から汲みとったものだと告白している。こうして彼は静かにユダヤ教を離れる。その教えにはもうついてゆけないと確信するにいたったからである。それでも彼がせめてシナゴーグにかよってくれればという望みから、千ギルダーの年金が提案される。彼はそれを断り、ことを荒立てずに隠遁生活に入る。彼は破門となる。彼は答弁をおこない、自活のための技術を黙々と身につける。大騒ぎを起こした不幸なアコスタ[6]が同様の境遇で見せたのとはなんと異なるふるまいだろうか。アコスタは死によって安らぎを得るまでは平安を得られなかったというのに。アムステルダムのポルトガル人むけシナゴーグからの破門にたいするスピノザの弁明書を（それがすぐに破りすてられたのでなければ）入手したいものである。それは、ユダヤ教を棄てることにした彼の決意の理由を力強く明確に、そしてまた穏やかに静かに語ってくれるだろう。この人物の生涯には、穏やかで静かな精神がみなぎっているからである。

（６）　リンボルフの『ユダヤ人との歓談（*amica collation cum Judaeo*）』（バーゼル、一七四〇年）に収録されたウリエリス・アコスタ〔正しくはウリエル・ダ・コスタ〕の「人間生活の実例（Exemplar humane vitae）」を参照せよ〔「ウリエル・ダ・コスタ『人間生活の実例』」工藤喜作訳、『目白大学文学・言語学研究』第二号、二〇〇六年〕。

［422］　いまや彼は光学レンズを制作し、デッサンを独習する。本伝記の筆者は彼のデッサン集を手に入れたが、そこにはスピノザを一度しか訪問しなかった人びとも描かれている。おそらく記憶で描いたのだろう。それらの習作には有名な漁師の服を着たマサニェロの絵もある。スピノザの家主が自信たっぷりに語ったところによれば、この絵はスピノザ本人に似ているという。自分をマサニェロとして描くとは奇妙な思いつきである。ひょっとすると家主がそう思っただけなのかもしれないが。

こうしてスピノザはレンズを磨き、友人たちがそれを売り、彼は質素に暮らす。彼は二、三日のあいだ誰にも会わないこともしばしばである。多くの人が彼に金銭の援助や助力を申しでる。しかし、彼はすべてを控えめに断って質素な食事で生き、三か月ごとに支払いをすませた。これは、どうしても消費しなければならないより以上の消費を避けるためにほかならない。彼は、みずから下宿の同居人に語るところによれば、尾を口にくわえて輪になった一匹の蛇である。つまり、年収からすこしも余計な金が残らない暮らしだというのである。私は彼の肖像の下にその記号が描いてあるのを目にしたが、愚かにもそれが彼の体系を意味するのだと考えていた。

これらすべての点で、彼は哲学者と呼ばれる多くの人びとよりもよほど本物の哲学者ではないか。彼はきちんと埋葬してもらうのに必要な以上の金を貯めようとはしない。だがまた、彼はだれのやっかいにもならず、あくまで自力で生きることを望む。彼のふるまいは静かで落ちついている。感情に振りまわされることがなく、悲嘆にくれる姿も手放しで喜ぶ姿もけっして見せない。〔423〕彼は下宿に苦しんでいる人がいたら話し相手になってなぐさめ、その災難を神から贈られた運命として不平を言わずに耐えるようさとす。こどもたちには礼拝に欠かさず参加するように説き、両親のいいつけを守れと教える。同居人には教会で聴いてきた説教にどんなためになる話があったかたずね、ここで名があげられている徳の高い優秀な聖職者(7)を高く評価している。このもの静かな賢者は語る。「あなたの宗教は立派です。ひたすら信心に身をゆだねて落ちついて静かに暮らしてさえいれば、ほかの宗教をさがすことも、その宗教で幸せになれるか疑うことも必要ありません」。彼のもっとも誠実な友人〔第一版訳註14〕は、スピノザがもうすこし楽に暮らせるよう二千ギルダーを贈ると申しでる。彼はそれをていねいに断る。その友人が彼を遺産相続人にしようとするが、彼はその恩恵を受けいれず、べつの人物が晩年の彼に押しつけるように受けとらせていた年金もほぼ半額に減らす〔第一版訳註15〕。このように彼は生き、四十五歳でそれまで生きてきたのと同じように静かに死ぬ。そのほんの数時間まえ、以前に聴いた説教について下宿の人びとと長く語りあっていたのに、午後、彼らが教会から出るまえに医者にみとられながら息を引きとる。彼の全遺産は売却すると三百九十ギルダー十四ステューバとなる。この金額をめぐってさえ彼の親族は口論になる。

(7)『スピノザの生涯』を著したコレルスの前任者のこと。

スピノザの生涯はおだやかな微光に満たされている。というのも、彼の友人がどれほど彼を愛しているか、彼を知るすべての人びとがどれほど彼を尊重しているか、だからといって彼がけっして思いあがらず、相手をむげにはねつけたりしないことは、ごらんのとおりだからである。

〔424〕プファルツ選帝侯が彼の大学〔第一版訳註16〕の教授職にスピノザを迎えようと、臣下をつうじて招聘を打診したとき、彼はおのれの意図にもっとも都合のよいしかたで原則どおりに思索を展開する自由を保証されていたにもかかわらず、慎重にもこう返答した。

「私は、国教を乱そうとしていると思われないようにするためには、自分の意見を説明する自由をどれくらい制限すべきか見当がつきません〔第一版訳註17〕」。

こうして彼は招聘を受けなかった。

もちろん、彼の意見についてどう考えたらよいか私にはまだわからない。だが、ここで誤りとして挙げられた、おそらくもっともいとわしい箇所でさえ、どれほど逆説的であっても、この意見を抱いた当人の信念をはっきりと示している。彼は自分の信念をだれに押しつけるつもりも、どんな宗派を立てるつもりもない。しかもそれは人間への恐怖のせいではなく、自分の死後にまで他人の意見をじゃましたくないという遠慮のせいである。彼は生前、和解をもたらそうと著した小論文しか出版しなかった。この努力が失敗すると、彼はみずからの哲学に専念し、死の数日前には着手しかけていた旧約聖書の翻訳も燃やしてしまった。その翻訳が死後にまで不和をもたらさないようにするためである。私としては、焼かなくてもよかったのにと思う。無価値なものなら、いずれ時代が抹消していただろうから〔第一版訳註18〕。

＊＊＊

さて、それでは彼の著作にとりかかろう。それらは彼の死後に出版されている。一見すればあきらかなように、彼が自分自身のために書いたもので、ほとんどが断片である。(8)

（8）『スピノザ遺稿集（*B. d. S. Opera posthuma: quorum series post praefationem exhibetur*）』（ハーグ・コミトゥム）一六七七年〔この遺稿集には『エティカ』、『政治論』（未完）、『知性改善論』（未完）、『往復書簡集』、『ヘブライ語文法提要（*Compendium grammatices linguae hebraeae*）』（未完）が収録されていた〕。

『知性の改善について　さらには事物の真の認識にもっともうまく到達するための方途について』導入部

[425]『知性の改善について　さらには事物の真の認識にもっともうまく到達するための方途について』(9)

（9）『知性改善論』（畠中尚志訳、岩波文庫、一九六八年）（『スピノザ遺稿集』三五六頁）。

「私は日常生活でしばしば出会うものがすべてむなしい見かけ倒しであることを経験から学んだ。なぜなら、私が恐れていたものはどれも、それ自体においては悪でも善でもなく、それらが善や悪であるのは、心がそれによって動かされるかぎりでのことにすぎないとわかったからである。とうとう私は、以下のことを探究しようと決心した。つまり、真に善でありみずからをわかちあたえるがゆえに、魂がその他すべてを放棄してもただそれによってのみ鼓舞されるようなものは存在するか、それればかりか、私がそれを見いだし手にしていれば、ゆるぎのない最高で永遠の喜びで満たされうるようなものは存在するかということを、である。

私は「とうとう決心した」と言う。というのも、その時点で不確実に見えるもののために確実なものを棄てようとすることは、さしあたり一見したところでは得策でないように思えたからである。つまり私は、名誉や富から生まれる利点がわかっていたが、新たな目的を本気でめざそうと思ったとたん、そうした利点はもはや求めてはならないことになるからである。したがって、もし名誉や富に最高のものが含まれていれば、私はそれを失わなければならないこともわかっていた。だがそれらに最高のものが含まれていないにもかかわらず追求していても、私はやはり最高のものを失わなければならるまい。

そこで私は、ふつうの生きかたを変えなくても新たな目的に、あるいはすくなくともそのような目的が存在するという確信にたどり着けないかと思いをめぐらし、じっさいなんども試してみたが、むだであった。というのも、一般に生活のうちに現われ人間によって〔426〕最高善と見なされるものは（彼らの行動から判断するかぎり）富と名誉と快楽の三つにまとめられるが、この三つのすべてによって心は散漫になってしまい、それ以外の善をどうしても考えられなくなるほどだからである。

その理由はこうである。快楽についていえば、それは心をいっとき欺いてなんらかの善のうちに安らっているかのように思わせ、このためもっとべつの善に思いをはせることをじゃまする。だが、快楽の享受のあとにはすぐに底なしの悲哀がやってきて、精神をがんじがらめにはしないまでも、困惑させ鈍らせてしまう。私たちが名誉や富を追求するばあいも、魂は散漫になる。それらをそれだけ目的にして欲するときはとくにそうである。そのばあいそれらは最高善であるかのように見えてしまうからである。

しかも名誉は富にも増して心を散漫にする。なぜなら、名誉は真の善として、究極の目的としてたえず重んじられ、いっさいはそれに適合しなければならないと見なされるからである。さらに、たしかに名誉や富にあっては、快楽とちがって後悔は起こらず、両者をもてばもつほど喜びが強まり、それらをもっと増やそうという気になるが、なにかの偶然でその希望がくだかれると、どちらもこれ以上ないほどの悲哀をもたらす。最後に、名誉を得るには、どうしてもほかの人たちの考えかたにあわせて、他人が避けるものを避け、他人が求めるものを求めるように生きなければならないので、この点でも名誉は大きな妨げである。

私は、これらすべてが新たな仕事に集中する妨げになるどころか、それと矛盾していてどちらか一方をどうしても棄てるしかないほどだとわかったので、どちらが私にとって有用なのか探らずにはいられなくなった。というのも、すでに述べたように私は、不確実な善のために確実な善を手放そうという状況にあったからである。だが、この考察をいくらか進めたとき、［427］私はまずつぎのことに気づいた。古い生きかたを新たな生きかたに置きかえても、結局のところ私は、本性からして不確実な善を、本性からして不確実ではありえず――なぜなら、私はまさに確固とした善を求めているのだから――、それにたどり着けるかどうかだけが疑わしいという意味で不確実な善のために手放すにすぎない、と。

私はさらに思索を進めて、すべてを正しくくまなく考慮すれば、確実な害悪を確実な善に置きかえることになろうという洞察にさえいたった。つまり、私は自分が最大の危機のうちにあって、たとえ不確実な救助法であっても全力で求めるしかない状態にあり、それはちょうど、なんの薬も用いなければ確実に死んでしまう病人が、たとえ不確実な薬でもそれにすべての希望がかかっているからには全力で求めなければならないようなものだとわかったのである。だが、大衆が追い求めるような事物はすべて、われわれの生存を維持する手段にはならないばかりか、生存の妨げにさえなるし、それを所有する人びとの没落の原因となることもしばしばであり、それによって所有されとり憑かれてしまった人びとにとってはつねに没落の原因である。

富のせいで死ぬほど苦しめられた人の例は枚挙にいとまがないし、財産を得るために幾多の危険に身をさらし、とうとうおのれの愚かさを命で償うはめになった人の例も数多い。名誉を手に入れるため、または保つためにこのうえなく悲惨な目にあった人びとも、それに劣らず数多い。最後に、度を超えた快楽のせいで死を早めた人びとの例も数えきれない。

これらすべての災いが生じるのは、幸福も不幸も、われわれの愛着する対象の性質によって決まるからだと思われる。[428]というのも、愛されていないものについて争いは起こらないからである。そのようなものがなくなっても悲嘆にくれる者はいないし、他人がそれを所有したところで嫉妬も、恐れも、憎しみも、要するになんの心の動揺も感じない。だが、さきに述べたすべてのような移ろいやすい事物を愛するときには、これらすべてが起きてしまう。

これにたいして、永遠で無限の対象への愛は魂の喜び、どんな悲しみも知らないような喜び以外のものはもたらさない。これこそまさにきわめて望ましい、全力で手に入れるべく努力しなければならない目的である。ところで、「私が本気で決心できさえすれば」という言いかたをするのには理由がある。というのも、たとえこれらすべてを心のなかでどれほど明晰に見抜いていても、私はそれによって、けちくささや快楽欲や名誉欲をまったく捨てきれなかったからである。

私にはひとつのことがわかった。私の心はこうした思索にふけっているかぎり、それらの性癖を忌み嫌い、本気でもっとべつの生きかたを考えていたということである。じっさいこれは、大きな慰めになった。私の災いがすくなくともそれに抗う手段がないほど大きくはないことがわかったからである。このつかのまの澄みきった時間ははじめのうちこそめったになく、ほんのすこししかつづかなかったとはいえ、私が真の善をますます認識するようになるにつれて、回数が増えたばかりか長つづきするようにもなった。しかも、金銭の獲得や快楽欲や名誉欲が障害でありつづけるのは、これらを手段ではなく目的として追いもとめるかぎりでしかないと見抜いてからは、なおのことそうだった。これらを手段として求めるなら、そこには節度がそなわり、じゃまになるどころか、これらがそのために求められる目的の達成を促進してくれる。

ここで、私が真の善という言いかたによってなにを考えているか、同時に最高善とはなにかをごく簡単に述べておきたい。このことを正しく理解するには、善も悪もただ相対的に語られるだけであり、したがって同一の事柄が異なる観点からは善とも悪とも言われることに注意しなければならない。完全や不完全についても同様である。〔429〕というのも、本性からして完全だとか不完全だとか言われるものは存在しないからであり、とりわけ、われわれは生じてくるものがすべて永遠の秩序と一定の自然法則にしたがって生じることを知っているからにはなおさらである。

だが、弱い人間はおのれの思考によってはこの秩序に到達しない一方で、おのれの人間本性よりもはるかに確固とした人間本性を考えてしまい、さらには自分がそうした本性に到達できないのはなにがじゃまになっているせいなのかがわからないため、その人は自分をそのような完全性に導いてくれる手段を求めずにはいられない。そのような人にとって、そこに到達するための手段でありうるものはすべて真の善を意味する。これにたいして最高善とは、そのような本性をできることならほかの個人とともに享受するようになることである。これがどのような本性であるかはしかるべき場所で見ることにしよう。それはつまり、自分の内面の奥底（mens〔心〕）が自然の全体と一体になっているという認識である。

したがって、私が努力している目的は、こうした本性に到達することであり、多くの人が私とともにそこに到達するようにということである。つまり、私が洞察したものをほかの多くの人も洞察し、彼らの知性と欲望が私のそれとすっかり一致するよう努力することも、私の幸福の一部なのである。こうしたことの実現のためには、人びとがこうした本性に到達するのに必要なだけその本性について理解する必要がある。さらに、多くの人びとがもっとも容易な仕方で確実にそこに到達するような社会をつくる必要がある。

さらに道徳哲学とこどもの教育学にも力が注がれなければならない。健康はあの目的の達成の手段として軽視できないから、医学の全体が整備されなければならない。また技術によって多くの重労働が軽減され、多くの時間の節約になり生活がおおいに快適になるのだから、機械学もけっして軽視されてはならない。

［430］だがなによりもまず、知性がものごとを誤りなく最良の仕方で洞察するようになるために治療され、（最初からそれが可能であれば）純化されるような方法が編み出されなければならない。以上から、私がすべての事物を、人びとが上述の人間の最高の完成に到達するというただひとつの目的、ただひとつの目標に従わせたいと思っていることはだれの目にもあきらかであろう。したがって、諸学問のうちでわれわれの目的に貢献しないものは無用のものとして却下されなければならない。要す

るに、われわれの思考と行動はすべてこの目標に向けられなければならない。

とはいえ、われわれは知性を正しい道に導こうとしているときも生活しなければならないのだから、いくつかの生活規則も善なるものとして受けいれなければならない。それはつぎのようなものである。

一、ふつうの人間の考えかたにあわせて語り、われわれの目標の達成をじゃましないものならすべて実行すること。というのも、ふつうの人間の考えかたにできるだけ合わせていれば、彼らからは多大な利益を期待できるからである。そうすれば彼らのほうも真理そのものにたいして進んで耳を傾けるだろう。

二、楽しみはそれが健康に必要なかぎりでのみ享受すること。

三、金銭やそのほかのものは、生活や健康に、そしてわれわれの目的に反しないかぎりでのその国のしきたりに必要な範囲でのみ求めること〔第一版訳註19〕。

＊＊＊

私は夢を見ているのだろうか。本当に本を読んだのだろうか。厚顔無恥の無神論者に出会うと思っていたのに、これはほとんど形而上学と道徳の心酔者だ。彼の魂は人間的な努力について、学問について、自然認識について、なんという理想をいだいていることか。彼がその理想にむかってゆく歩みと流儀は考えぬかれ労苦に満ちたもので、おかげで多くの人がおのれの人生を変えるために修道院にゆかずにすむほどだ。〔431〕この論文はあきらかに、この人物がユダヤ教を離れておのれの哲学にそくした生きかたを選びとった時期に書かれたものだ(10)。彼はその生きかたを生涯の最後までつづけた。彼はその生きかたでなにを得たのだろう。

（10）　編者の序文にはそのように書いてあり、「この論文で多くの点があいまいで荒削りに思われても」大目に見てもらいたいと述べている。「この論文は未完成品なのだから」と編者の註にある〔この編者の序文は、『知性改善論』の前掲邦訳では「読者に告ぐ」として本文の前におかれている〕。

おっと、テオフロンさんだ。

スピノザの著書を読むためのヒント

テオフロン　そんなに熱心に読んでくださったのですね。フィロラウスさん、あなたはこの天気をほめていましたが、ちょっと正しくないところもあったようですよ。雷雲が雨を降らせたおかげで、寒くて仕方ありません。これはあなたのたとえ話からは予想もつきませんでした。

フィロラウス　私のたとえ話のことはもういいですから、この本を貸してください。私はスピノザを誤解していたのですね。まずは、なにを読めばよいと思われますか。

テオフロン　彼の『エティカ』です。そのほかのものは断片です。『神学・政治論』は初期の時務的な試論でした。よろしければ旅立つにあたっていくつかルールを知っておくとよいでしょう。

一、スピノザを読む前に、たんに辞書としてでもよいから、デカルトになじんでおかなければいけません。スピノザの用語や決まり文句、さらにはたくさんの風変わりで過激な難しい決まり文句も含めてデカルトに由来していることにお気づきになるでしょう。［432］さらにデカルトの主著か、もしくは彼の弟子の著書を利用すべきです[11]。弟子のなかではとくにクラウベルクが、デカルト哲学の諸命題を明断に秩序立てて論じてくれます。そうした命題はこの一冊でまとめて読めますよ。つぎに、スピノザ本人の『デカルトの哲学原理』に進むとよいでしょう。これは彼が弟子の一人のために書いたものです[12]。この二冊を読めば、彼がおのれ独自の体系に移ってゆく様子がおわかりになるでしょう。一本の樹を知るには、樹冠や小枝ばかりでなく、幹や大枝も見なければいけませんし、さらにできれば、その発芽や成長の誘因という観点から、根や土壌や気候にも注目しなければなりません。たとえそれが毒の樹だとしてもです。というのも、あなたがこの前世紀の哲学者をわれわれの哲学の言葉でお読みになるなら、彼はいまでも多くの人にとってそうであるように、あなたにも化けもののように思われて当然だからです。

（11）デカルト『哲学的著作集（*Opera Philosophica*）』（アムステルダム、一六八五年）。レギウス『自然哲学（*Philosophia naturalis*）』（アムステルダム、一六五四年）。レイ『自然哲学の鍵（*Clavis philosophiae naturalis*）』（レイデン、一六五四年）。クラウベルク『自然学抄（*Physica contracta*）』、『存在者の形而上学（存在論）（*Metaphysica de ente (Ontologia)*）』など。

ライプニッツはこう言っている。「デカルトにおいて気に入らないのは、大胆さとあまりの尊大さが、あいまいで混乱して毒舌に満ちた文体と結びついている点である。私からすれば、むしろ彼の弟子であるクラウベルクのほうがはるかに賞賛に値する。彼は明快でわかりやすく、簡潔できちんとしたまとまりがある」（フェラー編の『ライプニッツ　ハノーファー閑話（*Leibnit. Otium Hannoveranum*）』一八一頁）。

（12）アムステルダム、一六六三年〔『デカルトの哲学原理――附形而上学的思想』畠中尚志訳、岩波文庫、一九五九年〕。

スピノザは書簡九〔現在では一三〕でこう言っている。「これはかつて、私自身の考えをはっきり教えることはお断りしたある若者に口述筆記させたものです」。

二、スピノザの幾何学的方法には十分に注意し、あなた自身がこの方法に幻惑されないようにするだけでなく、それがどこで彼を惑わしているかにも注意しなさい。彼はデカルトにそそのかされてこの方法をとりいれましたが、それを形式上すべてのものにまで、〔433〕それこそ道徳をめぐるもっとも込みいった題材にまで適用するという大胆な試みに乗り出したのは、ほかならぬスピノザ自身です。本当ならまさにこの試みが、形而上学における幾何学的方法の後継者にたいする警告になっていたはずなのですが。

三、けっしてスピノザひとりに固執せず、彼の逆説的な命題に出会ったらそのつどもっと新しい哲学やもっと古い哲学に助けを求めなさい。それらがスピノザのような主張やそれに近い主張をどのように除去したか、あるいは同じことをもっと簡単に、もっと上手に、もっと差しさわりなく、もっとうまい具合に表現したかがわかるでしょう。この著者が同じ命題をなぜ彼らのようにうまい仕方で表現できなかったかもすぐに見当がつくでしょうし、同時に、彼の言葉づかいのまちがいの源泉にも、真理そのものの進歩や後退にも気づくことでしょう。そのためには、数は多くないですが彼の手紙を解説に利用しなさい(13)。多くの点でおおいに蒙を啓いてくれますよ。私のもっている書簡集の欄外には昔の人が書いた『エティカ』の対応個所への指示が、『エティカ』には書簡集の対応個所への指示があります。書簡集は、ほかの目的に利用しなければ、スピノザがおのれの哲学にどんなに真摯きわまりない態度でとりくんでいたか、おのれの哲学にどれほど強い確信を抱き、そのなかでどれほど幸福を感じていたかを教えてくれるでしょう。あなたが以上の仕事を終えて、なにか思うところがおありでしたら、あなたの疑問や彼の誤りについてもっとお話ししようではありませんか。

（13）『遺稿集』三九五頁以下〔『スピノザ往復書簡集』畠中尚志訳、岩波文庫、一九五八年〕。

〔434〕**フィロラウス**　ご提案は容易なものではありませんが、ぜひそのとおりにしましょう。

テオフロン　いましがたある頌歌《しょうか》を手に入れました。「神に寄せて」[*1]というもので無神論者の手になるものです〔第一版訳註20〕。

フィロラウス　スピノザのものですか。

テオフロン　彼は詩人ではありませんでした。無神論のかどで火あぶりになった無神論者のものです。

フィロラウス　そんな人物が神への頌歌を書いたのですか。ぜひ読ませてください。

ヴァニーニの神への頌歌

「神に寄せて」(14)

神の激しい意志が、至高の息吹きで私の魂を駆りたてる。
こうして私の魂はダイダロスの翼はためかせ、
道なき道を踏んで
高みを天翔けようとする。

私の魂が無謀にも目指すのは、

始まりも終わりもなく、
天空も記憶しきれないような神を推しはかり、
矮小な詩行に押しこむこと。

神は、万物の始原にして終極。
おのれ自身の始原であり源泉であり原点でありながら、
[435] おのれ自身の目標にして終極であり、
始まりもなければ終わりもない。

神は、どこにいようとまったきもの。
あらゆるときにあらゆる場所に安らいでいる。
神はあらゆる場所に割りあてられながら、
かくも十全で、いたるところにとどまっている。

神はなんらかの場所に封じこめられることも、
境界に閉ざされることもない。
それどころか神は完全に自由なものとして
あらゆる領域に分かたれながら(15)、たゆたっている。

その意欲は底知れぬ能力。
その業《わざ》は不変の意志。
神の偉大さは量として捉えようがなく、
その善は質として捉えようがない。

神の語ることは一瞬にして成就する。
言葉と業と、どちらが先だったのかと問うか。
神が語ったとたん、ああ、その声とともに
世界がまるごと同時に創造されたのだ。

〔436〕神は全体を貫き、万物を完成させる。
この唯一なるものは万物であり、一なる永遠のうちで、
いまあり、かつてあり、将来あるものを
みずから見とおしている。

まったき神は全体をおのれ自身によって満たし、
つねに同一でありながら万物を支えている。
万物をもたらし、動かし、包みこみ、
目配せひとつで統治している。

あなた、善良なる神よ、どうか私を見守りたまえ。
ダイヤモンドの絆で私をあなたに結びたまえ。
あなたがなしうる唯一のこと、一にして全なることは、
人びとを幸福にすることなのだから。

あなたに結びついて、
より深く一なるものに繋がろうとする者はすべてを得る。
豊饒な万物に満ち満ちて、
なんの不足もないあなたをも得るのだ。

あなたは、必要とあらば、どこであれ欠けることがないばかりか、
万物に万物を、あなた自身をさえも喜んで与える。
あなたは未来永劫存在し、
万物に万物をもたらす。

〔437〕あなたは、骨折って働く者にとってはまたとない活力。
高みめざして漕ぎだす者にとっては港。
ほとばしる水を求めて叫ぶ者にとっては

汲めども尽きぬ泉。

あなたは私たちの心の休息と平安のきわみ。
静謐《せいひつ》このうえない平和(16)。
あなたは事物の測定者にして尺度。
あなたは種であるとともに愛らしい形姿。

あなたは絶頂であるとともに下に引くおもり、数でもあれば装飾でもある。
あなたは秩序、すべてのものの平和であり名誉であり愛。
あなたは安寧にして生命。
美酒《ネクタル》と佳肴《アムブロシア》によってますます高まる喜びそのもの。

あなたは根源的な知恵の真の源泉。
あなたは真の光、畏怖すべき法。
あなたはたしかな希望。
あなたは永遠なる理法にして道にして真実。

あなたは栄誉にして光輝。いとおしい灯でもあれば
慈悲深く、しかも不滅の灯でもある。

あなたはすべてのもののすべて。これ以上のものがどこにあろうか。
最大のもの、最善のもの、一にして同じものよ」。

(14) この頌歌はその後、格調高い響きをもつ翻訳がコーゼガルテンの『詩集 (*Poesien*)』(第一巻三五頁) に収められたので、以下にそれを引いておく〔ラテン語の原詩からの翻訳と読み比べればあきらかなように、コーゼガルテンの翻訳は原詩の「自由訳」あるいは「翻案」とも言うべきものである〕。

「魂は、永遠に生きるかたの気息で織りあげられ、
けっして消滅することのないかたの熱に点火され、
燃えあがり、羽ばたき、
未踏の高みへと天翔ける。

必死にあがいてめざすのは、あのかたの玉座。
言葉を絶し、どんな讃歌もおよばず、
いかなる限界からも隔絶し、
始まりも終わりも限定されないかたの玉座。

そのかたはありとしあらゆるものの根源にして目標、
それ自身の永遠の根源にしてそれ自身の目標。
みずから始まり、みずからを限界づけ、みずからを制限していながらも

限界を絶して始まりも終わりもない。

そのかたの本質は、まったき全体であり、分割されず、
不動であるがままに、満たしている。
計りしれない空間の原子ひとつひとつを。
時間の流れの飛び散るしずくひとつひとつを。

高さを誇る神殿の穹窿《きゅうりゅう》も、
天空も大地も、そのかたを包みこみはしない。
自由に、覆われも、縛られもせず、
そのかたは大いなる万物を治め支配している。

意志した瞬間に成しとげている、それほどに力あるかたを誰が引きとめられようか。
それほどに呼びとどめようのないかたを誰が阻止できようか。そのかたは偉大だが、
その大きさは測量術では測れない。そのかたは善であるが、
道徳学の唱える善では評価できない。

そのかたの命令はそのますぐ一瞬にしてなし遂げられる。
かつて宇宙は、昏々と無の眠りを眠っていた。
そのかたは「目醒めよ！」と叫んだ。宇宙はすばやく
起き上がり、驚きに目を見開き、ひざまずいた。

そのかたのすべてをつらぬくまなざしは、森羅万象を見とおし、
育み、支え、守り、温める。
そのかたは一瞥するだけで万能の支配力を発揮し
身の毛もよだつほどの高さの極みも万能の力で統治する。

善なるかたよ、どうか私に微笑みかけたまえ！
私をダイヤモンドの鎖であなたに繋ぎとめたまえ！
あなたのもとにこそ完全な満足がある。
ただあなたのもとだけであって、あなた以外ではありえない！

あなたをつかみとり、あなたに身を寄せる者は幸いだ。
あなたに心から従い、あなたを包みこむ者は！
父よ、あなたをもつ者はすべてをもつのだから。
満足をもたらし、至福をもたらすものすべてを。

あなたは、なんぴとであれあなたを求める者を拒みはしない。
見返りを求めず、どんな者にどんなものでも贈る。
永遠なるかたよ、あなたは敬虔に祈願する者に
あなた自身を贈る。過去にも現在にも未来にも存在しつづけるあなた自身を！

あなたは、苦難に打ちひしがれた者を支える骨髄。
岩礁で難破した者を迎える港。
渇きにあえぐ旅人の
ひび割れたくちびるをうるおす冷たい泉。

あなたは、働き者の甘美な休息。
私たちの心の平和と喜び。
すべての美の原像。
すべての卓越性の原形。

あなたは数であり尺度、円環であり調和。
壮麗さであり秩序、高みであり尊厳。
私たちのこのうえない喜び、私たちの満足。
私たちの佳肴《アムブロシア》にして美酒《ネクタル》。

あなたは真理の尺度にして正義の規範。
善の測鉛にして聖なる根源法則。
私たちの希望にして知恵。
迷える精神のために輝くたいまつ！

輝きよ、光線よ、尊厳よ、高みよ、私はどれほどあなたを歌うことか！

光よ、愛よ、生命よ、慰めよ、私はどれほどあなたを讃えることか！

総体の総体、万物の万物よ！

唯一のかた、永遠のかた、最大のかた、最善のかたよ！」

〔終わりから三行目の「光、愛、生命（Licht, Liebe, Leben）」はヘルダーの好んだ言葉で、彼の封緘印《ふうかん》は、この言葉の周囲を、自分の尾をくわえて円のかたちになった蛇、いわゆるウロボロスがとりかこむデザインになっていた。ウロボロスのイメージは本書一四―一五／一七六頁の「スピノザの生涯」の要約にも登場している。ヘルダーの封緘印については、Marie-Elisabeth Lüdde, *Johann Gottfried Herder: Licht-Liebe-Leben*, Weimarer Verlagsgesellschaft, 2016, S. 142を参照。なお、この三つの単語とウロボロスのイメージはヘルダーの墓石にも刻まれている〕。
(15)〔原文のdiditus〔広がった〕は〕divisus〔分割された〕と読むべきである。〔diditusは〕dividere〔分割する〕でなくdidere〔広がる〕に由来する。
(16)ここはmensor〔測定者〕あるいはmensura〔尺度〕と読む。

第2の対話

スピノザはすべての有神論者のなかで第一級の有神論者である

〔438〕　フィロラウス　スピノザの本をもってきました。でも、かえってわけがわからなくなりそうです。彼が無神論者でないことはどの頁からもわかります。神の理念は彼にとって第一にして究極のもの、それどころか、すべての理念のなかでも随一の理念であって、彼は世界の認識も自然の認識も、おのれ自身の意識もおのれをとりまくすべての事物の意識も、倫理学も政治学も、そこに結びつけています。神の概念がなければ彼の魂はなにものでもなく、なにひとつできず、自分自身を考えることさえできません。人間が神をそのほかの真理の帰結にすぎないかのように、それも感覚的な知見の帰結にすぎないかのように扱えたことは、彼には無縁でほとんど理解しがたいことです。真理にせよ存在にせよ、すべてはそれ自身で存立する永遠の真理、つまり神の無限で永遠な存在の帰結にほかならないのですから[1]。この概念はスピノザにとってきわめて生々しく、身近であり切実なので、〔439〕彼のことは神を疑い否定する者どころか、むしろ神の存在に陶酔する者と見なしたいくらいです〔第一版訳註1〕。スピノザによれば、人間の完全性も徳も浄福もすべては神の認識と神の愛にかかっています。それが見せかけでなくこの哲学者の信念であることは、彼の手紙が示すとおりです。それどころか私は、彼の哲学的な建築物のどんなささいな部分も、

彼の著作のどの一行も、それを示していると言いたいくらいです。彼は神の理念にかんしてまちがっていたかもしれません。しかし、かつて彼の著作の読者が、スピノザは神の理念を否定し無神論を証明したなどと言えたのはどうしてなのか、さっぱりわかりません。

（1）『エティカ』四九頁の註解〔第二部定理一〇の系への註解〕および書簡二一、三九、四〇、四九〔現在では七三、三四、三五、四三〕を参照。

「じっさい、神がなければなにものも存在しえず、なにものも思考されえないことはだれでも認めなければならない。というのも、神がいっさいの事物の本質と存在の唯一の原因であること〔…〕は万人の認めるところだからである。

だが、それにもかかわらず、大多数の人がさらに言うところによれば、それがなければ事物が存在することも思考されることもありえないようなものが、事物の本質に属しているという。してみれば彼らは、神の本性が被造物の本質に属していると信じているか、神がなくても被造物は存在しうるし思考されもすると信じているか、さもなければ、これがおそらくいちばん確かなことであるが、彼らは自分の言っていることが分かっていないかのいずれかである。

こんなことになった原因は、私の見るところ、彼らの哲学的思考がきちんとした順序を守らなかったせいである。神の本性は、それ自身の本性からしてもわれわれの認識からしても第一のものなのだから、まっさきに考察されるべきだったにもかかわらず、彼らはそれを最後に置いてしまった。彼らは（彼ら自身の呼びかたにしたがえば）感覚の対象をすべてに先立つものと想定した。彼らはそうした対象の考察にあたって、神をまるで考えていないし、あとになって神にとりかかったときには、自然の事物の認識を築くときにもとにしていたさきほどの虚構のことをまるで考えていない。あの虚構は彼らにとって神の本性の理解になんの役にも立たなかったのである」〔第二部定理一〇の系への註解〕。

テオフロン　私もこの著者を読んで、他の人びとが彼について語ったことと突きあわせたとき、自分を信じられないほどでした。しかも、私は彼を読んだときに、哲学の初心者だったわけでも、下心をもっていたわけでもありません。むしろ公平に、彼を擁護するどころか反対するような先入観をもって読んだのです。それ以前に私は、古代の哲学に加えて、バウムガルテン、ライプニッツ、シャフツベリ、バークリーの著書をひととおり読むにとどまらず、きちんと研究していましたからね。しかし、こんな違和感にこだわるのはやめましょう。彼の体系を端から端まで歩きとおせば、違和感もおのずから晴れるでしょう。彼の体系にたいしてどんな疑問をおもちですか。

「ただひとつの実体だけが存在する」という彼の表現をどのように理解すべきか

フィロラウス　どこから始めて、どこで終わればよいのでしょうね。私にはこの体系がまるごと逆説です。

「ただひとつの実体だけが存在する。それが神である。すべての事物は神においては様態にすぎない〔第一版訳註２〕」。

〔440〕　**テオフロン**　実体という言葉につまずいてはいけません。スピノザがこの言葉をもっとも純粋かつ厳密な最高の意味で受けとり、またそうしなければならなかったのは、彼がみずから選んだ方法、つまり

綜合的な仕方によって第一の概念を根本に据えたかったためです。自分だけで存立し、したがって、みずからの存在の原因をそれ自身のうちにもつような事物としての実体〔第一版訳註3〕とはなにを意味するでしょうか。この言葉の純粋な意味が哲学において保持されていたらよかったのですがね。もっとも厳密な意味では、世界の実体的な事物なるものはなにひとつとして実体ではありません。すべては支えあっていて、最終的には一なるものに支えられており、この一なるものこそが自立性そのものであり、つまりは唯一で最高の実体だからです。しかし、人間の哲学はいつでも人間の感情にあくまでも忠実であろうとしたがりますし、ある意味では忠実であるしかありません。私たちはどんなに依存的なありかたをしていても、やはり自分は自立していると思っていますし、たんに存立しているにすぎないのに、ある程度までは自分は自立していると思えますからね。というわけで――

フィロラウス　そう、そこです。私たちはけっしてただの様態ではないですよね。

テオフロン　様態という言葉はつまずきのもとで、けっして哲学に受けいれられはしないでしょう。とはいえ、〔441〕ライプニッツ学派は大胆にも物質をもろもろの実体の現象と呼んだのですから、スピノザが彼独自の表現をしていけない理由はないでしょうね。この世界のいわゆる実体なるものがどれもすべて神的な力によって支えられ、さらには古来の体系すべての想定どおりに、神的な力によってのみ存在するにいたったのなら、それらの実体は――こういう言葉づかいをお望みであれば――神的な力の変容した現象（つまりphaenomena substantiata〔実体的な現象〕）であり、実体が現象する際の場所や時間や器官に合わせてそれぞれに存立し実現した神的な力以外のなんでしょうか。だからこそスピノザは彼の唯一の実体についてひとつの簡潔な定式〔神すなわち自然〕を用いました〔第一版訳註4〕。この定式は、彼の体系を多くのものに結びつけはしますが、それでも私たちには耳障りです。とはいえ、デカルト主義者の連中の唱える機会原因〔第一版訳註5〕よりはまだましでした。彼らによれば、神はやはり万物そのものですが、ただしおりにふれ機会に応じて活動するだけだというのですからね。

フィロラウス　たしかに、そのほうがはるかにやっかいな表現ですね。

テオフロン　にもかかわらず、この表現は、なんと長く通用したことでしょう。ライプニッツの哲学でさえ、この表現を敬遠してもっとべつの穏健な決まり文句をもちだすしかありませんでした。

フィロラウス　すべての事物の予定調和のことですね。

テオフロン　そのとおりです。どちらの表現も異端にはあたりません。前者のほうが後者よりも扱いづらいですけれどもね。そもそも、私たちがどちらの表現を使おうとほとんどなにも理解していないことに変わりはありません。〔442〕力の存立原理である実体はなんであり、力はどのようにして活動するのか、私たちにはわかりません。ましてや、全能の力とはなにかとか、それが万物をかつて産出し、しかもいまなお万物を産出してどの事物にもそれぞれのあり方を分かち与えているのはどのようにしてかということになると、なおさらです。とはいえまた、万物は自立したもののうちに安らっており、存在するのも他者と結びつくのも、したがって根本においても、それぞれの力を表出するのも、とにかく唯一の自立的なものに依存するしかないのであって、このことは首尾一貫した精神ならまったく疑いようがありません。なにを考えていらっしゃるのですか、フィロラウスさん。

さきの表現に投げかけられた空虚な妄言

フィロラウス　スピノザ反対を唱えるあのたくさんの熱弁がまるごと無に帰すのが目に見えるようです。あれは「ただひとつの実体とその様態」という言葉と格闘していただけなのですね。みんな扱いづらい言葉の霧と闘っていたにすぎません。テオフロンさん、あなたならよくごぞんじですね。どれほど多くのばかげた矛盾と瀆神がスピノザになすりつけられたことでしょうか。たとえば、彼の体系によれば、神はとてつもなく善でありながら世界におけるいっさいの悪をなし、したがって神はありとあらゆる愚行を犯し、ありとあらゆる誤謬を思考し、おのれ自身にたてつき、スピノザ本人のなかでおのれを冒瀆し否定しているなどと言うのですから。スピノザの様態にあてはまることは、デカルト主義者の機会原因やライプニッツの予定調和にも、それればかりか物理的影響〔第一版訳註6〕にだって当てはまりますよ。いま言ったようなことが神の世界で生じるとすれば、〔443〕それは神の力を、神が自分から独立した存在者のために調達しそれらのなかで維持しているような力だと見なし、そんなものを使用し、濫用さえしているせいです。そのことは、神の摂理や助力というものを、どんな仕方で思いえがいていようと変わりはありません。そもそも私が見るところでは、理性的な人間の意見をあまりにも非理性的で不合理だと言いたてるような人は、みずから不当なことをおこなっているか、不合理なことを言っているかのどちらかです。〔非理性的とか不合理といった〕決まり文句を持ちだせばたしかに勝つのは簡単ですが、そんなものはしょせん見せかけの勝利にすぎません。

「神はすべての事物の恒常的な存在原因であって、一時的な原因ではない」という表現を救いだす

テオフロン　それなら、あなたはスピノザが自立的な実在〔神〕をすべての事物の一時的ではなく恒常的で内在的な原因と呼んでも〔第一版訳註7〕、それを瀆神とは見なさないのですね。(2)

（2）『エティカ』〔第一部〕定理一八を書簡一二〔現在では七三〕と比較せよ。

「私は、すべてのものが神のうちに活動し存在していると申しあげます。これはパウロも言っていることですし、〔言いかたは異なりこそすれ〕おそらくすべての古代の哲学者たちも言っていることです。そればかりか私としては（ひどく損なわれてはいますが、いくつかの伝統から推測するかぎりで）、古代のすべてのヘブライ人もこう言っていると申しあげたいくらいです。一部の人びとによれば、この考えは神と自然をまったく同一視するものであり、しかもそのばあいの自然とは一定の量をもつものや物体的な質料だと言うのですが、彼らはまったく間違っています」。

フィロラウス　どうして瀆神と見なせるでしょう。それどころか、さっきのような〔神すなわち自然という〕定式を仮定しても、神が事物の一時的な原因だったらなにも考えられませんよ。神が一時的なものとして通りすぎる（vorübergehen）のは、いつどのようにしてであり、だれにとってなのでしょうか。創造者がつきそっていなければ被造物はなにものでもありません。一定の場所を占めることも空けわたすこともなく、生成変化とはおよそ無縁な神がどうして一時的なものでありうるでしょうか。

テオフロン　しかし、もし神が世界の外にいるとしたら、どうでしょう。

〔444〕**フィロラウス**　世界の外の場所とは、いったいなんですか。私たちが事物を測ったり数えたりする際の拠りどころとなる世界そのものにしても、そのなかの空間や時間にしても、それらが考えられるのは神という無限者によってだけです。なにしろ神こそが事物そのものにそれぞれの場所と時点を、つまり事物の力の限度とつながりを設定し、限定し、秩序づけているのですから。

テオフロン　じゃあ、あなたはこんなふうな問いの迷宮に迷いこむ心配もありませんね。

「かつて神がたったひとりで永遠性を考え抜いたのはどのようにしてか。神が世界を創造したのが、このときであってそれ以前でなかったのはなぜか」。

あるいは、

「始まりなき持続の広大な領域がその旅路を阻まれ、永遠が時間となったのはどのようにしてか。時間の流れがいつか永遠性の海に没せざるをえないのはどうしてか」。

フィロラウス　そんな問題に首を突っこむわけがありません。「そんなものは私には理解すべくもないし、被造物がそれを問うべくもない。わが敵がそんな屁理屈に頭を悩ましていようとも〔第一版訳註8〕」。たとえ敵であろうと、そんな空想の幻を究めがたい知の対象だと見なしてほしくはないですからね。神は孤独のうちで永遠性を考えつづけたのでもなければ、世界が存在する以前に〈いま〉や〈それ以前〉が存在したわけでもありません。始まりのない持続は神の永遠性ではありませんし、その永遠性には旅路などありません。永遠が時間になることも、時間が永遠になることも、有限が無限になることもないのです。

テオフロン　そうしたことを、あなたはスピノザからはじめて学んだわけではありませんね。

フィロラウス　それどころか、彼がこうした問題をめぐる、よくあるまったく非哲学的な混乱を冷然と素通り（vorübergehen）して、時間と永遠、〔445〕つまり無際限で無規定なものとそれ自身によって無限でありながら最高度に規定されてもいるものを厳格に区別しているのを見て、うれしくなりましたよ(3)。語の純粋な意味における永遠性は、たとえ時間の持続を無規定（indefinite）だと想定したところで説明できません〔第一版訳註9〕。持続とは存在の無規定な進展ですが、進展というからにはどの瞬間にも未来や過去といった移ろいを示す基準がつきまといます。そんな持続を、移ろわないもの、それ自身で変化しないものとすりかえたりはできません。それどころか、後者の純粋な概念はそうした空想がまぎれこんできたとたんに消え去ってしまうほどです。

（3）書簡二九〔現在では一二〕を参照せよ。
「大きさや数や時間は思考の様式、あるいはむしろ想像力の様式にほかなりません。だからこそ、これらに類する様式や、そのほかにも間違って理解された概念をもちいて自然の運行を理解しようとした人たちはすべてあんなにひどい混乱に陥ったのです。というのも、実体や永遠のように、想像力ではなく知性によってしか獲得できないような概念はたくさんあるのですから、そうした概念を想像力の助けによって解明しようとした人は、さんざん苦労して自分の想像力にふりまわされるのがせいぜいだったのです」。

世界と神はひとしく永遠なのか

テオフロン　では、世界も神と同じく永遠ではないのですか。

フィロラウス　どうして世界が永遠でありうるでしょう。だって、それはまさに世界であり、相互関係や前後関係に秩序づけられた事物の持続のシステムなのですし、その事物だってどれひとつとして絶対的に存在することも、基準や時間的持続を絶した不変なる永遠性をもつこともないのですから。

テオフロン　それでは、（私たちのなじみの言葉づかいをすれば）神の永遠の能力は創造をおこなっており、かつてもおこなったし、今後もおこなうであろうが、どの被造物にも、そしてまた全体的な体系としての被造物にも、神の永遠性は属さないと言われても、〔446〕あなたは頭が混乱しないのですね。

「延長は神のひとつの属性である」という表現の源泉

フィロラウス　神の永遠の能力がいついかなるときにも創造をおこなっているのは、それが永遠に活動する能力であってけっして怠けることがなく、また怠けることがありえなかったからです。被造物が存在しているのは、その名前が示すとおり、一定の帰結によってでしかありませんし、そうした存在はそのほかの同様の存在とともに変化にまつわる時間の基準をふくんでいます。ですから、不断に進展する世界創造といえども、この進展のゆえにけっして永遠にはなりません。進展の尺度は無際限とはいえ、それは測定する者の観念においてのことにすぎないし、無際限のものが基準になるのもそこにおいてにすぎません。すべて私には簡単に理解できます。

しかし、私にはもうひとつ疑問があって、そちらを解決したいのですよ。それは、スピノザにおいてこの無限で永遠の神がもっている属性にかんする疑問です。時間と永遠をこれほど適切に区別しているスピノザが、他方では「延長を神の属性とする〔第一版訳註10〕」というつじつまの合わないことができたのはどうしてでしょう。空間のありかたは時間と同様ではないでしょうか。時間が永遠なものの概念とはまるで比べようもないのなら、延長（Extension）だって、スピノザが岩のように確固として想定している分割されない実体の概念[4]と結びつくはずがありません。

[447] **テオフロン**　もっともなご意見です。しかし、スピノザがどこでこうした表現を選んでいるかにも注目すべきです。彼はこうした表現を神にかんする純粋理論のなかで使っていますか。

フィロラウス　奇妙ですね。彼がこういう表現を使うのは、彼が物質から魂を、つまり延長しているものから思考するものを区別するときだけです。(5)

(4)「実体の属性のうち、実体が分割可能だという帰結を導くような属性はけっして真の意味では思考できない」(『エティカ』〔第一部〕定理一二)。「絶対かつ無限の実体は分割不可能である」(〔同〕定理一三)。

(5)『エティカ』第二部「精神について」において。

さきの表現をスピノザから除去する

テオフロン　では、延長と物質は同じでしょうか。ここにデカルトの誤った表現を見てとる必要があります。私たちの著者も、当時の言葉づかいをするかぎりでこの誤りを避けられませんでしたし、そのせいで彼の体系の半分は多くの人にとってあいまいなものになってしまうのです。デカルトは物質を延長によって説明しましたが、時間によって説明することだってできるでしょう。延長も時間も、物質がそのほかの物質と同時に存在したり順番に存在したりする際の基準ですからね。ところで、このふたつの基準はどんな思考する精神にとっても不可避であり必然かもしれません。どんな精神もそれ自身が場所と時間に制限されているのですから。しかし、私たちの思考方法がこうしたものだからといって、時間と空間が物質の本質だということにはけっしてなりません。

スピノザは〔448〕デカルト流の説明が不十分であることに、私たちと同じく気づいていました。彼の書簡集を読んでごらんなさい[6]。だから彼は、『エティカ』で物質つまり物体〔身体〔第一版訳註15〕〕を、延長つまり空間と同義のものと想定し、物質を思考というまったく別種のものに対置しましたが〔第一版訳註12〕、そのとき彼自身も、これでは物体の本質を説明するに足る明確な概念にはならないことを自覚していたのですよ。彼は、思考と延長はまったく無関係であることもわかっていて、そのことを繰り返し述べています。スピノザはデカルトにたいして、彼は松果腺から身体を動かそうとしているとか、情念を抑制しようとしていると非難していますね[*1]。スピノザにとって延長は純粋な知性概念であり、それ自身としては分割できず、想像力の助けを借りてはじめて分割できるようなものだったのです。

ですから、延長と思考というふたつの属性のほかにも無限に属性があって、それらすべてが一致してひとつの最高の実在を表現しているのに、無限者が私たち人間にみずからを啓示したのがほかでもないあのふたつの概念によってなのはなぜかという点については、スピノザはどんなに尋ねられても究明していません〔第一版訳註13〕。延長を無際限のもの、どこまでもきりのない持続のように無規定につづくものだと想定したとしても、そんな延長のうちにどんな実在性があるのでしょうか。活動する力という本質がなければ、延長のうちにはなにも存在しません〔第一版訳註14〕。延長が世界の基準であり、もろもろの被造物が並存するための基準であるのは、感覚的な被造物にとってのことにすぎません。絶対的な無限者には、延長は不要ですし、その存在の内的な本質的完全性を延長が表現することもありません。無限者の存在はどんな空間も、したがって無際限の空間さえも満たさず、どんな時間をもってしても、したがって無際限の時間をもってしても測れないのですから。

（6）　書簡六九、七〇、七一、七二〔現在では八〇、八一、八二、八三〕。これらの書簡で彼ははっきりと、「デカルトが物質を延長によって定義したのはまちがっていました。延長からは物体の多様性は説明できません」と述べ、さらにはデカルトの自然原理は無益であるだけでなくばかげてさえいるとまで言っている（『遺稿集』五九六頁以下）。

〔449〕　**フィロラウス**　テオフロンさん、おかげで眼の前のうっとうしい霧が晴れました。スピノザの神は無限に延長する神だと言われるのがつねでしたが、まさにその神が私にはまったくわけがわからなかったのです。

テオフロン　その点は、スピノザのような聡明な哲人にとっても同じでしたよ。彼は神を延長しているものとは呼ばず[*2]（神の分割不可能性については、はるかに厳密に主張していますけれども）、物体〔身体〕の世界（延長するもの（res extensas））を、「神のおのずからなる存立のひとつの無限を表現する一属性」と呼び、これは「おのずからなる存立について観念の世界がもうひとつの無限を表現しているのと同じこと」だと言います。いささか粗雑な定式と空想的なイメージのせいで、神の概念がだいなしになっていますね。

フィロラウス　私としたことが、読み飛ばしていました。彼の手紙には、こんなに明確な言及があったのですね。スピノザが、無限に延長していながら単一な実在を数学的な空間イメージによって分割するまいとしていたことは、私にもわかりました。そうした空間にあっては、数学的な線と面から物理的な物体は生じませんからね。ただし、数学的な空間なるものにしても、想像力の生み出した抽象物にすぎず、空間内でしか考えられないような真理の条件にすぎません。ですから空間〔つまり延長〕は、たとえスピノザがそれを物質と同一視するように見え、それを神の一つの属性と呼んでいようと、物理的な物体つまり現実の物体の多様さを説明するための方便になりうるのがせいぜいのところでしょう。しかも、スピノザ本人に言わせれば、それはじっさいには方便にもなりません。こんな表現では、たいていの人はがさつにねじ曲げてしまいますし、そうでない人からみれば、あなたが正当にもおっしゃるように、よく考え抜かれた体系の半分をあいまいなものにしてしまいます。哲人たるもの、こんな言葉づかいは避けていればよかったのにと思いますよ。

物質とはなんであるかをもっと正しく規定する

〔450〕　**テオフロン**　言葉は硬貨のように流通してしまいますからね。スピノザの、と言うよりむしろデカルトの時代は測量術の時代でしたが、自然科学はまだ幼年期でした。自然科学がなければ形而上学は空中楼閣を築くばかりです。デカルト自身、そうした空中楼閣を築いていましたし、スピノザも、いくつかの箇所からわかる通り、そうしたものを尊重する点ではひけをとりませんでした。その後、物体をなす物質を物理学が研究するにつれて、物質のうちで作用したり反作用したりしている力が発見され、物体は延長であるという空虚な定義は放棄されました。

　すでにライプニッツは、自然界や科学から実りゆたかなアイディアを受けいれる精神の持ち主でしたから、物体の概念においても最後に必然的にゆきつくのは単純な実体にほかならないと主張してやまず、そうした実体を本質的な統一体つまりモナドと呼んで、それについてずいぶんと語りました。しかし残念ながら、こうした人物の活気に満ちた知性はなにごとも詩として歌いあげるのが好きなので、彼のモナドは、ヴォルフにさえ部分的にしか意味が理解できず、やがて気の利いたおとぎ話あつかいされるようになりました。数学者のボスコヴィチは、まったくべつの立場からですが、これとまったく同様の、分割不可能なままに活動する要素に思いいたりました。彼の考えによれば、こうした要素がなければ物体の本性は説明できません。(7) 化学者は化学者で、もっとべつの言葉を選びとっています。〔451〕あなたはなにかうまい表現を思いつきませんか。精神と物質をばっさりと峻別するデカルト的二元論に陥らず、しかも延長という空虚な言葉や物質という粗雑な言葉よりも含蓄ある仕方で物体の本性を言い当てるような表現、ということですが。

（7）ボスコヴィチ『自然のうちに存在する力の単純な法則に還元された自然哲学の理論（*Philosophiae naturalis theoria redacta ad unicam virium in natura existentium*）』（ウィーン、一七六〇年）。

「延長は神のひとつの属性である」という表現を規定しなおす

フィロラウス　有機的な力〔第一版訳註17〕よりほかはないでしょうね。これによってスピノザの体系そのものがさらに美しく統一されると思います。彼の神が無限の属性を含み、そのいずれもが永遠で無限の実在を無限に多様な仕方で表現しているのであれば、もはや思考と延長というなんの接点もないふたつの属性だけを想定しなくてよいはずです。属性（Attribut）などという不適切な言葉は棄てて、そのかわりに、こんなふうに想定しましょう。神はもろもろの無限な力となって無限な仕方で、つまりは有機的におのれを啓示している〔第一版訳註18〕、とね。そうすればすぐに、私たちを足止めしていたあの邪魔なかんぬきもなくなります。それは「神はもっとべつの世界システムにたいしては、思考と延長以外のどんな属性においておのれを啓示するのか」という問いでした。なにしろ、私たちの哲人によれば、神はおのれの同じ本質を表現する属性を無限にもっているはずなのに、彼はそのうちのふたつの名前を告げることができただけですからね。

すべての世界において神は有機的なかたちで、つまり活動する力をつうじておのれを啓示します。〔452〕神は本質を表現する力を無限にもっており、その無限性はいたるところで同じ神を啓示しながら、とどまるところを知りません。どんな世界システムも、自分以外の世界システムをうらやんで「そちらでは神はどんなふうに具現されましたか」などと問いかける必要はありません。それは、ここでもどこでも同じことです。どこであれ活動しうるのは有機的な力にほかならず、その力はどれも私たちに一なる無限な能力のさまざまな属性を知らせてくれるのです。

以上の帰結

テオフロン おっしゃるとおりです、フィロラウスさん。それはスピノザの体系の核心をついています。この体系にとっては、能力こそが実在であり、その属性と様態のすべては表現され具現されることで現実に活動するような能動性なのです。精神の世界ではそれは思考であり、物体の世界では運動です。力や能力や器官という概念ほどに、これら両者がありのままに把握されうる名詞がほかにあるでしょうか。物体の世界と精神の世界のどんな活動も、力や能力や器官から生じるのですからね。有機的な力という言葉を使えば、内面も外面も、精神的なものも物体的なものも同時に表せます。器官のない力などないように、身体〔物体〕をもたない精神もまた存在せず活動しないからです。とはいえ、これもあくまで表現の問題にすぎません。というのも、私たちはそれによって力のなんたるかを理解したわけではありませんし、物体や身体という言葉を説明したことにもなりませんからね。

フィロラウス 有機的な力という表現は、世界の内的な連関についてみごとな帰結をもたらすように思われます。世界が結びあわされているのは、事物のたんに外的な基準である空間と時間によるばかりでなく、世界そのものの本来の本質によって、その存在の原理そのものによってです。だって、世界のいたるところで、しかももっとも内的な連関において活動しているのは有機的な力だけですからね。私たちが知っている世界にあっては思考力が上位にあって、そこから感覚力や活動力などが無数に生じますが、かの自立した者は、[453] 語の最高かつ唯一の意味において力であり、つまりはすべての力の根源となる力、すべての器官の器官です。かの自立した者がなければ、力も器官も考えられません。かの者なしにはどんな力も活動しません。すべての力はこのうえなく密接に結びついていて、それぞれに制限され、形式をまとって現象しながらも、かの自立した者を、つまりじぶんたちが存立し活動しているのもそのおかげであるような根源的な万能の力を表現しているのです。

テオフロン　フィロラウスさん、さきほどの考えをじつに正確に受けとり、じつに豊かに応用してくださいましたね。うれしいかぎりです。おかげでわれらが哲学者の体系は、もう表現の点でも非の打ちどころのない統一性の光に照らされるようになったも同然です。これまでは延長という耳障りな言葉のせいで統一性を奪われていましたからね。ところで、お気づきですか。あなたの示された視点からもっとべつの見方も出てこないでしょうか。

フィロラウス　ずらりと出てきますとも。たとえば、耳障りな表現はすべて消え去るでしょう。「あれこれの体系によれば、神は死んだ物質にむかって、また死んだ物質をつうじて活動するというが、それはどのようにしてか」などといった問いは生じようがありません。物質は死んでいるのではなく、生きています。物質にあってはその内と外どちらの器官から見ても生きている多様な力が活動しているのですからね。私たちが物質を知れば知るほど、そこにはますます多くの力が見いだされ、死んだ延長などという空虚な概念は、すっかり消滅してしまうほどです。現代の私たちは、大気中にどれほど多くの力を発見したことでしょう。[454] 新たな化学は、物体のうちに引力や結合力や溶解力や斥力など、なんと多様なエネルギーを見いだしたことでしょう。磁力や電力が発見される以前には、そんな力が物体のうちにあるとだれが予想したでしょう。物体にはこのほかにどれくらいたくさんの力が発見されないまま眠っているのか、見当もつきません。

スピノザのような思索的な精神の持ち主があんなに早く舞台から消えなければならなかったのは残念なことです。

テオフロン　私たちだってこの世を去らなければなりませんし、後世の探求にゆだねられているものを体験することはありませんよ。生きているうちに神の臨在と活動を認識し、神がどこでどのように啓示されるかを認識すれば十分です。

スピノザに言わせれば、神のどんな属性も、あるいは私たちの呼びかたでは、創造において啓示される神のどんな力も、一なる無限なものを表現しています。これをどのように理解なさいますか。世界の部分はどれも、場所と時間についてのみならず、それぞれに内在しているエネルギーについても制限されているわけですが。

フィロラウス　空間と時間、つまり思考のもたらすこの大いなるイメージは無際限なのではないでしょうか。そこではなんと無数の神的な力や形式が啓示されていることでしょう。場所と時間からみれば、それどころか活動している力そのものからすれば同じ現象はふたつとありえないのですから、新たな若返りをくり返してやまない神的な美のこの源泉からは、なんという無限性が生じてくることでしょう。天空を眺めてごらんなさい。あまたの恒星と世界からなるあの銀河を。ひょっとしたらまさにいま、[455] われらが民族のコロンブス〔第一版訳註19〕が、肉眼では見えないくらい小さな星雲のかけらに住まう新たな銀河の支配者を、望遠鏡で発見しているところかもしれませんよ。なんと瞠目すべき時代に私たちは生きていることでしょう。ほとんど予想もつかなかった前代未聞の神の啓示の数々が天から降りそそいでいます。それらはどれも、これらの世界のすべてをかつて創造しいまも創造しつつあり、しかもそれらを保ち支えてくれているあの実在の偉大さを、それぞれ新たに表現しているのです。

「無限のもののうちに無限なるかたが、一にして永遠なるかたが存在する。
なにかを表現していようと、存在していようと、またなにかを保持し創造していようと、そのかたは
ひたすら一つであり、
いつでもおのれに等しく無限である。彼が思考した法則は、まるで永遠の柱石のように確固としている。
それらの法則から、彼が思考したとおりに変化が流出し、しかも、全能の能力はあくまでも法則のうちにある(8)」。

（8）　アウグスト・ヘニングス『哲学試論（*Philosophische Versuche*）』（コペンハーゲン、一七八〇年）より〔この引用は、同書のヘニングスの頌歌「神」の複数の箇所を自由につなぎあわせたものである〕。

テオフロン　すばらしい。さすがです、フィロラウスさん。無際限な空間と無際限な時間における自然力どうしの結合を度外視しても、それぞれの自然力そのもののうちに無限なものが恒常的に宿っているこ

とを、最後の一行で同時に示唆なさいましたね〔第一版訳註20〕。どんな生きものにおいても活動している力の内的な充実を考えてみてください。生きものはどれも、おのれに植えつけられた静かなエネルギーによって生じ、ほかでもないそのエネルギーによって維持され繁栄できたのです。動物の身体構造のなかでじつに黙々と働いている力を考えてみてください。動物の諸部分はなんという能力とつながっていることでしょう。彼らは動きまわり、体液を全身にめぐらせ、自分に定められているすべての行為をいとなんでいますし、ついには、本性からして同種である生きもの、つまり同等の力を授かり同等の資質にしたがってかたちづくられた、生きて活動するおのれの似姿を産みだします。そのためには、どれほどの歯車とばねをもつ装置が要ることでしょう。〔456〕世代交代は創造の奇跡にほかなりません。それは〔生きものに〕根を下ろし内在している神の能力の奇跡です。思いきった言いかたをしてよろしければ、神はどんな有機体にもいわばみずから身を縮めて入りこみ〔第一版訳註21〕、この生物のうちで永遠の法則にしたがって、ちょうど神がどこにいようと自分ひとりで活動できるのと同じように、ゆるがず変わることなく活動しているのです。私たちが死んだものと呼ぶ物質のどの点をとりあげても、そこには負けず劣らずの神的な力ががんばっています。私たちは万能の能力にとりかこまれ、能力の大海に浸っているのです。ですから、「神は、いたるところに中心がありどこにも周がない円である」というあの古来の比喩〔第一版訳註22〕はいつでもどこでもかわることなく真実です。空間も時間も私たちの想像力のたんなるイメージであって、想像力からすればそのどこにも限界など見つけようがないのですから。

　時間は永遠性の象徴的なイメージにすぎないというスピノザの表現は、適切だと思います。私もあなたと同じく、スピノザが空間もこのようなものとして、つまりスピノザ本人が考えていたとおりに、不可分なものの絶対的な無限性の象徴的なイメージとして叙述してくれればよかったのにと思いますよ。永遠なものの実在が測定不可能なのは、けっして私たちにとってだけではありません。永遠なものはそれ自体においてどんな尺度も受けつけず、その活動のどの点にせよ、それがひとつの点であるのは私たちから見てのことにすぎず、そこでは永遠なものがみずから無限性を担っているのです。

無限なものと無際限なもののちがい

フィロラウス　心配なことがありましてね。それ自身によって無限なものと、想像力のなかで空間と時間にもとづいて思考される無際限なもののちがいがわかる人なんて、まずいないでしょう。〔457〕ところが、まさにこのちがいがスピノザの体系全体を支えているのです(9)。私たちは制限された存在として、空間と時間に浸っています。なにを数えるにも測るにも、私たちは空間と時間の尺度を使いますし、想像力のイメージを抜け出して、こうした尺度をすべて排除するような概念へと上昇するときは苦労するものです。このちがいがわかっていれば、世界そのものでありながらなおかつ世界の外にいる神についてこんなに議論になることも、きっとなかったでしょうし、ましてやスピノザにたいして、神を世界に閉じこめ、それと同一視しているなどという嫌疑がかかることもなかったでしょう。理性の観点からする絶対的なものと想像力の観点からする無際限なものが同一でないのと同様に、スピノザの言う最高に現実的である無限な実在も世界そのものではありません。ですから、世界のどの部分も神の一部だということにもなりません。最高の実在はそもそも分割できないからです。いまならはっきりわかります。われらが哲学者にたいしては、無神論の罪を着せるのとおなじくらい汎神論の罪を着せることも不当なのです。彼はこう言っています。「すべての事物は様態である〔第一版訳註23〕」。あるいは、彼のもっとあたりさわりのない言いかたによれば、すべての事物は神的な力の能動的な表現であり、世界に内属する永遠の神的活動の具現なのであって、まったく不可分で唯一の存在の断片的な部分などではありません。

（9）注目すべき書簡二九〔現在では一二〕（『遺稿集』四六五頁）を参照せよ。

スピノザにおける能産的自然と所産的自然のちがい

テオフロン　フィロラウスさん、それはそうですが、スピノザの敵にとっては多くの表現が誤解のもとになったのかもしれませんよ。この点は否定しないでおきましょう。なにしろ彼らは、いくつかの表現にこだわるばかりで、〔458〕スピノザの明快きわまりない原則によってそれを解明する気はなかったのですから。

スピノザは、実体という言葉に独自の意味を与えて体系の基礎にすえました。さらに彼は属性や様態といった言葉にもこれまた異例の意味をあたえ、物質は延長であるというデカルト流の説明も手放さなかったため、彼は体系のほとんどの部分で過激な表現を選ぶしかなかったのです。とはいえ、彼に神の実在と世界の実在をごちゃまぜにしたなどという誤解をなすりつけるのは、一番やってはいけないことでした。彼の議論の多くがやっかいになるのは、彼が神の実在と世界の実在をいつも区別したがっているくせに、「これこれの様態、これこれの属性において見られた〔かぎりの〕神〔第一版訳註24〕」という言葉づかいを十分には繰りかえせずにいるせいです。能産的な自然と所産的な自然という概念[*3]を、彼ほど区別している人がいるでしょうか。哲学的な真理がさらにわかりやすく結びつくのは、言葉をうまく結びつけてやってこそです。

ライプニッツというあの学問上のプロテウス〔第一版訳註25〕、ほかのだれにも先んじて物事を結びつけて考えられる頭脳の持ち主は、スコラ学者やデカルトやスピノザやホッブズといった人びとのじつに多くのわかりにくい叙述方法に寄りそいながら、真理をもっとわかりやすく結びつけるという功績を挙げました。〔459〕多様なものをうまい具合にやすやすと結びつける手腕は、思うにライプニッツの輝かしい才能でしたね。まったく取るに足らないような論文においてさえ、彼はよく大事な種を落としていったのですが、それらはすべてが拾いあげられるにはほど遠く、ましてやすっかり収穫されるにはいたっていません。彼自身には、その富を使い尽くす暇がありませんでした。あまりにも多くのことに気を散らして、結局は早死にしてしまいましたからね。

ライプニッツにおけるすべての実体の予定調和

フィロラウス　このドイツの哲学者にたいして、あなたは際立った功績を認めていましたね。物質の概念にかんして、その現象の根拠となる非物質的な実体を形而上学に導入したのはライプニッツが最初だった、と。しかし、その導入のあとで、魂と身体の予定調和という仮定は必要だったのでしょうか。まるで両者がふたつの時計のように、一致してはいても、それぞれまったく独立に動いているかのような話です。たしかに意味深いとはいえ、突飛すぎる仮定のように思うのですが。彼の言う物質は非物質的な力によって提示されており、さらにその力のいずれにたいしてももっと高次の種類の非物質的な力が作用しうるわけですが、〔460〕まさにそれによって、いわゆる物理的な影響（自然はいたるところでそれを私たちに示しており、恣意的な仮定を立ててそれに逆らうことはできません）も、ほかならぬ彼の体系によって確固とした考えかたであることが証明されました。神の世界はまるごと非物質的な力の王国になります。そうした力はどれもたがいに結合しなければ存在しません。それらすべてが結合して相互に作用してはじめて世界のすべての現象と変化が生じるからです。ライプニッツがこの一歩を踏み出したとき、そのための犠牲はなんと小さくてすんだことでしょう。なにしろ、彼の言う予定調和は、じっさいにはデカルト主義にすでに含まれていましたからね。デカルト主義は、私たちがスピノザにおいて論じたような精神と身体の区分を予定調和によって根拠づけているのです。

テオフロン　ライプニッツも、スピノザと同じくこんなふうにデカルト主義に近かったせいで、もっとうまい説明をしようにもそれをなしとげられなかったのだとしたら、なんと残念なことでしょう。どんなにひどい人間精神でも、場所と時代にしばられていわば一定の思想のなかで成長したあとで、苦労しながらではあれ、そこから身をふりほどけるようになるのが運命というものですからね。

　ライプニッツがその哲学的生涯のピークを生きたのは、思想的にはドイツよりむしろフランスでした。フランスで彼はじつに多くの人と交流し、彼の明敏な知性はかの地からはじめてヨーロッパ全土に輝いたのです。当時のフランスではデカルトとマールブランシュが、受容されるにせよ反論されるにせよ、おおかたの名声を博していましたからね。〔461〕彼の努力がどこよりもまずフランスというこの栄光の戦場に惹きつけられずにいられなかったのは当然です。こうして彼が予定調和の仮説をたくみに仕上げたおかげで、この仮説はデカルト〔主義者〕の機会原因もマールブランシュの神の直接の介入もお払い箱にしました。もちろん、この仮説がデカルトの不完全な原則のうえに建てられていたことに変わりはないですがね。ライプニッツは他人の理解力にあわせて語るのが大好きで、彼が意義深い仮説の数々を考案したのも彼らのためでした[10]。彼は、のちにモナドロジーの学説によって身体〔物体〕の形而上学にべつの道をさし示したとき、かつて好評で迎えられて彼の名声をおおいに高めた予定調和の仮説はそのままにしていました。そればかりか、彼はどんな魂であれ有機的な身体と統一することによって、予定調和を器用にねじ曲げてモナドロジーという新たな仮説にあわせたのです。たとえ精神と物質のあいだの予定調和がなくなっても、高次の力と低次の力のあいだに調和が残れば、調和はとにかく存続します。どうやって力が力に作用するか説明できる人は、今も昔もいませんからね。

（10）「〔…〕私は、予定調和説についてフランス語で論じた際に、魂をたんに精神的実体としてのみ考察しましたが、同時に身体のエンテレケイアとしても考察することはしませんでした。それは、そのときの問題が、そのころ私が論じていた魂と身体との合致の説明という問題とは無関係だったからです。しかしこの点こそがデカルト主義者に欠けていることでした」、『ライプニッツ著作集（*Opera Leibnitii*）』第二巻第一部二六九頁〔ライプニッツのデ・ボス宛書簡一七〇六年三月十一日付（佐々木能章訳、『ライプニッツ著作集』第九巻、工作舎、一九八九年、一三八頁）〕。

スピノザの体系に予定調和はあるか

フィロラウス　ご自身の崇拝する人物を見事に救いだしましたね。でも、私にも言わせてください。スピノザの表現はなにしろ難解そのものですが、〔462〕そのスピノザのどこを探しても、まさに彼自身も根本に据えている予定調和ほどのこじつけは見つかりませんでしたよ。[*4]

テオフロン　スピノザがそんなことを。いったいどこででしょう。

フィロラウス　私の考えでは、いたるところでです。

「神のふたつの属性である思考と延長（つまり運動）は平行している。[*5] どちらもそれ自体として考えられなければならず、他方からは説明できない。しかし、どちらも永遠なものの実在性を表現している」[*6]。

これは調和ではないでしょうか。最高の実在のたがいに無関係なふたつの表現のあいだの調和という意味でね。どちらも最高の実在を永遠の根拠としているのですから、両者は調和していると言ってよいのではありませんか。

テオフロン　調和といっても予定調和でないことはたしかですし、これっぽっちもライプニッツ的な意味のものではありません。スピノザの体系は、ライプニッツの予定調和を知りませんし、予定調和する無数の個別実体とも無縁です。それが関知しているのは唯一の自立的存在だけで、それが無限の仕方で、ただし私たち人間にたいしてはふたつの主要な属性として、おのれを表現しているのです。スピノザによれば、どちらも唯一の実在を表現していながら、彼のいうようにどちらも他方からは説明できません。ですから、「ふたつのものが第三者において同一ならば、それらはたがいに同一である」という規則はここには当てはまらないはずです。もし当てはまるのなら、ふたつの属性は唯一の実在を異なる仕方で表現しているのですから、合致してひとつになってしまいます。物質は精神に、精神は物質になって、あくまで私たちの見方しだいで区別されるだけでしょう。これではスピノザが強硬に反対した単調さになってしまいます。ごらんのとおり、まさにこの点について、彼の体系は説明しようとはしません。私たちがまさに説明してほしいこと、つまり「永遠に一なるもの（Monas）が、属性においてはふたつのもの（Dyas）、つまり内的な思考力と外的な運動力として顕示されるのはどのようにしてか」ということを、この体系は前提し、受け容れているのですよ。この外的なものと内的なものの調和をスピノザがくわしく論じないのは、彼がこの調和を、異なるふたつのものにあっても同じもの、つまり一なるものとして前提し、しかも魂と身体の結合した人間においてこっそり説明ぬきで受け容れているからです。もしそれを調和と名づけたければ、シンボル的な調和とでも呼ぶしかないでしょうね。延長（Expansum）が、そこで働いている力や運動などをふくめて、内なる永遠の思考力の外的な具現であるのは、私たちの身体が魂の表現であり、彼の言いかたでは魂の対象であるのと同じだというわけです。この神秘的調和について私たちはかつて以上に進歩しているのでしょうか(11)。

（11）　レッシングはつぎのように言っている。「スピノザによれば、魂は思考する身体に、身体は延長する魂にほかならない」（『レッシングの生涯と遺稿（*Lessings Leben und Nachlass*）』第二部一七〇頁〔LM. 第一四巻二九五頁〕を参照）。まったくそのとおりである。「ライプニッツはスピノザによってかろうじて予定調和の手がかりを得たにすぎない」（一六七頁〔LM. 同二九四頁以下〕）。だが、もっとほかのどのデカルト主義者やもっと昔の哲学者によっては、ライプニッツはそれができなかったのだろうか。なぜもっと昔の哲学者ではだめだったのだろうか。〔予定調和という〕ライプニッツの仮説は、恣意性とは区別されており、経験上の一法則とはなにかべつのものを表現しているだろうか〔「ライプニッツはスピノザによってかろうじて予定調和の手がかりを得たにすぎない」は、レッシングの論文のタイトルである。邦訳として、三好健司氏による訳と解説「ゴットホールト・エーフライム・レッシング　神の外における事物の実在性について・スピノザを通して、ライプニッツは、はじめて予定調和の手がかりに達した・啓示宗教の成立について」、『大阪電子通信大学研究論集 人文・社会科学編』第一八号、一九八二年がある〕。

フィロラウス　私は進歩すればよいとは思いませんし、そもそも、なぜ進歩しなければならないのかわかりません。〔464〕形而上学（Metaphysik）は自然科学のあとを追うもの（Nachphysik）であって〔第一版訳註26〕、けっして自然科学を置きざりにしてはならず、あくまでもそれに付きしたがうべきです。そうすれば形而上学はいつでもこう気づくでしょう。「力は器官がなければ働くことができず、すくなくともわれわれによっては知覚されない。したがって外的なものはどこでも内的なものにはまりこんでおり、外的なものは内的なものにおいて現われ、外的なものが内的なものを表現しなければならない。ひとことで言えば、自然はいたるところでおのれを有機化しているのだ」とね。神秘的な言葉づかいを捨てて力強くおのれの道を前進してよい哲学とはこういうものです。それはまた、デカルト以来、部分的ではあれ数学の衣をまとって、真の哲学である自然認識に先んじようと急いできた思弁を補完することを許される哲学でもあります。

数学的な方法は恣意的に想定された概念や過激な表現をとりのぞく役に立つか

テオフロン　あなたも急ぎすぎないでください。おっしゃるような衣も哲学には有用でした。おかげで哲学の言語は、観察と思考からなる一種の計算として整備されたのですよ。なにしろ、そうした衣をまとうからには、概念を規定し、証明や議論の順序を厳密にする必要がありますからね。もちろん、衣が問題そのものを変えたり、それに取ってかわったりすることはありませんでした。概念を恣意的に理解したり、中途半端に抽象化したりするようでは、それをどれほどすぐれた方法的秩序にしたがって数学的に純粋に記述してもなんの役にも立ちません。想定すべきでないものを想定していたら、証明は詭弁になり、厳密な形式そのものが真理のじゃまになってしまいます。これこそ、私たちがスピノザに見たものです。実体や属性や様態といった概念をひとつでも恣意的に想定しただけで、ふたつの属性においておのれを表現する一なるものなどといった恣意的な説明をごっそり誘いだしてしまいました。彼の卓越した綜合的方法は、そうした説明を首尾よくなしとげることはできませんでしたが、それでもうやむやにして隠すことはできたのです。

作品批評のばあいなら、韻文を散文に直してみるという試しかたがあります。散文にすると無意味なことは韻文でも無意味にちがいないということが原則と見なされているのです。〔465〕形而上学的な命題を数学的に論じたものについても、同じことをすべきでしょう。さまざまな前提が断言調の過激な表現をまとい、自由に議論をしようとする知性を愚弄しているようでは、幾何学的な形式をもちだしたところで埋めあわせできるはずがありません。これでは腹も立ちますよ。なにしろ、その種の命題は一見すると証明されているように見えるのに、健全な理性によってそれにどう対処するか最終的に方向を決めなければならない〔第一版訳註27〕のは私たちのほうなのですから。

フィロラウス　変な哲学ですね。内容についても方法についても、最初から最後までまずは私たちに方向を決めるようすがを与えるはずなのに、当の哲学そのものの方向決定が一番あとまわしだとは。それでも、スピノザが無神論者でも汎神論者でもないというのはよくわかりました。しかし、彼には第三の結び目がまだ残っているように思います。

テオフロン　どの結び目のことをおっしゃっているか、すぐにわかりますよ。まさにその結び目のなかにひとかけらの黄金が見つかったらどうしますか。

フィロラウス　そうなればうれしいですね。結び目を解くためならどんな労もいといませんよ。それにしても、あなたがこのまえ教えてくださったスコラふうの頌歌の作者はだれなのですか。

ヴァニーニの性格

テオフロン　火刑に処された無神論者のヴァニーニです。彼は刑場に着いたあとも一本のわらくずをかかげて言いました。「不幸にしてこのわらくず以外に神の存在証明を見いだせないなら、私にはこのわらくずで十分です」とね〔第一版訳註28〕。

フィロラウス　で、火刑に処されたのですか。こともあろうに異端として。

〔466〕テオフロン　彼はうぬぼれ屋の若者で、多才で、名誉欲も人一倍でした。哲学のユリウス・カエサルになろうとして〔第一版訳註29〕、その悲惨な供物になったのです。彼の頌歌はお気に召しましたか。

フィロラウス　ヴァニーニの時代にしてはとてもよいと思います。ラテン語の表現はいかにも当時のものですし、最高実在についての理論はスコラ的ですが、あの詩の第二部は実感がこもっていて熱烈ですね。詩人はみずからの対象によって満たされており、彼がいなくては私たちが存在しなくなるようなあの唯一なるかた、つまり、彼によってこそ私たちはみずからが現にそうであり、なすことができ、じっさいになしているとおりのすべてであるようなあの唯一なるかたを表現するために、あらんかぎりの言葉を尽くしています。

テオフロン　でしたら、最高の実在をめぐる東方の箴言《しんげん》をあつめたこの紙もきっと期待を裏切らないでしょう。それらはオリエントの言葉の精神において考えられており、その精神においてしか読みようがありません。きっとスピノザにはぴったりです。彼についてはまたあしたお話ししましょう。

＊＊＊

神。東方の国々の箴言抄

神――東方の国々の箴言抄

私たちは神のうちに生き、活動し、存在しています。私たちは神の種族です〔第一版訳註30〕。パウロ

＊＊＊

すべての事物は神によって、神において、神のために存在しています。神に永遠の栄光がありますように〔第一版訳註31〕。パウロ

＊＊＊

［467］私たちがどれほどたくさん語っても、言い尽くすことはない。神はあらゆる思考の総体であり、万物なのだから〔第一版訳註32〕。シラ書

＊＊＊

「私」と言えるのは神だけ。神の王国は永遠でその望みはおのずから満たされる。神以外に「私」と言う者は悪魔である。

＊＊＊

被造物はすべて二種類の性質をもつ。というのも、それらは一方で能力をもちながら他方では弱い

から。ひとつのものに充溢があると同時に欠乏もある。知と無知はあわせてひとつであり、力と無力、生と死もおなじこと。ただ創造主のばあいだけ、その力には限界がなく、その富には欠如がなく、その知には死角がなく、その生には死がない。すべての事物は二重の性格をもつが、神だけは唯一にして永遠である。

＊＊＊

神よ、人間どもがあなたを測るときの尺度は、あなたを測るためのしかるべき尺度ではありません。あなたの本質は、ただあなたの本質からしか理解できませんから。というのも、永遠に存在するものと時間のうちで創造されたものの関係はいかなるものでしょうか。ほんのわずかな水と土にすぎないものとすべての事物の主の関係はいかなるものでしょうか〔第一版訳註33〕。

＊＊＊

天上で神の栄光の神殿に讃美をささげる人びとは、告白して言う。「神よ、私どもがあなたを崇拝しても、それはあなたにふさわしい崇拝ではありません」。彼らは、神の輝かしい美をほめたたえるとき驚愕に立ち尽くし、こう嘆く。「神よ、私どもがあなたを認識しても、それは真の認識ではありません」。

〔468〕さて、ほかならぬ私が、だれかに神を称えるよう求められても、まともな心をもたないものが、かたちのないものをどうして語れようか。愛するものは愛されるものの供物となり、供物は言葉をうしなうばかりである。サーディ

＊＊＊

神を観照する誠実な人物は、こうべを垂れて観照の海に沈潜しているかのようだった。彼がわれに返ったとき、ある親しい人が声をかけて言った。「あなたがおられた庭園にはどんなに美しいものがありましたか。私たちにも教えてください」。

彼は答える。「私は薔薇をつもうとしました。美しいさわやかな薔薇が咲きほこる茂みに、たしかに近づいたのですが、その強い香りに恍惚となって圧倒されてしまいました。衣もあつめた薔薇もすべて手から落ちてしまったのです」。

声高らかに歌う小夜啼鳥《さよなきどり》よ、愛のなんたるかを虻《あぶ》に学ぶがよい。虻はいとしい炎に飛びこみ、羽を焦がす。死んで沈黙したまま炎にのみこまれる。

神について大言壮語するおしゃべり屋は、神のことなどまるでわかっていない。神を知る者は沈黙する。

ああ、あなたはあらゆる思考よりも、あらゆる判断よりも、どんな意見よりも、どんな想像よりも高い。私は父祖の語ったことを読みつくし、聞きつくした。語らいと生命は終わり、私はまさにあなたを描きだそうとしている〔第一版訳註34〕。サーディ

第3の対話

導入。ネメシスの擬人化

フィロラウス　なんと美しい女神でしょう、あなたがごらんになっているのは。愛の女神のように美しく、知恵の女神のように厳粛ですね。ヴェールで覆われた胸元に目をやって左手をかまえ、その手にのせたなにかを測っているかのようです。〔469〕測られるほうの手には木の枝を一本もっています。その静かな歩みといい、ものごし全体にみなぎるおだやかな崇高さといい、きっと彼女は幸福をもたらす善き女神なのでしょうね。

テオフロン　これはギリシア人の言うネメシスで、観念の擬人化のなかでも私のお気に入りです。彼女が厳粛なのは、正義の女神の娘だからです。彼女は死すべき人間の行状と幸福を右手で測り、公平を期すために胸元を見おろしています。おめがねにかなった人間に与えるために、ほうびの枝をもっているのです。

フィロラウス　ふつうは足元に車輪がありませんか。

テオフロン　そのとおりです。傲慢な人間が繁栄を誇ったら彼女がたちまち軽々と駆けつけてそれを挫き、彼を滅ぼすことを示すためにね。この立像では、作者がそのシンボルを取りのぞき、そのかわりに、あなたがおっしゃったとおりの静かな歩みと、しっかりとしたものごしを与えました。じっさい、私たちのネメシスには、恐怖と没落をもたらす車輪なんていりません。女神の厳粛ながらも善意に満ちた顔つき、思慮深い節度とその手のなかの幸運の枝だけでシンボルとしては十分で、私たちにあの確固たる自然の真理を思いださせてくれます。「事物が存続し繁栄し、そもそも存在するということからして、すべては節度と均衡と秩序によってのみ成りたち、それによってのみ維持される」とね。

図像的なイメージを学問的な公式に解消する

フィロラウス　テオフロンさん、あなたがいまおっしゃったのは、私が現代のライプニッツと呼びたいくらい尊敬してやまない哲学者ランベルトのテーゼそのものですよ。『新オルガノン』でも〔470〕『建築術』でも〔第一版訳註1〕、彼はつぎのような真理に倦むことなくくり返し立ちもどります。

「制限された事物がいたるところでそれぞれに持続実在しているのは、対立する規則を制限させあう原理のおかげである。それゆえ事物の存立と内的な真理、そしてそれに伴う均衡や秩序や美や善意はある種の内的な必然性にもとづいている」。

つまり、ランベルトは、測る腕をもち枝を手にしたあなたのネメシスが、数学や自然科学や形而上学の規則であることを示しているのです。

テオフロン　そんなふうな姿のネメシスだって、私は好きですよ。まるで異質なものを比較してよければ、そちらのネメシスのほうが、芸術家が描きだすような姿かたちのネメシスより好ましいくらいです。

芸術家はたくさんのシンボルを組みあわせることに甘んじるしかありませんでしたが、〔学問の〕抽象的な真理は同じシンボルを必然的な概念規定そのものとして示してくれますし、したがってネメシスの尺度もほうびの枝ももっと本質的な姿をとるようになります。ところで、ネメシスの車輪は、あなたのおっしゃる数学的な公式のどこにあるのですか。

フィロラウス　この賢人はそれを忘れていません。彼は、

「事物やそのシステムは、もし持続を損なわれることがあれば、あれこれの仕方でふたたび持続に近づこうとする」

と述べ、その仕方をあきらかにしました。

テオフロン　すばらしい。フィロラウスさん、あなたはこうした科学的な公式の長所がわかってらっしゃる。常識が日常経験のなかでぼんやりと気づいているものを、科学の公式は明確にして普遍法則に変換し、さらにそれが可能なばあいには数と量に変換します。そうすればその主張は、きちんとした確実性という点だけでなく、〔471〕後世の人びとが個々の事物において随意に追求できるような普遍的な応用という点でも価値をもちます。おそらくあなたのランベルトも同じことをしたのでしょうね。

フィロラウス　大いにそうしましたとも。彼は持続の原理が多様きわまりない対象に適用できることをいろいろな実例で示し、どんなに制限され合成された力のシステムにもそれを見いだしています。たとえば、彼はある論文で人体の運動を計測し、そこに一連の原理を見いだしました。同様にして、彼は秩序の理論を構想し、彼の言う持続を美や善意や有用性といった対象にも適用しはじめたのです。彼は、何度も

望みを語っていましたよ。合成され制限された力のいかなるシステムにおいても、こうした規則が証明され適用されればよいのだが、とね。ランベルトが若くして亡くなったのは彼が開拓したいくつもの学問には痛手でしたが、まだ健在なら、きっと大好きなこのテーマをもっと追究していたことでしょう。

事物の存在と持続に内在している完全性と善意と美という概念はどんな帰結をもたらすか

テオフロン　彼が亡くなったのは残念なことです。でも、もっとほかの聡明な人たちが、彼が望んでいたものを開拓するでしょう。数理物理学においてはすでに、同じような法則やそれに準ずるものがいくつか発見されています。それらはいかなる恣意も寄せつけず、思考する精神にたいして「事物の存在と持続に内在している完全性と善意と美」を見事に理解させ、筆舌に尽くしがたい喜びを感じさせてくれます。たしかに、はじめのうちはこのいくつかの所見からあまりにも多くを推論しようと欲張りすぎたきらいはあります。しかし、それでもこれらの発見の美しさは損なわれません。誤謬は修正されて真理が残ります。物理学が進歩するほどに、私たちはやみくもな能力と恣意の王国からますます脱出し、［472］賢明このうえない必然性の王国に、つまりそれ自体で確固とした善意と美の王国に入ってゆきます。ほがらかで明晰なセンスをもっていたるところに創造のはたらきを察知するなら、無意味な恐怖はことごとく消え去ります。なにしろ創造にあっては、どんなに小さな点にも神の全貌が知恵と善意の法則としてありありと現われていますし、どんな被造物の実在から見ても、神は分割されてもいなければ分割不可能でもあるような力で活動していますからね。

たとえば、ひとつの彗星が地球を呑みこみはしないかといったむなしい恐怖はどこに残っているでしょう。いまでは天体の運行がさらに厳密に認識され、パニックを心配しなければならないような事例さえ、これまでの観測にしたがって計算ずみですからね。そうした事故の起こる可能性は、計算してみればきわめて低くなり、宇宙を成りたたせている力の大いなる比例関係からすれば、ほとんど無も同然です。天体がたがいの引力のせいでいつかは陥ってしまうと言われた不規則な状態やその悲惨な結末について、人びとはどれほど妄想をたくましくしたことでしょう。むなしい恐怖は、ものごとをもっと明晰に認識すれば消えさります。惑星にどんなに摂動[*1]があっても不変の法則によって周期的に一定の限界内にとどまるものであり、不規則な状態が相殺されることはすでに発見されたとおりです。こうして惑星系は存続するものであり恒常的なのです。慈悲深く美しい必然性ではありませんか。私たちはいたるところに広がるこの必然性の支配下を生きているのです。この必然性は、最高の知恵の子であり、永遠の能力とは双子の姉妹どうしであり、いっさいの善意や浄福や確実性や秩序の母です。[(1)]〔473〕この必然性をあらわすもっと美しい古代の像を私が知っていたなら、ネメシスはさらに高位のアドラステア〔第一版訳註2〕にすぐにでも地位を譲るところですね。

（1）　これにふさわしいラグランジュとラプラスの論文はベルリン・アカデミーやパリ・アカデミーの紀要に掲載されている。現代のニュートンであるピエール＝シモン・ラプラスの『宇宙体系解説』〔竹下貞雄訳、大学教育出版、二〇一五年〕はこのとき（一七九六年）以降に出版されたもので、宇宙の賢明な永遠の法則にもとづく天体図である。

内的な必然性という概念の真実性と美

フィロラウス　すると、私が結び目を解いたら下さるとおっしゃっていた黄金のかけらというのはそれのことですか。この結び目は、神の本性の内的な必然性と結びつけてスピノザが突きつけてきたものでした。そうした本性はわれわれに啓示されており、しかもわれわれの内部や周囲で最高の自然法則すべてにおいて本質的に表現されているという話でしたよね。

スピノザは神を思考しない実在としてでっちあげたのか

〔フィロラウス〕　でも、テオフロンさん、まだ結び目は解けていませんよ。彼は創造における神の意図すべてをなんと厳しく否定することでしょう。神には知性も意志もないことを、なんと決然と語ることでしょう〔第一版訳註3〕。存在しているすべてのものをあくまでも神の無限の能力から演繹し、その能力を知性や意図を超えたものと見なすばかりか、それらから分断し峻別しさえするとき彼はなんと決然としていることでしょう。(2) ごぞんじのとおり、こうした主張のせいでわれらが哲学者は過激このうえない敵を呼びよせました。(3) スピノザを尊敬せずにはいられなかったライプニッツでさえ、『弁神論〔第一版訳註4〕』やそのほかの著書できわめてはっきりとそれに反対しています。(4) あなたがこのひどく耳ざわりな主張を、そのほか多くの点ではじつに卓抜なスピノザの体系と統一なさるのなら、〔474〕私はあなたに枝をさしだすネメシスになりたいものです。

（2）「活動する知性（intellectus actu）は、有限であろうと無限であろうと、意志や愛や欲望と同じく所産的な自然に数えいれられなければならず、能産的な自然に数えいれられてはならない」（〔『エティカ』第一部〕定理三一）。
「自然にはあらかじめ定められた究極目的はない。目的因はすべて人間のこしらえものである」（〔同〕定理三六付録〔ヘルダーはこのように表記しているが、この付録は、むしろ第一部全体への付録と見なすべきものである〕)。
(3)『スピノザ往復書簡集』二四、二五〔現在では七七、七八〕などを参照。
(4) ライプニッツの著作の索引でスピノザの名前を検索されたい。

テオフロン　枝を受けとるのは真理の手からだけにしたいですね。だって私には、つぎの二点をはっきりと証明できるのですから。つまり、一方でスピノザのこうした主張が神経を逆なでするとしても、それは彼がデカルト的な言葉で語り、また断固としてその言葉で語ろうとしたせいにほかなりませんし、他方でスピノザが過激な表現をしたというよりむしろ、世の人びとが彼を理解する仕方のほうがはるかに過激だったのです。デカルトふうの表現をもっと私たちに身近なべつの表現になおし、彼の体系全体のもとになっている純粋な基本的な思想にしたがってあのスピノザの主張を解明すれば、それらはおのずからあきらかになって霧が晴れます。私の考えでは、スピノザはライプニッツに一歩先んじてさえいます。ライプニッツは慎重でしたが、この点ではおそらく慎重すぎて、スピノザに十分についてゆけなかったのです。

フィロラウス　とてもそそられるお話ですね。

テオフロン　まず私は、スピノザが神を思考しない実在としてでっちあげたなどということは完全に否定します。これ以上に彼の体系にそむくような誤りはまずありえません。神の実在は彼において徹底的に現実です。スピノザ自身はことのほか思考に沈潜する人物だったので、こうした完全性も、つまり私たちが認識するなかで最高の完全性といえども実在していると内面で評価し感じとらずにはいられなかったのです。したがって、神の最高の実在は、いっさいの完全性を最高に完全な仕方で有しているのですから、そのなかでもっとも卓越した完全性である思考を欠くはずがありません。だって、もしそんなことになったら、どうしてさまざまな思考やイメージが、制限されながらも思考する被造物〔人間〕のうちに存在するのでしょう。すべては神によって神のうちにだけ存在しているのですからね。*2〔475〕制限されながらも思考する被造物だって、スピノザの体系によればすべて最高に実在的な存在の表現であり実在的な帰結にほかなりませんし、さらにこの存在は、彼の説明によれば自立的に存立するものの名に値する唯一のものなのですよ。

むしろスピノザは、無限な思考の完全性を最高の現実性と根源力の属性として神に与えている

〔テオフロン〕　だからこそ、彼が何度もはっきりと言うように、(5)神における無限の属性には無限の思考という完全性も含まれるのです。スピノザがそれを有限な実在の知性やイメージのありかたから厳しく区別するのは、神における思考が根源的で絶対的であり、種において唯一であって、有限な実在の知性やイメージとはまったく比較にならないことを示すためにほかなりません。あなたも彼の比喩はお読みになりましたね。〔476〕神の思考と人間のイメージの関係は、犬座と呼ばれる天の星と地上の一匹の犬の関係とほとんど変わらない、と〔第一版訳註５〕。

（５）「事物が実在性つまり現実性（Wirklichkeit）を多くもてばもつほど、その事物にはより多くの属性があたえられる」（『エティカ』〔第一部〕定理九）。「神は自立的な存在〔実体〕であり、神の無限な永遠の本質をそれぞれに表現するような無限な属性においてなりたち、必然的に存在する」（〔同〕定理一一）。

「神の本性の必然性からは、無限なものが、つまり無限な知性が捉えうるすべてのもの（quae sub intellectum infinitum cadere possunt）が無限な仕方で帰結せずにはいられない」（〔同〕定理一六）。

「神の知性は、本質から見ても存在から見ても事物の原因であり、したがってすべての事物のもつ知性とは本質的に異なっている」（〔同〕定理一八の系〔じっさいには定理一七註解からの自由な引用〕）。

「神の存在と本質は同一である」（〔同〕定理二〇）。

「事物が産出されることのできた仕方と秩序は、それが産出されて現にあるがままの仕方と秩序にほかならない〔同・定理三三〕。したがって、〔事物が産出されたのは〕最大の完全性においてである。なぜなら、事物はもっとも完全な本性から必然的に生じるからである。神はおのれの知性のうちにあるすべてを、みずから認識するとおりの完全性のままに創造するつもりだったとはかぎらないなどと信じさせることは、だれにもできはしない」（同・定理三三註解二〔からの抜粋〕）。

「思考は神の一属性、つまり神の無限な属性の一つであり、それは神の永遠で無限の本質を表現している」（第二部定理一〔およびその証明〕）。

「神のうちには、神の本質の観念も、神の本質から必然的に帰結するすべてのものの観念も必然的に存在する〔同・定理三〕。一般の人びとは神の能力を自由な恣意だと考える。だが、われわれは、神がおのれ自身を認識する（seipsum intelligit）のと同じ必然性で行為し、つまりは、神の自己認識が神の本性の必然性から帰結することをすでに証明した。したがって、その必然性からは、神が無限なものを無限な仕方でなしとげるということも帰結する」（〔同〕定理三の註解）。

「無限なものが無限な仕方でそこから帰結する神の観念はただひとつでしかありえない〔同・定理四〕。というのも、無限知性は神の属性と変様以外のなにものも把握しないからである」（同・定理四〔の証明〕）。

「神の観念の秩序と連結は、ことがらそのものの秩序と連結である」（定理七）〔「神の」は、スピノザの原文にはない〕。

「無限知性によって自立して存立する存在者を構成するものとして思考されうるものはすべて、唯一の自立的なものに属している」（〔同〕定理七註解）。

フィロラウス　あの比喩には、教えというよりむしろ衝撃を受けましたよ。

テオフロン　あれはもともと教えを授けるのではなく、鋭く区別するためのものでしたからね。ごらんのとおり、スピノザはここでも神というもっとも価値ある最高概念の熱烈な信奉者で、わかりやすい事物を思い浮かべずにはいられないような知性の概念や力とのあやふやな比較のために神を引きずりおろすことをよしとせず、むしろ鋭すぎるほどの把握と過激なまでの表現をしたのです。思いきって言わせてもらえば、すべての純粋で真実で完全な認識は、たとえ私たちの魂のうちにあっても、いわば神的な認識の公式のひとつにほかならないということを、スピノザ以上に強く主張した者はいません。まさに彼は人間における神的なものの本性を、ほかでもなく神とその属性と活動の純粋で生き生きとした認識、いわば神にも似たこの認識のうちに置いたのです。

スピノザの言う思考する無限の実在は、個々の思考力の集合名詞なのか

フィロラウス　でも、それはどのようにしてでしょう。スピノザの言うような思考する無限な実在というのは、個々の被造物において現実となり思考している知性と思考の力のすべてをあらわすたんなる集合名詞〔第一版訳註6〕になってしまいませんか。

テオフロン　神は集合名詞だとおっしゃるのですか。このうえなく現実的な実在はまがいものであり、個々の人間が抱くイメージの影だと。それどころかたんなる単語、名前の響きだとでも。つまり、最高の

生命に満ちた者が死んだ者であり、〔477〕もっとも活動的な者が無であり、人間の力の鈍重このうえない最低の活動だとおっしゃるのですか。フィロラウスさん、もしあなたがご自分の考えでそんなことをスピノザに押しつけて、彼の体系をまるで正反対の体系にしてしまえるとしたら——いいえ、そんなことはできません。できませんとも。さまざまな主張をしていながらすくなくとも一本筋がとおっているこの賢人を、あなたほどのかたがどの頁も最初から最後までそんなふうに誤解できるなんてことはね。どうやらあなたは、前世紀の彼の敵の口を借りて語ったようですね。

フィロラウス　かっとなってはいけません。対話をしていれば、ときには見知らぬ客人を招きいれることだってありますよ。それが話題を展開する一助となり、対比による説明をしてくれるのならね。私としては、『エティカ』を読んで以来、その点にかんするスピノザの考えについてはまったく疑いがありません。神を世界の抽象的で死んだ論理的帰結にしたがる連中に反対して、彼はどれほど熱弁を振るっていることでしょう。彼においてこの唯一の実在は、すべての存在と思考の原因であり、ひいては私たちの理性の原因でもあり、すべての真理の原因でもあれば、真理の結びつきすべての原因でもあるのですから。彼は完全無欠な観念をなんと堅く守ることでしょう。(6)彼にとってそれは自然法則の認識であり、その法則における永遠の神的な実在の法則の認識ですし、それ自身が神的な認識でもあります。〔478〕それは事物を偶然ではなく必然のものとして永遠の相のもとに思考し、まさにこの内的な必然性を、神がなしうるのと同じようにおのれ自身にもとづいて確信していますからね〔第一版訳註7〕。人間の心の存在がこれ以上に高められることは、まずありません。なにしろ、心はその本性の力によって真理を認識し、真理をそのものとして愛するというのですから。思考をこんなにも高く評価した彼が、すべての認識の根源であり対象であり総括である彼の神を、まるでポリュペモス〔第一版訳註8〕さながら思慮もせずやみくもにでっちあげるなんてことがあるでしょうか。私はかりそめにもこんな見当ちがいの非難を彼にたいしておこなったことを、彼の精神の前で恥じ入りたいくらいです。

（6）　スピノザの『エティカ』全体がその証拠である。

テオフロン　それならよいのです。スピノザによれば無限で根源的な思考力は神の本質をなしています。この体系によれば、神のうちなる無限な活動力については疑いようがありません。

スピノザによれば、絶対的な思考は絶対的な意欲でもあり、したがって最高の能力は必然的にもっとも賢明な能力でもあれば、内的な法則のままに秩序づけられた善意でもある

フィロラウス　そのとおりです。というのも、スピノザによれば、所産的自然においてさえ、知性と意志は一体をなしているくらいですからね。つまり、われわれなりにもっと穏当な言いかたをすれば、最善を洞察する知性はかならず最善を意欲し、知性にその力があれば最善を実現するのです。ともあれ、彼の言う神の無限の能力については疑いようがありません。彼にしてみれば、ほかならぬこの能力つまり現実性と活動性から万物が導出されるのですからね。

テオフロン　彼は無限な思考力と活動力を結びつけませんでしたし、［479］両者を結びつけていれば必然的に見いだしていたこと、（われわれなりの言いかたをすれば）最高の能力は必然的にもっとも賢明な能力でもあり、したがって内的な永遠の法則によって秩序づけられた無限な善意であるということを、その結びつきのなかでさらにはっきりと表現することもありませんでした。なにが彼をじゃましたのだと思いますか。というのも、無秩序で不規則でやみくもな能力はけっして最高の能力ではないからです。そんな能力が、内的な真理と規則性すべての模範にして総体であるはずがありません。私たちはこんなにも制限された存在ですが、それでも被造物のうちなる永遠の法則にしたがってそうした内的な真理や規則性に気づいています。もちろん、被造物それ自身はそんな法則など知りませんし、それをおのれの永遠の内的な本性として行使することはありませんけれどね。やみくもな能力はかならずや秩序ある能力によって凌駕され、したがって神ではありえません。

フィロラウス　ありがとうございます。おかげで一気にヴェールがはぎとられました。もちろん、スピノザではなく私から光を奪っていたヴェールのことです。彼にとって、思考と延長がそれぞれ他方から説明できないふたつの属性として対立したのは、デカルト流の術語のせいだったのですね。思考は延長によって、延長は思考によって制限されようはずがありません。スピノザは、両者を神という不可分の実在の属性と考え、それぞれを他方から説明しようとはしなかったので、両者がそこで接合されるような第三のものを考えざるをえませんでした。それがなんだったかと言えば、ほかでもありません、能力つまり現実的な活動、活動的な存在だったのです。この体系そのものによると、能力の概念も、物質や思考の概念も、展開されれば〔480〕三者はすべてがたがいに融合し、根源力という概念にまとまります。これは、物質においてのみならず、概念の器官である思考そのものにおいても無限に活動しているような力です。こうして力と思考も一体になります。なにしろ、思考は能力であり、しかももっとも完成した端的に無限な能力ですからね。それは思考そのものが、おのれ自身において根拠づけられていておのれ自身を表現するような無限な能力に属しているものすべてでもあれば、そのすべてをもってもいるからにほかなりません。これで結び目は解けました。そこに仕込まれた黄金はもう目前ですよ。永遠の根源力、つまりすべての力の力はただひとつです。しかも、この力はどんな属性においても、私たちの知性がこの力をどれほど分割しようとも、変わることなく無限です。

神は、その本質の永遠の法則にしたがって思考し活動するものであり、神自身にしか思考しえない仕方で、つまりはもっとも完成した仕方で完成のきわみにあります。神の思考は知恵をもつどころか知恵そのものであり、神の活動はたんに善いのではなく善意そのものです。すべてはそれとは反対のことも起こりうるかのように強制や恣意によって起こるのではなく、内的で永遠で神にとって本質的な本性によって、根源的で完全きわまりない善意、つまり能動性と真理によって起こるのです。

スピノザがいわゆる究極の意図に厳しく反論するのはどうしてか

〔フィロラウス〕　ようやく私にもわかりましたよ。なぜスピノザがあんなに「究極の意図」に反論し、過激にもみえる仕方でそれに反論するのか、ということがね。彼にしてみれば、そんなものは芸術家のような輩なら手に入れたがることも、そうでないこともあるような、あやふやな思慮やイメージの方法であり、恣意や願望です。神がみずからの活動について〔481〕まずは検討して、それから選択する必要などありませんでした。その活動はもっとも完全な実在の本性から流出したのであって、唯一のものであり、それ以外にはなにもありえなかったのです〔第一版訳註9〕。

神人同感説や恣意を検討する

〔フィロラウス〕　ライプニッツの卓抜な『弁神論』に見られるものも含めて、たくさんの神人同感説〔第一版訳註10〕がどうにも腑に落ちなかったのはなぜなのか、いまならわかります。あのときはやみくももな必然性に尻込みしてしまい、代わりの改善案を出せませんでしたが、いまならこう言えます。「怖がらなくてもよかったのだ。あの光に満ちた活動する必然性、それ自身の実在の本性によって存在し、思考し、意欲し、活動する必然性を讃えるためには、やみくもな必然性など必要ない」とね。テオフロンさん、いま『弁神論』をおもちですか。

テオフロン　いくつかの言語のものがありますよ。ここにあるのは、われらがごひいきの詩人のひとりの手になる短縮版の「弁神論」です。(7)
（7）　ウーツの抒情詩「弁神論」。
フィロラウス

「神が世界の創造にさいして目の当たりにしていた裂け目は
いまも開いたままだ。
可能なものの王国がいつもながらの夜から湧き出てくる。
無数の魅惑的な設計図が
合図ひとつでたちまち実現するたびに
世界は変貌してつねに新たに壮麗だ。
〔…〕だが、私を恍惚とさせたもろもろの世界を覆いかくすように
黄昏と冷たい影がおとずれる。
創造主はそれらの世界を選ばず、私たちの世界を、

化けものどもの居場所を選ぶのだ〔第一版訳註11〕」。

[482] ライプニッツの無邪気な『弁神論』が美しい詩になっていますね。でも、哲学者の立場から考えれば、純粋に哲学的で神にふさわしい真理が損なわれているように思われます〔第一版訳註12〕。神の目の前に裂け目なんて広がっていませんでした。神は、千々に乱れる思いで構想を立ててはそれらを比べ、破りすてたり選んだりする悩める芸術家みたいに座っていたのではありません。可能なものの王国が、無限なる者の能力と意志の外部に存在するはずがありません。彼が創造するつもりがなかったり、創造できなかったりしたものは、もともと不可能だったのですから。神が世界を観念として思いえがくということは、かつてありえませんでした。ましてや、魅力的な設計図にもとづいていて、目くばせひとつで実現するのに、結局は選ばれないままの無数の世界を神が思いえがくなんてことは、なおのことありえません。神は、どれかひとつの世界が気に入って選びとるまで、まるでしゃぼん玉で遊ぶ子どものように世界で遊んだりはしませんでした。もっと偉大な神なら、そのほかに無数の異なる世界が可能であれば、それをすべて創造できましたよ。呻吟して頭をひねるような弱々しい神は、そちらに追い越されて神ではなくなったでしょう。

テオフロン　お気づきですか。それはまさにスピノザが言っていることですよ(8)。

(8)「永遠者のうちには、いつとか、以前とか、以後といったものは存在しないので、神の端的な完全性からは、神が決意した以外のものを決意することなどありえず、またありえなかったということが帰結する。神はその決意以前には、また決意なしには存在しなかった。〔…〕神は、決意を変えようものなら、おのれの知性と意志も変えており、要するにべつの神になってしまおう」。『エティカ』〔第一部〕定理三三註解二〔やや自由な引用〕。

フィロラウス　もちろん気づいていましたとも。さきを読みましょう。

「暁の星が彼を讃え、
混沌の深みが彼の創造の言葉に騒ぎだすまえに、
賢明このうえない者は実行計画を選びとった〔第一版訳註13〕」。

美しい詩ですが、言っているのは同じことですね。賢明このうえない者は選んだりしませんでした。〔483〕前もってあれこれ疑って考えなくてもよかったのですから。つぎつぎに湧いてくるアイディアとか、さまざまな計画とか、二転三転する設計図といったものはどれも、無限で不変な精神のもっとも完成した本性とは相いれません。そんなものは耳も聞こえず口もきけないような永遠性に属するものです。怠け者の神がそうした永遠を、「かつて、たったひとりで考えぬき、そのあとでようやく神はひとつの世界をつくった〔第一版訳註14〕」というわけです。この点について、私たちはもう同じ意見です。ライプニッツはどうしてこんな神人同感説を許容できたのでしょうね。

テオフロン　そんなことを不思議がってはいけません。彼が神人同感説を許容したのは『弁神論』という通俗書においてです。通俗的な表現の方法はえてしてそんなものに誘いこむものじゃありませんか。ベールがもっともらしい非難をさんざんしたせいで、ライプニッツは反対理由を慎重に述べ、そのためにすべての頁を費やすほかなかったのです〔第一版訳註15〕。じっさい、神人同感説（Anthropopathien）どころか、一連の神人同形説（Anthropomorphismus）〔第一版訳註16〕がほとんどたえまなしに出てくるのはそのためです。私からすれば、そんな説はこの見事な書物から消えてもらいたいくらいですが、しかし、ライプニッツが当時抱いていた目的のためには必要だったのですね。ただ残念なのは、ライプニッツの後継者たちが、彼としてはよそゆきの衣装や周囲への同調でしかなかったものと厳密に彼の体系に属するものとを、かならずしも区別していないことです。このためスピノザにたいしても、「神の外部」の世界と「神の内部」の世界などといった区別を立てることで反論したつもりになってしまうことが昔からよくありました。「神の内部で世界は永遠に観念として存在した」。つまり、世界は神が想像のなかでもてあそぶしゃぼん玉として存在していたというわけです。神はそれをおもしろがって、［484］なかなか孵化しない卵をはてしなく永遠に温めつづけました。ついにその時がきました（考えてもみてください。無為の神の永遠におけるはてしなく長い時間というのですよ）。いまや神は創造を決意したのです。突如として神のなかから世界が生まれ出ました。あれほど長いあいだ神の内部にあった世界が、いまやつねに神の外部に存在しています。神は世界の外部に存在しています。太古以来の無為の永遠という大いなる無のうちには神の小部屋があって、神はそこでおのれ自身にむきあい、おそらくはもっとべつの世界の計画を沈思黙考しているというわけです。

　率直に言って、人びとがスピノザを単刀直入に反駁するつもりでもちだしたこんな無為で憂鬱な存在よりも、エピクロスの神々〔第一版訳註17〕のほうがまだましです。この無理解はライプニッツのせいではありません。たしかに、彼は詩人的な頭脳の持ち主で、厳密な真理を論じるときも、イメージや比喩やアレゴリー、そして神人同感説のようなよそゆきの衣装を拒まず、人びとの気に障りそうな真理を論じるときは自分の意に染まない概念をもちいることも辞さなかったのですがね。

フィロラウス　彼の後継者にはなおさら不都合ですね。彼らは中身と外皮を区別しておらず、彼らのいうライプニッツ主義は、ライプニッツ本人にあってはただのよそゆきの飾りや周囲への同調にすぎないのですから。それでもライプニッツは、スピノザの必然性にたいしては強く反論しましたね。

[485] **テオフロン**　通俗書の『弁神論』においてはそうです。もう一冊の優れた著書でロックに反論したのとはちがって、(9)『弁神論』における彼のねらいは、スピノザをていねいに是正することではなく、おのれ自身の体系をスピノザのそれからはっきりと区別することだったのです。

（9）『ライプニッツ哲学著作集（*Œuvres Philosophiques de Leibnitz*）』（アムステルダム、ラスペが出版したもの。一七六五年）。おそらく、ライプニッツの著作のなかでもっとも示唆に富むものであり、いずれにせよ本書はどの行も示唆的である〔『人間知性新論』（谷川多佳子・福島清紀・岡部英男訳、『ライプニッツ著作集』第四・五巻、工作舎、一九九三―九五年）のこと。本書の出版は、カント、レッシング、ヘルダーといった当時のドイツの若き思想家に深い影響を及ぼした〕。

ライプニッツの言う道徳的な必然性

フィロラウス　そのライプニッツ自身の体系というのは――

テオフロン　神における道徳的な必然性の体系です。神は適合性の観点から最善のものを選んだというものです。

フィロラウス　そうした道徳的な必然性は、私たちなら本質的で内的で神的と形容したいあの必然性とはどうちがうのでしょう。神は最善のものをくまなく見てとってそれを造りださなければなりません。しかも、それは薄弱な恣意ではなく神の本性によってなしとげられるのでなければならず、それ自体ではなにものでもないようなもっと劣悪なものとの悠長な比較などしていられません。スピノザの体系においても物理的な強制、つまり外からのやみくもな強制はまったく論外です。そんな強制にたいして彼は全力で反撃しています。(10) 外から課せられる道徳法則は神のあずかり知らぬところなのです。

(10)「私はけっして神を運命に従属させていません。そうではなく、神の本性からいっさいが必然的に帰結するのであり、それは神の自己認識が神の本性から帰結するとだれもが考えるのと同じように必然的だというのが私の考えです。神の自己認識については、それが神の本性から必然的に帰結することをだれも否定しませんが、そのさい神がなんらかの運命に強いられておのれを認識するとはだれも考えません。神は自由におのれを認識しますが、それは必然なのです」。書簡二三〔現在では七五〕。『遺稿集』四五三頁〔なお、この箇所は本書二八三頁でもふたたび引用されるが、ヘルダーのドイツ語原文には微妙なちがいがある〕。

テオフロン　ライプニッツもそんな法則は考えませんでしたよ。彼は「道徳的な必然性」という言葉を選びましたからね〔第一版訳註18〕。彼はそれを〔486〕物理的な力、つまりやみくもな力や外的な強制に端的に対置し、道徳的な必然性の観点からスピノザの過激な表現に異議を申し立てたのです。ライプニッツは神における道徳的な必然性についてさえも、設計図とか選択とか最適性などをもちだす神人同感説によってできるかぎり穏健なものにしたわけですね。

そうした道徳的な必然性はどこまでおよぶのか

フィロラウス　ベールがそれになんの反応もしなかったかどうか疑問ですね。なにしろライプニッツは、神が最適性にしたがって最善のものを選ぶと言ったとたんに、神にしかわからないような神的な意図をもちださなければなりませんでしたが、私たちからすれば、そんな意図は、神がそれを選んだのだから善であり、さもなければ神は選ばなかっただろうと受けいれるしかないのですから。

テオフロン　たしかに、ライプニッツはそういうふうにするしかなかったですね。

フィロラウス　死すべき人間なら、それ自身で善意であるような内的な必然性から目をそらし、最適性にしたがう神の個々の意図を憶測しようとしたとたんに、ライプニッツと同じようにする以外にはありません。彼は思いもかけないことに、究極目的という虚構の海に沈みこみます。彼はそうした目的を讃美したり憶測したりしますが、そのさい現象の全体の根拠、つまりことがらの内的な本性を永遠不変の法則に照らして探究することはいともあっさりと放棄してしまいます。どれほど多くの弁神論や目的論や自然神学〔第一版訳註20〕がこの最適性のうえに築かれていることでしょう。そうした議論は、最適性にもとづいて最高の実在にしばしばきわめて限定された薄弱な意図を押しつけたばかりか、〔487〕ついにはいっさいを神の恣意にして自然の黄金の連鎖を切り裂いてしまったのです。あげくのはてに、自然のなかのいくつかの対象が特別あつかいされ、神の恣意的な意図があちこちで電光のように出現するはめになりました。

テオフロン　では、あなたの哲学はどんなものですか、フィロラウスさん。言っておきますが、こんなものは私の哲学ではありませんよ。

フィロラウス　自然の諸法則に、つまりあるがままの事物の内的な本性に寄りそうことです。世界の存在が条件づけられていることは疑いようがありません。結果〔第一版訳註21〕は原因によってのみ存在するのであり、それ自身によってではありませんからね。世界は、どうやって生じたにせよ、とにかく存在していますし、能力や知恵や善意の痕跡を、よく言われるように、ところどころで示しているどころではありません。むしろ、こう言ってよければ、世界はどんな点、どんな事物やその性質の存在においても、神をまるごと啓示しています。つまり、かくかくしかじかのシンボルとなって空間と時間のこれこれの点において目に見えるようになり実現しえたとおりの神をまるごと啓示しているのです。神がここではこんなふうに、あそこではあんなふうにおのれを啓示したのはなぜであり、どんな秘密の意図のためかということばかり問うているのは、なんと子どもじみたことでしょう。これでは、もっと必要なもっと美しい探究がなおざりになってしまいます。それは、こんな問いです。おのれを啓示するものはなんであり、それはどんな姿でおのれを啓示するのか。言いかえれば、あれこれの器官においてのみならず、いたるところで有機的に活動しているのは自然のどんな力であり、それはどんな法則にしたがっているのか、と。

テオフロン　もっとつづけてください、フィロラウスさん。

世界が偶然と見なされるのは、どのかぎりにおいてか

〔488〕　**フィロラウス**　私たちが世界は偶然のものだと言うのは、それがひとつの活動〔結果〕であり、どこもかしこも活動〔結果〕だらけだという理由からです。でも、こうした表現は不適切で、言葉そのものに反してさえいます。最高の能力はおのれ自身の存在の必然的な内的法則のままに、ということは最高に完全な善意と知恵のままに活動するのですから、その活動は偶然ではありません。これは、神の知性が（この言葉を正しい意味で用いれば）知恵をそなえ善であるのが偶然でないのと同じことです。神は可能なものを創造したのであり、無限な能力にとっては、可能なものはすべてが実現可能です。ところで、私た

ちがそんなふうに「すべて」と呼んでいるものは、空間と時間という本質的な秩序によって拘束されています。産出された事物はどれも最高に完成した個体性〔第一版訳註22〕によって規定され、それによって輪郭づけられています。ですから、世界の全体にも最小の部分にも偶然は存在しないのです。全能の活動をする精神が可能だと見なしたもの以外は、どんな可能性も夢のようなものです。空間の外に空間がなく、時間の外に時間がないのと同じようにね。そんなものはすべて想像力の空しいまぼろしであり、夢が寄せあつめた言葉であって、夢はそんな言葉でなにか直観したつもりになっているだけです。

ですから、創造主は一瞬たりとも休みませんでした。神の永遠のうちにはいかなる瞬間も存在せず、本質的に活動するものはけっして休まなかったからです。しかし、そうだとすれば、世界は神とちがって永遠ではありません。世界は時間的な事物の連結だからです。したがって、時間系列のどの瞬間も、それどころか時間系列そのものの全体さえも、神の絶対的な永遠性とは比べものになりません。時間系列の事物はすべてが条件づけられ、たがいに依存しあうとともに、最終的にはそれらを産出した原因に全面的に依存しています。ですからそこには神の存在に比すべきものはなにもありません。

系列にとって時間にあたるものは、並存にとっては空間です。神はどんな空間によっても〔489〕計測できません。いかなる事物であれ、神がおのれに等しいものと見なしてそれと並存することはないからです。神はすべての事物の永遠の原因であり、究めがたい根源であって、私たちの想像力をはるかに超えているため、神にあっては、空間や時間という私たちが空想的に思いえがくイメージはことごとく消えてしまいます。

私たち有限な存在者は空間と時間に包囲されていて、なにを考えるにもその尺度だけが頼りです。そんな私たちが最高の原因について言えるのは、それは存在する、それは活動するということだけですが、この言葉で私たちはすべてを言いつくしているのです。この原因は、おのずから最高の善意であるような無限の能力をもっていて、空間のどんな点にも、飛ぶように過ぎゆく時間のどんな瞬間にも活動しています。それにひきかえ、私たちにとっての空間と時間は、あの確固たる永遠の秩序にしたがう存在の連関の、ぼんやりしていることもあればはっきりしていることもあるようなイメージにすぎませんが、この永遠の秩序は、無限な現実性そのものの属性と活動であり、したがって、ほかでもなく分割不能の永遠な無限性に安らっているのです。ですから私たちの精神は、私たちに与えられた現実のシンボルのなかで、永遠なる者の知性のうちにかつてあり、いまもあり、将来もあるであろう秩序を追跡する以上に高貴な仕事を知りません。永遠なる者の法則はどれも事物そのものの本質であり、したがって事物に恣意的に付けたされるどころか、それらと一体をなしています。事物の本質は永遠なる者の法則であり、永遠なる者の法則は事物の本質です。万物の結びつきは永遠なる者の活動性と力の能動的な表現なのです。もし私が円とそのさまざまな均衡の美に感嘆して、なぜ神はこうした円を創造したのか、なぜ神はおのれの内なる正確で美しい均衡を円の本性ともすれば、それを測定するわれわれの理性の本性ともしたのかと、秘められた特殊な意図をもとめて思いにふけるとしたら、なんと子どもじみていることでしょう。空間において可能なあらゆる輪郭のうちに円も含まれていなければ、〔490〕空間は空間ではありません。われわれの理性が円のどの部分にも美しい均衡を認められなければ、それは理性ではありません〔第一版訳註23〕。

従来の意味での必然性を本質的な必然性に解消する

テオフロン　フィロラウスさん、べつの例で加勢しますよ。もし人間が、こんなふうにとにかく感嘆して立ちつくしていたら、どうでしょう。つまり——

「無数の星々が
つねに同じように運行し永遠に明るい光を放ちながら、
隠れた法則によってすれちがいはしても入り乱れることはなく、
それぞれの軌道をゆき、けっして進路を誤らない〔第一版訳註24〕」

と、こんなふうに感嘆していたら、それだけでもうまちがいなく神へのある種の崇拝でしょう。さらに神について語られるのはこうです。

「神の意志が星たちの力だ。
神は運動と静止とあらゆる性質を
節度と意図にもとづいて配分している〔第一版訳註25〕」。

こうしたばあいには、まちがった意図や真なる意図、品位ある意図やそうでない意図など、たくさんの意図をでっちあげることだってできたでしょう。でも、この自然科学者はそんな意図は最初から無視し、まさに「隠れた法則」を探究したのです。その法則によって星々は、

「すれちがいはしても入り乱れることはなく、
それぞれの軌道をゆき、けっして進路を誤らない」

というわけです。彼は、意図を語るもっとも偉大な詩人〔ライプニッツ〕がなしえたよりも多くのことをなしとげました。彼は神の思考に思いをめぐらし、恣意的な最適性の夢ではなく、彼がみずからその均衡を測定し、重さをはかり、数えている事物そのものの本質に神の思考を見いだしたのですからね。いまや私たちはこの世界という建造物の偉大な法則を認識しています。私たちの感嘆は理性的です。さもなければ、それはとにかく永遠に敬虔ではあっても空疎な驚きでしかなかったでしょう。

〔491〕**フィロラウス**　まったくうわべだけの驚きと付けくわえてもよいですね。私たちが、もともとから特殊な神の意図なるものを被造物にもちこんで、永遠の議事堂でこんな問いが発せられるのを耳にしたと言いはるとしたら、どうでしょうか。「土星には輪があり、われらが地球には月があるのに、火星や金星になにもないのはなぜか」などとね。たいていは将来、反駁されてしまうような人騒がせな仮説のままに、私たちはなんてとんでもない道を突き進んでしまうことでしょう。土星の環や、地球や金星の月についでは、神の意図の公式記録なるものにもとづいて、じつにたくさんのことが語られ信じこまれてきました。しかし、金星には月がないことがわかり、土星にはダイヤモンドの輪があるのだから住民がいるはずだという証明にしても、地球の月そのものについてと同じく発見が積みかさねられて、最初のみかけにもとづいて考えられたとおりではないとわかったときには、すべて赤面しつつ撤回しなければなりませんでした。

謙虚な自然研究者は、神聖な名前を濫用すべきではないこうした誤りのどれにも陥りません。彼は神の議事堂の特殊な意向を告げることはせず、そのかわりに事物そのものの様子を探究し、そこに本質的に植えつけられている法則を認識するのです。彼は、神の意図を忘れているように見えますが、被造物のどんな対象、どんな点においても、まるごとの神を探究し、見いだしています。つまり、どんな事物においいてもそれにとって本質的な真理や調和や美を見いだすのです。これらがなければ事物は存在せずまた存在できませんし、したがって事物の存在は内的な必然性によってそこに根ざしてもいます。この内的な必然性は一時的で条件つきですが、その種類からすれば、神の存在が無条件かつ永遠にもとづいているのと同じく本質的な必然性なのです。事物がすっかり神に依存しているからには、〔492〕事物の実在は神の能力や善意や美の必然的な記念碑です。神の能力や善意や美は、ほかでもなくそのような現象においておのれを啓示するしかなかったのですから。

スピノザの生まれるのが、あともう一世紀遅ければよかったのにと思いますよ。そうすれば彼も、デカルトの仮説を離れて自然科学や自然誌のもっと自由な光のなかで哲学に専念できたでしょうに。彼の抽象的な哲学は、これらのすばらしい発見をどれほどうまく扱っていたことでしょう。

本質的な必然性の諸法則の探究への望み

テオフロン　スピノザが彼自身の立場で切り拓いてくれた道を、ほかの人たちが決然と進んでくれればよいのですがね。それは、純粋な自然法則を展開して、それにかんして神の特殊な意図など気にかけない道です。塩《えん》や植物や動物や人間といった、いわゆる非生物や生物の現象が、活動する力の連結にもとづく内的な必然性のままに、ほかでもないこの器官において現象し、活動し、生き、行動するさいの自然法則を私に示せるような人がいれば、神へのもっとも美しい感嘆と愛と崇拝をうながしてくれたことでしょう。神の議事堂にかこつけて、「われわれは歩くために足を、見るために目をもっている」といったお説教をする輩をはるかに凌駕するほどにね。

自然神学

フィロラウス　そうした自然神学はかなり下火になっているように思いますよ。

〔493〕 **テオフロン**　自然神学といえども、その時代にはとても有用でした。あれはもともと、もっときちんとした新たな自然科学の無邪気で大衆むけの応用にすぎません。ですから、自然神学の土台はいつまでも残りますし、それどころか、こまごました事態に出会うたびにいちいち〔神の〕小さな意図をとらえようとあくせくするのはもうやめにして、だんだんと全体を見わたすようになれば、自然神学の真理はこれまでにないくらい洗練されるでしょう。全体はもっともささやかな結びつきにいたるまでただひとつの体系をなしていて、そこではこのうえなく賢明な善意が不変の内的な規則のままに啓示されるわけですからね。神の崇拝のための建造物は形而上学としては無際限の空間と時間を超越しているとともに、自然科学としては事物そのものの実在にゆるぎなく確固として安らってもいます。ですから、真の自然法則が発見されるたびに、真理だけを思考し現実だけを活動によってもたらさずにはいられなかった永遠の神の知性の規則がまたひとつ発見されたことになるのです。

フィロラウス　そうした方向をさし示しているスピノザ哲学があんなにたくさんの恐ろしい過激さとからみあっているとは、なんとも残念なことです。彼の哲学は、こんなかたちをとるかぎり、あいかわらず一握りの人のものでしかないでしょうからね。

テオフロン　だからこそよいのですよ。この哲学は大衆が読むべきものではありませんし、党派をつくるようなものでもありません。

フィロラウス　その点はすでに、著者がみずからの原則どおり書きかたそのものによって気をつけているわけですね[11]。それでもやはり、私はこう願わずにはいられません。彼が神や世界について、人間の本質と本性について、その弱さと強さについて、その隷属状態と自由について語っている美しい真理が、たいていの人が彼の本から読みとることができ、また現に読みとっているより以上にひろまって、もっと深い影響をおよぼせばよいのに、とね。〔494〕私はあんなに彼に反対していましたが、いまではこの人のひたむきな真理愛やその道徳的原則やいくつもの哲学的原則のすばらしさにも魅了されています。たくさんの人がこんなふうに彼に親しめばよいのにと思いますよ。

（11）「他人がそろって最高善を享受するように助言と行動で手助けしたいと欲する者は、彼らから愛されようと努めるだろう。しかし、学問が彼自身の名で呼ばれるようにと、彼らの感嘆をもとめたりはしないだろう」。『エティカ』第四部・付録二五。

レッシングはスピノザ主義者か

テオフロン　そうしたことなら、時代と真理によってじきに実現するでしょう。この本を読んで、レッシングがスピノザについて語ったことをごらんなさい[12]。この学者の墓のうえで「彼はスピノザ主義者だった」という騒ぎが起きているのですが、なにも聞いていませんか。

（12）〔ヤコービの〕『スピノザの学説について〔通称『スピノザ書簡』〕』（ブレスラウ、一七八六年）〔『スピノザの学説に関する書簡』田中光訳、知泉書館、二〇一八年〕。

フィロラウス　そんなものに耳を貸す気にはなれませんでしたね。なにしろごぞんじのとおりスピノザ

については あんなにひどい話を聞かされていましたし、レッシングの名前をちょっとでも汚すようなことは避けたかったのです。でも、いまでは彼がスピノザについてなにを語ったか、だんだん読みたくなりました。レッシングは私たちふたりと同じくスピノザ主義者のはずがないと思いますからね。どんな主義だろうと、レッシングに「なになに主義者」なんてものはまるで似合いませんでしたよ。彼の鋭敏な感覚がスピノザの議論の欠陥をみすごすはずがありません。

テオフロン　読んでごらんなさい。それからもっとお話ししましょう。

［495］

第４の対話

スピノザをめぐるレッシングの発言

フィロラウス　お借りした本をお返しします。ありがとうございます。ちょっとした言葉のはしばしにもレッシングの肉声が聞こえてきますね。でも、私たちの話題については、やはりレッシング本人にもっとくわしく聞きたいというのが正直なところです。

テオフロン　同感です。でも、彼がわずかながら語っていることをどう思いますか。

フィロラウス　それを判断するには発言がすくなすぎますし、会話なので仕方ありませんが、断片的すぎますね。また、おしゃべりのときのレッシングの流儀のせいで、あちこちで言いかたがきつすぎるようです。もしさしつかえなければ、彼の言葉をとりあげて、それについて僭越にならない範囲で私の意見をお話ししたいのですが。

テオフロン　ぜひお願いします。するとあなたは、もう自分では説明することのかなわない著者の註釈者になりきるわけですね。彼がここに三番目の人、いやむしろ一番目の人としていてくれればどんなによかったでしょう。

フィロラウス　レッシングは言っています。

「神の正統な概念はもう私にはむいていません。私はそんなものを楽しめません[1]」。

私も同じです。スピノザのつまずきの石はもういくつかとりのぞきましたからね。世界の外に座っていて内省にふける怠惰な実在、しかも世界の設計図を仕上げるまでは永遠に内省しつづけたような実在なんて、私にもあなたにもむいていません。

（1）『スピノザの学説について』一二頁。〔同書の〕第一版からの引用はそのままにしてある。第二版でも簡単に見つけることができる〔JW. 16. 邦訳七二頁〕。

テオフロン　しかしわかりませんね、フィロラウスさん。なぜ私たちはそんな退屈でなまけものの神のまぼろしを正統な概念と呼ぶのでしょう。〔496〕それは概念の整合性を欠いていますし、そもそも正統派の哲学者、つまり明晰な概念をあつかえる哲学者の意見となったこともありません。そんな神は、インド人の正統ではあるかもしれませんがね。ジャガナートという神はもう何千年もまえから、腕を組んで腹のうえに下げたまま座って安らっています。ほかの神々のうちの一柱〔ヴィシュヌ〕は永遠の昔から横になってうとうとと眠り、その頭は妻のひとりの膝に、足はもうひとりの妻の膝に安らっています。頭のほうにいる妻は神の頭をかいてやり、足のほうの妻は足の裏をなでてやるのです。彼にはひっきりなしに砂糖とミルクの湖が注がれ、彼はそれを味わいながら、夢見心地の自己内省に安らっています。これがヒンドゥー教の典型的な正統の神々です。しかし、私たちの神がどうしてジャガナートやヴィシュヌのような神でなければならないのでしょう。私にはわかりません。

フィロラウス　さきを読みます。

「ヘン・カイ・パン（Εν και παν）！　一にして全（Eins und Alles）〔第一版訳註1〕。私はそれ以外を知りません(2)」。

私も知りません。とはいえ、私たちの言語に可能ななかでもっとも偉大なこのふたつの言葉の結びつきを彼がどう説明したのか、できることならレッシングの本心を聞きたいところです。世界もある種の一です し、神もある種の全です。レッシング自身、これだけではまだなにもはっきりしたことを言っていないと感じていたでしょう。彼はこの点をもっとくわしく説明しはしましたが、そのさらなる説明もこちらが望むほどのものではありません。私には彼がスピノザ哲学を尊重していたことがわかります。でもそのさい、彼が本当に興味をもっているのは私たちと同じくスピノザ主義の精神だけです。彼はこう言っていますからね。

「私が考えているのは、スピノザ本人のうちにみなぎっていた精神です(3)」。

「私の信条はどんな本にも出ていません(4)」と彼は自分で言っていますし、彼がだれかの信奉者を自称するなんてことは、〔497〕じっさいにはおのずと無効になってしまうような条件下でしかありえません(5)。ですから、レッシングが空想めいて荒けずりな感覚上の〈一にして全〉――じっさいスピノザの体系はそんなものではありません――をみずからの体系にしなかったことは、あれこれの示唆ばかりかレッシング自身の思考方法の全体からしても十分に保証ずみです。まさにここで、私は知りたくてうずうずしてきました。レッシングはどうやって「スピノザ本人のうちにみなぎっていた精神」を呼びだし、わがものにしたのだろう、とね。でも、この点については不満と言うしかありません。

（2）　一二頁〔JW. 16.　邦訳七三頁〕。

（3）　一四頁〔JW. 18.　邦訳七四頁〕。

（4）　一七頁〔JW. 20.　邦訳は第三版を底本としており、この箇所は本文としては訳出されず、同邦訳の三三五頁に紹介されている〕。

（5）　一二頁。

「もし私がだれかの信奉者になるとすれば、私が知っているのは彼以外にはありません」（一二頁〔JW. 16f. 邦訳七三頁〕。「もし…とすれば」や「私が知っているのは」という〔留保や限定をあらわす〕言葉づかいに注目されたい）。「もちろんそうです。しかしですよ、もっとまともなものをあなたはごぞんじですか」〔JW. 16f. 邦訳七三頁。なお、直前の引用で「もちろんそうです」となっている個所は、ヤコービの原文では「そうですね。あなたがお望みならば」となっている〕。

世界の人格的な原因としての神について

レッシングは、世界の知性的で人格的な原因の話を聞くと、彼ならではの流儀で、今度はまったく新たなことを聞くことになりそうだと喜んでいます。(6) レッシングの知性には神の知性は疑いようがありませんでした。こうして彼の好奇心は、世界の人格的な原因に向かいました。それについて彼はなにか新しいことを聞きたがっていたのです。

(6)　一七頁〔JW. 20. 邦訳七六頁〕。

テオフロン　彼はそれをじっさいに聞いたのでしょうか。

人格、人格性という表現はなにを意味するのか*1

フィロラウス　神学者が人格という表現を神について用いるばあい、彼らはそれを世界に対置せず、神の本質における区別〔第一版訳註2〕だと想定しますが、そのばあいでも人格という表現は成りたちます。というのも、神学者は「神はひとつの人格〔位格〕である」とは言わずに「神のうちに人格〔位格〕がある」と言いますからね。

テオフロン　神学者の言葉は放っておいて、人格という言葉を哲学的に論じましょう。

フィロラウス　ではまず、人格という言葉が既成の用法ではなにを意味するかを論じましょう。ペルソナ（つまりギリシア語のプロソポン（πρόσωπον））は仮面を意味し、それから劇の登場人物を意味しました。そこからひとりの登場人物をほかから区別する個性も意味するようになり、こうしてこの語は日常の言葉になってゆきました。「この人は自分の役目（Person）を果たしている」とか「彼はいかにも彼らしい個性（Persönlichkeit）がこもったものを作る」といった言いかたがその例です。このばあい個性〔人格〕はもの

(Sache) に対置され、ものにおいていつも際だっていて、とくに特徴的なものを指しています。ここからさらに、この語は法律用語や身分の違いの表示としても使われるようになりました。こうした擬人法のなかに神に適用できるものがあるでしょうか。神は仮面でもメーキャップでもなければ、高位高官の人物でもなく、ほかの登場人物とともに舞台に立って共演するような個性豊かな登場人物でもありません。これらの人格なるものは措くことにしましょう。それらは、偽りのものや仮のもの、虚構を意味しないまでも、かたちや形成が独特なもの、身分や等級などがほかから際だったものを意味していて、まったく比較を絶した本質と真理〔つまり神〕の純粋概念とはかけ離れていますからね。神は役割を気にかけることも、一定の役柄を演じることもありません。さまざまな性格を装うこともなければ、他人とはちがう際だった個性的な考えかたをすることもありません。神は存在しており、神と同じように存在する者はいないのです。

テオフロン　しかし、「最高の知性」は「人格性」という言葉を要求するはずで、そうなれば「自己意識の統一」が人格性をかたちづくるのではありませんか。

人格、知性といった表現にたいするロックとライプニッツの説明

フィロラウス　そうは思いません。むしろ、人格性はそれらの概念にとってあくまでも疎遠な、あとから付けくわわった言葉にすぎません。この点はロックもライプニッツも考慮していて、もっと明快な表現で説明を試みました。(7) 人格や人格性といった言葉をみかけだけのものと見なして軽く扱う言葉づかいも、同じことを考慮しているのです。もっとも内密な自己意識は、人格というみかけ〔個人的なもの (personel) や役割的なもの (personage)〕をすっかり忘れてしまい、そんなものは人格の外づらを表す法律用語もろともほとんど一掃してしまうほどです。こうしたことすべてをレッシングは私たちよりもよく知っ

ていました。──さきを読みます。

「レッシングは世界の知性的な原因の話を聞く[*2]」。

（7）「私の理解では、人格とはこの自己に与えられた名である。ある人が私自身と呼ぶものをみずからみいだすところならどこでも同一の人格が存在していると、もっとべつの人ならば言えるであろう。人格という単語は法律用語で行動とその功績にたいして用いられ、したがって法と幸福と不幸を担いうる知性的な行為者にしか属さない」（ロック『人間知性論』第一部第二巻第二七章〔第二六節〕〔『人間知性論』第二巻、大槻春彦訳、岩波文庫、一九七四年、三三二頁〕）。

「自己は実在的で物理的な同一性をなし、自己の現われは、真実性を伴っていれば、その同一性にさらに人格的な同一性を付け加えます。〔…〕たとえ神が予想もつかないような仕方で実在的な同一性を変えてしまったとしても、その人間が同一性の現われを保ちさえすれば、つまり内的な現われ（すなわち意識の現われ）や、他人が見てとるものである外的な現われを保ちさえすれば、人格的な同一性は存続するでしょう。ですから、意識は人格的な同一性を構成する唯一の手段ではありません。他人の証言やもっとほかの痕跡でもその代わりになれるのです」（ライプニッツ『哲学的著作集』一九五一―一九六頁〔『人間知性新論』上巻、谷川多佳子・福島清紀・岡部英男訳、『ライプニッツ著作集』第四巻、工作舎、一九九三年、第二六章第九節、二八五頁〕）。

人格（Person）や人格性（Persönlichkeit）といった語の使いかたについては、辞書を引いてごらんになるとよい。ラテン語でもドイツ語でもフランス語でもイタリア語でもスペイン語でも英語でも、何語の辞書でもかまわない。すべての辞書が一致して述べているところによれば、これらの語はなんらかのみかけをまとった独特なもの、特殊なものを指す。こうした副次的な概念は、世界に対峙する無限者にはなんらふさわしいものではなく、むしろかたちをとることのない唯一者の概念をくもらせてしまう。

テオフロン　彼はそれについてもっとくわしく説明をしたのでしょうか。

フィロラウス　そこまでする時間はありませんでした。おそらく彼はこの点でもスピノザと完全に一致しています。私たちも見たように、スピノザは所産的自然に属するかぎりでの知性を、事物そのものの根拠である根源的な思考力からは区別しました。派生的な知性は、自分の目の前や自分の内部にあるもの、みずからに与えられたものしか理解できませんが、根源的な思考力にはその思考力そのもの以外はなにも与えられていません。その力から万物が帰結します。この意味で、最高の知性つまり根源的な知性はおのれ自身しか認識せず、おのれのうちですべての可能なものを帰結として認識します。

テオフロン　しかし、〔知性という〕単語のそうした意味は、言語に即したものなのでしょうか。

フィロラウス　即していなかったら、どうだとおっしゃるのですか。そもそも哲学的な思索がなされていたすべての言語において、こうした意味は成りたっていますよ。ロックは知性（understanding）を「知覚する能力」と呼び、さらにそれを、感官をつうじて光が射しこむ暗室にたとえますが[8]、感官をつうじて光が射しこむような暗室が神にあるとは思えません。もっと鋭い断定をするライプニッツは、知性の働きを「反省の能力と結びついた判明な知覚」[9]と見なしますが、だからといって最高の実在をまるで学童のようにあつかって、「知覚してから反省する能力」を与えるような人がいるでしょうか。そんなことをすれば言語そのものが反対します。いろいろな言語において知性という語は、対象を捉えて分析する働き（intellectio）を表します。でも、神がみずからに理解するべく与えられた見知らぬ対象を分析したとか現に分析しているなどということがあるでしょうか。

（8）ロック『人間知性論』〔第一部〕第二巻第二一章第五節および第一一章第一七節〔前者の箇所では「知覚の能力」としての知性が、後者の箇所では「暗室」の比喩が語られている。それぞれ前掲邦訳の『人間知性論』第二巻一三一頁と『人間知性論』第一巻、大槻春彦訳、岩波書店（岩波文庫）、一九七二年、二二三頁〕。

（9）ライプニッツ『哲学的著作集』（ラスペによって出版されたもの）、一三二頁〔前掲邦訳『人間知性新論』上巻、第二一章第五節、一九八頁〕。

テオフロン　どうかさきを読んでください。

レッシングの冗談「自由な意志は存在しない」

〔498〕フィロラウス　レッシングは意志の自由について語ります。彼はこう言います。

「私は自由意志なんて欲しくありません。〔…〕私はあくまでもまじめな〔499〕ルター派であって、人間的というよりむしろ獣のような過ちと神への冒瀆を守って、自由意志は存在しないと考える者です。〔500〕スピノザの澄みきった純粋な頭脳も、やはりそれに甘んじることができたのです[10]」。

こんなふうに彼はアウクスブルクの帝国議会決議の言葉で軽口をたたきます〔第一版訳註3〕。彼は、スピノザの澄みきった純粋な頭脳を引きあいに出すことで、自分が人間の自由ならざる意志をどのように受けとめようとしたかを説明してみせます。人間の意志の隷属をスピノザ以上に徹底的に解剖し、またその自由をスピノザ以上にみごとに規定した哲人を私は知りません[11]〔第一版訳註4〕。自由の目標として人間に定められているのは、神自身の自由にほかなりません。それは、ある種の内的な必然性によって、つまり、私たちにほかでもなく神の認識と愛を示してくれるような完全な概念によって、感情のみならず運命そのものまでも支配するような自由です。自由をなんでもありのやみくもな恣意とみなすなら、人間だけでなく神自身も自由という高貴な名前には値しないということを、スピノザは徹底的に証明しました。それどころか、神がそうした仕方で自由なのでなく、つまりは、やみくもな恣意などあずかり知らないということは神の本性の完全性の一部ですし、なんでもありの恣意が全体としての被造物からは追放されていることも神の業《わざ》の完全性の一部です。（これまたアウクスブルクの帝国議会とともに語ることにすると）そんな恣意があろうものなら、それは創造における瀆神的な裂け目であり、それを有するどんな被造物にとっても壊滅的なわざわいです。ですから、恣意が自己矛盾であり無意味であるのは幸いなことです。あなたも同意見ですね、テオフロンさん。

（10）　一九頁〔正確には一九と二〇頁。JW. 21, 28. 邦訳七七および八三頁〕。
（11）　『エティカ』第四部および第五部。

テオフロン　異存ありません。しかし、レッシングは神の思考についてなにを語っているのでしょう。学童のような「理解の働き」は神からとりのぞかれます。それとひきかえに、あるいはそれ以上に彼はなにを想定したのでしょう。

思考の力はもっと高次の力に根ざしているのか

〔501〕　**フィロラウス**　こんな箇所があります(12)。

「私たちは思考をもっとも優れた第一のものと見なしてそこからすべてを導出したがりますが、それは人間の偏見のひとつです。さまざまなイメージを含めてすべてはもっと高次の原理にもとづいているのですから。延長や運動や思考はあきらかに、それらによってはとうてい汲みつくされないようなもっと高次の力に根ざしています。その力はあれこれの活動よりも果てしなく卓越したものであるに決まっています。したがってその力には、いっさいの概念を圧倒するだけでなく完全に概念なるものの範囲外にあるような享受の仕方だってあるかもしれませんよ。それについて私たちはなにも考えられないとはいえ、この可能性は否定できません」。

この箇所についてどう思いますか、テオフロンさん。

（12）　一九、二〇頁〔JW. 21f.　邦訳七七頁〕。

テオフロン　あなたの考えをお聞きしたいですね。

フィロラウス　でしたら、こう告白しなければいけません。私はここからなにか明確なものを見つけだそうと努めていますが、それはむだなようです。思考をもっとも優れた第一のものと見なしてそこからすべてを導出したがることが人間の偏見のひとつであるのは、私も認めます。私たちは思考よりも種において高次のものを知りません。レッシング自身、もっと高次のものの名をあきらかにできませんでした。すべてを思考つまり認識から導出しつくすことは、これまで空しい試みでしかありませんでした。というのも、運動やそのほか宇宙で活動する無数の力が思考とどのようにつながるかは、あいかわらず謎だからです。思考がそれに従属するほかの多くの力に作用することはわかっています。もちろん、その作用の仕方までは認識できませんが。しかし、思考や運動や自然のすべての力がそこに根ざすようなより高次の力とはどんな力でしょうか。[502] だれがそれを私たちに語ってくれるのでしょうか。レッシング自身、そうした力が存在するかもしれないと語るだけで、私たちはそれについて考えることはできないとみずから認めています。

思考はたしかにより高次の概念、つまりは地に足のついた最高の概念に根ざしている。この概念はなにものなのか

テオフロン　スピノザ本人にもとづいて、もっと高次の個々の力や類としての力ではないにせよ、地に足のついた概念の名を私が挙げたら、どうなさいますか。その概念にはすべての力が根ざすばかりか、すべての力をもってしても汲みつくせません。その概念は、レッシングが未知の力に要求している性質をすべてそなえていますよ。

「その概念は個々の力の個々の活動のどれにもまして果てしなく卓越しており、じっさいにある種の喜びをもたらします。その喜びはいっさいの概念を圧倒しているばかりか、さらに（どんな概念にとってもその範囲外にあるわけではないにせよ、しかし）どんな概念も超えており、それ以前に存在しています〔第一版訳註5〕」。

なぜなら、どんな概念もこの喜びを前提し、それにもとづいているからです。

フィロラウス　で、その概念というのは――。

その概念はいっさいの概念の範囲外にあるのか

テオフロン　現実であり、実在であり、能動的な存在です。これこそがスピノザの主要概念であり、すべての力の根拠にして総体です。現実や実在や存在は、どれもそれ自身のどんな活動にもまして卓越したものです。こうした存在がもたらすのは、個々の概念を圧倒しているばかりか、それらをもってしては測ることもできないほどの喜びです。イメージの力は、そのほか多くの力がそれに従うとはいえ、あくまでも存在の力のうちのひとつにすぎませんからね。人間においてはそうですし、制限された存在者においてもすべて同様であるにちがいありません。神においてはどうでしょうか。

〔503〕**フィロラウス**　おっしゃることが一番ぴったりあてはまりますね。神の存在は現実そのものであり、いっさいの現実の根源的根拠であり、すべての力の総括であり、いっさいの概念を超えているような喜びですもの。

テオフロン　「しかも、その喜びはいっさいの概念の範囲外にある」というわけですか。私にしてみれば、この主張こそまったく概念の範囲外です。つまり、これでは私はなにも考えようがないのです。最高の力はおのれ自身を認識するにきまっています。そうでなければ、それはおのれ自身を楽しむことも利用することもできない、やみくもな能力です。そこにはもっとも親密で真なる現実が欠けています。

フィロラウス　「しかし、スピノザは、意図にあわせて行動するわれわれ〔人間〕のみじめな仕方を最高の方法と称して思考を上位に置くようなまねはしませんでした(13)」。

（13）　二一〇頁〔JW. 22. 邦訳七七―七八頁〕。

テオフロン　スピノザにおいても思考は、すべての力の根拠である存在についで高い地位にありますよ。ただし彼は、制限されたイメージの仕方や、経験的《アポステリオリ》な認識や、自分以外の事物を苦労して理解し納得することによっておのれ自身を解明する作業や、まちがいやすい助言や、人工的な手段で手に入れるしかないような恣意的な意図といったものを無限者に与えるようなまねはしていません。だからこそ彼の体系はすばらしいのです。

ライプニッツとスピノザ

フィロラウス　レッシングはさらに、「あなたはどんなイメージにもとづいて、世界の外にいる人格的な神を想定しているのでしょうか。〔504〕ひょっとしてライプニッツのイメージにもとづいてでしょうか」と問い、ライプニッツは内心ではスピノザ主義者だったのではないかと恐れました(14)。

（14）　二一一頁〔JW. 23. 邦訳七八頁。なお、引用文中の強調はヘルダーによるもの〕。レッシングがこんな恐れを抱いたのは、弁神論にかんするライプニッツのプファフ宛書簡に疑問をなげかける風評のせいだとすれば、この点については『ライプニッツ著作集』第一部のドゥタンの序文をお読みいただきたい。ライプニッツはプファフにたいしてプファフの流儀で答えたのだというビルフィンガーの判断にご同意いただけるであろう〔ヘルダーの念頭にあるのは、ルイ・ドゥタンによるラテン語版『ライプニッツ全集（*Opera omnia*）』（全六巻、一七六八年、ジュネーヴ）の第一巻にドゥタンがつけた「概括的序論（Praefatio generalis）」であろう。ここでは『弁神論』におけるライプニッツの書きぶりの問題が挙げられ、クリストフ・マティアス・プファフとゲオルク・ベルンハルト・ビルフィンガーの証言が記されている〕。

「レッシングは、みずからをスピノザ主義者と認めたような意味でライプニッツをスピノザ主義者だとあえて主張することはなかった。このことは対話のつづきからあきらかである。そもそもレッシングの眼中にあったのは、体系が内的な本質において似ており、つまりは同一だということでしかない」。『スピノザの学説について』（第二版、一七八九年、四一四頁）〔JW. 255. 邦訳三一九頁。強調はヘルダー〕。

テオフロン　ライプニッツが内心でなにものだったかなんて、知りたくありません。でも、彼の『弁神論』もたくさんの書簡も、彼がまさにスピノザ主義者にはなるまいとして体系を考えぬいたことを示しています。むしろ彼は、神はじっくり考えてから選択するとか、たくさんの不出来なものから最適性にしたがって比較的ましなものを選ぶといった神人同感説のほうが好みでした。すべては、彼には機械論と思われたスピノザ的な必然性を逃れるためのもので、それに代えて彼は道徳的な必然性というもっと慎重な表現を選んだのです。彼は、ベールの懐疑とスピノザの過激な表現のあいだを通りぬけるつもりで両者の中間を選びました。もちろん、そのためにはたくさんの手練手管が必要でした。でも、ベールもスピノザももう生きていませんでしたからね。彼らはライプニッツに応答しようがありませんでした。

ライプニッツの偉大な思考法

［505］　**フィロラウス**　レッシングはこうつづけています。

「ライプニッツは、みずからの真理概念の性質からして、真理をあまりに狭く限定することには耐えられませんでした。彼の主張の多くはこうした思考方法に由来します。どれほど鋭敏な感覚をもってしても、彼の真意を確かめるのはしばしばきわめて困難です。だからこそ、私は彼を尊重します。つまり、彼を尊敬するのはこの偉大な思考法のゆえにであって、彼がもっているように見えたり、じっさいにもっていたりするようなあれこれの意見のゆえにではありません(15)」。

（15）　二二一頁〔JW. 23. 邦訳七八―七九頁。強調はヘルダー〕。

テオフロン　すばらしい。きれいに色を塗った一ダースばかりの言葉の小箱をただの雑貨ではなく専売品だと抱えこんで、ほかの商人にはまたべつの小箱があることがわからないのは偏狭な頭脳でしかありません。そもそも本物の哲学者からすれば、容れものなんてほとんど意味がありません。彼が見るのは、中身がなんであり、なにが自分にとって有益かということです。あなたもそう思いませんか、フィロラウスさん。

ライプニッツはおのれの哲学をすべての党派の学説に適合させようとしたのか・ライプニッツの発言の

目的と成果

フィロラウス　スピノザは私にこう教えてくれました。概念が完全になればなるほど、感情はますます沈黙し、すべての人間の心は明晰な真理認識においてますます自発的に一体化してゆく、と〔第一版訳註7〕。というのも、ただひとつの理性、ただひとつの真理しか存在しないからです。しかし、ライプニッツとなると、私には彼はあまりにも柔軟すぎ、仮説が多すぎるように思えて仕方ありません。なんでもかんでも利用して自分のために役立てようと、なんにでも嬉々として順応するのが彼のやりかたなのです。

テオフロン　その点について、レッシングがべつの場所で語っていることを聞いてください。彼はこう書いています。

> 「ライプニッツはおのれの哲学をこのうえなく誇りにしていたと考えることが許され、またそう考えるつもりでいても、彼がその哲学をあらゆる党派の支配的な学説に同調させたと本気で言うことはできない。じっさい、どうしてそんなことができただろう。（古いことわざで言えば）月に着物を作ってやるようなことを、彼はどうして思いついたりしただろうか。彼がおのれの体系のために折にふれておこなったことは、それとは正反対だった。彼はすべての党派の支配的な学説をおのれの体系に同調させようとしたのだ。このふたつは似ても似つかぬものである。ライプニッツは真理の探究にあたって、世に受けいれられている意見など一顧だにしなかった。とはいえ、彼はなんらかの側面からなんらかの意味で真でなければどんな意見も受けいれまいという固い信念をもっていたから、そのような側面が見えてきてその意味が納得できるようになるまで、特定の意見を好意的にあれこれと検討することもしばしばであった。彼は火打石から火花を打ちだしたのであって、火打石に火花を隠したので

はない[16]」。

(16) レッシング『全集』第七分冊二三および二四頁〔レッシング「ライプニッツの〈永遠の罰〉論」(LM. 第一一巻四六一頁以下)。該当する箇所(LM. 同巻四七〇頁)は、邦訳九一頁の訳註(七)で引用されている〕。

［506］ **フィロラウス**　それなら、レッシングが引用しているように、ライプニッツが神について「神はたえまなく拡張しては収縮している。これが世界の創造であり存立である」と言ったとき〔第一版訳註8〕、ライプニッツが当時のどのカバラ〔第一版訳註9〕主義者に同調しようとしたのか、あるいはどのカバラ主義者を自分のほうに同調させようとしたのかということも、わかるはずがありませんね。こんなぞっとするようなイメージがレッシングのお気に召したとは驚きです。

テオフロン　ライプニッツのこの箇所はいまだに納得がゆきません。それにしても、レッシングがこんな箇所をおもしろがるとは、どういうことでしょう。おしゃべりでは、ときとしてどんなことに興が乗るかわかりませんね。レッシングがこうしたイメージをスピノザの体系と見なしていなかったことは確実です。[17]［507］神のたえまない拡張と収縮によって事物の創造と存立を説明できる人がいたら、レッシングと同じく私だってその説明を「はっきりとのべていただきたいのは当然だ」と思うでしょう。レッシングの対話の件はもうおしまいにしましょう。

(17) 三四頁〔JW. 31. 邦訳九三頁〕。

フィロラウス　終わりにしましょう。すると今回は、期待したほどには学ぶところがありませんでしたね。

テオフロン　しかし、こんな断片的な対話でも、公表されたことは悪くないと思います。派閥争いの好きな中身のない人間が彼をどう言おうと、故人をはずかしめることにはなりませんし、レッシングのような卓越した思想家がスピノザに無関心ではいなかったのを見るのは、うれしいですからね。(18) じっさい、もし彼にスピノザの体系を分析して自分自身の明晰な言葉で言いかえるための時間と余裕があったら、スピノザをどんなふうに語っていたでしょう。〔508〕彼の友人〔第一版訳註11〕の本をお読みになれば、きっとたくさんの真実で美しいことがきっぱりとみごとに語られるのに出会うでしょう。

(18) この点については、レッシングの遺稿のいくつかの論文をお読みになれば、さらに満足していただけよう（『レッシングの生涯と遺産』第二部一六四頁以下〔LM. 第一四巻二九二頁以下〕）。それらは、レッシングがスピノザの体系を明確かつ純粋に理解していたことを異論の余地なく教えてくれるし、彼の会話における冗談をしかるべく位置づけてくれる〔ヘルダーがここで言及している「いくつかの論文」のうちのひとつが、本書の第二版の付録となった「神の外部の事物の現実性について」である〕。

世界を超えその外にいる人格的な神について

フィロラウス　おっしゃるとおりです。しかし、テオフロンさん、私は同じくらい率直に告白しなければなりません。私はレッシングと同じく「世界を超えその外にいる人格的な神」とは折りあえません。神は世界ではなく、世界は神ではない。これはもちろんたしかです。でも、だからといって世界の外とか世界を超えているという言いかたもうまくないように思うのです。神について語るときには、空間や時間にまつわるすべての先入見《イドラ》を忘れなければなりません。そうでなければどんなに努力してもむだです。

スピノザは神を運命に隷属させたのか

第二に、つぎのこともはっきり言わずにはおれません。つまり、ヤコービは私がいまスピノザの体系について抱いており、われわれふたりがひとつひとつ了解しあったような理解の仕方には同意していません。ですから、「スピノザ主義は無神論である。〔…〕ライプニッツ・ヴォルフ学派は、スピノザ主義の哲学に劣らず運命論である。〔…〕証明という方法はどれも運命論にゆきつく」というような結論[19]にも、賛成しかねます。というのも、私の見るところでは、スピノザ自身が考えていたとおりのスピノザ主義はけっして無神論ではないからです。それに、スピノザの表現の過激さを見ても、ライプニッツ・ヴォルフ学派における必然性はスピノザのそれと同じではありません[20]。

（19）　一七〇、一七二頁〔JW. 120, 123. 邦訳一八一頁〕。

（20）　この点については、『自然神学（*Theologia naturalis*）』第二部第六七一節以降における、ヴォルフのスピノザ主義への反論を参照されたい。この反論は、スピノザの『エティカ』のドイツ語訳（一七四四年）の付録として活字になっている〔このドイツ語訳とヴォルフの反論は、現在では、*Christian Wolff Gesammelte Werke Materialien und Dokumente*, Bd. 15, Hildesheim, New York: Georg Olms Verlag, 1981 に収録されている〕。

それから、どんな言葉についてもそうですが、運命論という言葉を怖がる必要はないと思います。

[509] この点についてスピノザ本人の言葉を聞いてみましょう。*3

「私はけっして神を運命に隷属させていません。私は、いっさいは神の本性から不可避の必然性によって帰結すると考えています。これは神の自己認識が神の本性から帰結するとだれもが考えるのと同じことです。この考えはだれも否定しませんが、それでも神が運命に強いられて自己を認識するなどと考える人はいません。神は自由におのれを認識し、それでいてそのことは必然なのです。*4

こうした本性の必然性があっても、神の法も人間の法も廃止されはしません。道徳的な規則はそれ自体として（ipsa moralia documenta）、つまり法や正義の形式を神から受けとっているかどうかとは無関係に、神的であり有益です。徳や神への愛から帰結する善は、われわれがそれを審判者としての神から受けとるにせよ、それが神の本性の必然性から帰結するにせよ、いずれにせよ望ましさの程度が上下したりはしません。ぎゃくに悪しき行為や感情から帰結する悪にしても、そうしたものから必然的に帰結するからといって恐ろしさの程度が下がるものではありません。最後に私たちの行為のばあい、私たちがそれをおこなうのが必然であれ偶然であれ、私たちを導いているのは恐怖か希望のどちらかです。*5

神の前で人間はどんな弁明もできません。なぜなら人間は神の能力のうちにあるのであって、それはちょうど、同じ陶土からときには良い容器を、ときには悪い容器を作る陶工の手のなかに陶土があるようなものだからです(21)*6」。

(21)　書簡二三〔現在では七五〕、『遺稿集』四五三頁。

スピノザの体系がこんなに多くの誤解を招いたのはどうしてか

テオフロン　スピノザが友人からも誤解されるという特異な運命に見舞われたのはなんのせいなのか、きっとあなたは腰をすえて考えぬいたのですね。

フィロラウス　そのとおりです。あなたが最初に指摘してくださった原因を、いつもふり返っていました。

第一〔の原因〕は、過激な表現です。しかし、著者の死後、印刷のために推敲されないまま出版された著書[*7]は、ほかの著書とも比較されるべきですし、すくなくとも寛大に解釈されるべきでしょう。たとえばスピノザは、「真理にしたがって事物を表象するかぎりでの人間の魂を神の知性の一部分と呼び、そうした魂における判明な概念を神の概念と呼」びますが、この神は「無限であるかぎりでの神ではなく、人間の魂の本性によって表現されもすれば、この魂の本質をなしもしているかぎりでの神、つまり、この魂によってほかの概念をも思考しているかぎりでの神」です。[*8]このばあい、(「……かぎりでの」という表現を省略するだけで）彼の体系をすっかりだいなしにするような誤解に陥ったも同然でした。[*9]こうして、身体と魂は神の部分、つまりスピノザによれば分割できないはずの神の部分だということになりました。人びとはもろもろの身体を足し算し、人間の思考をよせ集めて言いました。「ほら、これがスピノザの神だ。彼のいう無限の知性は、泥棒や愚か者も含むすべての人間の思考の結果にほかならないのだ」とね。ちゃんと考えさえすれば、思考や思考方法を足し算できるわけがなく、たとえ足し算したところで、それ自身においても、それらを表現するどんな作用においても分割できないような力になるわけがないことがわかったはずです。スピノザによればただひとつの根源的な力が存在しており、その力のうちには、すべての概念とその帰結の秩序と結びつきを、したがってすべての事物の結びつきと秩序をおのれのうちに含み能動的に表現しているようなただひとつの生きいきとした概念が存在していることだって、ちゃんと考えていればわかったはずです。それがわかれば、だれも彼の体系とはおよそ正反対でどんな理性にも不愉快なたわごとをスピノザに押しつけたりはしなかったでしょう。ちょっとした言葉づかいがまずかっただけのことで、そこはスピノザがラテン語を使いこなせなかったのだと大目に見ればよかったのですよ。

同じく彼に災いしたのは、彼が自分のきわめて含蓄豊かな言葉の多くを説明しなかったことです。それらの意味をはっきりさせることは、とても大切でした。たとえば、彼の言う「神の無限の属性はそのいずれもが、神の様態と変様のすべてにあっても無限で永遠の本質を表現している」[*10]というようなばあいがそうです。ここで表現という含蓄ある言葉はなにを意味するのでしょう。様態（modi）とは、ただの記号でしょうか。それともなにかを表現する文字なのでしょうか。それらの本質と存在をなしている永遠の実在を代理し表示するものでしょうか。こうしたことを理解したがっている者にとっては、スピノザは十分には語っていません。なにしろ、彼の作品はひとつの着想としては首尾一貫していますからね。言葉づらを議論したい者は、そのぶん議論の種をたくさんみつけだしたのです。

最後は彼の綜合的な方法です。それは、それ自体としてはすぐれたものですが、このばあいは適切ではありませんでした。すくなくとも、この方法のせいで彼は実体や属性や様態といった概念をはじめから前提して定式化しなければなりませんでした。しかし、それらは分析によって発見されていれば、けっして奇異なものではなかったでしょう。テオフロンさん、分析的な形式で、スピノザの体系全体をまったく穏健な仕方で紹介してみてはいかがですか。

スピノザ、誤解する相手に語りかける

テオフロン　レッシングなら、きっとそうしたこともできたでしょうね。フィロラウスさん、もしスピノザが生きかえったら、彼を無神論者とか、汎神論者とか、神を細切れにした男とか、神を足し算した男だと評価するような連中にたいしてなんというと思いますか。

フィロラウス　彼ならきわめて謙虚に、しかもきわめて決然として、こういうでしょうね。

「みなさんは私の体系になんということをするのですか。唯一の永遠な理念というこの体系の根拠がだいなしではありませんか。内的な実在性をもたない様態や、みずからを表現するものをもたない表現や、無制限の能動的な思考力をもたない思考方法といったものが考えられるでしょうか。私は、分割できない力の純粋概念と享受をみなさんに示すために、つたないラテン語ながらできるだけのことをしました。その力は、すべてのものをおのれ自身において、おのれ自身によって、おのれ自身のうちから、最内奥の自己において力強く感じとり、もたらし、提示します。私は、この本質的なものをアナロジーによってあなたがた自身のうちに提示しました。それによってみなさんを最高の喜びと浄福にご案内するためにです。それなのに、これはなんという仕打ちでしょうか。みなさんに言わせれば、私は唯一のものを無に、能動的な実在をからっぽの小袋に、光がなければ影でさえありえないような影の集合名詞に変えてしまい、蛍の光をありったけ寄せ集めてできそこないの太陽を作りだすために太陽を消しさったとのことですが、それはただのでっちあげです。私の著書は、精神においてはもちろんそうではありませんが、表現については不完全ですから、どうか私以外のかたの著書をお読みください」。

のですね。

ヤコービの著書『スピノザの学説について』の評価すべき点

テオフロン　もうけっこうです。この小さな本[22]のほかの箇所でみつけた大切な箇所を語ってくださった

（22）『スピノザの学説について』（ブレスラウ、一七八六年）〔ここでヘルダーが挙げているのは同書の第一版。本書『神』第二版（一八〇〇年）を出した時点では、ヘルダーはヤコービの本の第二版（一七八九年）も当然読んでいる〕。

フィロラウス　私にとって一番貴重だったのは、著者の考えかたです。彼もレッシングとの対話のなかでとくにつぎのように述べています。

〔512〕「理屈をこねることは、人間の思考力の本質のすべてでても、その存立のすべてでもありません。すべてのものと同じく、われわれの本性のもっとも高貴な力のばあいも、その根底にあるのは存在です。このことは理屈によって解消されることはありえず、まして理屈でそれを取りさるような議論などありえません。人間は、みずからが存在せず、しかもひとつづきに存在していなければ、いま現にそうしているように思考することもありません。したがって、人間の思考の目標は、まぼろしを夢みたり、みかけだけの概念や言葉や自分がでっちあげた現実をもてあそんだりすることではなく、私〔ヤコービ〕が言うように、存在をあらわにすることにほかならず、存在を与えられたものとして、

つまり〔私の表現によれば〕それを超えでたり背後にまわりこんだりできないような神の啓示としてあらわにすることなのです。われわれは、おのれの感覚を経験によって、内的な感覚を思考のうちなる真理愛と秩序と連関によって純化し、研ぎすまさなければなりませんし、ありもしないみかけだけの概念の恣意的な結びつき、つまり惰性的な死んだ無を棄てさり、そのかわり現に存在しているものと、現に存在しているとおりの性質と関係のままになじまなければなりません。内面的な真理感覚と結びついたこうした認識だけが真であり、それだけが精神に光を与え、まごころを育て、われわれの生のあらゆる活動に秩序と規則性をもたらします。〔513〕それにたいして、あの思いわずらいは、外からもたらされる存在も、内からもたらされる真理の規則も前提しないがゆえに頭脳を荒廃させ、まごころを空っぽにしてしまうのです〔第一版訳註13〕」。

テオフロン　おみごとです。だれに植えつけられたわけでもないのに思考力に植えつけられている形式にもとづいて、いっさいの経験を欠きそれに先行するような人間的な認識やら、対象のいっさいの感覚的な受容を欠きそれに先行するような感覚的直観やらを云々するのは〔第一版訳註14〕、たわごとです。そんなたわごとは、おのれ自身の存在を感じとっている人の頭脳を片っぱしから荒廃させてしまいます。

〔514〕フィロラウスさん、私たちだって、この対話のなかで神聖な名前をいくどもたんなる記号として使わざるをえませんでしたね。ちょっと一息入れてはどうでしょう。元気を出すのにうってつけの言葉を乗せた音楽をごぞんじでしょう。ぜひ披露してください。さあ、楽器をどうぞ。

クライストの讃歌

フィロラウス　喜んで精神の言葉を語りましょう。

「力に満ちた主を、慈悲ぶかき主を讃えよ、
主のすべてである世界たちよ！
恒星たちよ、彼の栄光のために燃えよ。
地球よ、彼を讃えて歌え。

こだまよ、主を讃えよ。
自然よ、主のために喜ばしい調和を歌え！
そして、ああ、地球の主人である人間よ、
調和のうちにすっかり溶けこむがよい。

主はおまえに、なににもまして特別な喜びを与えた。
おまえにひとつの精神を与えてくださったのだ。
全体の構造を見抜き、
自然のからくりを探究する精神を。

主への讃美をみずからの浄福とせよ。

主は讃えられるまでもなく幸福だ。
おまえが主にむかって身を躍らせれば、
下等な好みや悪徳は逃げさる。

太陽たるもの、赤く染まった波から昇ることも
そこへと沈むこともあってはならない。
おのれの声を自然の声とは
一致させずにおくために。

主を讃えよ。雨のときも干ばつのときも、
日が照るときも、嵐のときも、
[515] 雪が降るときも、水が凍って橋になるときも、
大地が緑に覆われるときも。

洪水のときも、戦争やペストのときも、
主を信頼し、主を讃美して歌え。
主はおまえを思いやってくださる。
主は、人類が幸せになるよう創造してくださったのだから。

ああ、主は私のことをもなんと慈悲深く思いやってくださることか！
名誉や富のかわりに、
真実を見抜く力と
友と楽の音《ね》を私に与えてくださった。

主よ、あなたの賜物を奪わないでください。
これ以上はなくても私は幸せです。
私は聖なる畏怖におののきながらあなたを永遠に讃えましょう。
さもなければ、私は無力です。

まっくらな森のなかでも私は
あなたのことで心がいっぱいで、
大きくため息をつきながら
枝越しにのぞく天空を見あげましょう。

私は海辺へとさまよい、波の一つひとつのうちに
あなたを見ます。
嵐のうちにあなたの声を聴きとり、
緑なす草原であなたに感嘆します。

私は恍惚として断崖をよじ登り
雲の切れ間からあなたを見やり、
一日中あなたを探します
夜が来て聖なる夢のゆりかごに導かれるまで〔第一版訳註15〕。

自立的真理という概念は神の存在証明そのものである

テオフロン　ありがとうございます、フィロラウスさん。ヴァニーニがわらくずについて言ったこと〔第一版訳註16〕を、音楽について言ってよろしいでしょうか。「神の存在を疑うくらいに不幸であっても、[516] 音楽を聴けばそれが私には神の存在証明になるでしょう」と。

フィロラウス　するとあなたは、ずいぶん古い考えかたをなさるのですね、テオフロンさん。神の存在証明は不可能だし現になりたっていないということが最近あきらかになりましたよ〔第一版訳註17〕。

テオフロン　だからこそ私は、神つまり自立的な真理の概念がなければ理性はなく、ましてや証明など存在しないと主張したいのです。思考し行動し活動している力の根源、おのれ自身を超えでてゆく哲学者でもけっしてこの世界から除去できないような力の根源のことなど考えなくても、それらの力すべてがみずからの本質のままに活動し、私の魂のうちで結びついているということだけでもう、力の存在そのものが含んでいる内的な真理や一致や完全性の本質的な根拠〔第一版訳註18〕として私には十分ですからね。考えられうるものが存在し、それが内的な規則のままに結合されており、そうした仕方での結合が無数にありながらもおのずから調和と秩序があらわになりさえすれば、私にとっては神の存在証明です。たとえ、私がみじめなエゴイストで、世界における唯一の思考する実在を妄想しているのだとしてもね。

どんな主語と述語のあいだにも〈……である〉または〈……でない〉があります。[517] 異なる概念が同等で一致することを定式化しているこの〈……である〉、つまりこのたんなるイコール（＝）の記号が、私の神の存在証明なのです。というのも、くりかえしになりますが、不変の規則にそくしている世界には一なる理性が、つまりは考えられうるものの結びつきが存在しており、ということは、この結びつきの本質的な根拠が存在するにちがいないからです。この結びつきの規則は、勝手にでっちあげられたものでもなければ、空間と時間にとらわれたまま思考する生物が勝手に行使するものでもありません。精神の世界においてそれは、ちょうど天体のあいだの均衡の規則にあたるもので、内的な必然性を伴います。ですから、そうした内的な必然性が、つまりは自立的な真理が存在するのです。

自立的な真理はどこに見いだされうるか

フィロラウス　で、その自立的な真理が宿っているのは――

テオフロン　存在するものすべてですよ。客観的に見ても、主観的に見てもね。私たちの認識は感覚と経験からくみとられます。私たちは知覚し、似たものを集め、個々ばらばらなものからより普遍的な概念を分離し精錬しなければなりません。その途上では、知覚するにも、分離するにも、概念どうしを結びつけたり切り離したりするにも、誤謬はありうるどころか、ほとんど不可避です。これは人類の必然的な宿命です。それでも、私たちが知覚し、分離し、推論し結びつけるさいの規則は、神的な規則です。[518] 誤謬を犯したときでも、私たちはその規則にしたがって行動したのですし、そのように行動するしかありませんでした。たとえ思考の対象がことごとく妄想だとしてもね。純粋な真理、たとえば幾何学の真理を考えてごらんなさい。私たちの感覚にとっては、完全な円なんて自然のうちには存在しないでしょう。しかし、たとえ完全な円がまったく存在しなくても、思考のなかの数学的な円は、内的な必然性にしたがってそこに設定され証明されるすべてのものとともに、私にとっては自立した神的な真理の証明になります。つまり円は、世界のうちに数学的な理性が存在することを証明してくれるのです。私たちの感覚では、自然のいたるところにそうした理性を認識し適用することは許されませんが、どんな感覚であろうとその構造と意図からすれば、そして私たちに内在している理性にしてもみずからの実在のままに、こんなふうに語っているのです。「たとえ世界をさらに繊細な感覚で直観するような思考する生物がいようと、彼らはこの唯一の必然的な規則にしたがって思考するだろう。したがってまた、私の理性にとってもどんな理性にとってもその原因である実在もまた、同じ内的な思考法則をもっとも卓越した仕方でわきまえているにちがいない。なにしろ、そうした実在にしても、活動するにはこの内的な思考法則を存在の根本法則にするしかなかったのだから」とね。黙ってしまいましたね、フィロラウスさん。

フィロラウス　批判的哲学者〔カント〕ならあなたの証明をただの仮定的証明と呼ぶかもしれませんよ。
〔519〕「もし理性が存在するなら」とおっしゃるが、それが存在しなければどうします、とね。そうしたら、どう応えますか。

テオフロン　そうなれば、どんな理性も存在しませんよ。おのれ自身の理性を放棄するような哲学者、あるいは理性そのものを否定するような哲学者は、当然なにについても証明なんてできません。これで論証は完了です。しかし、冗談はこれくらいにしておきましょう。あの哲学者が一人前の哲学者になれば、つまり彼が理性を承認し、そのなんたるかをみずからはっきり理解すれば、彼はその理性概念そのものにおいて、さまざまな真理を結びつけている本質的な必然性をすぐさま与えられるでしょう。あえて申しあげますと、これこそが唯一の本質的な神の存在証明です（本質的な存在証明がいくつもありはずがないですからね）。この証明は、どんな証明がなされようと復活してきますが、なによりわれわれの知性の法則においてこそもっとも鋭く純粋なかたちで現われるものです。

たとえば、内的な力の関係にもとづく事物の運動や静止や存立などの必然的法則を利用するのは自然にもとづく神の存在証明ですが、それらはすべて、われわれが自分の理性のもとでもっとも純粋に見てとるのと同じ規則を土台にしています。つまり、「どんな事物もあるがままのものであり、その本質は力に、その存立は力の均衡に、その活動はほかの事物にたいする力の関係にもとづく。しかもこれらすべては、完全に無視できるような恣意的な意図にではなく、必然性にもとづく内的な法則によっている。存続も破壊も、合成も分解も、運動も静止も活動も、この法則から帰結する」という規則です。だから真の自然神学はどれも、〔520〕必然的な法則にしたがう永遠の理性と力を、被造物の構造のうちで、つまり、場所と時間におうじた結びつき全体のなかで展開するものにほかなりません。この神学がどんなばあいであれ含んでいるのは、同一の推論、同一の直観であって、目にみえないほど微小なものから見わたしがたいほど大きなものにいたるまで、どんなにたくさんの実例と対象を重ねようと、変わりはありません。たとえば、あなたが楽しませてくださった音楽は、たとえ私の耳がそれを聴いておらず、なんらかの知性が音楽の喜びなんてまるで無視してそれを計算し測定しているだけだとしても、必然的で永遠な調和の定式です。私の耳や音楽にたいする私の感受性が創造されているということにせよ、私と同じような感情をもつこれほど多くの人びとに同じように作用するということにせよ、これらすべては音楽のうちなる調和の証明にますますの精彩を添えますが、証明としての価値にはなにもつけ加えません。というのも、たとえこの世に耳が存在せず、音楽の本質がただひとつの計算する知性によって思考されるだけだとしても、証明は完結しているからです。

フィロラウス　さっきの冗談をもう一度くり返さなければなりませんね。計算する知性が存在しなければどうなるのでしょう。

テオフロン　それなら、私もさっきの答えをくり返すまでです。計算する知性が存在しなければ、計算されるものも、したがってまた知性の計算結果である調和や秩序も存在しません。思考するものを一掃してしまえば、〔521〕思考されうるものもありません。現実的なものを一掃してしまえば、なにものも現実ではありません。でも、こんな屁理屈をこねてどうなるのでしょう。こんなものが哲学にふさわしいのでしょうか。あなたが理性の永遠の原則を踏みにじり、それを存在もしなければ内的な真理の必然的な認識もしないような仮定の言葉ででっちあげに解消してしまうなら、唯一なる存在の証明は言うにおよばず、どんな存在の証明も不可能です。しかし、あなたはそれによって、すべての思考の根拠を廃棄する以外になにをしたのでしょう。関連しあう思考がなければいったいどうして哲学が可能でしょう。私の感覚でさえすでにそれ自身の仕方で、つまりぼんやりと混乱した仕方でではあれ、存在を確信させてくれます。そうだとすれば、私の理性がそれ自身の仕方で、つまりすっかり出そろって明確に結合された概念によって存在を確信させないはずがあるでしょうか。

　それにもかかわらず、私が理性にたいして、おまえのもつ概念を感覚的直観なき感覚的直観として与えろとか、あるいは、おまえの領域には属さない感覚的対象の存在を純粋な理性的真理として証明しろと要求したあげく、理性はそうしたことをする気もなければする能力もないと非難するなら、その非難の理由は、私が色を聴いたり、光を味わったり、音を見たりしたがっているからでしかありません。フィロラウスさん、常識という健全な知性にたいするこんなむちゃくちゃな批判〔第一版訳註19〕のほうに流されないよう気をつけましょう。そこでは、材料もなしに建築し、存在せずに存在し、経験なしに知り、力なしになしとげることができるのですから。そんな領域にある概念は蜃気楼と同じで、不安定で長つづきしない反射像でできた見かけだおしのがらくたであり、この世に存在するなかでもっともたちの悪い空想であり、思弁の幻影であり、言葉のごみくずです。

因果関係にもとづいて組みたてられた証明について

フィロラウス　それなら、あなたは証明を原因と結果の概念にもとづいて組みたてたりしないのですか。

[522] **テオフロン**　そうした概念なら経験から受けとっていますよ。でも、それを証明の領域に移植できるのは存在という概念があってこそです。私はなにが原因で、なにが結果なのかきちんと分かりませんし、両者の結合についてはなおのことそうですからね。ふたつのものがいくどとなく同時に見いだされたり、連続して見いだされたりしたからという理由で、両者が原因と結果にちがいないと、感覚によってはっきり識別、というよりむしろ憶測することはあっても、「あれが原因で、その結果としてこうなった」ということは、どんな経験においても証明できません。因果関係については、ごくありふれた事物をめぐる日常的な経験においてさえ、どれほどあやまった憶測がしばしばなされたかは、あなたもごぞんじのとおりです。その理由はあきらかです。原因から結果を推論しようと、あるいはぎゃくに結果から原因を推論しようと、経験命題であるかぎりはけっして証明にはならず、いつでもただ感覚の領域での憶測にすぎなかったからです。

私たちは、力がなんであるかも、それがどのように活動するのかも知りません。ただ傍観者としてその活動を見て、そこから類推による判断をくだしているだけです。この点についてもっとも信頼できると思われる普遍的な規則でさえ、私たちはまったく証明できません。私たちの内部で思考し活動している力以上に、身近なものはありません。にもかかわらず、その力のことは、私たちの外部のほかのどんな力とも同じく、私たちにはほとんどわかっていません。私の魂の思考でさえ、それを結果と見なすかぎりは把握できません。私がそれを把握できるのは、内がわから存在として、つまり、「私の理性の本質に属する永遠の真理として」内的な必然性の規則に従属させうるばあいだけです。ですから、私は神にかんする存在証明もこの範囲に制限しています。あまりにもたくさん証明したがる者は、なにも証明しない危険がありますからね。

創造は流出か

［523］　**フィロラウス**　では、創造の仕方についても、それが産出なのか流出なのかといったことは説明なさらないのですか。

テオフロン　どうしてそんなことができるでしょう。私には創造とはなにか、産出とはなにかもわかりませんよ。普通にイメージされるのは、神は世界をおのれ自身のうちから考えだしたというもので、これがもっとも純粋なイメージの仕方のように思われます。私たちは自分の魂の思考よりも純粋な活動を知りませんからね。ライプニッツをはじめとする思考明晰な頭脳もすべてこのイメージを重んじています。彼らは経験からもっとよいイメージを得ることも、言葉からもっとよい表現を得ることもなかったからです。よく言われるように、われわれの魂の思考はそれ自体ではなにも実現しないイメージです。しかし、神の思考は全能の能力を伴っており、最高の仕方でものごとを実現しました。神が思考すると、そのとおりになった。神が意欲するとそれが生じた。われわれにとって説明のつかない事柄について、これよりも慎重な公式はないと思いますよ。

それにもかかわらず、この公式はわれわれに〔神の〕活動の本質をあきらかにはしてくれません。それどころか、「考えだす」というときの「……だす」という言いかたについてさえ、悪しき具象化をしないよう気をつけなければいけません。たとえば、神ははるかな永遠を経たのちに、まるでクモが身のうちから糸を吐いて巣を編むかのように、世界をおのれのうちから考えだしたというような粗雑なイメージの仕方は耐えがたいものです。

スピノザはその体系をカバラから得たのか

フィロラウス　それなら、もっと粗雑な流出説〔第一版訳註20〕は、あなたにはもってのほかでしょうね。しかし、こともあろうにスピノザはユダヤ人のカバラ主義からおのれの体系を借用したと責められているのですよ。

テオフロン　だれにそんなことを吹きこまれたのですか、フィロラウスさん。

フィロラウス　これはごくふつうの意見ですよ。スピノザ自身がきっかけをつくり[23]、ヴァハター、が最初にひろめたのです。

（23）「私はあえて、いっさいが神のなかに存在し、神のなかで動いていると主張しております。これはパウロもそう言っていますし、またおそらくすべての古代の哲学者たちも、異なった表現ではありますが、そう言っているのです。それどころか、古代のすべてのヘブライ人たちがそう言っていると申してもよいでしょう。このことは、ヘブライの種々の伝統――それは多くの点で歪曲されて伝わっていますが――から推察できることです」。『スピノザ往復書簡集』二一〔現在では七三〕。『スピノザ遺稿集』四四九頁〔スピノザの言う「ヘブライの種々の伝統」をカバラと解釈するところから本文のようなスピノザ理解が生じたのだとすれば、そうした解釈は、たしかに「スピノザ自身がきっかけをつく」ったものだと言えよう〕。

テオフロン　ヴァハターは学識ある人物でした。私は彼をあらゆる点で尊敬しますが〔第一版訳註21〕、〔524〕哲学者としてはべつです。彼は二十《はたち》すぎの旅する若者だったころ、あるユダヤ人〔第一版訳註22〕と論争になり、スピノザ主義はユダヤ教だと決めつけようとしました。それから何年かして、みずからカバラに親しむと、最初の思いつきにしたがってスピノザの学説をカバラに結びつけようとしたのです(24)。私の考えでは、スピノザの哲学はカバラとはべつものですし、カバラを彼の哲学によって説明しようとするのもむだな努力です。カバラは、玉石混交ながらも全体としては狂信的であいまいなイメージのおりなすシンボル体系で、お話にもならないような図像で成りたっています。スピノザの純粋で晴朗な哲学的センスが、そんなものに満足したはずありません。もしそうなら彼はユダヤ教徒のままだったでしょう。彼の『エティカ』のどこにも図像は見あたりませんし、ごくわずかな比喩はほとんどが失敗しています。この点で彼はカバラとは正反対の人間です。もちろん、カバラとはべつに、彼はユダヤ教の教育を受けた者であり、有名なモルテイラの教え子ですから、いわばヘブライ的なものの見方をデカルト哲学にもちこんだとしても当然でしょう。最初に身につけた思考法からは完全に脱することができないものです。スピノザがデカルトの体系にたどりついたのは、彼にとっては異質な言語〔ラテン語〕においてでしたから、それを彼自身の言語にあわせてくみかえ、こうして両者を綜合して神の本質的概念からはじめることになったのも当然でした。しかし、スピノザの体系は、本来のカバラには、ましてやその流出説〔525〕にはまったく無関係です（なにしろ流出説は、ユダヤ人によって考案されたものでも、彼らの神学に属するものでもありませんからね）。彼は産出や活動といった言葉を使うしかないときには、産出の仕方は説明せずにその語を使いますが、彼がいちばん気にいっているのは表現（Ausdruck）という言葉です。

「世界は神の属性を表現しており、無限の属性を無限の仕方で表現している〔第一版訳註23〕」。

こうした言いかたはカバラ的というよりむしろ数学的です。神からの流出をスピノザはけっして語りません〔第一版訳註24〕。じっさい、幾何学的な精神からすれば、そんなイメージがいちばんのお気に入りのわけがありません。

ライプニッツはかつて、神の活動を説明するために「閃光」という表現をもちいました〔第一版訳註25〕。彼は太陽光線のイメージを暗示していたのです。ケストナーを読むと、このイメージがのちにどれほど笑うべき仕方で解釈されたかがわかりますよ(25)。ですから、神について語るならイメージはないほうがよいのです。モーセの十戒と同じく、哲学においてもこれが私たちの第一の戒律です〔第一版訳註26〕。

(24)　最初の著作は『ユダヤ教におけるスピノザ主義　あるいは、今日のユダヤ教とその秘密のカバラによって神と化した世界　J・G・ヴァハターによって発見され論駁されたドイツのモーセへ（*Der Spinozismus im Judenthum, oder die von dem heutigen Judenthum und dessen geheimen Kabbala vergötterte Welt. An Mose Germano befunden und widerlegt von J. G. Wachter*）』（アムステルダム、一六九九年）というものだった。第二の著作は『カバラ主義の解明あるいはヘブライ人の哲学の奥義の検討　J・G・ヴァハターによる摘要（*Elucidarius*

Cabbalisticus s. reconditae Hebraeorum philosophiae recensio, epitomatore J. G. Wachtero)』（ローマ、一七〇六年）。彼はスピノザの体系とカバラ主義のあいだに二十の類似点を見いだしている。

（25）　ケストナーの『雑纂（*Vermischte Schriften*）』第二部一一頁以下。

「世界の魂」という表現は神にふさわしいか

フィロラウス　スピノザはカバラのがらくたから間違いなく自由でした。自分の民族の古来の文書〔旧約聖書〕のイメージ表現については、彼自身がとても厳しい判断をくだしていましたからね。それでも、彼の哲学はデカルト流の私は考える、ゆえに私は存在するからではなく、私は〈私がそうであるもの〉であり、また〈私がそうであるだろうもの〉であろう〔第一版訳註27〕という父祖たちが伝えた聖なる名前から出発したのですから、それだけでもう十分です。〔526〕スピノザは、まったく比類のない最高の存在を含むとともに、いかなる流出も排除しているこの概念を展開しさえすればよかったのであって、彼の体系[*11]の大部分は彼の目のまえにあったのです。人間理性において、これ以上に絶対的で純粋で実りゆたかな概念はありません。なにしろ、すべてがそれによって設定され、すべてがそのうちに与えられているような、それ自身で存立する完全無欠で永遠の存在となれば乗りこえようがありませんからね。それにたいして世界の魂〔第一版訳註28〕というイメージはなんと卑小なことでしょう。

テオフロン　それは人間的なイメージですからね。注意して使えば、それによって神の親密で内在的な力についてたくさんのことを目に浮かぶように語れますし、じっさいスピノザもこのアナロジーを使っています。それでもやはり、最大限の注意を払わないとたちまち出来そこないになってしまうイメージであることに変わりはありません。たとえば、レッシングがそうしたイメージを冗談として考えている個所を読んでください。

フィロラウス　「レッシングは、人格神を思い浮かべようとするとき、それを万物の魂だと考えました(26)」。

(26)『スピノザの学説について』三四頁〔JW. 31. 邦訳九四頁〕。

テオフロン　人格神を思い浮かべようとするとき、というところに注意してください。それにしても、この人格性については彼自身がもっと以前から異議を唱えていたのですがね。それに、身体のなかの魂をどうして人格と呼べるのでしょう。

フィロラウス　「彼は全体的なものを有機的身体のアナロジーで考えていました。したがって、全体的なものの魂は、すべての可能な体系によればすべてのほかの魂がそうであるように、魂としては結果でしかありません〔第一版訳註29〕」。

〔527〕**テオフロン**　「神つまり全体的なものの魂はひとつの結果だ。そのほかすべての魂は、すべての可能な体系によれば結果だ*12」というところを考えてみてください。結果とはなんの結果でしょう。神はなんの結果だと言うのでしょう。全体的なものの結果だと言うのでしょうか。それとも有機的な身体の結果だとでも。あらゆる可能な体系によれば、すべての魂がそうであり、つまりは結果なのだとでも言うのでしょうか(27)。

（27）この表現の説明としては、『スピノザの学説について』第二版の四六頁〔JW. 31. 邦訳九四頁〕以降を見よ。

フィロラウス

「魂の有機的な領域は、おのれの外部に存在するものとはなんら関係せず、そこから受けとることもそこに返すこともないかぎり、この領域の有機的な諸部分とのアナロジーでは考えられないでしょう〔第一版訳註30〕」。

テオフロン　ここで世界の魂としての神はすでにひとつの有機的な領域をもち、その領域の諸部分をもっています。神は、その外部に存在するなにかに関係するにちがいありませんし、そこから受けとることもあれば、返すこともあるでしょう。

フィロラウス

「したがって、神はおのれの生命を維持するために、ときどきおのれのうちにいわば引きこもり、おのれのうちで死と復活を生と統一しなければなりません。こうした実在の摂理については、さまざまな仕方で思い描くことができるでしょう〔第一版訳註31〕」。

こんなのは冗談ですよ。冗談以外のなにものでもありません。レッシングの友人がそのすぐあとでみずから、［528］「彼は世界の魂という思いつきを、ときには冗談で、ときにはまじめに使いました」と言っているとおりですよ。(28)

（28）　三五頁〔JW. 34. 邦訳九四頁〕。

テオフロン　物事をそんなふうにまぜっかえすレッシングの流儀は、あなたもごぞんじのとおりです。「雨が降っている。もしかしたら私が降らせているのかもしれない」[29]などというふうにね。あきらかに彼は、みずからの流儀によって〔世界の魂という〕イメージを悪のりがすぎるほどに誇張し、つまりは茶化そうとしたのです。

（29）　前掲書三五頁〔原文からの要約的な引用。JW. 34. 邦訳九四頁〕。

フィロラウス　それでもやはり、私たちは世界全体のイメージを求めてしまいます。われわれの魂は個別的なものではとても満足しそうもありません。全体が「無に逆らい、恐ろしいくらいに身をよじらせて縮こまってはまた身を伸ばしもするような、つまり、永遠に生きる者がときどきおのれの生命を維持するためだけに、死と生を生みだすような」巨人ではないことくらい、私だって当然わかっています。こんな話はすべてもちろん無意味だとしても、世界の全体を私たちはどのように思い描けばよいのでしょう。

テオフロン　感覚的なイメージを当てにしてはいけませんよ、フィロラウスさん。無際限なものにはどんなイメージもありません。絶対的に無限で永遠のものとなればなおさらです。われらがハラーが、無際限なものを想像力のかぎりをつくして描写しようとしているのをごらんなさい。彼にはそれができないのですよ。

「無限よ、だれがおまえを測るのか。
おまえのもとではどんな世界も一日かぎりのもの、人間はまたたくまに過ぎさる。
いま回転している太陽はかれこれ千番目のもので、
まだこれから一千の太陽が控えている。
太陽は神の力に動かされてさきを急ぐ。
まるで振り子の重みから力を得る時計のよう。
ひとつが力尽きると、べつのものが時を告げる。
だが、おまえ自身は変わらずにとどまり、時を数えることはない〔第一版訳註32〕。

〔529〕最後の行で詩人は、自分のおこなった描写をみずから全否定しています。永遠のイメージについても同じことをしています。

「思考にくらべれば、時も音も風も、
光さえも、その翼はのろまなものだが、
その思考の羽ばたきでさえ、
おまえには疲れはて、果てまでゆこうという望みを捨てる。
私は巨大な数を
何百万と山積みにし、

時を時のうえに、世界を世界のうえに重ねる。
その戦慄すべき高みから
私がめまいをおぼえながらあらためておまえを見やると、
数の力をすべて合わせて何千倍に増やしても
おまえの一部にも足りない。
私はすべてを取り払うが、おまえはそのまま私の眼前にある〔第一版訳註33〕。

ですから、無際限の空間や無際限の時間、それどころか分割できない永遠の存在をイメージするような形而上学的な空想や空虚な直観は放棄しなければならないということは、一介の詩人からも学べるのですよ。哲学は空想ではありません。空想が産みだせるのは化けものだけで、考えだした当人はべつとして、だれもがぞっとします。

フィロラウス　それなら、どんなイメージも抜きにして、神の摂理の自然法則、つまり一なる必然的な善意と知恵という最高の現実性を表現するシンボルを知りたいものです。というのもね、テオフロンさん、スピノザの体系におけるゴルディオスの結び目[*13]はまだ私の前にあるからです。謎はこうです。「唯一の実体が額面どおりのものなら、個別的で多数の数えきれない実体という妄想なり真理なりが生じたのはどのようにしてか」とね。

〔530〕　**テオフロン**　それについては明日の晩にお話ししましょう。ところで、この讃歌はごぞんじですか。神のイメージではありませんが、イメージよりももっとまともなものを示してくれますよ。

神、グライム『ハラダート』の一章

「神[30]

万物にとっての万物であるような唯一者
それがわれらの神だ！　被造物よ、崇拝せよ。
それ自身は創造されたのでない者、唯一なる者を、
永遠なる者を崇拝せよ、被造物よ。

偉大で広大な美しき世界よ！
おまえはあの火球どもをすべてしたがえているが、
そのおまえでさえ、はじめはまだ存在しておらず、生成することによっていまや
その壮麗な姿で存在しているのだ。被造物よ、崇拝せよ。

彼の太陽は一万も登場し
永遠にその大いなる軌道をゆく。
彼の地球は一万も登場し
永遠にその大いなる軌道をゆく。
一億の霊が彼の玉座のまわりに並ぶ。
彼の玉座のまわりにだって？

玉座など消しされ。彼は座すことも立つこともない。
彼は王でも皇帝《カリフ》でもない。
彼はすべての本質の本質。彼は神。
われらの神だ！　被造物よ、崇拝せよ。

彼が自分の仕事場に呼びよせたのはだれか。
彼が仕事をするさまを、ここまで来て見るようにと。
彼が大海をいくらでも意のままにしながらも、
その深みから一滴たりとも水をこぼさないさまを！
［531］彼が月をか細い糸につないで蒼天に漂わせているさまを、
目にもとまらぬうちに
百億の太陽の距離を測り
しかもりんごの実ひとつ、埃ひとつも見落とさないさまを！

だれが彼に比肩しうるだろうか。彼の地球には
彼に忠誠を誓う崇高な精神は住んでいない。
雲の流れや朝焼けから彼を見てとり、
彼がどうやってそうしているかを私に語ってくれる者はいない。
それを知っている神の見者も、聖人も、敬虔な信者もいない。

ちっぽけな地球よ、お前のうえでわれわれは
あの百億の天体が、
遙かなる太陽にいたるまで、そして太陽から遙かシリウスにいたるまで
きらめいているのを見やるだけだ。
シリウスはおまえより百万倍も大きいが、
哀れな虫けらにはひとつの点でしかない。
小さなこがね虫から、コーカサス山脈も
石ころにしか見えないほどの高みを飛ぶ
誇りたかい鷲にいたるまで。
誇りたかい人間の衣服を染めるのに欠かせない血をもつ
小さな巻貝から
美しくあろうとして頬を色で染める
こざかしい猿にいたるまで、そしてさらに
すべての本質の本質である神を考えようとする精神にいたるまで。

ああ、どれほどの段階があるのだろう、ここにも
そしてあの幾百万の天体にも！
すべての死んだもの、すべての生きているもののうちにも、

すべての軽いもの、すべての重いもののうちにも！
神、万物にとっての万物である唯一のもの
それがわれらの神だ！　被造物よ、崇拝せよ」。

(30)　グライムの『ハラダート』三を参照〔『ハラダートあるいは赤い書（*Halladat oder Das rothe Buch*）』（一七七四年）はコーランに触発されて書かれた詩集。なお、グライムはヘルダーとレッシングに共通の友人だった。ヤコービはグライムの家でもレッシングと議論をしている。本書の「訳者解説」を参照〕。

〔532〕 第５の対話

導入。創造活動には現実つまり能力と知恵と善意を表現するシンボルが含まれる

テアノ〔第一版訳註1〕　いままでは見えないところにいましたが、どうか今日は、見えるところで聞かせてください。おふたりのお話にはわからないところがたくさんありましたし、今日も全部をわかろうとは思いません。おふたりのやりとりの要点におおまかについてゆければ十分です。私がいてもおじゃまにならないよう、黙って自分の仕事をしながら、頭のなかでだけご一緒します。

テオフロン　テアノさん、私たちのおしゃべりにようこそ。フィロラウスさん、彼女が聞いていたってもちろんかまいませんね。

フィロラウス　大いに反対です。お聞きになるだけのつもりならね。テアノさん、ぜひとも対話に加わっていただかないと。もし話がからっぽの学者論議に迷いこんだら、人間にふさわしい場所に戻れるよう力を貸してください。お約束いただけますか。

テアノ　できるだけおじゃましないようにするつもりですが、そういうことなら今すぐにおふたりが対話に入れるようお手伝いしましょう。きのう、フィロラウスさんはおっしゃっていましたね。世界における神の摂理の規則、あなたの言いかたでは、神の現実性や能力や知恵や善意を表現するシンボルを知りたいものだ、と〔第一版訳註２〕。でも、私たちを取りかこむ大海からほんの数滴たりともすくいとることが、どうしてテオフロンさんにできるでしょうか。

存在はどのようにしてわれわれの認識に与えられるのか

〔テアノ〕　テオフロンさん、きのうはまるで神の存在は証明できないと言わんばかりのご意見でしたね〔第一版訳註３〕。私は聞くにたえない気持ちでした。こんな言葉の雑踏にご自分から踏みこんでゆかれるなんて、びっくりです。〔533〕私の考えでは、ある実在が存在していると認識されるのは、存在とその経験によってだけで、恣意的な概念や空虚な言葉によってではありません。それは、そうした存在が概念や言葉によって取り除かれたりしないのと同じことです。「夢ではふところもおなかもふくらまない」ということわざがありますね。それと同じで、言葉によってはなにも手に入りません。私たちは人間です。そうであるからには、私たちにじっさいに与えられ提示されているがままの神を知らなければならないと思います。概念によって私たちが受けとるのは概念としての神であり、言葉によって受けとるのは言葉としての神です。でも、私たちは自然を直観したり、みずからの力を行使したり、みずからの生命を享受したりすることによって、力と生命に満ちた現実の存在としての神を享受します。おふたりのような抽象的なことがお好きな男性がこういう話を夢想だとおっしゃるなら、私はよろこんで夢想家になりましょう。頭を悩ませながら虚構で絵空事の薔薇《ばら》を殺伐とした夢に見るよりも、ほんものの薔薇を眺めて楽しむほうがよいですもの。

テオフロン　おっしゃるとおりです、テアノさん。でもね、薔薇を眺めて楽しみながら、その楽しみによって目隠ししなくてもよいはずです。そこでなんのお仕事をなさっていますか。この花を刺繡してらっしゃいますね。すると、あなたは自然の技巧を模倣しておられる。あなたの注意ぶかい目のおかげでその技巧が目に見えるものとなり、今度はあなたの魂の目が、つまりは、あなたの鮮明な記憶がその針をいわばさしずしているわけです。ですから、被造物を感じとり楽しむことから思考を締めだすようなことをしてはいけません。あなたの魂のなかの図案のイメージがあなたの動かす針には欠かせないように、思考は私たちが神に気づくために欠かせないのですから。創造主を直視し認識することなく、ただ味わい感じたがるような人がいるとすれば、その人は人間性を誤解しているのですよ。

必然性の概念は抑圧的であるどころか喜ばしいものである

〔534〕　テアノ　そんな非難は的はずれです、テオフロンさん。私はフィロラウスさんに、一面的な分断をするのは同じく間違いだと戒めているのです。私は哲学が大好きです。それが自然のさまざまな対象に、つまり自然のほんものの事物のもとにとどまってそこに光を当てているならばね。あなたがお友達の注意を内面的な美や善意や真理に向けさせたとき、私はとてもうれしく思いました。それらは創造されたすべての対象に勝手にくっつけられているのではなく、現実そのものとしてそれぞれの実在のうちにあり、その実在をかたちづくっているのですから。そのときから、私は身のまわりのすべてのうちに、努めてこうした純粋な必然性の側面を見つけようと心をくだき、そこにいつでも真理と善意と美があることに気づきました。できることなら、どんなにささやかな技術でも、それこそこんなみすぼらしい花でもよいですから、自分の仕事を一生かけてやりとげて、織物を織るミネルヴァ〔第一版訳註４〕が「この花はこれ以外のかたちには作れなかった」とみずから言わずにはおれないようにしてやりたいものです。

「必然性」という言葉には、どれほどたくさんの慰めが、どれほど快い優美さがあることでしょう。とくに自然の秩序と人間の制度のせいで勝手気ままがほとんど許されない私たち女にとっては。女は勝手気ままを一番ほしがりますが、私は女にそんなものがほとんど許されていないことを、善なるアドラステアに感謝します。いまの私はこの親切な知恵の娘を愛して、すべての気まぐれを憎みます。そんな気まぐれは、われこそはこの地上の気ままな主人だと思っていらっしゃる男性たちにお任せしましょう。

テオフロン　テアノさん、この勝手気ままな男どもをあまり買いかぶらないでください。理性がない者ほど、[535] 気ままになってそれを愛するものですよ。人生のどんな些事も無数の方法で等しく上手にやりとげることができるし、その方法のどれを選ぶかも自分のやみくもな選択しだいだと思っているような男がいたら、お目にかかりたいものです。男の人生のもっとも美しくもっとも困難な目的は、若いころから一貫して義務を学ぶことであり、しかも、人生のどんな瞬間にも、義務をまるで義務ではないかのように、このうえなくやすやすと最善の方法で果たし、そのつど技術の最高地点、つまり甘美で美しい必然性という唯一最善のものの法則に到達することなのですからね。この必然性は強制でもなければ、内的あるいは外的にさし迫った必要でもありません。まあ、未熟で怠惰で気まぐれな人間にはそんなふうに思えるでしょうがね。いったん慣れてしまえば、その必然性のくびきは快適で、負担も軽いものです。悪い習慣に凝りかたまった男は、せいぜい苦しめばけっこう。おのれの義務とそれを果たすもっとも美しい方法が本性となり、必然性となっている理性的で活動的な人物にこそ幸いあれ、ですよ。彼は善き天使たちの報いをおのれのうちにもっています。宗教の立場からいえば、その天使たちはまちがいなく善であり、もはや堕落することもありえなければ、そうするつもりもありません。彼らにとって義務は本性であり、徳は天国と浄福ですからね。私たちも、この浄福な者たちの内面的な報いを楽しむよう努めたいものです。いえ、それどころか、天使のところに立ちどまっていてよいものでしょうか。だって、自然のいたるところで、われらの父そのものの範型がゆくてを照らしてくれているのですから。彼は、最小のものにおいても最大のものにおいても、これっぽっちの恣意もなしに、自立的な理性や真理や必然性のまったき美と善意をもって働いています。

現実こそがすべての概念とすべての真理の根拠である。無はなにほどのものでもない

〔536〕〔テオフロン〕　さあ、みなさん、神みずからが加勢してくれますよ。私たちは神のわざの本性をもっとも賢明な最善の必然性としてくりひろげようと努めているのですからね。神が実在するものを私たちには理解できない仕方で提示したとき、神はそれにおのれ自身において最高のもの、つまり現実性や存在より高次のなにを与えることができたでしょう。私たちの理解によれば、神のうちには、すべての喜びの根拠が、神の無限の力すべての根っこが存在していますが、それは現に存在しているどんな事物においても同様に存在しています。私たちはどんなに依存したありかたをしていようと誰もが実体ですし、自分はそういうものだと考えています。私たちはみずからの存在を感じていることを心底から確信し、そこにゆるぎない喜びを感じていますから、自分自身が破壊されるようなことは考えたくないどころか、そんな事態など思い浮かべないよう全力を尽くすほどです。

無のことなどまるで理解できないのは思考する精神の本質であり、だからこそ無が思考可能な概念だと想像するだけでも頭をことさら酷使しなければならないのです。私たちは、０とか$\sqrt{-1}$のような無を表す記号だって考案できますし、これら両者が矛盾しあうとわかれば、一方を他方によって取りのぞくことだってできます。つまり知性は、自分が一方をイメージしているまさにそのときに他方をもう一方と同じものだとは考えられないことをはっきり認識しています。しかし、だからといって知性は現実のものを取りの

ぞいたわけではなく、絶対的な無どころかなにものも理解してはいないのです。たとえば知性は、中身のある空間のかわりに巨大な暗黒の空虚な空間を想像できはします。〔537〕しかし、それではまだ無を想像したことにはなりません。要するに無はなにものでもないのです。したがって無は、現に存在しているどんな生きものにとっても、それどころかすべての現実の根拠にして総体である神にとってさえ、空っぽでなにものでもなく、つまりは思考不可能です。フィロラウスさん、存在という概念のこの内的な必然性を拠りどころにしているのはなんだと思いますか。

フィロラウス　それを拠りどころにしているのはもっとも美しい真理です。つまり、自然のうちにはいかなる無も存在しておらず、また存在したことも存在するであろうこともない、ということです。そんなものは思考されず、それこそなにものでもないものだからです。「無からなにかを創造する」という表現も、詩人のつぎのような描写も、あくまで詩的な意味しかもちません〔第一版訳註５〕。つまり、

「実在に満ちた言葉の力によって受胎して
太古の無が出産する〔第一版訳註６〕」

だとか、

「新たな実在が物ならぬ物と闘っていたとき[*1]」

あるいはまた、

「太古の無の夜に
最初の光の流れが注いだときに」[*2]

といった描写がそうです。「なにかを無にする、なにかを無に帰する」というばあいも、私たちの心にはなんの見当もつきません。あるいは、詩人がこんなふうに歌うばあいもそうです。

「第二の無がこの世界を消し去るとき、
万物のあった場所のほかにはなにも残らないとき〔第一版訳註8〕」。

なにしろ、この世界の存在していた場所がまだあって、したがって新たな世界のための場所があるなら、すくなくともそこにはまだ無が存在しているというのですからね。〔538〕いまや、こうした見かけ倒しの表現のすべて、学者先生の空想が産み出した空虚な亡霊が、私にはなんといとわしいことでしょう。形而上学者が世界や神そのものという思考されうるものをきれいさっぱり取りのぞき、おそるべき無を理性のもっとも純粋な対象として十分に思考されうると見なしたとしても、そんな無からは、どんなに理性を駆使しようと、神も世界もなにも導出できないのが当然しごくだとわかるのがおちでしょう。

テアノ　お願いですから、フィロラウスさん、そんなぞっとするような無の話はやめてください。

フィロラウス　むしろ形而上学者にとっては、存在、つまり喜ばしく必然的でもっとも切実な存在のほうこそぞっとすると思えるくらいですからね。彼らはこんなふうにいいます。

「純粋な必然性は、すべての事物の究極の担い手であるかぎりで、理性にとっては深淵である。ハラーの描く永遠でさえ、神の必然的な存在としてめまいのような印象を心にもたらすにはほど遠い。というのも、ハラーの永遠はものごとを測定しはしても、それを担う必要はないからである。ある実在がたとえあらゆる可能なもののなかで最高のものとして思い描かれていようと、それがたとえば「私は永遠の昔から永遠の未来にわたって存在する。私の意志によってはじめてなにものかであるようなものがなければ、私以外にはなにも存在しない。それにしても、私はどこから来たのだろう」などと自問するといったことは考えるだけでも恐ろしい。ここで私たちの足元のすべてが崩れ落ちる。この最大の完全性も、最小の完全性も、支えを失って思弁的理性の目の前を浮遊するばかりである。この理性にとっては、どちらの完全性にせよあっさりと消滅させたところで痛くもかゆくもない」。(1)*3

（1）　カントの『純粋理性批判』第二版六四一頁。「諸君が神は存在しないと言うのなら、全能であれそのほかのなんであれ神の述語として与えられはしない。というのも、それらの述語は主語といっしょにすべてまとめて廃棄され、この思考のうちにはすこしも矛盾が指摘されないからである」。前掲書六二三頁。

[539]　**テアノ**　テオフロンさん、フィロラウスさんがもちだす殺伐としたイメージから助けだしてください。私は女です。この前のおふたりの対話を聴かせていただいたあとでは、測定をおこなうハラーの永遠だろうと、担い手であるもっとも賢明な必然性だろうと、思弁にふける最高者だろうと——最高者のくせに、自慢げな独りごとをいって、ばかげたことに「私はどこからきたのか」なんて問うんですね——、ど

れも私は考えたくありません。そんなふうな空想が哲学者のあいだではっきりした理解をうち立てるのか、それとも台なしにしてしまうのかも、私にはわかりませんし、最大の完全性だろうと最小の完全性だろうと勝手にあっさりと目の前で消滅させてしまうことが理性の勝利なのかどうかもわかりません。それでも、私の考えでは、すべてのものがそれによって存在し、すべてのものがそれによって喜んで生きるようなかたの存在よりも高くて浄福な存在はないということはわかります。

このかたはなにひとつ苦労して支える必要はありません。どんな事物の存在もほかならぬ自分自身の内的な必然性に、つまりそれ自身によって存立している最高の知恵と善意にもとづいているならばね。じっさい、すべてのものはおのれ自身を支えています。ちょうど球がそれ自身の重心に安らうように〔第一版訳註10〕。というのも、すべての存在はまさに自分自身の永遠の存在に、つまり自分の能力と善意と知恵に根ざしているからです。テオフロンさん、あなたはイメージを用いないようにしろと注意してくださいましたね。でも、（空想に現実を対置するならばの話ですが）、根が木を支えなければならないと考えることは耐えがたくありませんか。根が大枝や小枝や花や実をつけた幹といった産物を支える必要がなく、喜んで支えることもしないようでは、それはまったく根ではありません。〔540〕森羅万象に広がって、無数に入り組んだ枝をひろげて存在し根づいているような測り知れない生命の木の永遠の根についても同じことが言えます。この生命の木こそがすべての存在の無限の源泉であり、存在はこの木だけが分かちあたえることができた最大の贈りものです。

現実はそれ以上は分割できない概念であり、すべての力の根拠である

テオフロン　この贈りものによって私たちは、生命の永遠の存続のためにどれほどあかしを得ることでしょう。存在は、それ以上は分割できない概念であり実在です。それは無でもなければ無に帰することもありません。神という最高の存在だって、おのれ自身を無に帰すことはできないでしょう。ここでは、いわゆる空間や時間のなかにあるような現象もなんらかの形態の合成も問題にはなりません。現われでるものはすべてかならず消滅します。時間の産物はどれも分解の萌芽を宿していて、そのためどの産物も現象したとおりのまま永遠につづくことはありません。合成されたものは解体されます。というのも、まさにこの合成と解体こそが世界の秩序であり、活動してやまない世界精神の生命だからです。それから、人間の魂の不死が問題になるなら、魂が時間と空間という偉大な世界秩序のなかでほかの有機的な器官をどのように受けいれ、どのようにしておのれの力を新たに行使するか、といった問題をめぐって想像力の幻影を描きだすことになるでしょうが、この話はまだ控えておきましょう〔第一版訳註11〕。私たちが問題にするのは、現実性つまりは存在という単純な概念です。どんな低次の実在も最高の実在とともにこの概念を共有しています。[541] なにものであれ滅亡することも、無に帰することもありません。もしそんなことになったら、神がおのれ自身を無に帰するはめになるでしょう。さて、存在することができじっさいに存在しているすべてのものが無限な存在に含まれているのなら、世界はなんと無際限なことでしょう。空間的、時間的に無際限で、それ自身において永続しているのですから。神はみずからの浄福の根拠を、さまざまな実在にわかちあたえます。それらは最小のものであれ最大のものであれ、神と同じく存在を享受し、テアノさん、あなたの比喩を使えば、小枝となって存在の根から樹液を吸いあげているのです。フィロラウスさん、そうなると私たちは聖なる必然性の第一の自然法則を描きだしていることになりそうですよ。

第一原則　存在はおのれを存在以外のしかたでは啓示できない。最高の存在はみずからの被造物に、現

実性、存在という最高のものを与えた

フィロラウス　それについての私の問いを留保したうえでいえばこうなりますね。一　最高の存在はみずからの被造物に、現実性、存在という最高のものを与えた。

テオフロン　いまふたつの存在が出てきましたが、両者は概念としてはごく単純でも、それぞれの状態は非常に異なっていますね。フィロラウスさん、存在の段階や差異を示すのはなんだと考えますか。

フィロラウス　力にほかなりません。私たちは神自身のうちに、現実を啓示するものとして能力以上の概念を見いだしませんでした。神の力はすべて同一のものです。最高の能力は、永遠に生き永遠に活動する最高の知恵と善意以外のなにものでもありえませんでした。

もっとも真実な存在は内的に真なるものとしてしかおのれを啓示しえない。したがって、その存在の具現はどれも本質的な力と善意と知恵の表現である。第二の原則

テオフロン　そうすると最高のもの、あるいはむしろ万物は（というのも、神はおのれに似たものの段階系列における最高のものではないのですから）、〔542〕どのようにして万物のうちなるものとして活動をつうじておのれを啓示できたのでしょうか。神はそれ自身が万物における万物です[*4]。神においてはなにものもまどろんではいられませんでした。神が表現したものはほかならぬ神自身であり、つまりは不可分のものであり、知恵であり、善意であり、全能の能力だったのです。だからこそ、神の世界は最善の世界です。その理由は、劣っている点では似たり寄ったりの世界のなかから神がこの世界を選んだからではなく、神なしには善いものも劣ったものも存在しないからであり、神はおのれの存在の内的な必然性によってなんら劣ったものをもたらしようがなかったからです。だからこそ、存在可能だったものはすべて現に存在し、すべての力は神の力の、つまりはまったき知恵と善意と美の一なる表現です。どんな小さなものにも、どんな大きなものにも神が活動しています。空間と時間のどの点においても、つまり森羅万象のどんな現実においてもです。空間と時間は私たちの想像力の幻想にすぎず、事物を前後関係や並存関係で理解するしかない有限な知性の基準にすぎませんからね。神以前には空間も時間もなく、すべては永遠に拘束されたままです。神は万物に先立っており、万物は神のうちにあります。世界は、神の永遠に生きている活動的な力が現実であることの表現であり具現なのです。

テアノ　では、私たち人間存在はなんて高い段階にあることでしょう。私たちはこんなにもはかない現象なのに、そのうちには能力と知性と善意という神の三つの最高の力の生きた表現が宿っていて、それが内がわから意識されているのですもの。私たちにはこれ以外の性質は考えられませんし、もっと高次の性質となればなおさらです。［543］だって、私たちが自然のあらゆる作品において神々しいと見なすものはおのずからこの三つにさかのぼりますし、この三つはたがいを解きあかし、その最高の総体と根源は神として現われますからね。こうして私たちのなかには神の本質的な法則が宿っています。私たちが有限ではあれもっている能力を、真理と善意の純粋な理念のままに秩序づけるためにです。ちょうど、全能なるかたが完全性のきわみにある本性のままにみずからそれをおこない、いたるところで表現し遂行しているのと同じようにね。神はそうすることによっておのれ自身の本質を私たちに告げ、私たちをその完全性の似像にしてくれました。神の力の本性は、やみくもにではなく洞察をもって、有限で悪意ある仕方によってではなく、とるに足らないものはすべて締め出すような善意をもって活動することにあるのですからね。

私たちが力を理性も善意もない自分勝手な仕方で使ったとたんに、私たちはこの規則に違反してしまい、自分自身と不調和をきたして混乱し、弱くて無力なものになります。

テオフロン　フィロラウスさん、神的な必然性の第二のテーゼはこんなふうになると思います。

二　私たちが能力や知恵や善意と呼ぶようなただひとつの本質的な力を宿している神が産出できたものは、〔544〕その力の生きた複製であり、したがってそれ自身が力や知恵や善意であるようなものにほかならない。この力や知恵や善意もこれはこれで不可分のままに、世界に現れるすべての存在の本質をなしている。

フィロラウス　よろしければ、テアノさんと私のために、その命題の実例を示していただけますか。世界における完全性の度合いは数えきれないくらい多様で、最低のものは不完全性とみまごうばかりですからね。

テオフロン　それ以外のありかたが可能だったでしょうか、フィロラウスさん。すべての可能なものが現に存在し、しかも神の無限な力という原理によって存在しなければならないのですから、万物のうちには最低の完全性も最高の完全性も存在するのが当然です。とはいえ、すべてはもっとも知恵のある善意によって結びあわされており、最低の完全性のうちにさえ、無つまり本質的に悪いものは存在しないのです〔第一版訳註12〕。テアノさん、許してください。またもやぞっとするような化けものをもちださなければなりません。もっとも、それはおのずから否定されるような化けものですが。フィロラウスさん、あなたはごぞんじですね、単純実体を唱えたライプニッツがどれほど偉大なものをほめたたえたかを。

「単純実体は森羅万象の鏡であり、宇宙をそれぞれ自分の立場から描写し映しとる表象能力を与えられている。無限者は最小のものにおいてさえ万物を見てとる〔第一版訳註13〕」。

こうした思想は、私たちには純粋な数的関係のかたちで近似的にしか理解できないとはいえ、じつに崇高であり、世界とは最高の完全性の活動がすべての部分においてつながりあったものだと考えたとたんに必然的になる思想ですが、それでも大方の誤解にさらされました。とりわけ、森羅万象を映す無限小の単一な鏡というのは不当な解釈を受けました。〔545〕そんなイメージは脇にやって、こんなふうに言いましょう。

「どんな力もその本質からすれば、最高の能力や知恵や善意を宇宙のこの位置で――つまり、そのほかすべての力とのつながりのなかで――具現され啓示されえたとおりに表現している」。

これを理解するには、こうした力が世界においてそれぞれどんなふうに活動しているかを見てみることです。そうでしょう、フィロラウスさん。この力は有機的に活動していますよね。

すべての有機的組織はこれらの性質を生命力として表現している

フィロラウス　身体の外部で、つまり有機的な器官ぬきで現われるような力なんて聞いたことがありません。しかし、有機的な力と有機的な器官がどのようにしてまとまったのかも、私にはよくわかりません。

テオフロン　おそらく双方の本性によってでしょうね、フィロラウスさん。最高に完全な能力と知恵がつながる領域では、そのほかの仕方はありえませんでした。というのも、私たちが身体とか有機的な器官と呼ぶものはなんでしょうか。たとえば、人間の身体に生命のないものはなにもありません。髪の先からあなたの爪の先にいたるまで、すべてにそれを維持し養う一なる力が浸透しています。どんな小さな部分もその力がなくなれば死んでしまい、生きている身体から離れてゆきます。こうして私たち人間の生きた力の領域から切り離されると、それはほかの自然力の領域内のものになり、そこからけっして逃れられません。抜けおちた髪の毛や棄てられた爪は、〔546〕いまや世界のもっとべつの連鎖の領域に入りこみ、今度は自然における位置におうじて影響を及ぼしたり及ぼされたりするだけです。人間をはじめとする動物の身体の生理学が列挙してくれるような驚くべき事実を見わたしてごらんなさい。目に入ってくるのは、生きた力の領域にほかなりません。それらの力はどれも、それぞれの位置に置かれることで、全体のつながりや形態や生命をさまざまな活動によって生みだします。そうした活動はどれも、それ自身の本性とそれ自身が属している実在の本性から帰結したものです。身体はみずからを形成し維持していますが、その一方で日々解体されており、最後にはすっかりなくなってしまいます。

ですから、私たちが物質と呼ぶものは、程度の差こそあれ、それ自身が生きています。それは、現象のうちに身を置く私たちの感覚から見てだけでなく、それ自身の本性と結合から見ても一なる全体をなすような活動する力の領域です。一なる力が支配しています。さもなければ、それは一なるものでも全体でもないでしょう。複数の力はきわめて多様な段階にわたって働き、これらの多様さはそれぞれ完全に規定されていながらも、そのすべては共通の活動をおこない、たがいに影響しあいます。さもなければ、それらは一なるものも全体もかたちづくらないでしょう。

さて、もっとも完全な能力と知恵の領域においてすべてはもっとも賢明な仕方でつながっており、そこでは事物に内在する必然的な法則にしたがうものだけが調和しあい、助けあい、たがいを形成するので、私たちも自然のいたるところに無数の有機的な組織をみいだします。それらはどれもそれぞれの仕方で知恵があり善であり美しいだけでなく、ひとつの完全なものであり、つまりこのつながりにおいて目に見えるものになりえた知恵と善意と美の複製です。ですから世界のどこであれ、木の葉だろうと、砂粒だろうと、私たちの体のちょっとした繊維質だろうと、どこにも恣意が支配する余地はありません。〔547〕被造物のどんな点にあろうと完全このうえない知恵と善意にしたがって活動している力によって、すべてのものが規定され、設置され、秩序づけられています。

奇形や発育不良や化けものの記録に目をとおしてごらんなさい。そこでは、よくわからない原因のせいで個々の有機的自然の法則が秩序を失ったように見えますが、普遍的な自然の法則はけっして無秩序にはなりませんでした。たとえべつの力によって妨害されても、力はそれぞれがおのれの本性に忠実に活動していましたからね。こうした妨害も結局のところ、妨害された有機的力がべつの仕方でおのれを修正しようとする結果しかもたらさなかったのです。ひとつのシステムのうちで妨害された力におけるこうした修正作用についてはー連の考察がおこなわれていますが、それについてはまだべつの機会にお話しできるでしょう〔第一版訳註14〕。ともあれ、一見すると混乱した混沌に見えるものを含めていたるところを恒常的な自然が支配しており、それはどんな力においても活動している必然性と善意と知恵の不変の規則にしたがってのことなのです。

フィロラウス　テオフロンさん、物質というあいまいな概念があきらかにされ秩序づけられるのを目の当たりにできて喜ばしいことです。なにしろ、物質とは私たちの感性の現象にほかならず、実体的な統一体の集合にほかならないと見なすライプニッツの体系には喜んで同意した私にとっても、この体系に出てくる、「これらの実体と全体のうちのほかでもないこの現象との観念的な結びつき〔第一版訳註15〕」なるものは謎のままですからね。ライプニッツは物質を雲にたとえました。雲は雨粒からできていても、
〔548〕私たちには雲に見えるというわけです。また、いろいろな草木がおいしげる庭や、魚やらなにやらがたくさんいる池にもたとえました〔第一版訳註16〕。でも、私にはそれだけではこの現象の存立が、つまり、現象のなかでのさまざまな力のつながり具合がうまくのみこめなかったのです。

　雲のなかの雨粒や、庭の植物、水のなかの魚には、それらを結びつける媒体があります。では、物質を成りたたせている諸力におけるそうした媒体はどんなものかと言えば、それらの力がたがいに影響しあうためのいわゆる実体の力以外のなんでしょうか。こうして、力が媒体となって有機的器官が形成されます。というのも、そうした器官もまた、さまざまな力が緊密に結合して一なる支配的な力に寄与しているようなシステムだからです。いまや私にとって物質は、私の観念のうちなる現象、つまりイメージを思い描く被造物の観念によって結合されただけの全体ではなくなります。物質が物質であるのは、おのれ自身の本性と真のありかたによってであり、つまりは活動する諸力の緊密なつながりによってなのです。自然においてはなにも孤立していません。なにものであれ原因なしに存在することも、結果なしに存在することもありません。すべてのものは結びつき、すべての可能なものがそこに含まれているのですから、自然においてはなにものも有機的な組織なしには存在しません。どんな力も、それに奉仕するかそれを支配するようなほかの力と結びついています。

ですから、私の魂はひとつの実体的な力であり、たとえその現在の活動領域が破壊されたとしても、魂の新たな器官が被造物のうちで欠けたままになることは断じてありえません。新たに寄与する力が魂を助け、一なる世界とのつながりを更新することによって、その活動領域をかたちづくるでしょう。被造物にはどんな裂け目も飛躍も孤島もありませんし、一なる世界にあってはすべてがつながりあっているのですからね。

スピノザの身体概念は魂の本質的な形式である

テオフロン　フィロラウスさん、そうすると、魂がこの世を去るときに、その内面において、〔549〕つまり、それ自身の力のシステムにおいて適切に秩序づけられているよう配慮することは、なおのこと私たちの義務ですね。というのも、魂はあるがままの仕方でしか活動できないからです。その外的な姿は、その内的な力の姿のとおりにしか現われません。私たちの身体は魂のたんなる道具にとどまるどころか、魂を映しだす鏡であり、有機的組織はどれも現象を成りたたせる緊密な努力の外的な複製です。

フィロラウス　お話を聞いていると、スピノザが身体と魂の結合についておこなったいくつもの見事なコメントを思い出します。彼はデカルトの体系にしたがって、両者を思考と延長のようにたがいに独立のものと見なすしかなかったにもかかわらず、さすがに鋭敏な精神の持ち主だけあって、この点でもデカルトの体系を超えたもっとさきのことをぬかりなく考えていました。彼は、身体という概念を人間の魂の本質的な形式にする〔第一版訳註17〕ことで、そこからこの概念の性質や変化、完全性や不完全性をみごとに導きました。彼の諸原則からはひとつの観相学の下書きが描かれましたが、それは私たちが観相学的な妄想〔第一版訳註18〕に耽るときに陥りがちな混乱をうまく整理し、ある明確な真理へと連れもどしてくれるものです。とくに私にとって心地よかったのは、スピノザが生活の仕方、つまり身体の状態変化を大いに重視し、思考の仕方つまり魂の概念形式を生活の仕方とまったく同質のものと見なしていることです。スピノザは、魂やその能力や性格のきわめて移ろいやすく繊細きわまりない動因を骨のシルエットから導出したりはしません。もちろん、身体のちょっとしたシルエットであっても、〔550〕全体を類推するのに必要であることはだれも否定しないでしょうけれどね。

テアノさん、黙ってしまいましたね。

どんな有機的組織においてもおのれをあらわにしている調和

テアノ　おふたりの話はとてもすてきだと思います。でも、さきほどおふたりの話がおかしな方向にいったら元の道に戻してほしいとおっしゃいましたから、申しあげましょう。観相学のことは放っておいて一般的な考察に戻ってくださいませんか。私はいつもほんの最小限のことで満足していますから、有機的組織はどれも内的な生きた力のシステムの現象であり、さらにそれらの力は知恵と善意の法則にしたがって一種の小世界を、ひとつの全体をかたちづくっているという話だけでもう十分です。

私にはこんな望みがあるんです。私の仕事のために薔薇の精を呼びだす魔法が使えたら、そしてその精が薔薇の美しい姿をどうやって造りあげたのか教えてくれたら、とね。あるいは、薔薇はその茂みの娘のひとりですから、茂みに宿るドリュアス〔第一版訳註19〕が、どうやって根っこからほんの小さな枝先にいたるまで自分の木に命を吹きこんでいるのか教えてくれたら、とも思います。ほんのこどものころから、私はよく木や花をまえにじっと立ちつくして、下等なものから高等なものまでどんな生きもの〔第一版訳註20〕にも見てとれる不思議な調和に驚嘆しながら見入ったものです。そうした調和をいくつも見比べ、草木の葉や小枝や花や幹、全体の姿かたちを比べたり観察したりしながら何時間もぼんやりと夢見心地に過ごしました。このかけがえのない美しい姿を生きたまま写しとりたくてうずうずしたおかげで、私は注意力が磨かれましたし、花や草木と仲よくおしゃべりに耽ったあまり、その本質が生けどりになって私の小さな手芸に宿ったと思えたことだって何度もあります。

でも、だめでした。私の手芸はいつでも死んだ写しのままで、美しくもはかない草木たちは、おのずから静かに満ち足りたまま、言ってみればそれ自身において〔551〕完結したありかたにすっかり満たされて、そこに立っていたのです。こうした問題についてもっとお話ししてくだされば、たどたどしく自然を語る私の言葉にも助けになるでしょうに。

テオフロン　テアノさん、そうした言葉はどうしてもたどたどしくあるしかないのでしょうね。事物の内なる本質をのぞきこもうにも、私たちにはそのための感覚がありません。私たちは外がわに身を置いて観察しているのです。私たちがまなざしを研ぎすましてじっくりと見つめれば見つめるほど、自然の生きいきした調和があらわになります。そこではどんな有機的組織もそれぞれがこのうえなく完全な一なるものであり、それでいてこの調和のうちですべてはたがいに幾重にも多様な仕方で織りあわされています。芸術はこうした自然観察のあとを、足音をしのばせてついてゆきます。近代のさらに注意ぶかい自然科学は芸術と姉妹なのです。自然科学は、どんな事物についても、それがなんであり、どのようにかたちづくられ、どのように影響したりされたりするかを観察し、草木や鉱物や動物について、その発生や成長、変態や病気について、またその生と死について貴重な知見を積みかさねてきました。それらは、個々の対象に自立的な調和と善意と知恵の世界があることを教えてくれます。

しかし、いまはこの話はやめておきましょう。こうしたことはどれも宵闇のなかのおしゃべりで耳にするより、春や夏のよく晴れた朝にこの目で見るほうが楽しいですからね。おふたりに注意していただきたいのは、自然の生きた力が何千もの有機的組織に働きかけるさいの単純な法則です。というのも、最高の知恵がなすことはすべて最高に単純であるにちがいないからです。つまり、そうした法則は、三つの単語に含まれるように思われますが、その三つも根本的にはやはりあくまでも一なる生きた概念なのです。

有機的組織の単純な諸法則。持続、統一または区別、おのれ自身との類似と複製

〔テオフロン〕

一、持続、つまりそれぞれの実在の内的な存立。

〔552〕二、同種のものとの統一と対立するものからの区別。

三、おのれ自身と類似しおのれの実在を複製してもうひとつの実在にすること。

この点について──テアノさん、あなたの言いかたを使えば──私もたどたどしく話すのをお聞きになりたければ、お話ししましょう。フィロラウスさん、そうすれば、すくなくともスピノザをめぐるこの対話の有終の美を飾ることになるでしょう。ごぞんじのとおりスピノザそのひとも、彼特有の言葉においてではありますが、これらと似たような概念のうえに道徳を築いていますからね。

持続は対立しあうものの対決つまり分極によっているという法則

〔テオフロン〕　では、第一の点です。実在はどれもあるがままのものであり、無のことなどまるで念頭になく、それに憧れることもありません。事物の完全性はその現実の姿に尽きています。この現実の感覚が、事物の存在にもとからそなわっている報酬であり、切実な喜びです。スピノザは、いわゆる道徳的な世界はもうひとつの自然の世界だと見なして、人間のすべての感情や努力を存在とその持続への内面的な愛に還元しようとしました〔第一版訳註21〕。

物理的な世界では、人びとはこの自然法則から帰結するさまざまな現象にたくさんの名前を与えましたが、一部には不適切なものもありました。あるときは、それぞれの事物はあるがままにとどまり、原因がなければみずから変化しないからというわけで慣性力という名前がもちだされ、またあるときは、べつの観点からではありますが、重力という名前ももちだされました。それによれば、どんな事物もみずからがそこで安定することになる重心をもつというわけです。慣性も重さも、その敵対者である運動と同じく現象にすぎません。空間や物体はそれ自身が現象にすぎませんからね。そうした現象における真実で本質的なものこそが、事物の存在の持続であり継続です。事物は存在にもとづいてみずから自分を破壊することなどできないし、しようともしません。

さて、どんな事物も持続の状態にむかって努力していることは、事物の姿かたちそのものが示しています。テアノさん、〔553〕自然を図案化なさっているあなたのことですから、事物のかたちをごらんになればご意見もたくさんおありでしょうね。もっとも同種的でありながら同時にもっとも動きやすく、したがってひとつのかたちをいわばみずから選べるような事物のシステムから、いちばん簡単な例をとりあげたいと思います。こうしたものは流体と呼ばれます。よろしいですね。すべての流体は、その諸部分は同種的でたがいになんの障害もなしに作用しあいますが、それらはどんなかたちをとるでしょうか。

フィロラウス　しずくのかたちです。

テオフロン　なぜしずくのかたちなのでしょう。そのかたちを恣意的に好んで形成するような原理を自然のなかに想定して、「自然におけるすべてのものはある隠れた性質によって丸くなる」という規則を定めるべきでしょうか。

フィロラウス　けっしてそんなことはありません。しずくはひとつの球です。球にあってはすべての部分がただひとつの中心点のまわりに同種的なものとして調和しあい秩序づけられます。球はおのれ自身に安らい、その重心は中心にあります。つまり、球のかたちは同種の実在がもっとも単純な仕方で持続している状態であり、それらの実在はこの中心点のまわりに結びつき、等しい力でバランスをとりあっていますᅠ〔第一版訳註22〕。ですから、しずくのなかでは、調和と秩序の必然的な法則にしたがってひとつの世界が生じるのです。

テオフロン　フィロラウスさん、それでは、しずく形成の法則には、同時に私たちの地球や太陽やそのほかの天体系の形成の規則も含まれるとおっしゃるのですか〔第一版訳註23〕。というのも、地球もまたかつてはしずくとして生じた、というよりむしろ、おのずからしずくのかたちにまとまったわけですからね。太陽やその引力が支配している太陽系もぜんぶそうです。すべてのものは半径の方向に引きつけられており、円運動をつづけるのはほかの力のおかげにほかなりません。〔554〕こうして形成されているのが、惑星とその軌道であり、太陽とその軌道であり、さまざまな恒星や銀河や星雲からなる天体系です。どれもすべて、さまざまの力からなる海の輝くしずくであり、それらは調和と秩序という内在的な永遠の法則にしたがって、その姿と運行のうちにそれぞれの持続状態を求め見いだしたのです。しずくたちは、ほかならぬ自分自身の形態のうちに、（正円であれ、楕円であれ、放物線であれ、外《がい》サイクロイド[*5]であれ）みずからの軌道のうちに、つまりは対立しあう力の産物のうちに、それぞれの持続状態を見いだすことができました。それは恣意的にではなく、内がわで均質に活動している法則そのものにしたがってであり、そうした法則は円形においても楕円形においても、回転楕円運動においても放物線においてもあらわになっています。

テアノさん、あなたが朝ごとに薔薇のがくにくっついているのを目にされる小さな露でさえも、地球や太陽やすべての恒星系や、それればかりか天体系のすべての形成と存続の法則をあなたに示しているのですよ。なにしろ、私たちが空想の向こう見ずな飛躍を許して森羅万象を考えても、そこから現われてくるのは、身を伸ばして抵抗する巨人どころか、太陽系のすべての外サイクロイドといっしょにおのれ自身に安らっているひとつの球なのですから。

テアノ　途方もない展望ですこと。〔555〕地球に、せめて太陽系に戻ってらっしゃい。飛び疲れてしまいましたよ。さっき第二の自然法則の話もなさっていましたね。同種のものはたがいに一致し、対立するものを遮断する、と。その実例を挙げていただけませんか。

テオフロン　私としては、あくまで流体のしずくの話をしているだけだと思っていますがね。自然界における憎しみと愛の石というのを、テアノさん、あなたはごぞんじですね。

テアノ　磁石のことですね。

テオフロン　まさにそれです〔第一版訳註24〕。磁石のふたつの極と両者の友好的な活動と敵対的な活動もごぞんじですね。

テアノ　磁石の軸には最大の愛の地点とまったくの中立の地点があることもよく知っています。

テオフロン　では、その磁石をひとつぶのしずくだと思ってください。そこでは磁力が同種的〔均等〕かつ規則的に配分されていて、対立しあう極が北極〔Ｎ極〕と南極〔Ｓ極〕です。一方は他方なしにはありえません。

テアノ　一方を変えると、両方とも変わってしまうんですよね。

〔556〕**テオフロン**　被造物の憎しみと愛のイメージを磁石からきちんと見てとっておられますね。同じことは、どんな活動の体系にも見られるにちがいありません。

フィロラウス　同じこと、と言いますと——

テオフロン　多様な力からなるひとつのシステムに軸が生じるところでは、その力は同じ軸のまわり、しかもその中心点のまわりに層をなし、そのさい同じものはどれも同じ極にむかって流れ、中心点からだんだんと増大して頂点に達し、そのあとは中立地点を経由して反対の極にいたるというふうに確固たる法則によって秩序づけられている、ということです〔第一版訳註25〕。こんなふうに考えれば、どんな球も対立する極をもつ片割れをふたつ合わせたものです。焦点をもつ楕円などもすべてそうです。そのようにして形成されたシステムそのものの活動力には、この構成の法則が一定の規則にしたがって含まれることでしょう。

ひとつの球に南極のない北極がありえないように、規則的にかたちづくられたどんな力のシステムにも、友好的なものと敵対的なものが分裂しないような形態、したがって相関的に増減するふたつの度合いのバランスによって全体が形成されないような形態はありえません。おそらく対立しあうふたつの電気がなければ、電力の体系はまったくありえないでしょう。〔557〕寒暖についても同じことがいえますし、色彩環にしても、[*6]多様によってのみ統一が保たれ対立者によってのみ連関が保たれる現象のどんな体系にしても同様です。

観察にもとづく自然科学はそれほど歴史がありませんが、これらすべてについて、いつかきっと大きな成果を挙げ、一連のアナロジーによって、物理的世界からやみくもな恣意をことごとく追放するでしょう。そんな恣意を許していたら、すべてはばらばらになり、自然法則はみんな根こそぎなくなってしまいますからね。磁石や電力や光や寒暖や引力や重力といったものが恣意的に活動するなら、また三角形が三角形であり、円が円であるのも恣意によっているなら、私たちは物理学や数学のすべての考察は無意味だと宣告して、願ったりかなったりの恣意が啓示されるのを待ち望むばかりになりかねませんよ。でも、すでにこれだけ多くの力について数学的に厳密な自然法則を発見したことは確かなのですから、そこからさきでは自然法則がもはや見いだされなくなってなにかやみくもな意志が始まるような境界線なんて、だれが設定したがるでしょう。被造物においてすべてはつながっており、すべては秩序をなしています。ですから、そのどこかでひとつでも自然法則が成りたつなら、いたるところをさまざまな自然法則が支配しているにちがいありません。さもなければ被造物は混沌となって雲散霧消してしまいます。

[558]　**テアノ**　テオフロンさん、あなたはご自分から愛憎の法則を離れてしまうのですね。あなたのおっしゃるシステムによれば一方は他方なしにはありえないというのに。

テオフロン　現に存在しなければならないすべてのもの、つまり世界のシステムに属するすべてのものがこの世界には存在するのですから、対立するものも存在しなければなりませんし、最高の知恵の法則ならそれこそ北極〔N極〕と南極〔S極〕のような対立物からでさえ、いたるところでシステムを形成するにちがいありません。自然のどの領域でも三十二方位の風の表〔第一版訳註26〕は成りたちますし、どんな太陽光線にも色彩環[*7]がまるごと含まれています。もちろん、私たちが気にするのは、いまはどの風が吹き、つぎにはどの風が吹くのかとか、どの色がそっちとこっちのどちらに現れるのかといったことばかりですがね。

流体から固体が生じたとたんに、有機化する力の体系に含まれていた内的な法則にしたがって、流体は結晶として形成されます。すべてのものはたがいに引きあうか、反発しあうか、中立のままかのいずれかです。これら活動する能動性の軸は、どんな度合いのちがいをも一貫して結びつけています。化学者があつかうのは、結合と分離にほかなりませんが、自然はいたるところで親和と友好と敵対を、これ以上ないくらい豊かで内密な仕方で示しているのですよ〔第一版訳註28〕。愛しあうものは自然のうちで求めあい、見いだしあいます。だからこそ自然科学そのものも、物体の結合における選択的な親和性を受けいれずにはいられませんでした〔第一版訳註29〕。〔559〕対立しあうものは、たがいに遠ざかり、中立の地点によって折りあうだけです。力はしばしば、すばやく入れ替わりますし、それぞれのシステム全体どうしも、そのなかの個々の力どうしがかかわるのと同じ仕方でかかわりあっています。憎しみは愛に、愛は憎しみになりうるのです。すべては同一の理由によっています。つまり、どのシステムもそれぞれおのれ自身において持続しようとし、それにおうじて力を秩序づけているからです。

　これらのシステムの含む力はたがいに似ても似つかないとはいえ、それでも一様な法則にしたがった活動が可能です。なぜなら、自然のうちでは、すべては結局つながっていて、どれほど異なるものも秩序づけてしまうようなたったひとつの基本法則しかありえないからです。

テアノ　私たちのように考えると、持続の法則も、愛憎の法則も、その基本法則に収斂してゆくように思えますね。自然には無数に異なるものや対立しあう現象があっても、その法則はいたるところに現れるのですから。ほんのいっときでも、もっと高次の精神になって、この偉大な作業場の内がわを見られたらよいのですが。

テオフロン　テアノさん、なぜもっと高次の精神なんておっしゃるのですか。内がわの観察者よりも外がわの観察者のほうが快適ですよ。じっさい内がわからは全体は見わたせないでしょうからね。舞台の正面にいる観客のほうが、〔560〕舞台裏で耳をすましている人よりも快適じゃありませんか。真理の探究は刺激に満ちていますが、それを手にしてしまえば満足して怠惰になるばかりでしょう〔第一版訳註30〕。自然を追跡し、その高次の諸法則を予想し、観察し、検証し、その確かさを証明していまや何千回も確認できるようになったら、それを新たに応用し、ついにはいたるところに同一の賢明な規則と同一の聖なる必然性を見てとってそれを愛するようになり、わが身に引きうけること、こうしたことは一生をかけるに値します。

というのはね、テアノさん、私たちはただの観客でしょうか。私たちはみずからが俳優であり、自然の協働者であり模倣者ではないでしょうか。愛憎は人間界をも支配してはいないでしょうか。そして、両者はどちらも全体をかたちづくるために等しく不可欠ではないでしょうか。憎むことができない者は、愛することもできません。そんな人間は、正しく憎み正しく愛することを学ばなければいけません。人間のあいだにも無関心の中立地点がありますが、しかしありがたいことに、それは磁石の軸全体のなかではただ一点でしかありません。

生きものは交流しあうことによって似たものになる

フィロラウス　テオフロンさん、そろそろ思い出してもらわないと。自然の大法則の三番目がまだ残っていますよ。「実在〔つまり生きもの〕がたがいに類似し、それぞれの種の複製をずっと形成しつづけるのはどのようにしてか」という話です。

テオフロン　それはこのうえなく神聖でまちがいなく神的な法則ですよ。

愛しあうものはすべてたがいに類似します。ふたつの色が混ざると、その中間の第三の色が生じるように、［561］人間どうしの心ばかりか、しぐさや顔つき、思考や行動の仕方の繊細きわまりないうつろいにいたるまで、たがいを思いやりながら一緒にいるだけで驚くほど似かよってきます。熱狂や錯乱や恐怖といった情念はどれもこれも伝染病のようなものです。それらが強力なのは、それ自体として災厄であり空しいからではなく、強い活動力をもつからです。そうであればこそ、むしろ秩序や調和や美といった規則的な力の活動のほうこそ、はるかに本質的な力をもってほかの人びとに広まり、伝わってほしいものですがね。

私たちが有機的な組織の発生を目にしたのは、より強い力が弱い力をみずからの領域に引きこみ、ひとつの姿としてかたちづくったからであり、しかも、それ自身において必然的な善意と真実というもとから植えつけられていた規則にしたがってそうしたからにほかなりません。善なるものはすべて共有されます。それは共有されずにはいられない神の本性をもってもいれば、神の誤りなき活動を果たしもしますからね。たとえば美の規則は、私たちにいやおうなしに迫ってきて光を投げかけてくれます。それらはいつのまにか私たちのうちに入りこんできます。まさにこれこそが、いたるところで結びつき活動しながらもそれ自身で存立している被造物の秘密です。人間が親しくつきあっていると、無理じいもせず言葉も交わさずとも、おたがいの心が似かよってきます。

ライプニッツがモナドについて想定したような観念的な影響〔第一版訳註31〕は、被造物の秘密のきずなと同じくらい強力です。そうしたきずなが、感覚し思考し行動するすべての存在者において打ち消しようがなく不滅であることは、われわれも目の当たりにしているとおりです。だれも自分の存在の活動に失望しなくてよいのです。各人の存在のうちに秩序があればあるほど、そして自然の諸法則にしたがって一様な仕方で行動すればするほど、〔562〕その人の活動はますます誤りないものとなります。彼は神のように活動し、神のうちで活動しています。光が生じるために彼ができることと言えば、自分のまわりの混沌を秩序づけ闇を追いはらうことにほかなりません。その人は自分とともに存在しているすべてのものを、自分自身の美しい姿に似せます。彼はおのれにあらがってくるものをさえも、程度の差こそあれ、善意と真実によって克服したとたんにそのように似せるのです[2]。

（2）　これらの普遍的な自然法則、とりわけ生きものにおける親和性と模倣については、「宇宙についての考察（*Betrachtungen über das Universum*）」（エアフルト、一七七七年）〔著者はカール・テオドル・フォン・ダルベルク〕における一連のすぐれた見解を参照されたい。

存在はそれぞれの段階に応じて静かに活動しており、もっとも重要な存在もそうである

テアノ　元気が出てくる真理ですね、テオフロンさん。私たちの心を励まして、これまでの人生で経験した数えきれないくらい多くのことを思い出させてくれるだけでもすでに、その真理は天国のしるしを示してくれます。ひとりの人間の存在のうちには、言葉では言い尽くせない力が潜んでいるものですね。その人の行動が実例を示すとおりだと思います。私の心の奥底のいちばん無口な善は、こうして私のものになります。それは騒がしい言葉を発しもせずに私のなかに来てくれました。そういう点でも、テオフロンさん、あなたの考えかたは好ましいと思います。そういうふうに考えれば、この存在、この現実をどこにおいてであろうと、まざまざと見てとれますし、この現実のうちにあらゆる活動を司る者をまざまざと見てとれますもの。それは調和と美の本質的な規則となって被造物そのものの存在をとおして、たえまなく静かに、そして深いところで私たちに作用してきます。

　いまならわかります、神の王国に生きているすべてのものがどうして神に似るべきなのか、いえ、こう

言ってよければ〔563〕神に似ずにはいられないのかが。神の法則や思考や活動は、たとえ私たちの意志に反してでも、神の秩序や善意や美の証拠を千も二千も積みかさねて不変の規則として迫ってきます。従うつもりがない者でも従わずにはおれません。なにしろ、万物がその人を引っぱってゆき、彼は万能の鎖を逃れられませんから。進んでそれに従う人は幸いです。自分で自分を形成したというおのれのうちなる甘美な錯覚によって報われるのですから。本当は神が彼を不断に形成しているというのにね。彼は、理性によって服従し愛をこめて奉仕しているうちに、あらゆる被造物とできごとから神の刻印を受けとります。彼は理性的になり、善良になり、筋がとおり、幸福になります。彼は神に似るのです。

おのれ自身との類似は一見すると破壊としか見えないものを被造物にもたらす。それは必然的な法則である。死はつねに活動をつづける生である

〔テアノ〕　でも、自然の摂理のお話にもどりませんか。ひとつの力がべつの力を圧倒して自分のがわに引きつけ、むりやり統合してしまうのは強制というものじゃありませんか。被造物の生命はすべて自分以外の種を破壊することで成りたっており、人間が動物を糧にしたり、動物がほかの動物を糧にしたり、植物や果実だけを糧にしたりして生きているのを見ると、有機的組織はたしかにたがいに形成しあっているとはいえ、同時にほかの有機的組織を破壊しているのがわかります。つまり、被造物には殺戮と死が含まれているのです。草も花も木の実も、結局は動物も、ほかのものの食べものになってしまいますが、こうしたものだって、それをかみくだいておのれの血肉に変える者の有機的組織に引けをとらないみごとな有機的組織ではないでしょうか。テオフロンさん、この雲を追いはらってください。私からすればどんな被造物にも太陽が輝いているというのに、この雲はまるでヴェールのようにその眺めをさえぎってしまうのです。

テオフロン　そんな雲は流れさってしまいますよ、テアノさん。一見すると死とも見えるものが被造物のうちになければ、万物がそれこそ本当に〔564〕死んでしまうということにお気づきになればね。そんなことになれば万物は惰性のままに静止し、活動する存在が死に絶えた荒涼たる影の王国になってしまうでしょう。

さっきのあなたの話しぶりは、まるでプラトンのお弟子さんのようでしたね〔第一版訳註32〕。あなたの先生の教えには、移ろうものにあっては万物が移ろいであり、時の翼に乗れば万物は足早に移りゆき過ぎさってゆくというものがありませんでしたか。被造物の歯車のどれかひとつを止めてごらんなさい。すべての歯車が止まってしまいますよ。私たちが物質と呼んでいるもののどこか一点を惰性的な死んだものにしてごらんなさい。すべては死に絶えますよ。

フィロラウス　そういえば、アトムとかいう絶対的な剛体かなにかが自然界に存在しているといった非哲学的な妄想もすくなからずあるそうですね。そんなものが存在するなら、それらにおいて運動はすべて恥辱になってしまいます。果てしなく小さなアトムでさえ、被造物全体の歯車を止めてしまうでしょう。

テオフロン　そのとおりです。絶対的な静止も、完全な不可入性や硬さや惰性も、もしそんなものがあるとすれば万物の力を奪ってしまう無であり、つまりは矛盾であって、じっさいには存在しえないのですから、あとはもうプラトンの言う流れに、つまり、移ろうものがすべてひとつの波であり、時間的なものがすべていっときの夢であるような流れにあえて身を任せながら考えるしかありません。

びっくりしないで下さい、テアノさん。怖がることはありません。流れのなかの波といっても、流れそのものは全体としては存在ですし、その波はひとつの自立的で本質的な真理の夢ですからね。永遠にして分割不可能な者は、永遠でありながら時間的な現象として、分割不可能でありながら空間的な形態として目に見えるものになろうと欲し、そのさいその形態一つひとつを、もっとも短命であると同時にもっとも長命なものとして存在させずにはおれませんでした。このせいで形態の一つひとつが時間と空間のイメージにそくして現象するように要求されるのです。現象するものはすべて消滅せざるをえません。それは可能なかぎり早く消滅しますが、可能なかぎり長く存続もします。〔565〕いたるところでそうであるように、ここでも両極端は合致し、そもそも同一なのですよ。有限な存在はどれも現象であるかぎり破滅の萌芽をすでに含んでいます。有限な存在が、最高の頂点をめざしてたゆみない歩みでさきを急ぐのは、没落を急いで、私たちの感覚からは消え去るためなのです。私がここに描く線を見てください。

テアノ　見ているだけで悲しくなりますね。

テオフロン　草が足早に開花にむかう様子をよくごらんなさい。草は、水分や空気や光といったすべての元素を吸収し加工します。成長して汁液を供給し、花を咲かせるためです。花は存在しはしますが、やがて消えてゆきます。草は、母となって自分自身の分身を残し、それが力強く生き抜いてますます繁殖するよう、力と愛と生命のすべてを注いだのです。いまや草という外見もなくなります。草はこの外見を自然へのたゆみない奉仕のうちで使い果たしました。草はその一生のはじめから、みずからの破滅のために働いてきたと言ってよいでしょう。

しかし、草にとって破壊されたのは、これ以上は維持できない外見以外のなんでしょうか。この外見は、いま問題にしている線をたどって、みずからの最高の使命である美しい形態と美の範型の頂点に達し、今度は急速に下降しただけのことです。草がこんなことをしたのは、死んでしまったいまの外見よりももっと若くて生き生きした外見に地位を譲るためではけっしてありません。そんなふうにイメージしたら、そりゃあ悲しくなりますとも。でも、草はむしろ生きた外見であるがままに、おのれの存在の喜びのすべてをこめておのれ自身の存在を産出し、それを長もちする芽に変えて、花々がたえず咲きみだれもすればこの草もそこで花開くことにもなる時間という庭園に残したのですよ。草そのものは、〔566〕根っこに力が残っているかぎり、外見もろとも死に絶えるわけではありませんからね。草は冬の眠りからふたたび目覚め、美しい青春の装いも新たに萌えいずるでしょう。草の存在が生みだした娘たちは、ういういしさもそのままに、いまや草の友であり姉妹なのです。

ですから、被造物のうちに死はありません。死は、留まりえないものが足早に立ち去ることであり、休みなく持続する永遠に若い力の活動であって、この力はその本性からして一瞬たりとも無為だったり、停滞していたり、怠惰なままだったりすることがありえなかったのです。その力はつねに、もっとも豊饒かつ美しい仕方でおのれ自身のために働いてもいれば、この力が存在を生みだし分かちあえるかぎりの他のものの存在のために働いてもいます。万物が変化してゆく一なる世界にあっては、どんな力も永遠に活動し、したがってみずからの有機的な器官をたえまなく変えつづけています。この変化はそれ自身が、この力の知恵と善意と美に満ちた不滅の活動の表現にほかなりません。草は生きているかぎり、自分自身が繁茂するとともに自分の存在を何倍にも複製できるよう働きました。草は、おのれ独自の有機的な力によってひとりの創造主となったのです（これは被造物がなりうる最高のものです）。

草が死んだとき、世界からひとつの愛すべき姿が消えました。草を生みだした内的な生命力はおのれ自身のうちに引きこもりますが、それは世界の若々しい美となってふたたび姿を見せるためです。万物は新たな生命へと、新たな青春の力と美へと、これ以上ないほどの急ぎ足で突きすすみ、だからこそ瞬間ごとに変化するのです。テアノさん、変化と呼ばれるものに含まれる本質的な知恵と善意の法則として、

［567］これ以上美しいものが考えられますか。

テアノ　空が美しく白んでくる様子が目に浮かぶようです、テオフロンさん。でも、日の出はまだです。

テオフロン　それなら、この休みなく働いている力が時の翼に乗って目まぐるしく変身してゆくさまを考えてごらんなさい。

私たちから見れば、一枚の葉ほどちっぽけなものはありませんね。でも、一枚の葉のほんの一部でさえ、一瞬たりとも無為ではいられません。それは吸収したり、排出したりしています（そのために葉は表と裏でこんなにもちがった造りになっています）。葉の有機的な装いの諸部分は、地に落ちて朽ちるまではいつまでも交替をつづけるのです。ですから生命は運動であり、活動であり、しかも、持続を楽しみもすればそのために努力しもするようなひたむきな力の活動です。変化の王国にあってはなにものも不変のままではありえません。それでも万物はみずからの存在を維持しようと欲し、またそうせずにはいられません。だからこそ、万物はつねに持続しつねに若々しい姿で登場するために永遠の再生をくりかえすのです〔第一版訳註33〕。

この活動しつづける生命は発展する生命でもあるのか

テアノ　でも、その変化は発展でもあるのでしょうか。

テオフロン　そうでないとしても、やはり変化は死や永遠の死をまぬかれる唯一の手段でしょうね。つまり、変化があるからこそ、私たちの生命力はいつまでも活動し、［568］生きていることを切実に感じとるのです。だとすれば、〔発展でなく〕変化だけでもすでに望ましい恩恵でしょう。永遠の生命のほうが永遠の死よりも望ましいようにね。さて、そこでですが、テアノさん、活動をつづけないにもかかわらず生命が発展したり、力がつねに活動したりしているような事態、つまり発展なき発展を、あなたは考えられますか。

テアノ　そんなのは矛盾じゃないでしょうか。

テオフロン　まさに矛盾です。たしかに、空間と時間において現象する力はどれも、空間と時間がもたらす限界を守るしかありません。しかし、力は活動するたびに、それにつづく活動を容易にしてゆきます。そうしたことが力に可能なのは、調和と知恵と善意というみずからに植えつけられた内的な規則にしたがうからにほかなりませんし、その規則は、どんな被造物にも愛情深くおせっかいを焼き、刻印を残し、被造物がどんな活動をするときにも助力を惜しみません。ですから、あなたがいたるところでごらんになるのは、混沌から秩序への発展であり、つまりは、さまざまな力が調和と秩序の規則をますます遵守しながら限界を新たに押しひろげひたむきに拡大し美しくなってゆく様子です。どんなやみくもな力にも光が、どんな不規則な能力にも理性と善意がつきまといます。被造物においてはその試みも活動もなにひとつ無駄ではありませんでした。ですから、神の王国には発展があるにちがいありません。そこには停滞はなく、ましてや後退などありえないからです。

テアノ　でも、死という形態はどうなるのでしょう。

テオフロン　被造物のなかに死はないのですから、死という形態もないのですよ。そうした形態をどんなふうに呼ぼうとかまいませんが、それは新たな有機組織への移行であり、成熟のきわみの幼虫が新たな生物として現われるための繭ごもりの段階です。[569]満足なさいましたか、テアノさん。

テアノ　満足です。私をここまで導いてくれた賢明な善意に身も心も委ねましょう。なんの功績もない私にこんなにも多くの力が与えられたのも——もちろん、まったく無償で与えられたわけではありませんが——、愛と善意にみちた幾多の力が私をとり巻いてくれているのも、そうした善意があればこそです。おかげで、私の知性も、心もおこないも、それ自身において根拠づけられた必然的な知恵と善意というただひとつの永遠の規則にしたがって整えられています。

黙りこんでらっしゃるんですね、フィロラウスさん。

以上から導かれる定理

フィロラウス　すぐに追いつきますよ。ざっと一連の結論を加えておきたいと思うんです。それ自身で必然的な真理と善意を説くテオフロンさんの体系からは、こんなふうな結論が帰結するように思われます。さっきは第二の命題まででしたね。つづきはこうです。

三、自然の力はすべて有機的に活動する。どんな有機的組織も、さまざまの生きた力からなるひとつのシステムであり、それらの力は、知恵と善意と美という永遠の規則にしたがって一なる根本力に奉仕する。

四、この根本力がもろもろの生きた力を支配し、生きた力が根本力に奉仕する際の法則は、以下のとおりである。つまり、どんな実在も内的に持続する。同種的なものは一体化し、対立しあうものからは区別される。最後に、どんな実在〔生きもの〕もおのれ自身に類似し、おのれの実在をもっとべつの実在として複製する。これらは、神自身がおのれを啓示する活動であり、それ以外の活動やもっと高次の活動は考えられない。

五、被造物にはいかなる死もなく、存在するのはむしろ変化である。それは必然性という法則にしたがった変化であり、〔570〕その法則によればどんな力も、変化の領域においてつねに新たでつねに活動的でありつづけようとする。このため、力がまとう有機体という装いは牽引と反発、友情と敵意によってたえず変化している。

六、被造物にはいかなる静止もない。というのも、なにもせずに静止することは死だからである。生きている力はどれも活動し、しかも活動しつづける。したがって、力はさらなる活動のたびにますます発展し、おのれを鍛えあげる。これは、力を求めもすれば力のうちにひそんでもいる知恵と善意の内なる永遠の規則にしたがってのことである。

七、力は、おのれを鍛えれば鍛えるほど、ほかの力にも作用する。力は、おのれ自身の限界を押しひろげることによって、ほかの力を有機的に組織し、おのれのうちに宿っている善意と美のイメージをそこに刻印する。したがって、自然の全体を支配しているのは、混沌から秩序が、眠っている能力から能動的な力が生じるという一なる必然的な法則である。この法則の活動はとどめようがない。

八、したがって、神の王国には現実であるような悪は存在しない。悪はすべて無である。それにもかかわらず、私たちは、制限となるもの、対立するもの、過渡的なものを災厄と呼ぶが、これら三者はどれもその名に値しない。

九、だが、空間と時間においてはどんなものも一定の度合いで存在するので制限が必要であり、いっさいが存在している神の王国にも対立物が存在しなければならないので、この王国の最高善には〔571〕対立するものどうしが助けあい促進しあうことが含まれる。というのも、対立する両者の統一によってはじめて、どの実体のうちにも一なる世界が、つまり善意と美を完備した一なる存続する全体が生じるからである。

十、人間の過ちでさえ、思慮ある精神にとっては善である。というのも、この精神が賢明であればあるほど、過ちが過ちであることはますますあきらかであるにちがいないし、ひいては過ち以上にもっと多くの光がありもっと純粋な善意や真理があることを際立たせて精神の助けとなるにちがいないからである。しかも、こうしたことのすべては恣意としてではなく、理性と秩序と善意の法則にしたがって生じる。

私の出した結論に満足ですか、テオフロンさん。

テオフロン　とても満足です。フィロラウスさん、あなたの鋭敏な精神は先陣を切って走ってゆきますね。まるで駿馬が、走路を空けてやりさえすれば、まっしぐらにゴールにむかって駆けてゆくようです。スピノザの影に感謝しますよ。彼のおかげで私たちはこんなに気持ちよく何時間も語りあえたのですからね。この種の問題についてお話しする機会はめったにありません。しかし、こうした問題は精神をじつに卓越した仕方で高揚させ、明晰判明で必然的な真理にむかって形成してくれるものです。それに、みなさんとこんなふうに語りあうと、第二の喜びがあります。こうやってお話ししていると、若いころに考えたことが思い出されるのですよ。思索にふけりながらライプニッツやシャフツベリやプラトンの頁をめくって何時間もすごした甘美な時は、夢見心地と言うだけでは尽くせないほどです。

哲学的な対話の長所

テアノ　テオフロンさん、そうしたお話についてまとまったものを書いてくだされば、なおのこと結構ですのに。しゃべったことは、しゃべるそばから消えてしまいます。〔572〕それに、この種の問題についてのおしゃべりを書きとめたものにはいつもなにかが欠けているような気がします。さきが気になって読み進めますが、そう思ったときにはもう終わっています。それでまた元に戻りたくて仕方なくなってしまうのです。

テオフロン　それなら元に戻ればよいのですよ、テアノさん。そうしたおしゃべりがいわばおのずから魂から流れ出るようになるまでね。おしゃべりにはいくつも欠点がありますが、私たちが暗記をしなくてすむようにしてくれるのはまぎれもない長所です。真の哲学はけっして暗記されるようなものであってはなりませんからね。

テアノ　その規則を弟にも聞かせてやりたいものです。弟はこのごろ凝った言葉づかいに夢中になっているのですが、それを口に出したとたん頭がこんがらかってしまう始末なんですもの。弟はけっして自分自身の自然な言葉ではなく、よそ者の言葉で話すんです。まるで外国語みたいな、いえむしろ、悪魔がとりついているみたいな話しぶりです。本人がいうには、ある体系〔第一版訳註34〕を勉強してすっかりはまってしまったというのですけれど。テオフロンさん、スピノザもデカルトもライプニッツもだれもかれも放っておいて、あなたご自身の考えを書いていただけますか。

テオフロン　テアノさん、私は先人たちの足跡をたどってゆくほうがよいです。必然的で永遠なる真理がみずから印を押してくれるような著作を企てるには、まだ不足だらけですからね。[*8]

スピノザは、唯一の実体によって、さまざまの個別的な存在の仕方つまり個体化を消し去ったのか

フィロラウス　ここで留保つきの発言をしてもよろしいですか、テオフロンさん。あなたの第一原則はこうでした。

「最高の存在はみずからの被造物に、現実性、存在という最高のものを与えた」

世に言われるところでは、まさにこれこそが私たちの哲学者〔スピノザ〕の体系に欠けている点です。彼によれば、どんな存在も生じません。ただひとつの実体だけが存在し、私たちはただの様態です。

テオフロン　様態は様態でも、なんの様態かがかんじんですよ。それは最高の意味での存在の様態です。ある連中は、スピノザが私たちにあまりにも多くを容認すると憤慨し、べつの連中はあまりにも少ししか容認しないと憤慨しています。スピノザよりもっと上手な表現をみつけて手を結ぶことができないようですね。私たちは存在の仕方であり、それを私たちは個体と呼びます。だれもが独自の仕方をもってもいれば、独自の仕方でありもするのであって、つまりは、だれもが独自の個体なのです。これ以上にうまい表現をごぞんじですか。

フィロラウス　世の人びとはまったく反対のことを考えていますね。「スピノザは私たちから個体性を奪ってしまった。この観点からすれば、彼の体系は断固として否定され退けられなければならない」とね。

個別化と自己とはなにか

テオフロン　スピノザは最高の存在からその存在を、自己意識を奪ってしまったと考える人もいますね。「オシリスは死んだ。[*9]彼の分断された四肢はあちこちを様態として漂っている。それは実在なき様態であり、中心点なき半径であるが、他方では半径のないままにきわめて活動的な中心点であり、おのれの現実性を提示しないままにもっとも現実的な実在である」。

こんなまるでつじつまの合わないナンセンスを考えてもごらんなさい。テアノさん、うまい助け舟を出してください。あなたにあって自立的であるもの、つまり活動しながら持続し、持続しながら活動しているものはなんですか。なにがあなた自身でしょうか。

テアノ　私の容姿は私のものですが、私自身は私の容姿ではありません。それは私の子供時代の肖像画が証言してくれますし、苦しいときやうれしいとき、元気なときや病気のときに鏡に映る私自身が証言してくれます。

テオフロン　でも、あなたは状態がさまざまに変化していながらつねに同じあなた自身であり、同じ個人であったし、いまもそうですよね。

テアノ　私の空想はそうではありません。空想は年ごとに変わりましたもの。好みとか趣味とか楽しみと呼ばれるものも同じではありません。そういうものにしても、私たちが気づかないうちに着替えている衣服のようなものなのでしょう。最後には記憶がぼやけて思い出もあやふやになるわけですし。でも、人生のそんな陰鬱な季節のことは考えさせないでください。私たちみんながそんな季節を迎えるのは、もっとさきにしてもらいたいものです。

テオフロン　じゃあ、自己の存立の中心点が感覚や空想や好みや欲望の領域にないのなら、どこにあるのでしょう。

テアノ　私の自己のうちにです。自己という言葉は概念としても感覚としてもそれ以上は分解できないように思われます。私は子供でしたが成長し、病気をしましたが健康になり、眠ってはめざめました。内面や外面がどんなに変化しても、私は周囲から同じひとと呼ばれるばかりか、私自身も自分を同じひとと感じとりそのように呼んできました。

テオフロン　すると、自己性の原理はあなた次第のものではなかったのですね。まるで理屈から生じ、内省によって支えられなければならず、内省が拠りどころで、それがなければ消えてしまうみたいですね。

テアノ　まさか、ありえません。どんな変化があろうと――もちろん私の身体や精神は同じままではないですが――、それでも私は同じまま、ひとつの自己でありつづけますし、このことは私の理屈とは無関係です。めざめているときだって私はそこまで理屈を考えられませんし、眠っているときはぜんぜんだめです。夢という魔法の領域では私はしばしばまったくの別人でした。めざめているときに内省してみれば、私は自分のちっぽけな自己が分割されていることに気づきます。私は自己そのものを人為的に分割しているのです。

テオフロン　すると、自己という信念、いいかえれば私たちを個体化する原理は、知性や理性や空想が及ぶよりももっと深いところにあるわけですね。うまく言いあてましたね、テアノさん。その原理は、概念や感覚としては自己という言葉そのものに含まれています。自己意識、自己の自発的活動といったものが私たちの現実、私たちの存在をかたちづくっているのです。おかげで、私たちの能力や衝動や能動性が育成されているかどうかの段階のすべて、それこそ地上から天上にいたるほどの段階のすべてが成りたちます。

自己感情つまり自己の度合い

〔テオフロン〕　ねえ、テアノさん、個体化の原理（自己感情とか、自己意識とか、もっとべつの呼びかたをしてもよいのですが）は、存在するすべてのものにおいて同じ度合いで活動していると思いますか。

テアノ　もちろん、そんなことはありません。生きている薔薇とこの刺繡の薔薇、薔薇のしげみとそれにとまってさえずっている小夜啼鳥《さよなきどり》、薔薇にとまっている蝶、これらが同じ種類の自己感情や自己意識、ひいては存在をもつことはありませんし、同じ度合いでそれらをもつこともありません。じゃあ、私たち人間はどうなのでしょう。

テオフロン　ですから、いまあなたがおっしゃったものたちと私たちは、べつべつの「存在の仕方」であって、自己意識の種類も度合いもさまざまです。下にはどこまでも下があり、上にもどこまでも上があるというのが現実性の様態ですよ。そこで問題は私たち人間です。私たち人類がひとりのこらず等しい深さの自己感情をもち、等しく活動する自己意識をもち、したがって等しい内面生活を送っていると思いますか。

テアノ　ちっとも思いません。有機体としては人間であっても、内面はほとんど花や鳥の個体性になぞらえたいようなひともいますし、それどころか野獣の個体性になぞらえたいようなひとだっていますもの。

テオフロン　「なぞらえたい」とおっしゃいましたが、それはつまり、そんな連中でも人間としての感情は共有しているということですね。どんな個人だろうと自分の属する類という基盤までは否定できませんから。ところで、もっとも純粋でもっとも美しい最高の個体化はどんなものだと思いますか。

テアノ　それはもう、すべての形式の形式に決まっています。その形式は万物を包括し、その活動は万物をつらぬいて広がっています。その活動はますますます多くを包括し分かちあえるようになればなるほど、ますます多くを所有し、つまりは、みずからその多くのものであることが必然なのです。

フィロラウス　おふたりとも、このへんにしておきましょう。もうひとことも付け加えることはありません。私の見るところ、唯一にして永遠な個体化の原理はわれらが哲学者の体系において、私たちをおのれ自身の最内奥の自己へと導くような一筋の糸に沿って展開されています。ひとつの実在が生命と現実性をもてばもつほど、つまり、これこそ自分の居場所だと感じられ、おのれ自身をひたむきに全面的に委ねられるような一なる全体を保つために知性的で力強く完全なエネルギーを高めれば高めるほど、その実在はますます個体であり自己なのです。このような考えにしたがって、スピノザは人間の身体の長所や人間の魂の能力を規定し、万物を生かしているあのかた、つまり私たちがそのなかで生きてもいれば、「私たちは意識によって、つまり私たちにもっとも固有のもっとも強力な力によってその種族である」とも言えるようなあのかたへと万物を連れもどしました。

テオフロン　それでは、空中で言葉を闘わせるかわりに、私たちの真の自己を目覚めさせ、個体化の原理を私たちの内部で強化することにしましょう。私たちのうちに精神と真理があればあるほど、つまり万物の万物にたいする能動的な現実と認識と愛があればあるほど、私たちはますます神を有し享受し、活動的な個体として不死にして不可分となります。おのれのうちに万物が存在し、万物を保ち担っている者だけが、つぎのように言うことを許されるのです。

「私こそが自己であり、私以外にはなにものも存在しない」。

〔あとがき〕

二種類の哲学。確信にもとづく哲学と説得にもとづく哲学

話し手どうしの語らいはここまでである。ともあれ、対話という言葉から察せられるように、その評価は読者諸賢に委ねられている。話し手は自分たちどうしで論じあうだけで、他人むけにそうしているわけではないからである。

昔から哲学者は二種類いる。確信にもとづく哲学者と説得にもとづく哲学者、つまり事柄の哲学者と言葉の哲学者である。スピノザは前者であって、後者ではなかった。彼はこう言っている。

スピノザにおいて真なる観念の確信とはどんなものか

「真なる観念をもっている者なら、真なる観念は最大の確信も含んでいることを知らないわけがない。というのも、真なる観念をもつとは、事柄を正しく完全に認識することにほかならないからである。こうしたことを疑えるのは、観念とは壁にかかったもの言わぬ画像であって、ひとつの思考様式つまり理解する働きそれ自体ではないと考えるような者であることはあきらかである。というのも――私はお尋ねしたいのだが――、事柄を理解していないのにそれを理解していると自覚できる者がいるだろうか。つまり、みずから事柄を確信していないのにそれを確信していると自覚できる者がいるだろうか。つぎに、真理の規範として真なる観念よりも明晰で確実なものがあろうか。光がおのれ自身と闇をあきらかにするのと同じくらい確実に、真理はおのれ自身の規範であり、しかも真理を虚偽から区別するための規範である[3]」。

「私は自分が最善の哲学を考えだしたなどとうぬぼれてはいません。しかし、真の哲学を洞察していることはわかります。どうしてそれがわかるのかとお尋ねになるなら、三角形の三つの角の合計が二直角に等しいのと同じように、とお答えしましょう。健全な頭脳の持ち主なら、これだけで十分であることを、よもや否定したりはしないでしょう。というのも、真なるものはおのれ自身と同時に虚偽をも指し示すからです[4]」。

こうした種類の哲学者は、真理などただの単語にすぎないと見なすがゆえに真理を主張しようと撤回しようとどちらでもかまわないような論争家とはおよそ接点がない。

（3）『エティカ』第二部定理四三註解。〔『遺稿集』〕八〇頁。

（4）書簡七四〔現在では七六〕。

つまりスピノザは、洞察と空想、理解と虚構を区別することになにより力を注いだ。想像力の虚構にたいして彼がどれほど厳しい態度で臨んでいるかは、『神学・政治論』が示しているとおりである。『エティカ』の註解や彼の書簡でも、彼がどれほど厳格に知識と夢想を区別しているかを示す箇所はすくなくない。『エティカ』の註解では、知識や認識や洞察のさまざまな段階までもが厳密に区別されている[5]。このことをもっとも明晰に示しているのが『知性改善論』である。知性の完成のためとなれば幾多の骨折りが求められるだろうが、スピノザのような哲学者がまやかしの仕事をするはずはなかった。そんなまやかしは、思弁に耽ってさまざまな図式をふりまわしてはひとを煙に巻くものであり、ものごとをつかみとり捉え理解する知性をたぶらかすものだからである。

（5）　たとえば、〔『エティカ』第二部の〕定理四〇、四三、四四、四九などの註解。

「私が知っているということを知るためには、私はまずかならず知っていなければならない。〔…〕われわれが形相的な本質を感じとる仕方は、確信そのものである。真なるものを確信するには、自分は真なる観念をもっているという以外にどんな目印も必要ない。〔…〕最高の確信とはなんであるかを知りうるのは、事物の完全な観念〔…〕をもつ人以外にはない。確信と事物の想念的な本質とは同じものだからである。〔…〕したがって真の方法とは、観念を獲得したあとで真理の目印を求めることではない。真の方法とはむしろ、真理そのもの、いいかえれば事物の想念的本質、さらにいいかえれば観念（三つの名前はすべてまったく同一のものを意味する）をふさわしい秩序で獲得するための道筋である。

したがって、方法はどうしても理性の推論や理解（intellectio）について語らなければならない。方法そのものは、事物の原因の理解のために理性がおこなう推論ではないし、ましてや原因そのものの理解でもない。むしろ方法は、真なる観念とはなんであるかを理解することである。というのも、方法は真なる観念をそのほかの表象から区別してその本性を探究するからであり、これによってわれわれは自分自身の理解能力を知るようになり、理解可能なもののすべてをわれわれ自身の知性がこの規範にしたがって理解するよう制御する。そのために方法は補助手段としていくつかの規則を知性にあたえ、知性が無用な作業に骨を折ることがないようにする。

ひとつの真なる観念およびもっとも含蓄のあるもっとも純粋な観念という規範こそが、すべての真なる観念にいたるための方法である

したがって、方法とは反省的な認識、つまり観念の観念にほかならない。あらかじめ観念が存在しなければ観念の観念はありえないのだから、あらかじめ観念が存在しなければ方法もありえない。してみれば、よい方法とは、与えられたひとつの真なる観念の規範にしたがって知性[*10]がいかに導かれるべきかを示すものであろう。さらに、二つの観念どうしの関係はそれらの観念の形相的な本質どうしの関係と同じだから、もっとも完全な実在の観念の反省的認識はほかのどんな観念の反省的認識よりも優れていることになる。したがって、もっとも完全な方法とは、もっとも完全な実在にかんする所与の観念という規範にしたがって知性がいかに導かれるべきかを示すものであろう〔…〕。

以上から、知性は多くのことを理解すればするほど、それによって同時にもっと容易にもっと多くのことを理解するための道具を手に入れることもあきらかになる。というのも（すでに述べたことからあきらかであるように）、そのほかすべてのものに先だって、われわれのうちにはひとつの真なる観念が生得の道具として実在しているにちがいないのであって、その観念を理解すれば同時に、真なる観念とそれ以外の表象との区別も把握されるからである〔…〕。

知性が多くの自然の事物を理解すればするほど、おのれ自身をもよりよく理解するということは自明であるから、知性がますます多くの事物を洞察すればするほど、方法のこの部分もますます完成することがわかるし、方法が最高に完全なものとなるのは、知性がもっとも完全な実在の認識に注意をむけ反省するときであるということもわかる。知性は、多くの事物を認識すればするほど、おのれ自身の力と自然の秩序をよりよく理解するし、おのれの力をよりよく理解すればするほど、おのれ自身を秩序づけ規則に服することも容易になる。知性は、自然の秩序をよりよく理解すればするほど、無益なことをさし控えるのも容易になる。すでに述べたとおり、こうしたことこそが方法の全体の本領である。〔…〕われわれの知性は、みずから自然の純粋な写しとなるために、おのれの観念すべてを、自然全体の根源と源泉を具現しているような観念から産出し、この観念がそのほかすべての観念の源泉でもあるようにしなければならない」。(6)

(6) 『知性改善論』〔『遺稿集』〕三六七頁、三六八頁〔ブルーダー版の分節では、第三四―四〇節、第四二節を自由に要約したもの〕。

スピノザはこのように考えた。真なる観念をもち理解力のある精神の持ち主もすべて、その能力に応じて彼と同じように考えた。彼らは虚構をでっちあげる想像力を棄て、まやかしや机上の空論から絶縁した。スピノザにとっては、知性によって理解された概念こそが、本質的なものであり、生きているものであり、真なるものなのであって、イメージの言葉は彼にとっては無に等しい。彼は知性の概念を代数の記号のように使いこなす。

彼の方法の外面をあげつらうかぎり、厳密な綜合的方法を試みたことのある者ならだれでもその難点がわかる。その方法の連鎖をなす個々の要素はしばしば特殊な分析や演繹を要求するが、その要素が直前のものからは帰結しないことが明白なばあいでも、われわれはそうした分析や演繹を忍耐強く実行しなければならず、それが実行できないからといって否定したり投げだしたりしてはならない。もっとも豊かでなおかつ完全な概念という一なるものからスピノザは万物を導出し、ほかならぬこの概念において彼は万物を所有し享受するのである。

どんな民族（Nation）においても、一なるものと真理をそれぞれに愛した人びと、言いかえれば、一にして真なるものの理念がすべての認識と方法の規範として生きいきと刻印づけられていたような人びとが、表現やイメージの仕方はまるで異なっていても、こうした偉大で単純な思考方法を共有したのはどのようにしてなのか。こうしたことを指摘してゆくのはたしかに有益ではあるが、それをしていては回り道の楽しみに耽りすぎることになろう。ユダヤ教徒もキリスト教徒も、ギリシア人もインド人も、頭脳と心を思弁に捧げた人びとも、スコラ学者も神秘主義者も、同じ思考方法を共有していた。というのも、スピノザの哲学は、スピノザ本人よりはるか以前からあったし、彼のはるか後になってもありつづけるだろうからである。スピノザをもっとも辛辣に攻撃する人びと、つまり彼の表現を誤解したり悪いところばかり選んだりして攻撃する人びとが、おのれ自身の立場を宣言したくなったり、宣言しなければならなくなったりすると、ほかでもないスピノザの信仰の表現をもちいるというのは、よくある話であった。この表現は、スピノザのものでもあれば彼ら自身のものでもあり、それがあるときは上手に選ばれ、あるときには下手な仕方で選ばれているにすぎない。スピノザの信仰とは、真にして善にして美なるものという、万物の根底にあって生きいきと感受される卓越した一なる理念への内面的な信仰である。こうした理念がなければ、われわれがどれほど語ったり書いたりしてもすべてはむだでしかない。

このことの証拠は数多くあるが、それはまたべつの場所であつかうことにして、ここではかわりにレッシングの遺稿の一節（これによって、すくなくとも彼にとってスピノザの体系がすこしも冗談ではなかったことはわかるだろう）と、シャフツベリの自然への讃歌を韻文化したものをお読みいただこう。

〔第二版の付録〕

レッシング　神の外部の事物の現実性について[*1]

神の外部の事物の現実性についてどのように説明するにせよ、そんなものは私にはまったく理解できないと告白するしかない。

この現実性は可能性の補完[*2]と呼ばれているそうである。私としてはこう問いたい。可能性の補完については、神の内部になんらかの概念があるのかないのか、と。ないと主張したがる者がいるだろうか。だが、神の内部にその概念があるのなら、すべての事物は神自身の内部で現実的である。

するとつぎのように言う者もいよう。しかし、神がある事物の現実性について概念をもっているからといって、その事物の神の外部での現実性が否定されるわけではない、と。否定されるわけではない、と言うのか。それなら、神の外部の現実性には、神のもつ概念の内なる現実性とは区別されるようななにかがあるにちがいない。つまり、神の外部の現実性には、神が概念をもたないようななにかが含まれているにちがいない。これは不合理である。だが、そんななにかは存在せず、神が事物の現実性についてもつ概念のうちに、それが神の外部で現実になったとき見いだされるすべてのものが見いだされうるのなら、ふたつの現実は一体であり、神の外部に存在すると称されるものは神の内部に存在している。

あるいは、事物の現実性とは、その事物に帰属しうるすべての可能な規定の総体[*3]である、という意見もあろう。〔だが、〕こうした総体は神のもつ観念の内部にも存在しなければならないのではないか。神の内部にも根源的イメージが見いだされないとすれば、神の外部の現実はどのように決定されるのか。してみれば、この根源的なイメージは事物そのものなのであって、この根源的イメージの外部にも事物が存在すると言うなら、事物の根源的なイメージを不必要かつ不合理な仕方で二重化することになってしまう。

たしかに、哲学者たちはこんなふうに言うだろう。神の外部における事物の現実性を肯定したとしても、この事物を神から区別しているだけであって、その事物の現実性を神の必然的な現実性とはべつの種類のものとして説明しているだけだ、と。

だが、彼らのやりたいことがそれだけなら、神が事物についてもつ概念が現実のこれらの事物そのものと見なされないのはなぜなのか。事物は神からあいかわらずしっかりと区別されている。それらは神においてこそ現実的であるからには、事物の現実性はいまだまったく必然になっていない。そうだとすれば、事物が神の外部でもつはずの偶然性には、神の観念においてもなんらかのイメージが対応しなければならないのではないか。このイメージは事物の偶然性そのものにほかならない。神の外部で偶然であるものは、神の内部でも偶然であろう。そうでなければ、神はおのれの外部の偶然なものについてまったく理解していないことにならざるをえまい。――私は神の外部という表現をごく普通に使われるとおりの仕方で使っているが、それはあえてこのような使いかたをすることで、こんな表現は使うべきでないことを示すためである。

ひとは叫ぶだろう。しかし、それでは神の不変の実在のうちに偶然的な事柄が含まれていると想定することになってしまう、と。――なるほど、しかしそんな想定をしているのは私だけだろうか。神に偶然的な事物の概念を付けくわえざるをえない君たち自身は、偶然的な事物という概念が偶然的な概念だということにはまったく思いいたらなかったのだろうか。

（『レッシングの生涯と遺作』第二部一六四頁）

シャフツベリの自然への讃歌[*4]

第一の歌

田園生活。自然。神。

私を受けいれてくれ、野よ！　聖なる森よ、
都会の喧騒を逃れてきたさすらい人を迎えてくれ。
君たちの影に安らぎ、元気を回復したいのだ。
どうかこころよく望みをかなえてくれ！

緑したたる喜びの園に祝福あれ！
平穏な土地の家々に祝福あれ！
こころを魅了してやまない見わたすかぎりの花飾りよ。
君たちに祝福あれ、そしてあなたのなかに生きるすべてのものにも。

あなたは浄福な人間たちの安らうところ。

彼らは、ねたみを逃れ、愚劣さから遠ざかって、ここでは
無垢のまま、静かに、ほがらかに、生きいきと見つめている。
あなたという生命を、偉大な自然を。

自然よ！　美のなかの最高の美よ。善なるものよ！
万物を愛し、万物からの愛に値いするものよ。
くまなく神的であり、知恵に満ち、優美に満ちた
あらゆる崇高なものの高貴な内実よ。

あなたは神の友、摂理をつかさどる賢明な総督。
いや、むしろ創造主自身と言うべきか。
創造主よ、ごらんあれ。私はひざまずいて祈る。
そそりたつ神殿の聖堂であなたを讃美する。

崇高なものよ、あなたにはこの沈黙こそがふさわしい。
私を歌へと駆りたてる、
この感激こそがふさわしい。
むろん、わが歌は不調和な声にしかならないが。

実在するものたちの和合、森羅万象の秩序と調和は、
あなたのうちへと溶けこんでゆく。
ああ、究めがたいものよ、あなたはすべての美の源泉にして流露であり、
完全なものの大海なのだから。

その満々たる海にあって、いっさいの思考はやむ。
そこには果てもなければ岸辺もなく、
いたるところが中心で円周がどこにもない[*5]ため、
どんな空想の翼も疲れはててしまう。

私は、あなたの無限性の沁みとおった
取るにたらない私自身から何度も飛びたったが、
そのたび自分自身に舞いもどってしまう。
それでも私は、あなたという思考の深淵をあえて究めようとするのか。

あなたが私を創造し、意志をもって動けるようにしてくれたのは、
私があなたを認識し、あなたという永遠の美を
不遜にも愛し、やむにやまれずあなたに近づくため。
どうか私に力を与えたまえ！

あなた自身がわが知性とならんことを。
私が被造物の迷路を探究するとき、私が精神と愛で満たされるよう、
探究する私をあなた自身が導かんことを。
あなたを愛する者をあなた自身へと導かんことを。

第二の歌

万物を活気づける働き。被造物はたえず若返る。運動。空間。時間。感覚。思考。神。

万物を活気づける精神よ。ああ、生気を吹きこんでくれるあなた。
あなたは力のなかの力、すべての昂揚の源泉。
わが思考の源泉にして、
わが思考力の内実でもある。

あなたは飽くことなく、つねに抗いようもなく
万物を衝きうごかす。能力の国における新たな享受へと。
聖なる法則のもと、
生きものたちは交代しては新たに生きる。

彼らはこの世に呼びだされ嬉々として世の光を見、

楽しげに光を眺めながら去ってゆく。
ほかのものもあの太陽の光を享受するように、
万物が生を享受するようにと。

汲めども尽きぬ泉は、万物におのれをわかち与えながら
涸れることを知らない。寸暇を惜しんでせっせとわかち与える手を
じゃまするものはなにもない。
その恩寵ゆえに、なにものをもなおざりにすることはない。

あるがままの腐敗の様子はおぞましい。
(ひとは、それをなるべく見たり考えたりしないで恐れおののくばかりだ)。
だが、そのおぞましい様子さえもが生への扉であり、
新たな若い世代の創造であり、永遠の芸術の舞台だ！

万物は途上にして目標であり、
目的にして手段である。われわれの感覚のうえを
過ぎゆく世界はこれまた世界を含み、無限小が
われわれには無限大となる！

それは奇跡の世界だ！　そこではひとつの実在がたえず力を尽くしている
（それはひとつの実在だろうか）。それはつねにおのれをわかち与え、
けっして死ぬことがなく、もっとも深く安定していながら力を尽くしている。
この実在を運動と呼ぼう。

そこにはもうひとつ、われわれが理解するには小さすぎ、
なおかつ大きすぎる化けものがいる。
それは刹那のようにすりぬけるかと思えば、
われわれの制止をものともせず永遠にまで膨張する。

それはわれわれの理解が及ばないものだが、時間と呼んでおこう。
また、際限なく万物を取りかこむものを空間と呼ぼう。
そして——ああ、深遠なる神秘といえば、まさに君、
われわれの思考と感覚がそれだ！

それは、なによりも身近な自己そのもの、すべての実在のなかでもっとも確実なもの。
（たとえすべてが夢のようにはかない影であろうと、
　私の感覚は真実であり、
私の考え、私の理性は存続している）。

私は自己のうちに、もっと高次の永遠の実在のまぎれもない存在を感じる。
ああ、原像たるあなたよ、自己のうちにはあなたが存在し、あなたの作品が存在し、
あなた自身が住みついている。
このうえない真実として私のうちに。そう、私のうちに！

第三の歌

星空。太陽。惑星。地球。人間。神。

星空よ、きらめく恒星たちの空間よ！
恒星を数えつくす者がいようか。まだだれも見たことがない恒星を。
彼方にある世界と世界のあいだの距離を測る者がいようか。
そしてまた、それらすべての世界からわれわれにいたる空間を測る者がいようか。

ああ、広大無辺のものよ！　恒星たちの一つひとつが
一群の惑星を動かしている。恒星はどれも
銀河のなかに湧きいずる。われわれには雲の切れ端のように見える
あの銀河のささやかな煌《きら》めきでさえ、おのれのうちに森羅万象を蔵している。
あれがわれわれの太陽だ！　日々をもたらす聖なる泉、

光の源泉にして生命の温もりの源泉！
うちなる衝迫のままに、優しくも力強く活動する炎を
あらゆる方向に注ぐ一つの火球。

それは万能の存在であり、世界を包みこむ万能のものの似姿、
世界が生きるための土台！
その優美さはうつろわず、いつまでも永遠に
若者の姿のまま美しく心を惹きつける。

君はほとんど不死だ、高貴な被造物よ。
惜しみなく不断に費やされる流れをつねに注ぎだし、
たえず無尽蔵に恵んでくれる、
そんな君をうるおし力づけるものはだれなのか。

太陽の周りを多くの惑星が、
喜びを得ようと、生きいきと遊動している。
彼らはまるで母親に駆けよるかのように太陽に引きつけられながらも、
またべつの強制を受けるおかげで静かに丸い軌道をたどる。

威厳に満ちた家長よ、彼らに命を吹きこむとは、なんたる精神であることか！
君が彼らに魂を注ぎこんだのか。いったいどうやって。
それとも、君は彼らを力づよくエーテルと風のそよぎに
はめこんだのか。君のしもべである風のうちに。

一つひとつの世界の骨組みをまとめているのはだれなのか。
地球という球体に一点のまわりを回転させるとともに、
地球にも太陽にも忠実な月が、
その回転についてゆくようしむけるのはだれなのか。

地球よ、あの権力者たちに比べれば、
いやそのひとつである太陽に比べてさえ、君はなにほどのものか。
恒星の群れという広大無辺のものに比べれば、君はなにほどのものか。
だがしかし、無にも等しい人間に比べれば、君はあまりにも大きすぎる！

その人間は、天なる精神に生気を与えられて
天翔《あまが》ける。地上から彼方へ。
父なるものへ、魂の中心点へ。
物体がおのれの重心に向かうのと同じくらい確固として。

ああ、すべての精神はおのれの目標に迫りゆく、
こんなにもたゆみなく！
だが、混沌《カオス》を分離して調和の世界を言祝《ことほ》いでくれたかたであれば、
精神たちをも調和のうちで言祝いでくれるだろう。

第四の歌

地下の被造物の領域。大地の領域。大気の領域。水の領域。光の領域。エーテルの領域。

惨めな民族、人間よ！
君たちはなぜ愛すべき野辺の仕事を投げだすのか。
高慢のゆえにか。それとも悪魔が君たちに、
安息を軽蔑して惨めに生きるよう命じでもしたのか。

こうして死すべきものは災いと困窮に覆いつくされた！
病み疲れた欲望は、
大地が親しみぶかく与えてくれるものに吐き気を催した。
彼らは略奪を働きながら海上をさまよった。
大地のおもてに現れた世界の宝では満足できずに、

愚者どもは骨を折って大地のふところを掘り、
母なる大地の胎《はら》を掘りかえした。
富を求めて。

その地中でも形成し支配している者は、神の匠《たくみ》よ、君だ。
君は、こちらでは変転につぐ変転を、あちらではけっして分断できない
永遠不変の諸形態を形成し支配している。
そのさまは学者にも見通せはしない。

だが、君のわざの秘密を――自然を――かくまう瘴気《しょうき》は、
ぞっとするような仕事場に踏みこんできた無鉄砲な連中を
死の蒸気によって
すばやく覆い隠してしまった。

＊＊＊

澄みきった心地よい大気よ！　燦々《さんさん》とふりそそぐ日の光よ！
君を見ると心が躍る。
大地よ、君のうえに足を踏みだし、君の宝を賞玩するのは心躍ることだ。
地下に比べて、なんと澄んだ甘美な大気であることか！

太陽のぬくもりに身をゆだね、
命を吹きこんでくれる風のそよぎの涼しさに身をゆだねよう。
風はこの地上の植物たちをやさしく揺らし、
あの地下の瘴気を洗い流してくれる。

雨は降りそそぎ、新たなみのりをもたらす。
わが子を養う大地が、大気をもろもろの力で
活気づけるのだから。そのういういしさたるや、
まるで神が今日、大気を創造しているかのよう。

＊＊＊

そして、もっと重い大気である水よ、ああ、君は美しい！
あかるく透明で澄んでいながら、暴君の圧制には
頑として屈しない心ばえもそなえている。
だが、おだやかに誘えば、なんとこころよく従ってくれることか！
きらきらと煌めく大河よ、君はたゆみなく流れ、
もろい大地を砕き、耕地に滋養をもたらす。

耕地は、均衡を保ちつつ争うことによって
花を咲かせ実りをもたらす。

軽やかなものよ、君は深く大海に集められても、
風に引きあげられて
ふたたび空へと移り、
雲の姿となってさまよう。

やがて君はまたもや降りてくる。
渇ききった大地をうるおし、泉と流れを新たに満たし、
そのまわりには野が笑いさざめく。
すべての生きものが生きているのは、君のおかげなのだ。

＊＊＊

光の源泉よ、きらめく炎の海よ。
だれが君たちを探求してその限界を定めるだろうか。
君たちは、広く森羅万象に注ぎこまれ、
大地の奥底に閉じこめられているのだから。

大気は進んで君たちに奉仕し、君たちを翼にのせて運ぶ。
太陽でさえ、星々の大群でさえ、君たちのはなつ光線のすべてを
呑みこむどころか、
むしろ君たちのおかげで輝いているではないか。

光の源よ、聖なる泉よ、君をエーテルと呼ぼう。
君は万物に浸みわたって熱をもたらし温める。
われらが凍えきった地球を
いとおしんで芯まで温めてくれる。

すべてのかたちあるものが形成されたのは、君のおかげ。
君は植物を繁らせ、
呼吸するものの胸に天上の炎を起こす。
この炎は感覚をもち、生命と呼ばれる。

君は養い育てていながら、どんな道具も使わない。
生きとし生けるもののすべてを幸いのうちに安らわせ、
幸いなままに調和させている。
彼らは母の慈愛にぬくもりを得て喜ぶ。

だが、君は突然、猛りくるう炎と化し、
かたちあるものをひとつ残らず砕き、おしつぶす。
ああ、こうして万物は解体され、
帰ってゆく——君のうちへと。

第五の歌

地球の極地。嵐。氷。雪。野生の動物。海の化けもの。人間。人間理性の能力。

太陽は、なんと疲れきったもの憂げな眼ざしで
遠く離れた地球を横目で見やっていることか！
地球をおおうのは長い冬の夜。
優しい朝の喜びはほんの一刻。

疲れを知らない嵐が吹きすさび、
抑えようもなく泡立つ大海でさえ、
水晶さながらの壁に閉じこめられ、
山も谷も氷雪の悪夢に覆われる。

その下では大河も凍てつき、

木もやぶも畑も凍ったまま。
陰気な陋屋《ろうおく》に押しこめられた人間は、
飢えた野獣の咆哮《ほうこう》に囲まれ、厳寒に震えるばかり。

だが、人間は震えながらも、
野獣に臆することはない（人間の勇気はかくも偉大だ）。
人間は、技と賢慮《けんりょ》によって
危険も夜も欠乏も乗り越える。

やがてついに太陽が力を取り戻し、
雪を溶かして虜《とりこ》たちを解放する。
すると彼らは、今度は人工の牢獄をしつらえ、
嬉々として備えをする。

ああ、技と賢慮よ！　神々しい賜物よ！　天与の富よ！
それはどんな苦境にも立ちむかう武器だ。
——かなたに漂っている氷山の
その巨大な峰々を、太陽はばらばらに引き裂いた。

その峰々のあいだを押しあいへしあいしてゆくのは深海の化けものたち。
見たまえ！　彼らが泳ぐさまはまるで島のよう。
偉大で力強い彼らを征服できるものはなにひとつない！
だが、神的な人間理性よ、君だけはべつだ。

＊＊＊

地球の熱帯地方。灼熱の太陽。涼気。
ああ、冬よ去れ！　わがまなざしを、
太陽が熱く輝くあの心地よい土地に向けよう。
かの地で、太陽はなんと異なる働きを見せることか。
それがもたらすのは永遠の夏。
灼熱の日差しは目がくらむほど。
風のそよぎも、高鳴るこの胸に涼をもたらさない。
胸の思いが待ち焦がれるのは、
人心地つく夕風涼しい物陰での休息。
創造主は、人間や動物が待ちに待った休息のなか
力を取り戻すことを拒みはしない。

雲の峰がもりあがると、植物たちは元気に呼吸し、
　やれ幸いと一息つく。

＊＊＊

インド。象。昆虫。蚕《かいこ》。アラビア。らくだ。エジプト。わに。
奇跡の国よ！　香料のかおりに包まれた宝玉の国よ！
——だが、あの美しい川のほとりを歩むものは何者か。
まるで山が生きているかのよう。
感情も勇気も知恵も豊かだ。

人間に奉仕していながら、戦いともなれば
奴隷というよりむしろ仲間。それは象だ！　ああ、壮麗な生きものよ！
——そして、壮麗といえば黄金虫。
小さな苔から見上げるばかりの椰子にいたるまで、

美のきわみにある植物たちの美しい住民！
そしてまた、そこに姿を見せるのはなによりもまずあの昆虫、
身を隠して人間のために絹の衣装を、
豪奢な飾りを紡いでくれるあの昆虫だ。

まなざしをさらに遠くに向けよう。
見たまえ、かなたで樹々から香油が降りそそぐさまを。
あそこにいるのは忍耐強いらくだ。
首を上にのばして背中を低くおろしてくれる砂漠の船。

あのナイルの流れを見たまえ。
それはあまたの乳房をもち、生命をもたらす母の化身。
めぐみに満ちた実りをもたらすうねりによって万物を活気づけようと、
あちらこちらと支流をめぐらせる。

荒涼たる砂漠から動物たちが駆けよってくる。
渇きをいやし、よろこばしく交尾するために。
両性は情熱に駆られて睦みあい、
太陽のもと、新たな姿が生まれいずる。

大河の専制君主、河岸の恐るべき化けものは
葦のかげで聞き耳を立てていたが、
やがて眠っている者に襲いかかる。

（命知らずの殺し屋はいつわりの涙を流す）。

涙を流すわに。
それは迷信という偽善がでっちあげたいとわしいイメージ。
人間どうしが神への熱狂ゆえに敵対し、
首を絞めあうのも、ペストのように忌まわしい迷信のせいだ。

悪魔よ、
おまえの居場所は、おまえを産みだしたあの砂漠だ！
天に植民するために国々を荒廃させ
人間を人間でなくするような瘴気を遠ざけているがよい。

＊＊＊

アトラス山脈。[*6] 聖なる森。神。
岩に岩を重ねた山岳が、天を支えてそびえたつ
あの高みに登ろう！
その足元では、切り立った断崖を深みへと落ちる大河が
轟々《ごうごう》たる響きをたてる。

風雨に洗われた岩がわれわれを威嚇せんばかりに張り出している！
大地の建造物の永遠の高みは廃墟となって崩れたまま。
壮麗なる荒廃よ！
君は世界の老いと若さをあらわにしている。

ここでわれわれの思考は始源のそのまた始源を探求し、
底なしの深みのなかに存在者の目的を探求する。
山頂ではなく、
山の中腹に留まろう。

常緑の唐檜《トウヒ》林のなかに、
この針葉樹の木陰に留まろうではないか。
昼の日差しもここでは薄闇となる。
深い静けさが沈黙のうちに思考を語りだしあらわにしてくれる。

それはなんと強靱で新たな力をもつ思考であることか！
秘密に満ちた声が響きわたる！——ここここそが、
まぎれもなくここここそが神のやどる神殿！
夜のとばりに覆われた聖なる、まさに聖なる実在よ！

訳　註

第一版

扉・第一版への序文

＊1　原文はギリシア語。オランダの思想家ヘムステルフイスの『アリステ――神について（*Aristée, ou de la divinité*）』（一七七九年）にあるもの。ヘムステルフイスが自分でつくったギリシア文と推測されている。

＊2　モーゼス・メンデルスゾーンとヤコービのあいだの汎神論論争やカントの『純粋理性批判』の出版を念頭に置いているのだろう。本書の「訳者解説」を参照。

＊3　ヘルダーはここで挙げた著作を完成することはなかったが、最晩年の一八〇一―〇三年にかけて同名の雑誌『アドラステア（*Adrastea*）』を発行した。

ギリシア神話の運命の女神アドラステアは、しばしば同じく運命である女神ネメシスと同一視されるが、本書のヘルダーはネメシスよりもアドラステアのほうをさらに高位の神と見なしている（本書六三／二三七頁参照。以下、本書の第一版と第二版の頁数を同様のかたちで示す）。

また、ヘルダーは『みだれ草紙（*Zerstreute Blätter*）』第二集の「ネメシス」（一七八六年）のなかで、アドラステアという名前は「逃れようのない女神、つねに活動している女神（immer-Wirksame）」という意味だったと書いている（ズプハン版『ヘルダー全集』第一五巻四一三頁）。本書の「第2の対話」以降であきらかになるとおり、ヘルダーはスピノザの哲学を活動する（wirken）力の観点から統一的に捉えなおそうとしている。ヘルダーにとってアドラステアは、万物をつらぬく力の活動の象徴なのであろう。

＊4　ヤコービのことであろう。

第1の対話

＊1　古代ギリシア語で「民衆の友」の意味。

＊2　古代ギリシア語で「神に心酔するもの」の意味。本書「第2の対話」の冒頭ではスピノザその人が「神の存在に熱狂（陶酔）する者」と呼ばれている（三三／一九九頁）。ドイツ・ロマン派の詩人ノヴァーリスが「スピノザは神に酔った人間である」と書いたのは、本書に触発されたためという推測もできよう。ノヴァーリス「断章と研究一七九九―一八〇〇年」五六二番（『ノヴァーリス作品集3』今泉文子訳、ちくま文庫、二〇〇七年）。

＊3　ピエール・ベール『歴史批評辞典』（初版一六九六年）（『歴史批評辞典』第三巻、『ピエール・ベール著作集』第五巻、野沢協訳、法政大学出版局、一九八七年）の「スピノザ」の項のこと。

＊4　「マタイ福音書」一〇・三六。「こうして、自分の家族のものが敵となる」（新共同訳による）。

＊5　一六七〇年の『神学・政治論』（吉田量彦訳、光文社古典新訳文庫、二〇一四年）。

＊6　『神学・政治論』第一九章を参照。同章のタイトルには「正しいかたちで神に奉仕したいなら、宗教上の礼拝活動は国の平和と両立するようにおこなわれなければならない」（前掲邦訳『神学・政治論』下巻二六九頁）とある。

＊7　たとえば、『神学・政治論』、「序文」の（アッカーマンによる段落番号）一〇を参照。「だから私は、いよいよ確信したのである。聖書は理性を全面的に放任している。聖書は〔理性の営みとしての〕哲学と共通するものをなにももたず、両者はそれぞれ固有の足がかりにもとづいているのである」（前掲邦訳『神学・政治論』上巻四五頁）。なお、〔　〕内は同書の訳者吉田量彦氏による補足である。

＊8　スピノザの『神学・政治論』や『国家論』はホッブズの『リヴァイアサン』から影響を受けている。

＊9　カントの『純粋理性批判』（第一版は一七八一年、第二版は一七八七年）のことであろう。本書でカントは、神の存在は理性的に証明されるものではなく、信仰されるしかないものとした。汎神論論争の火付け役となったヤコービの「信仰の哲学」も、この点ではカントと一致している。「訳者解説」を参照。

＊10　「理神論（Deismus）」は、十八世紀にヨーロッパの知識人に広まった理性宗教。神が世界の創造者であることを認めながらも、創造後の世界のできごとは神とは無関係に自然法則によって成りたっていると考え、信仰と自然科学との両立を図る立場。これにたいして「人格神論（Theismus）」は世界を創造し保持している人格的な神を信仰する立場。

＊11　コルトホルトは『三人の欺瞞者論（*De tribus impostoribis*）』（一六八〇年）でホッブズ、チャーベリーのハーバート、スピノザの三人を「欺瞞者」として批判した。スピノザの姓名への揶揄は同書におけるもの。同書は一七〇〇年に再版され、息子のセバスティアンが「序文」を付している（「序文」の邦訳はリュカス、コレルス『スピノザの生涯と精神』渡辺義雄訳、学樹書院、一九九六年所収）。

＊12　一ボーゲンは十六頁にあたるので、八ボーゲンは百二十八頁。

＊13　前掲邦訳『スピノザの生涯と精神』の一二二―一二三頁の要約。

＊14　シモン・ド・フリース（一六三三―一六七年）のこと。

＊15　「べつの人物」とはおそらく直前の註のシモン・ド・フリースの弟であろう。この弟は兄シモンから遺産を相続するさいに、五百ギルダーの年金をスピノザに与えるよう指示されていたが、スピノザはそれを三百ギルダーに減らすよう求めた。

＊16　現在のドイツのハイデルベルク大学。なお、本文に出てくるプファルツ選帝侯カール・ルートヴィヒは、デカルトとの往復書簡で知られるエリーザベト公女の実兄。

＊17　スピノザの書簡四八（ヘルダーの当時の書簡集では五四）からの自由な要約的引用。

＊18　コレルス「スピノザの生涯」（前掲邦訳『スピノザの生涯と精神』所収）の自由な要約。
＊19　スピノザ『知性改善論』のうち、ブルーダー版による分節の第一節から第一七節までの要約的引用。
＊20　この「無神論者」は本書五四／二二八頁でふたたび話題になる。

第2の対話

＊1　「第1の対話」（第一版）の訳註2を参照。
＊2　スピノザ『エティカ』第一部の定理一四と一五を参照。
＊3　『エティカ』第一部の定義一と三を参照。
＊4　「神すなわち自然（Deus seu Natura または Deus sive Natura）」という表現は『エティカ』第四部序文および同・定理四「証明」に登場する。
＊5　デカルト主義者のゲーリンクスやマールブランシュの唱えた考え。彼らはデカルト的な二元論を徹底して、精神と身体のような異種の実体のあいだにも、さらには同種の物体どうしのあいだにも直接の作用を認めない。両者のあいだの作用をおよぼす原因のように見えるものは、あくまでもそのつどのきっかけ、つまり機会原因であり、その機会原因を道具のように利用して両者のあいだで真に作用を成りたたせているのは神にほかならない。
＊6　当時は、精神と身体のあいだの物理的な相互作用を唱える立場があった。
＊7　『エティカ』第一部定理一八「神は、あらゆるものの内在的原因であって、超越的（transiens）な原因ではない」。この文脈での transiens は邦訳では「超越的」と訳されるが、直訳すればドイツ語の vorübergehend（通りすぎる、一時的な）にあたる。
＊8　以上は、ハラーの教訓詩「理性と迷信と不信仰をめぐる思索（Gedanken über Vernunft, Aberglauben und Unglauben）」（一七二九年）の第三一三―三一四行、第三一九―三二四行にわずかな変更を加えて引用した

もの。

＊9　『エティカ』第一部定義八の説明を参照せよ。

＊10　『エティカ』第二部定理二を参照。なお、このあとのテオフロンの発言にもあるとおり、「延長」とは空間的な広がりを意味する。

＊11　『エティカ』第二部定理二。

＊12　これは本書で繰りかえされる論点だが、このようなスピノザ理解についてはヤコービが批判している。本書の「訳者解説」を参照。

＊13　スピノザによれば神には無限の属性がある（『エティカ』第一部の定義六）。だが、そのうち人間に認識できるのは思考と延長のふたつだけである。この点については、書簡六三におけるシュラーからスピノザへの質問と書簡六四におけるスピノザの回答を参照。

＊14　ヤコービは、スピノザの延長にかんするこうしたヘルダーの理解を批判している。本書の「訳者解説」を参照。

＊15　ヘルダーはドイツ語の Körper が「物体」も「身体」も意味する両義的な語であることを意識的に利用している。煩雑になるので、原則としてそのつどの文脈に応じて「物体」か「身体」のどちらかの訳語をもちいるが、つねにもう一方の意味もこめられている。

＊16　モナドロジー以外のふたつの仮説とは「予定調和」と「連続律」であろう。予定調和については本書の五〇／二二一頁を参照。連続律とは、物質・生物・人間・神のすべてが断絶せずに連続しているという考えかたのこと。

＊17　第二版では「有機的な力」となっている。第一版でもこのあとに「有機的な力」という表現が出てきて、現在の箇所の「実体的な力」と同義と見なすことができる。ヘルダーは『人類史の哲学の構想（*Ideen zur Philosophie der Geschichte der Menschheit*）』第一部「序文」（日付は一七八四年四月二十三日）の終わり近くで

同書の重要な概念である「有機的な力」に言及し、それについてのもっと立ちいった議論は将来の課題にする旨の発言をしている（フランクフルト版著作集第四巻一七頁）。

なお、「力」の概念はスピノザに勝手にもちこまれたものではない。たとえば、『エティカ』第一部定理三四には「神の力はその本質そのものである」とあり、同・定理三五には「神の力のうちにあると考えられるものはすべて必然的である」とある。ヘルダーはこうしたスピノザの考えかたをさらに「有機的な力」の観点から発展させようとしたのだろう。

＊18　『エティカ』第一部定義六には「神とは〔…〕そのおのおのが永遠・無限の本質を表現する無限に多くの属性から成りたつ実体のことである」とある。ヘルダーはここに「有機的な力」の思想を結びつけたのであろう。

＊19　天王星などを発見して銀河系研究の基礎を築いた天文学者フリードリヒ・ヴィルヘルム・ハーシェルのこと。なお、本書ではNationという語はVolkと同義で用いられていると判断して「民族」と訳した。

＊20　スピノザにおいて、indefinitum（無際限）は「その限界が人間の知性によって探究されえないもの」（『デカルトの哲学原理』第二部定義四）を意味し、神の本性的なinfinitum（無限）からは区別されている。ここでのヘルダーの言葉づかいは、スピノザにおけるこの区別を意識したものと思われる。

＊21　父なる神が子なるイエスにおいて受肉したように、神は有機体のうちに「いわばみずから身を縮めて入りこ」むと言いたいのであろう。

＊22　一二世紀のものとされる偽ヘルメス文書『二十四人の哲学者の書』にある言葉。伝説上の人物ヘルメス・トリスメギストスの言葉と伝えられている。

＊23　『エティカ』第一部定理二五の系「個物〔個々の事物〕は、神の属性の変様、あるいは神の属性を一定の仕方で表現する様態にほかならない」を念頭に置いているのだろう。

＊24　スピノザにおける「かぎりの神」という表現については、たとえば『エティカ』第一部定理二八、第二部

定理九、同・定理一一系などを参照。スピノザ『エティカ』工藤喜作・斎藤博訳、中央公論新社（中公クラシックス）、二〇〇七年、五三頁の訳註（1）も参照されたい。

＊25　ギリシア神話に登場する海神。予言の能力をもち、さまざまな姿に変身する。

＊26　古代ギリシアの哲学者アリストテレスの講義録が後世になって内容ごとに分類され順番をつけて整理されたさい、「自然学（τὰ φυσικά）」の講義録のあとに存在論を中心とする哲学の講義録が置かれ、その順番にちなんで"τὰ μετὰ τὰ φυσικά（自然学のあと《メタ》にくる講義録）"と呼ばれた。後世、これが「自然学を超え《メタ》た原理についての学問」という意味に解されるようになる。それにたいして、ヘルダーはMetaphysikを、あくまでも自然学（近代以降の自然科学）のあとを追うべき立場にあるものと見なしている。

＊27　ヤコービと汎神論論争を闘わせたメンデルスゾーンは、「形而上学的な思弁が良識（健全な理性）からはずれてしまったと思われたら立ち止まって自分の方向を定めると、多くのばあい良識のほうが正しいことがわかる」という趣旨の議論を『朝の時間あるいは神の存在についての講義（*Morgenstunden oder Vorlesungen über das Dasein Gottes*）』第一〇講（ベルリン、一七八五年）で展開している。この話題は、カントの論文「思考の方向を定めるとはどういうことか」にも引き継がれる。ヘルダーの念頭にあるのはこれらの議論であろう。

＊28　ヴァニーニのこの言葉は、のちにヘーゲルも『哲学的な諸学問のためのエンツュクロペディ』第二四八節で引用している。

＊29　ルチーリオ（Lucilio）・ヴァニーニはその著書では「ジュリオ・チェーザレ（Giulio Cesar〔ユリウス・カエサル〕）・ヴァニーニ」と名乗っていた。

＊30　本書の「第二版への序文」そのほかの箇所でも同じパウロの言葉が引用されている。本書一六三頁、二〇五頁、三五七頁、「第二版への序文」の訳註5および「訳者解説」を参照。

＊31　「ローマ人への手紙」一一・三六。

＊32　「ベン・シラの知恵」（「集会の書」）四三・二七。
＊33　ここまでの三つの引用は出典未詳。
＊34　サーディの『薔薇園』、「序」（邦訳はサアディー『薔薇園（グリスターン）――イラン中世の教養物語』蒲生礼一訳、東洋文庫、一九六五年、六―八頁）。一七九二年、ヘルダーはサーディのこの詩を「東方詩華集（Blumen aus morgenländischen Dichtern gesammelt）」（『みだれ草紙』第四集所収）で紹介している（ズプハン版『ヘルダー全集』第二四巻三七一頁以下を参照）。

第3の対話

＊1　本文中で挙げられているランベルトの著書の正式なタイトルは以下のとおり。『新オルガノンあるいは真理を探究し表示して誤謬や仮象から区別する作業についての思索（*Neues Organon oder Gedanken über die Erforschung und Bezeichnung des Wahren und dessen Unterscheidung vom Irrthum und Schein*）』（ライプツィヒ、一七六四年）。『建築術構想あるいは哲学的および数学的認識における単純なものと第一のものの理論（*Anlage zur Archtectonic, oder Theorie des Einfachen und des Ersten in der philosophischen und mathematischen Erkenntniß*）』（リガ、一七七一年）。
＊2　「第一版への序文」の訳註3を参照。
＊3　『エティカ』第一部定理一七の註解および定理三三の註解二を参照。また、第一部付録でスピノザは、神の意志を「無知の避難所」と批判している。
＊4　一七一〇年の著書（『弁神論』佐々木能章訳、『ライプニッツ著作集』第六・七巻、工作舎、一九九〇―九一年）。同書の第一七三節にはつぎのようにある。「スピノザは〔ホッブズより〕もっとさきまで行ってしまった。彼はやみくもな必然性をあからさまに説いていたようだが、その際、諸事物の作者〔神〕の知性と意志とを拒絶してしまい、善と完全性は人間にのみ関係するものであって神にとってのものではないと思いこ

んでしまった。〔…〕彼は神に思考を与えているが、その前に神から知性を奪ってしまった〔…〕」（前掲邦訳『弁神論』上巻二八二頁）。

＊5　『エティカ』第一部定理一七註解参照。

＊6　「第二版への序文」の訳註2を参照。

＊7　「永遠の相のもとに」という表現は『エティカ』にしばしば現われるが、ここでヘルダーの念頭にあるのは、おそらく第五部定理三〇や同・定理三六であろう。

＊8　ギリシア神話に登場する一つ目の巨人。

＊9　『エティカ』第一部定理一七の註解を参照。ここでスピノザは、「神の最高の力」から「一切のものが必然的に流出してきた」という言いかたをしている。

＊10　神も人間と同様の感情をもつという考えかた。

＊11　ウーツの原詩の第一九―二四行、第三〇―三三行の引用。

＊12　ライプニッツ『弁神論』第一六八節への批判。そこでライプニッツは「すべての可能的な宇宙から神が最善の宇宙を選んだ」というみずからの立場に対立する立場について、つぎのように述べている。「哲学者のなかには、現実に存在しているもののなかには可能的なものは一切ないと主張した人がいる。すべては絶対的に必然的だと信じていた人、もしくはそう信じることのできる人も同じことである。ある人びとがこのような見解を取ったのは、諸事物の存在の原因に動物的でやみくもな必然性があると承認したからであった。われわれがだれよりも戦わねばならない相手は、このような人なのである」（前掲邦訳『弁神論』上巻二七二頁）。邦訳者の訳註にあるとおり、ここでライプニッツが論敵として想定しているのはホッブズやスピノザである。

＊13　ウーツの原詩の第三六―三八行。

＊14　アルブレヒト・フォン・ハラー「理性と迷信と不信仰をめぐる思索」第三一三行以下。

＊15　ライプニッツは『弁神論』でベールに繰りかえし反論している。

＊16　神のありかたを人間のありかたにもとづいて理解する立場。

＊17　エピクロスによれば、神々は世界と世界のあいだを生きており、人間の営みにはかかわらないという。

＊18　『弁神論』第三四九節でライプニッツは道徳的な必然性を形而上学的・絶対的な必然性から区別している。「運動に規則をあたえる自然の法則はけっして必然的ではないし、まったく恣意的というわけでもない。中間の道がとられねばならない。それは、この法則がもっとも完全なる知恵の選択によるものだという考えかたである。運動法則についての見事な例から、つぎの三つの場面に違いがあるということがきわめてはっきりとあきらかになる。つまり第一に、形而上学的ないし幾何学的な絶対的必然性がある。これはやみくもな必然性とも呼ばれ、作用因にのみ依存している。第二に道徳的必然性がある。これは目的因にかかわり、知恵による自由な選択から生ずる。最後に絶対的に恣意的なるものがある。これは均衡的無差別と考えられたものに依存しているが、作用因のうちにも目的因のうちにも十分な理由をいっさいもたないのだから、存在しえない」（前掲邦訳『弁神論』下巻九九頁）。

＊19　「あなた〔クラーク〕は私〔ライプニッツ〕〔の見解〕が必然や宿命に陥っているとして、しばしば責め負わせようとなさいます。けれども、自由・偶然性（contingence）・自発性を一方とし、絶対的必然性・偶然（hasard）・強制を他方として、そのあいだにある真の差異を、私が『弁神論』のなかでやったよりもうまく、そして徹底的に説明したひとはおそらくだれもいません」。このあとライプニッツは、細部にわたってクラークへの反論をつづけている。「ライプニッツとクラークとの往復書簡」のうちライプニッツの第五の手紙（一七一六年八月十八日発送）（米山優・佐々木能章訳、『ライプニッツ著作集』第九巻、工作舎、一九八九年、三三二頁以下）。

＊20　自然の秩序の科学的な研究にもとづいて神の存在や意図を論じる神学。本書のヘルダーは、批判哲学を確立する以前のカントが『神の存在の唯一可能な証明根拠』（一七六三年）（福谷茂訳、『カント全集』第三巻

「前批判期論集３」、岩波書店、二〇〇一年）で提示した自然神学の修正案を肯定的に受けとめている。同書のカントは、自然の秩序に外から介入する制作者として神をイメージする従来の自然神学を批判し、神とは自然界を秩序づける自然法則を成りたたせている根拠そのものだと主張して自然神学を刷新しようとした。ヤコービは『神』におけるヘルダーが、カントの『神の存在の唯一可能な証明根拠』に追随していることをガリツィン侯爵夫人宛の書簡（一七八七年六月二十六日付）で指摘している。「第３の対話」（第一版）の訳註23も参照。

以上については、Marion Heinz, Gott, einige Gespräche in: Stefan Greif, Marion Heinz, Heinrich Clairmont, hrsg., *Herder Handbuch*, Wilhelm Fink, 2016, S. 240-265, besonders S. 253-256. 中井真之「ヘルダーの『神』とゲーテの『親和力』――F・H・ヤコービの「スピノザ主義」批判との関連において」、『モルフォロギア』第三五号、二〇一三年の註（15）を参照。

＊21　「結果」の原語 Wirkung は、これまで「活動」と訳してきたものである。「原因（Ursache）」との対比で「結果」と訳すが、「活動」の意味も同時にこめられている。

＊22　ヘルダーは、スピノザの哲学においては個体性（個物）が唯一の実体の絶対性に解消されるという考えかたをとらない。第５の対話への第二版における追加部分でも個体性がテーマになっている。

＊23　ヤコービは『スピノザ書簡』の第二版につけた付録五の註（邦訳二七三―二七四頁）で、「円」をめぐるヘルダーの叙述をカントの『神の存在の唯一可能な証明根拠』第二部冒頭の箇所（アカデミー版九三―九四頁）と比較するよう指示している。「第３の対話」（第一版）の訳註20を参照。

＊24　ハラーの「理性と迷信と不信仰をめぐる思索」第三二九―三三二行。すこしあとの本文にあるようにハラーは自然科学者でもあった。

＊25　ハラーの同作品第三三三―三三五行。

第4の対話

＊1 「ヘン・カイ・パン（一にして全）」は古代ギリシアのクセノパネスの言葉とされる。なお、“Eins und Alles” はヤコービの原文にはない。

＊2 キリスト教の神における父や子や聖霊という位格（Person）の区別のこと。これらは日本語ではふつう「位格」と訳されるが、ドイツ語では「人格」と同じ Person である。なお、このあたりから第二版は大幅な増補がある。

＊3 ルター派教会の信仰告白としてメランヒトンが起草した「アウクスブルクの信仰告白」（一五三〇年）のことであろう（『アウグスブルク信仰告白』ルター研究所訳、リトン、二〇一五年）。その第一部第一八条では、人間の自由意志は世俗的な生活の次元にだけ認められ、信仰の次元では認められない。ただし、ここでのレッシングの考えは、アウクスブルクの信仰告白よりもむしろルターの論文「奴隷的意志」（一五二五年）にもとづいていると推測されている。

＊4 『エティカ』の第四部と第五部にはそれぞれ、「人間の隷従あるいは感情の力について」、「知性の能力あるいは人間の自由について」というタイトルが付いている。

＊5 ここは、〔501〕頁で引用されたレッシングの発言を、テオフロンがみずからの立場から言いかえたもの。

＊6 ヤコービは『スピノザ書簡』第二版の付録五でヘルダーのこの言葉に反論している。ヤコービに言わせれば、思考と延長を分断するデカルトの誤りをひきついだためにスピノザが「力」の概念を正しく展開できなかったというのがヘルダーの主張であるからには、「中途半端なところで立ちどまってい」るのはレッシングというよりむしろスピノザ本人だったことになるという（JW. 226. 邦訳二六七頁以下を参照）。

＊7 たとえば『エティカ』第四部定理七三の証明と註解、第五部定理四二の証明と註解を参照。

＊8 ライプニッツが友人のブルゲ（Bourguet）に宛てた書簡からの引用（JW. 254. 邦訳三一八頁）。

＊9 カバラ（もとは「伝承」という意味）とはユダヤ教にもとづく神秘思想。神の世界創造を、神からの流出

の過程と捉えていた。

＊10 スピノザ哲学はユダヤ神秘主義のカバラにもとづいているという見方は、当時ヨハン・ゲオルク・ヴァハターの『ユダヤ教におけるスピノザ主義（*Der Spinozismus in Judenthum*）』（アムステルダム、一六九九年）が主張したもの。同書でヴァハターは、カバラ主義者もスピノザ主義者も偽装した無神論者であると断罪した。ヤコービも、ヴァハターにしたがって「カバラの哲学は、哲学としては未発達の（あるいは新たに混乱した）スピノザ主義にほかならない」と考えていた。JW. 121f.（邦訳一八一および三四五頁）を参照。ヴァハターについては、本書一一〇／三〇〇頁以降で話題になる。

＊11 レッシングの親友だったモーゼス・メンデルスゾーンのことであろう。

＊12 モーゼス・メンデルスゾーンの『朝の時間あるいは神の存在についての講義（*Morgenstunden oder Vorlesungen über das Dasein Gottes*）』（ベルリン、一七八五年）は、晩年のレッシングがみずからをスピノザ主義者と認める発言をしたというヤコービの証言に驚いたメンデルスゾーンが著したもの。本書の「訳者解説」を参照。

＊13 『スピノザ書簡』におけるヤコービの発言をヘルダーが自由に要約しパラフレーズしたものであり、もとの発言と字句は正確に一致しない。「存在をあらわにする」という箇所はJW. 29（邦訳八四頁）。

＊14 カント『純粋理性批判』へのあてこすり。

＊15 クライストの「讃歌」（一七五八年）の第四連、第七―第一七連。

＊16 本書五四／二二八頁を参照。

＊17 カント『純粋理性批判』、「超越論的弁証論」の「純粋理性の理想」における神の存在証明批判を指す。「第1の対話」（第一版）の訳註9を参照。

＊18 ここにも神を自然界の秩序の「根拠」と見なすカントの『神の存在の唯一可能な証明根拠』の影響が見てとれる。ヘルダーは、『純粋理性批判』のカントに反対して批判哲学以前のカントの思想に依拠している。

「第3の対話」(第一版) の訳註20および23を参照。

＊19　カント『純粋理性批判』へのあてこすり。

＊20　ヘレニズム期の思想家プロティノスの唱えたもの。最高の一者から万物が段階的に流出してきたという考えかた。一般に、カバラの流出説はプロティノスに影響されたものと考えられている。

＊21　すぐあとに出てくるヴァハターのこと。ヘルダーは『言語起源論』(一七七二年) 第一章の註でヴァハターの『物と言葉の一致 (*Naturae et scripturae concordia*)』(一七五二年) を高く評価している。

＊22　ヨハン・ペーター・シュペート。シュペートは「ドイツのモーセ」を自称したと伝わっている。「第4の対話」第二版原註 (24) を参照。

＊23　『エティカ』第一部定義六と同・定理二五の系の内容をまとめたものであろう。

＊24　「第3の対話」(第一版) の訳註9にも指摘したとおり、『エティカ』第一部定理一七註解でスピノザは神からの「流出」という言葉づかいをしている。とはいえ、ここでヘルダーが言いたいのは、スピノザがカバラ流の流出説にはくみしていないということである。

＊25　『モナドロジー』四七を参照。

＊26　旧約聖書「出エジプト記」二〇・四のいわゆる「図像 (イメージ) の禁止」のこと。

＊27　旧約聖書「出エジプト記」三・一三―一四で、神の名をたずねたモーセにたいして神が答えた言葉。本書の「訳者解説」を参照。

＊28　ヤコービは『スピノザ書簡』に収めたメンデルスゾーン宛の書簡 (一七八三年十一月四日付) に同書第二版で註を付け、「世界の魂」についてのヘルダーの本書での議論をつぎのように批判している。「ヘルダーによるスピノザ主義の改良版は、この体系の神を世界の魂に変えるものにほかならない。にもかかわらず、ヘルダーは〔世界の魂という〕イメージや言葉のせいで人びとが人格的な神を夢見るように誘導されてしまうと恐れているようにしか見えない」(JW. 33. 邦訳一〇八頁)。

＊29　JW. 31f. 邦訳九四頁。
＊30　JW. 32f. 邦訳・前掲箇所。
＊31　JW. 33. 邦訳・前掲箇所。
＊32　ハラー「永遠にかんする未完の詩（Unvollkommnes Gedicht über die Ewigkeit）」第三七—四四行。
＊33　ハラーの同作品第六三—七五行。

第５の対話

＊１　テアノの名は、古代ギリシアの哲学者ピュタゴラスの妻で、みずからも哲学者だったと伝えられる女性テアノに由来するのであろう。
＊２　本書一一六／三〇七頁を参照。
＊３　テアノの批判はやや唐突に思えるが、おそらくテオフロンが神をイメージで語ることを退けた点を非難しているのだろう。
＊４　ミネルヴァはローマ神話の女神で、芸術と手仕事、とりわけ織りもの仕事の守護神と考えられていた。
＊５　一般に「無からの創造」はユダヤ・キリスト教的な世界創造をさし、古代ギリシア的な世界観では「無からはなにも生じない」という考えが主流だった。『スピノザ書簡』のヤコービはレッシングから「スピノザの精神」をどのように理解しているかを問われて、それは「無からはなにも生じないという古代的な考えだった」だったと答えている。邦訳七四頁を参照。
＊６　ハラーの詩「悪の起源について（Über den Ursprung des Übels）」第二巻第九—一〇行。
＊７　ハラーの詩「永遠にかんする未完の詩」第五一行、および第五四—五五行。
＊８　ハラーの同作品第五七—五八行。
＊９　カント『純粋理性批判』第一版六一三頁（第二版六四一頁）の要約的な引用。

＊10　こうした「球」のイメージはのちにさらに展開される。本書一四一／三三五頁以降を参照。

＊11　ヘルダーは一七八二年に対話篇「魂の転生について（Über die Seelenwandrung）」（フランクフルト版著作集第四巻所収）を書いている。

＊12　スピノザ『エティカ』第一部付録における、「神は最高の完全性から最低の段階にいたるいっさいのものを創造するために、なにひとつその素材を欠くことがなかった」という考えかたをヘルダーが独自に捉えなおしたものだろう。

＊13　ライプニッツのこうした「鏡」の概念は、『形而上学叙説』第九節、『モナドロジー』第五六節、第六三節に見られる。ただし、『形而上学叙説』の公刊はヘルダー死後の一八四六年である。『モナドロジー』もフランス語原文の公刊はヘルダー死後の一八四〇年だが、それにさきんじてハインリヒ・ケーラーによるドイツ語訳（一七二〇年）が普及していた。

なお、ヘルダーは『人類史の哲学の構想（*Ideen zur Philosophie der Geschichte der Menschheit*）』第一部（一七八四年）の終わり近くで、「魂は森羅万象の鏡であるというライプニッツの表現は、世の人びとが一般にくみとるよりもさらに深い真理を宿しているかもしれない」と書いている（フランクフルト版著作集第六巻一九八頁）。

＊14　この「考察」は、ヘルダー自身の『人類史の哲学の構想』第一部の「自然の力は有機的な器官なしには存在しない。だが、有機的な器官はそれをつうじて活動する力そのものではない」という節に出てくる議論をさすものだろう。ヘルダーはそこで「内的な力の活動」を「形成（Bildung）」という概念で捉え、その観点からこそ「奇形」も説明されると語る。フランクフルト版著作集第六巻一七二頁を参照。

＊15　『モナドロジー』第五一節には「単一な実体のばあい、あるモナドがほかのモナドに及ぼす作用は、たんに観念的なものであって、それも神の仲だちがなければ、効果をもつことはできない」とある。

＊16　ライプニッツ『モナドロジー』第六七節以下を参照。ただし、物質を「雲」にたとえる箇所は見あたらな

い。

＊17　おそらく『エティカ』第二部定理一三「人間精神を構成する観念の対象は身体である」をヘルダーが捉えなおしたものだろう。

＊18　ヘルダーは、『観相学断片（*Physiognomische Fragmente*）』（一七七五―七八年）を著したヨハン・カスパー・ラヴァーターと一七七四年以来、親交があったが、八〇年代以降はラヴァーターの観相学には批判的だった。

＊19　木に宿る精（ニンフ）。

＊20　「生きもの」の原語は lebendiges Geschöpf で、直訳すれば「生きている被造物」。このあとの「手芸」の原語は Schöpfung で、これは「（神の）世界創造」という意味で使われることもある。ヘルダーはここで、神の世界創造／その被造物と、テアノの手芸（刺繡）／その作品とを対応させながら論じている。テアノの刺繡が「自然の技巧」を模倣しているという本書一二二／三二五頁の話がここでの下敷きになっている。

＊21　スピノザは、「自己自身を維持しようとする努力」が「徳の最初にして唯一の基礎」だと考えた。『エティカ』第四部定理二二とその証明および系を参照。

＊22　「球」については、ヘルダーの一七七四年の著作『人間性形成のための歴史哲学異説（*Auch eine Philosophie der Geschichte zur Bildung der Menschheit*）』につぎのような箇所がある。「どんな球にも重心があるように、どの民族（Nation）も幸福の中心を自分のなかにもっている」（小栗浩・七字慶紀訳、登張正実責任編集『ヘルダー　ゲーテ』（「世界の名著」続7）、一〇五頁）。『人類史の哲学の構想』第一部の「地球は、自転しながら太陽にたいしては斜めになって公転している球である」の項でも、地球やその他の天体の「球のかたち」は、「自然の手になる、もっとも単純な豊かさともっとも控えめな富をもつデザイン」とされている。フランクフルト版著作集第六巻三二―三三頁。なお、本書一一八／三二一頁参照。

＊23　ヘルダーの念頭にあるのは、カントの『天界の一般自然史と理論』（宮武昭訳『カント全集』第二巻「前

批判期論集2』、岩波書店、二〇〇〇年）や、それを要約した『神の存在の唯一可能な証明根拠』第二部第七考察「宇宙創成論」の内容であろう。

＊24　テオフロンは、人間の感情とのアナロジーにもとづく自然解釈をおこなっている。なお、ヘルダーの盟友ゲーテにとっても磁石は「ひとつの根源現象」であり、「ほかのすべての根源現象の象徴」であった。ゲーテ『箴言と省察』（岩崎英二郎・関楠生訳、『ゲーテ全集』第一三巻、潮出版社、一九八〇年、二〇六頁）。

＊25　この箇所は理解しづらいが、おそらく砂鉄をまいた紙の下に磁石を置いた時などに現われる磁力線のことを念頭に置いているのであろう。

＊26　風の方向を確定するために三二等分された羅針図（ウィンドローズ）のこと。

＊27　太陽光線をプリズムにとおすと赤から黄、緑、青を経て紫にいたる帯状の光（スペクトル）が層をなしているのが観察できる。これを「ピラミッド」と呼んだのであろう。

＊28　磁石のばあいと同じく、ここでも人間の感情とのアナロジーにもとづく自然研究が語られている。代表的なものとして、ヨハン・ヴァレンティン・アンドレーエの小説『化学の結婚（*Chymische Hochzeit*）』（一六一六年）（邦訳はヨーハン・V・アンドレーエ『化学の結婚』種村季弘訳、紀伊国屋書店、一九九三年）を参照。

＊29　「選択的な親和性」という表現は、トルビョルン・ベリマンの論文「選択的な親和性について（De attractionibus electivis）」（一七七五年）にさかのぼる。

＊30　ヘルダーの念頭にあるのは、レッシングの「第二抗弁（Eine Duplik）」（一七七八年）（LM. 第一三巻二三頁以下）に出てくる議論であろう。真理は探究する過程にこそ価値があって、真理の所有は人間を怠惰にし傲慢にすると語るレッシングのこの箇所は、のちにキルケゴールも『哲学的断片への結びとしての非学問的あとがき』（『キルケゴール著作集』第七—九巻、杉山好・小川圭治訳、白水社、一九六八—七〇年）の第二部第一篇第二章4で論じている。

＊31　「第5の対話」（第一版）の訳註15を参照。
＊32　被造物の真のありようとしての美しい調和／それを隠すヴェールとしての殺戮と死という二項対立が、事物の真の姿としてのイデア／感覚的な現象というプラトン的な発想につうじることを指しているのだろう。
＊33　「再生（Palingenesie）」について、ヘルダーは「再生――人間の魂の再生について（Palingenesie. Vom Wiederkommmen menschlicher Seelen）」という論文（『みだれ草紙』第六集、一七九七年）を書いている。
＊34　カント哲学のこと。

第二版

扉・第二版への序文

＊1　シェリングが「哲学の原理としての自我について」（一七九五年）においてスピノザを高く評価しながらも、スピノザは自我という原理には思いいたらなかったと評している個所などをさすものと思われる。「哲学の原理としての自我について」高月義照訳、『シェリング初期著作集』日清堂書店、一九七七年、五九頁参照。

＊2　スピノザは神を集合名詞にしてしまったという批評は、モーゼス・メンデルスゾーンによるもの。

＊3　ホラティウスは「歌集」の一・二八で、アルキュタスの墓の近くで水死した男を歌い、男の死体に土を三回かけるよう求めている（『ホラティウス全集』鈴木一郎訳、玉川大学出版部、二〇〇一年、三三三―三三六頁）。ホラティウスの詩で土や砂をかけるべき死者をアルキュタスとする一種の誤解は古来あったようで、ヘルダーもその誤解にもとづいてこのように書いているのであろう。

＊4　『エティカ』第五部定理四二。なお、ヘルダーの引用で「感情（Leidenschaften）」となっているところは、スピノザの原文では libido（快楽、欲望）である。

＊5　新約聖書「使徒言行録」一七・二八「私たちは神のうちに生き、活動し、存在しています。あなたがたのうちの詩人たちも言っているとおり、私たちは神の種族です」（ルター訳聖書（一五四五年最終版）から本書の訳者が訳出）。この箇所については、『新約聖書　訳と註』第二巻下、田川健三訳著、作品社、二〇一一年、田川健三『キリスト教思想への招待』勁草書房、二〇〇四年を参照されたい。なお、スピノザの『エティカ』第一部定理一五には「存在するものはすべて神のうちにある。そしていかなるものも神なしには存在

しえないし、また考えられることもできない」とある。「第2の対話」（第一版）の訳註30および「訳者解説」を参照。

＊6　「第一版への序文」の最終段落（本書四頁）を参照。

＊7　本書三六七頁および〔第二版の付録〕訳註4を参照。

＊8　第二版の序文には、日付や署名がない。このあとには第一版の序文が再掲されているが割愛する。

第1の対話

＊1　もともとの詩は標題そのものが付いていない。

第2の対話

＊1　『エティカ』第五部序文を参照。松果腺は脳の中央部にある内分泌器官。

＊2　これはヘルダーの誤解。『エティカ』第二部定理二には「神は延長するものである」とある。

＊3　『エティカ』第一部定理二九註解を参照。「能産的自然」とは産みだす自然、「所産的自然」とは産みだされた自然という意味。スピノザにおいて前者は神そのものだが、後者は神の様態にあたる。

＊4　以下、第二版では大幅な増補があり、第一版〔463〕頁に対応する箇所はない。

＊5　『エティカ』第二部定理七の趣旨をこのように表現したのだろう。

＊6　この二文はそれぞれ『エティカ』第一部定理一〇と一一を要約したものであろう。

第3の対話

＊1　太陽系の惑星はおおまかには太陽を一方の焦点とする楕円軌道上を動いているが、ほかの惑星の引力によってこの軌道からわずかにずれる。このずれが摂動と呼ばれる。

＊2　「第二版への序文」の訳註5を参照。

第4の対話

＊1　以下、第二版では数頁にわたる増補があり、第一版の〔498〕頁にあたる箇所につづく。

＊2　このとおりの文言は『スピノザ書簡』にはない。「私は知性的で人格的な世界の原因を信じています」（邦訳七六頁）と語ったヤコービがつづいてレッシングに語った内容全体を指して、ヘルダーがこのように書いたのだろう。

＊3　この一文から、第一版の〔512〕頁はじめまでは第二版では大幅にさしかえられている。〔510〕―〔511〕頁の番号がないのはそのためである。

＊4　本書二五二頁の註でも同じ箇所が引用されているが、ヘルダーのドイツ語原文は微妙に異なっている。

＊5　この段落と同じ趣旨の文章が、スピノザ自身の書簡四三〔ヘルダーの時代の書簡集では四九〕にも見られる。

＊6　旧約聖書「イザヤ書」六四・八。

＊7　『エティカ』のこと。

＊8　『エティカ』第二部定理一一系

＊9　スピノザにおける「かぎりでの」という表現の重要性については、「第2の対話」（第一版）の訳註24を参照。

＊10　『エティカ』第一部定義六および同・定理二五系の内容をヘルダーがまとめたものであろう。

＊11　底本のSehnensはSystemsの誤植と解する。

＊12　この発言は直前のフィロラウスによるヤコービの引用を捉えなおしたもので、ヤコービの原文にはない。

＊13　古代フリギアの王ゴルディオスが神殿に奉納した車の綱に残した結び目。これを解いたものはアジアの覇

者となるという神託があったが、アレクサンドロス大王は剣で結び目を断ち切った。ここから「ゴルディオスの結び目」は「難問」のたとえとなった。

第5の対話

＊1　ハラーの詩「永遠にかんする未完の詩（Unvollkommenes Gedicht über die Ewigkeit）」第五一行。
＊2　ハラーの同作品第五四―五五行。
＊3　第二版の註にあるように、カント『純粋理性批判』第二版六四一頁（第一版六一三頁）の要約的な引用。
＊4　新約聖書「コリントの信徒への手紙二」一五・二八。
＊5　ある円にもうひとつの円が外接しながらすべらずに回転するときに、回転する円の円周上の定点がえがく軌跡を外サイクロイドと言う。
＊6　「色彩環（Cyklus der Farben）」の話題は第二版での追加。おそらくゲーテからの影響であろう。ゲーテの『色彩論』はヘルダー死後の一八一〇年の出版だが、『神』第二版を出版する前の段階でヘルダーはゲーテから色彩環について聞いた可能性がある。
＊7　原語は Farbenumkreis だが、Farbenkreis を指すものと解する。直前の訳註6を参照。
＊8　第一版はここで終わる。以下は第二版の増補である。
＊9　古代エジプト神話の神。謀略によって全身を切り刻まれてナイル川に棄てられたが、男根以外の部分は妹にして妻のイシスによって集められふたたびつなぎあわされた。なお、この引用は出典未詳。
＊10　スピノザの原文では mens（精神）となっている個所を、ヘルダーは Verstand（知性）と訳している。

〔第二版の付録〕

＊1　この断片は、レッシングがタウエンツィーエン将軍の秘書としてブレスラウで過ごした一七六〇年から六

五年にかけての時期に執筆されたと推測されている。「ライプニッツはスピノザによってかろうじて予定調和の手がかりを得たにすぎない」とならんで、レッシングの遺した重要なスピノザ論である（本書二二五頁の原註（11）および二八一頁の原註（18）を参照）。

全体の論旨は、「神の外部」という表現を文字どおりに受けとって議論を進めると不合理に陥ってしまうため、この表現そのものがじつは無効であり、「神の外部の事物の現実性」もまたありえない、ということである。スピノザの名前は一度も登場しないが、「すべては神の内部に存在する」という主張は、本書のヘルダーがスピノザとともに語ろうとしたことと一致する。

なお、三好健司氏による訳と解説（本書二二五頁参照）を参照し教示を得た。記して感謝する。

＊2　クリスティアン・ヴォルフの用語。

＊3　ライプニッツ・ヴォルフ学派の一員であるバウムガルテンの用語。

＊4　シャフツベリの一七〇九年の著作『モラリストたち――哲学的なラプソディ（*The Moralists, A Philosophical Rhapsody*）』第三部第一節におけるシオクレス（Theocles）とフィロクレス（Philocles）の対話をヘルダーがドイツ語に韻文訳したもの。ヘルダーの訳は翻訳というよりむしろ「翻案」というべきものであって、シャフツベリの原文を自由に取捨選択するだけでなく、原文にない内容も加えている。

ゴシック体の文言は、対話篇と同じく第二版にヘルダーがつけた内容目次の項目である。対話篇では見出しとして本文中に組みこんだが、「自然への讃歌」ではそれぞれの歌の冒頭（「第五の歌」では各節の冒頭）にまとめて掲げた。この見出しからもわかるように、どの歌も自然の讃美にはじまって神（的なもの）の讃美で締めくくられる構成になっている。ヘルダー自身がクネーベル宛の書簡（一七九九年十一月一日付）で述べているところによれば、この訳は、彼がザクセン公国のビュッケブルクで過ごした若き日の作品だという。ヘルダーが宮廷牧師として同地に暮らしたのは一七七一年から七六年にかけてのことである。

ヘルダーのシャフツベリ評価の一端を示すものとして、ビュッケブルク時代にさきだつ一七六八年十一月のものと推定されるカント宛の書簡の一節を引いておこう。

わが愛すべき哲学者〔カント〕よ、しかし、君はなぜ、あのふたり〔モンテーニュとヒューム〕に加えて第三の人物をあげるのをお忘れになったのでしょう。その人は、あのふたりと同じくらい多くの社交的気分と人間的世間知をもっています。その人物とは、われらが老ライプニッツの友人で、ライプニッツがその著作を好んで読んでおり、彼に負うところが並はずれて多いという人物――他の人が咳とともに吐き出したり、つばとともに垂れ流したりするよりも多くの真理を笑いとともに吹き出す哲学的嘲笑家――つまりシャフツベリ伯爵です。（北尾宏之訳『カント全集』第二一巻「書簡I」、岩波書店、二〇〇三年）

本書第一版の序文によれば、本書の当初の形態である『スピノザ、シャフツベリ、ライプニッツ』がはじめて構想されたのは本書第一版の出版の十年から十二年まえ、つまり一七七五年から七七年にかけてだった。引用からは、さらにその十年ほどまえにヘルダーがシャフツベリとライプニッツのいわば精神的な連帯関係に注目していたことがわかる。

なお、ドイツ思想史への影響もふくめてシャフツベリを評価するものとしては、エルンスト・カッシーラー『英国のプラトン・ルネサンス――ケンブリッジ学派の思想潮流』花田圭介監修、三井礼子訳、工作舎、一九九三年を参照されたい。

＊5　「第2の対話」（第一版）の訳註22を参照。なお、シャフツベリの原文にはこのとおりの文言はない。

＊6　アフリカ大陸の北西部を東西に走る山脈。ヘルダーの訳には出てこないが、シャフツベリの原文にはアトラス山脈の名が登場する。

訳者解説

ヘルダーについて

ヨハン・ゴットフリート・ヘルダーは一七四四年、プロイセン王国東部のモールンゲン（現在はポーランドのモロンク）に生まれ、一八〇三年にヴァイマル公国に没した。当時のドイツ語圏の各地で教師やプロテスタントの聖職者として働きながら展開した文筆活動は詩作、評論、言語学、哲学、歴史、宗教、教育、自然科学、各国の民謡採集、洋の東西にわたる詩の翻訳など多方面におよび、「なになに学者」という単純なくくりでは捉えられない。思想家と呼ぶにも、その思索は緻密な論理によって構築されるというより、むしろ飛躍をおそれない詩的な想像力に満ちており、「詩人思想家（dichterischer Denker）」とでも呼ぶ以外にはないように思われる。

ケーニヒスベルク大学での学生時代（一七六二―六四年）には、批判哲学を確立する以前の若きカント（一七二四―一八〇四年）と「北方の博士」ハーマン（一七三〇―八八年）に学んで、とりわけハーマンからは深い精神的感化を受け、一七七〇年のシュトラースブルク（現在はフランスのストラスブール）では、若きゲーテ（一七四九―一八三二年）に決定的な影響をあたえる年長の友となる。これだけでも、ドイツの文学史・思想史におけるヘルダーの重要さがわかる。

だが、のちにカントはヘルダーの歴史哲学的な主著『人類史の哲学の構想』の第一部（一七八四年）や

第二部（一七八五年）に否定的な評価をくだし、ヘルダーも『純粋理性批判へのメタ批判』（一七九九年）でカントの批判哲学を厳しく批判する。ヘルダーの辛辣な人柄をも寛容に受けとめて蜜月的な関係にあったゲーテとも、のちにはぎくしゃくした時期のほうが長くなってゆく。ヘルダーが終生師とあおいだハーマンとの関係もかならずしも平穏ではない。ヘルダーの出世作であり、今日もなお代表作のひとつと目される『言語起源論』（一七七二年刊行）はハーマンの批判を浴び、その後のヘルダーの歩みよりにもかかわらず、すくなくともハーマンはヘルダーへの距離感を解消しきれなかった。ヘルダーには孤高の影がつきまとう。(1)

こうした孤高なイメージも災いしたのであろう、カントやゲーテといった「巨人」を中心に歴史をふりかえりがちだった後世の人間の目にはヘルダーの姿はともすればかすみがちだった。ドイツの文学や思想の翻訳や研究がさかんな日本でさえ、昭和初期の段階でヘルダーを高く評価していた和辻哲郎の『風土』（一九三五年）をはじめとする優れた研究や翻訳があったにせよ、全体としては散発的だった印象はぬぐえない。

状況が変わったのは日本ヘルダー学会が創設され、学会誌『ヘルダー研究』が創刊されて以来のこの四半世紀ほどで、この間に本格的な研究書や翻訳が出版されるようになった。特定の領域にとらわれることのない「学際」的な思考の範型として、合理的な思考の硬直性を突破する詩的な思考の体現者として、あるいは近代ヨーロッパの思想史・文学史の旧来のイメージに風穴をあけてくれるような存在として、ヘルダーが注目されているのである。

汎神論論争について

本書『神』は、一八世紀末から一九世紀はじめにかけてドイツの知識人を巻きこんだいわゆる「汎神論論争」（あるいは「スピノザ論争」）の一当事者としてヘルダーが発表した対話篇である。複雑な経緯をたどったこの論争について、本書の理解に必要な範囲で触れておこう。

そもそも、汎神論やスピノザをめぐって論争になるのはなぜか。一七世紀オランダに生きたユダヤ人の哲学者スピノザをめぐる当時の偏見については、本書の「第1の対話」でくわしく語られている。そこにもあるとおり、スピノザの哲学は汎神論であり無神論であるというのが当時の通念であった（五／一六五頁。以下、本書の第一版と第二版の頁数を同様のかたちで示す）。汎神論とは、おおまかに言って神を世界そのものと同一視するような立場の総称である。汎神論が無神論として批判されることは、一神教の伝統が希薄な日本の一般的な感覚からは奇異に思われよう。だが、キリスト教の信仰からすれば、神はあくまでも世界を超越しており、しかも世界とは異なる人格性をそなえている。汎神論は、神の超越性も人格性も否定する点で無神論に等しいのである。

汎神論論争の火付け役となったフリードリヒ・ハインリヒ・ヤコービ（一七四三―一八一九年）が正面に押しだしたのも、ほかならぬこうした「世界の外にいる人格的な神」という考えだった。この論争におけるヤコービの立場は、理性では割りきれない信仰や感情を拠りどころとして理性そのものの専横を批判する「信仰の哲学」である。彼によれば、人間が神への信仰にいたるのは合理的な論証ではなく、「決死の飛躍（salto mortale）」によってであり、合理的な論証にもとづく思考はすべて人間の自由を認めない運命論にゆきつくしかない。全編をつうじてユークリッド幾何学に範をとった論証を積みかさねるスピノザの『エティカ』はそうした運命論の典型にほかならない。

ここからわかるように、汎神論論争はたんなるスピノザ評価の次元にとどまるものではない。そこで問われているのは、神と世界と人間の関係をどのように捉えるか、合理的な思考と人間の自由は両立するかどうかといった哲学の根本問題である。しかも、ヤコービという思想家には、以下に見るように、単純な要約をゆるさない両面性がある。ヤコービは理性の専横を批判し信仰の立場を守りながらも、けっして理性そのものを否定しているわけではないし、スピノザの哲学についても、厳しく拒絶する一方で並はずれて深い理解を示している。ヤコービのこうした両面性がこの論争をさらに複雑なものにしていることもあらかじめ注意しておきたい。以下、この論争の経緯をたどってゆこう。(2)

論争は、まず一七八三年末から八五年にかけて、当時はアカデミーに属さない在野の思想家だったヤコービと、ユダヤ人でやはり在野の思想家であるモーゼス・メンデルスゾーン（一七二九―八六年）との往復書簡において展開された。ただし、ヤコービはメンデルスゾーンに宛てた自分の手紙の写しをハーマンやヘルダーやゲーテに送ったり、この問題をめぐって彼らと議論したりしていたため、論争は手紙をやりとりするふたり以外にもある程度は知られていた。

ことの起こりは、劇作家で思想家のゴットホルト・エフライム・レッシング（一七二九―八一年）の死後にヤコービがおこなった、生前のレッシングの知られざる発言の報告だった。最晩年のレッシングがスピノザ主義者を自認する発言を聞いたと称するヤコービが、マルガレーテ・エリーザベト・ライマールス（一七三五―一八〇五年）を介して、故人のこうした発言を知っているかとメンデルスゾーンに問いあわせたのである。(3) レッシングは、ユダヤ教・キリスト教・イスラム教の和合をうたう劇詩『賢者ナータン』（一七七九年）の劇作家として、あるいは人類の完成と神への信仰との調和を論じる『人類の教育』（一七八〇年）の思想家として、当代ドイツを代表する知識人であった。そのレッシングが生前みずからがスピノザ主義者であることを告白していたと知らされて、レッシングとは同い年で三〇年来の交友があり、ほかならぬナータンのモデルでもあったメンデルスゾーンは激しく動揺する。

レッシングの死の前年にあたる一七八〇年の七月、ヤコービは現在のドイツ北西部ニーダーザクセン州にあるヴォルフェンビュッテルのレッシング邸で初対面のレッシングと議論を交わし、八月にはヴォルフェンビュッテルの南東五〇キロほどの町ハルバーシュタットに住む詩人グライムの邸宅でもレッシングと議論を交わしている（一二〇／三一一頁の訳註を参照）。レッシングがスピノザ主義者を自認する発言をしたとされるのは七月の議論においてであった。

ヤコービはこれらの議論の記録を一七八三年十一月四日付の書簡で、ライマールスを介してメンデルスゾーンに送っている。さきのヤコービの問いあわせに驚いて、くわしい話を知りたがったメンデルスゾーンの要請に応じてのことであった。その記録は、本書の「第4の対話」でフィロラウスが「ちょっとした言葉のはしばしにもレッシングの肉声が聞こえてきますね」（八三／二六三頁）と評しているものであり、メンデルスゾーンもヤコービの証言に、予想をはるかに超えた信憑性を認めざるをえない。レッシングがこともあろうにスピノザへの共感を語った記録を目の当たりにし、しかもその発言を本人から直接聞いたと称するのが、レッシングの最晩年にようやく面識を得たにすぎないヤコービであることに、メンデルスゾーンはますます動揺する。

そもそもメンデルスゾーンとヤコービでは、基本的な立場がまったくちがっていた。メンデルスゾーンが、当時の講壇哲学の主流だったライプニッツ・ヴォルフ学派の立場から、神の存在も魂の不死も理性の論証によって証明しようとする理性主義者だったのにたいして、ヤコービは、すでにみたとおり信仰の立場から理性の専横を批判している。

さらに事情を複雑にしているのは、ヤコービの隠れた「政治」的な意図である。思想史家のバイザーによれば、ヤコービはメンデルスゾーンを中心とする当時のベルリンの啓蒙主義者たちと当代の政治体制との関係にたいして批判的であった。[4] ヤコービから見れば、彼らは表むきは啓蒙的な理性や寛容の精神を尊重しているが、じっさいには既成の政治権力に迎合しているにすぎない。そんな啓蒙主義者の代表格であるメンデルスゾーンを攻撃するためにヤコービが用いたのが、スピノザ主義者を自認するレッシングの発言だった。レッシングの発言を知ったメンデルスゾーンの動揺は、ヤコービとしては狙いどおりだったことであろう。

書簡をとりかわすうちに、メンデルスゾーンとヤコービのあいだにはスピノザ理解についても大きな隔たりがあることもあきらかになってくる。メンデルスゾーンはスピノザにたいする偏見こそなかったものの、その哲学に精通していたとは言いがたい。これにたいしてヤコービはスピノザを深く理解したうえで、その哲学を断固として批判している。こうした隔たりも手伝って、ふたりのやりとりはしだいに険悪なものになってゆく。メンデルスゾーンは、ヤコービが故人の発言を公けにする前に、その発言を擁護して故人への批判を食い止めるための手立てを打とうとする。自分の子供たちやその配偶者を相手につづけてきた自宅での早朝の講義の記録である『朝の時間』（一七八五年）に、レッシングがたとえ汎神論的な主張をしていたとしても、それはじつは「純化された汎神論」であり、有神論と汎神論の対立さえ統合しうるようなもっと高次の立場であったという議論を盛りこみ、出版をくわだてたのである。ところが、ライマールスやハーマンをつうじてメンデルスゾーンの出版計画を知ったヤコービは、急遽これまでの往復書簡を編集して『スピノザの学説にかんするモーゼス・メンデルスゾーン氏宛の書簡』[5]（通称『スピノザ書簡』）というタイトルをつけ、メンデルスゾーンの許可を得ないまま一七八五年九月に出版してしまう。『朝の時間』とほぼ同時期の公刊だった。メンデルスゾーンにしてみれば、先手を打とうとした意図を挫かれたうえ、私信まで無断で活字化されたことになる。彼はヤコービへの反論として『レッシングの友たちへ』を慌ただしく執筆し、同年の十二月三十一日に原稿を出版社に届ける。この日はユダヤ教の安息日の土曜日で、メンデルスゾーンは戒律にしたがって夜になってから厳寒のなかを出かけたが、帰宅するや胸の痛みを訴えて寝つき、そのまま翌年の一月四日にこの世を去る。ヤコービとの論争がメンデルスゾーンの命を縮めたと言われても仕方がない最期であった(6)。

汎神論論争とカント

とはいえ、論争そのものは終わらない。ヤコービの『スピノザ書簡』の出版を機に、論争は当時のドイツの知識人を巻きこんでゆく。哲学者のカントも例外ではない。その事情はいささかこみいっており、まるでこの論争そのものの複雑さを象徴するかのようである(7)。

カントはすでに一七八一年に第一版が出ていた『純粋理性批判』の「超越論的弁証論」において、理性的な論証によって神の存在や魂の不死を証明できると考える思弁的な理性の立場を厳しく批判している。ヤコービは、そのかぎりでカントは自分と同じ立場にあると見なしているが、同時に『純粋理性批判』の空間論の一節を「全面的にスピノザの精神で書かれている」と『スピノザ書簡』で引用してもいる。ヤコービ自身が、カント哲学にたいして両義的な評価をしていたことになる。

他方で、カントはかねてメンデルスゾーン本人やその周囲のベルリン啓蒙主義者グループとも親交があった。カントに『朝の時間』を送ったメンデルスゾーンは、本に添えた手紙（一七八五年十一月八日付）でヤコービの不当さを切々と訴えている。メンデルスゾーンの死後には、ベルリンの啓蒙主義者グループの一員でメンデルスゾーンの最期を看取った医師でもあればカントの愛弟子でもあるヘルツが一七八六年二月二十七日付の手紙で、しばらくしてこれもベルリンの啓蒙主義者で『ベルリン月報』発行者のビースターが六月十一日付の手紙で、それぞれカントにヤコービ反駁の論文を求めている。しかも、そのあいだの時期には、ハレ大学マギスター（当時のドイツ語圏の学位）のヤーコプ（一七五九―一八二七年）から、ぎゃくにカントによるメンデルスゾーンへの反論を期待し、もしカントがそれをおこなわないのなら代わりに自分がそうする準備があるとの手紙（三月二十六日付）が舞いこむ。

カントは同じ年のうちに、ヤーコプの著作の序文として「ヤーコプのメンデルスゾーン『朝の時間』の検討にたいする二、三の覚え書き」を書き（日付は八月四日）、さらに論文「思考の方向を定めるとはどういうことか」を公刊している（十月）。カントが示したのは、論争する両陣営のどちらにも与しない立場だった。彼は、メンデルスゾーンの理性主義を批判するとともに、感情や信仰に立脚するヤコービの非合理的な立場をも批判し、あくまでも理性にもとづく信仰（理性信仰）を説く。また、この論文の註で、カントは『純粋理性批判』とスピノザ主義の関係をきっぱりと否定し、ヤーコプの著作への序文でもスピノザを「詭弁を弄して〔…〕最高存在者〔つまり神〕の可能性をも決定する」例として挙げている。(8) スピノザの哲学を否定的に評価する点ではカントも世の多くの人びとと変わらなかった。

ヘルダーの『神』

こうした論争のさなか、スピノザ哲学への肯定的な評価をはじめて明確に語ったのがヘルダーの『神』である。この対話篇は汎神論論争の新たな段階の開始を告げるものであり、ヘーゲル（一七七〇―一八三一年）やシェリング（一七七五―一八五四年）といったひとつ下の世代における肯定的なスピノザ評価の先駆と言ってよい。とはいえ、汎神論論争のテーマがたんなるスピノザ評価に尽きないのと同じく、本書の内容もたんなるスピノザ論に尽きるものではないことも忘れないようにしよう。(9) まずは本書の概要を確認する。

「第1の対話」は激しい雷雨のあがった戸外の様子をスピノザの哲学が批判され退けられたときの様子にたとえるフィロラウスの発言にテオフロンが応えるところからはじまる。スピノザの著作を読まないままベールの『歴史批評辞典』などのスピノザ批判をうのみにし、スピノザを無神論者であり人類の敵だと決めつけるフィロラウスにたいして、テオフロンはベールの記述が公平性を欠いていることを指摘する。テオフロンは慎重にも自分自身はスピノザ主義者ではないし、そうなるつもりも毛頭ないと断りながらも（一二／一七三頁）、スピノザに無神論や汎神論といったレッテルを貼って非難することの不当さを説く。テオフロンはプロテスタントの牧師が書いたスピノザの伝記とスピノザ本人の著作をフィロラウスに渡していったんその場を離れる。

本を渡されたフィロラウスは、はじめこそけげんな気持ちで読みはじめるが、読み進むうちに彼が抱いていた偏見は打ち破られてゆく。ふたたび戻ってきたテオフロンは、スピノザの魅力に開眼したフィロラウスにスピノザを学ぶためのアドバイスを与え、最後に「火あぶりに処された無神論者」が残した神への讃歌を示す。

「第2の対話」では、フィロラウスはすでにスピノザの著作に親しみ、スピノザの哲学についてテオフロンに率直な疑問をぶつけられるまでになっている。フィロラウスはまず、「ただひとつの実体だけが存在する。それが神である。すべての事物は神においては様態にすぎない」という言葉（『エティカ』第一部定理一四および一五）への違和感を表明する（三四／二〇一頁以降）。テオフロンによれば、この表現は「万物は自立したもののうちに安らって」（二〇三頁）いることを意味しており、ライプニッツの予定調和が言わんとしているのも同じことである。ここからすれば、スピノザのように「神はすべての事物の内在的な原因であって、一時的な原因ではない」（同・定理一八）と考えても神の冒瀆にはならない（三七／二〇四頁以降）。ヤコービが支持するような、世界にさきだってその外部にいる神という神概念は（ヤコービの名前は挙がっていないにせよ）すでにここで退けられている。

つぎに、スピノザが延長を神の属性としたことが彼の哲学の難点として挙げられる。これは、彼がデカルトの言葉づかいにとらわれていた結果であり、スピノザにはふさわしくない。自然科学の進歩とともに、物質のなかにはさまざまな力が働いていることがあきらかになっている。デカルト流の精神と物質の二元論を克服するのは「実体的な力」（第一版）であり、「有機的な力」（第二版）である（四三頁と二一三頁を参照）。物質はデカルトの考えたような死んだ延長ではなく、有機的な力を宿して生きている。すべては神の力の表現であり、世界に内在する神の永遠の活動そのものだと考えれば、スピノザは神と世界を同一視したという嫌疑も退けることができる。スピノザにおいて無限なものと無際限なものが区別されるのと同じように、スピノザの神は世界に内在しながらも、世界と同一ではなく、したがってスピノザは神と世界を同一視する汎神論者ではない。スピノザの神は、世界をつらぬく力の活動の根源となる力そのものなのである。

こうした「非物質的な力」（五〇／二二一頁）を最初にあきらかにしたのは、『モナドロジー』のライプニッツであった。しかし、この卓越した発想が、予定調和という彼のもうひとつの思想とうまく結びつくかどうかは疑問視される。だが、自然科学がたゆみなく進歩すれば、自然科学のあとをついてゆく形而上学（Metaphysik つまり「自然科学（Physik）」の「あと（meta）」を追う学問）もおのずから進展してゆくであろう。最後に、「第1の対話」の末尾に置かれた詩の作者ヴァニーニに触れたあと、オリエントの人びとが残した神についての言葉を引用して「第2の対話」は閉じられる。

「第3の対話」の冒頭では、人びとを公正に裁く女神ネメシスの立像を見つめるテオフロンにフィロラウスが声をかける。ふつうのネメシス像とちがってこの像には罰せられる相手のもとに瞬時に駆けつけるための車輪がなく、かわりに「静かな歩みと、おだやかでしっかりとしたものごし」（五九／二三四頁）がある。このネメシス像が象徴しているのは、この世の事物の存在の根底に「節度と均衡と秩序」（六〇／二三四頁）があるという洞察であり、それは早世したランベルトの認識と同じである。自然の研究が進むほどに、やみくもな必然性への恐怖は克服され、自然をつらぬいているのは神の知恵と善意と美であることがあきらかになる。

スピノザが神には知性も意志もないと説いたのは、デカルト流の誤った考えかたを受けいれたせいである。スピノザは神を思考しない存在と見なしていたというのは誤解でしかない。しかし、スピノザは思考と延長を対置するデカルトの誤りを前提していたため、神の無限の能力が恣意的でやみくもな仕方で働くものではなく、「その本質の永遠の法則」（六八／二四六頁）によって活動することをはっきりと主張するにはいたらなかった。

神がそれ自身の必然性にしたがって活動するのであれば、ライプニッツの『弁神論』（一七一〇年）や、それを詩の形式で描いたウーツの「弁神論」（一七五五年）に見られるような神人同感説や神人同形説、つまり、神の活動を人間と同じような感情や意志にもとづく活動になぞらえて理解して、世界創造にさきだって神はさまざまな世界の設計図を熟考したというような説明は必要なくなる。さらにライプニッツは、スピノザの立場をおのれの立場から区別するために、神は最適性の観点から現にある世界を最善のものとして選択したと主張したが、このような考えかたは、この世界のさまざまなものごとの説明にさいして、神の恣意的な意図なるものを、いたるところでそれこそ恣意的にもちこむというおそまつな結果を招く。

それにたいしてテオフロンが主張するのは、「あるがままの事物の内的な本性に寄りそう」哲学である（七五／二五三頁）。第二版では、「あるがままの事物の内的な本性」は「自然の諸法則」とも言いかえられている（二五三頁）。スピノザがあと百年遅く生まれて、現在のような自然科学の発展をまのあたりにしていたら、もっと豊かに思索を展開させたにちがいない。自然の研究をつうじて神を論じる自然神学は、けっして時代遅れではない。自然法則の探究がそのまま同時に神の本性の必然性の認識になるであろう。

最後に、レッシングがスピノザ主義者だったかどうかをめぐる論争にテオフロンが言及する。彼はヤコービの『スピノザ書簡』をフィロラウスに紹介し、次回はそれについて議論しようと提案して「第3の対話」は終わる。

「第4の対話」は『スピノザ書簡』を読んだフィロラウスがテオフロンと語りあうところから始まる。とりわけ焦点になるのは、ヤコービがメンデルスゾーンに送ったレッシングとの対話の記録（前にも述べたとおり、この記録は『スピノザ書簡』の一部をなしている）である。「第3の対話」で話題になったような、世界の外に存在していて、世界の設計図ができあがるまで内省をつづける神をレッシングも退けていることにフィロラウスもテオフロンも賛意をしめす。「ヘン・カイ・パン（一にして全）」のほか、自分はなにも知らないというレッシングの言葉にもフィロラウスは共感するが、「ヘン・カイ・パン」という言葉だけではスピノザの哲学は捉えきれないことも指摘する（八五／二六五―二六六頁）。

人間の自由意志を認めるヤコービにたいして、レッシングはスピノザに関連させつつ、ヤコービの言うような人間の自由意志を否定した。これについてもふたりはスピノザとレッシングを肯定する。真の自由とは「なんでもありのやみくもな恣意」ではなく、「ある種の内的な必然性によって〔…〕感情のみならず運命そのものまでも支配するような自由」（八七／二七二頁）だからである。

つづいてレッシングの発言にしたがって、ライプニッツとスピノザ、あるいはスピノザとカバラのかかわりを話題にしたあと、スピノザの哲学を無神論であり、運命論であると批判するヤコービの主張には同意できないことが明言される。フィロラウスは、ヤコービの言う「信仰」という言葉のあいまいさを指摘するが、テオフロンはむしろヤコービの立場を擁護し、それは本来メンデルスゾーンと対立するものではないと語る。

テオフロンの求めに応じて、フィロラウスがクライストの詩を歌詞とした歌を歌うと、テオフロンは音楽の体現する調和がすでに神の存在証明になっていると語る。カントの『純粋理性批判』が神の存在証明を批判していることを承知のうえで、むしろそうした批判のほうこそ、常識（健全な知性）を台なしにしているというのがテオフロンの評価である。ついでスピノザをカバラに結びつけるヴァハターの解釈が批判される。スピノザは旧約聖書の「出エジプト記」で語られた神のありかたに忠実であったし、神をイメージで語ることを禁じるユダヤ教の「図像禁止」にも忠実であった。

「第5の対話」では、これまでは隠れたところでふたりの話を聞いていたテアノが対話に加わる。テアノは前日のテオフロンの発言が、神の存在証明は不可能だと言わんばかりであったと批判する。テオフロンが、音楽を手がかりに神の存在証明を語りながらも、その有効性を「「私の理性の本質に属する永遠の真理として」内的な必然性の規則に従属」する範囲内に限定し（一〇九／二九八頁）、神についてもその世界創造についてもイメージで語ることを否定したことをとがめたのであろう。テオフロンは、テアノの意見では感覚的な経験に頼って思考をすてることになりかねないと彼女を制し、「神の実在とそのわざの本性」がこの世界をつらぬく「もっとも賢明な最善の必然性」であることを示そうとする（一二四―一二五／三一七頁）。

このあとの対話は、テオフロンの主張が十箇条の命題にまとめられ、必要に応じて具体例にそくした説明が補足されるというふうに展開する。「第4の対話」で語られた「図像禁止」の戒めをまもって、その成果を理性的な命題として語ろうとする試みなのであろう。これはまた、理性的な論証が運命論におちいるというヤコービの批判に抗して、恣意をすてて理性的な論理の必然性に身をゆだねることにこそ真の自由があるというヘルダー自身の主張を体現するものでもあろう。ただし、それにもかかわらずヘルダーの叙述は、これはこれでまた有機的な自然のイメージにもとづくものであり、ヘルダーが詩的なイメージにもとづいていると難じるライプニッツに劣らず、ヘルダー自身の思考もまた詩的なイメージに満ちているように思われる。

『神』にたいする反応――ゲーテとカント

以上のような本書の内容にたいする反響はどうだったろうか。ゲーテとカントのばあいを見ておこう。

第一版を旅先のイタリアで読んだゲーテは一七八七年九月六日の項に、「［ヘルダーの］「神」は私の最上の伴侶である。モーリッツはそれによってじっさい裨益されるところがあった」と書いている。[10] モーリッツ（一七五七―九三年）はゲーテがローマで知りあったドイツの小説家・美学者である。同じ文脈でゲーテは自分が「とくに植物学においてはヘン・カイ・パン（一にして全なるもの）にまで到達したが、それはわたしを驚嘆させている」とも語っている。レッシングとヤコービの対話で鍵概念となったヘン・カイ・パンは、ゲーテの植物学においては「原植物（Urpflanze）」――すべての植物に共通する統一的な原形——の発想に結びつく[11]。

一方、カントは、一七八九年八月三十日付ヤコービ宛の手紙で、ヘルダー批判の付録を増補したヤコービの『スピノザ書簡』第二版にふれてこう述べている。

「スピノザ主義とヘルダーの『神』の理神論との混合体を、あなたはこのうえなく徹底的に反駁なさいました。総じてあらゆる異種混合の根底には誠実さの欠如が見られるものですが、この心的性情はとりわけこの偉大なる詐術師に固有のものです（その詐術は、まるで幻灯機のように、驚くべき物を一瞬見せたうえで、すぐに永久に消し去ってしまうのですが、それでも無知なひとたちはその後も驚嘆しつづけ、その背後にはなにか尋常ならざるものがひそんでいるはずであり、それが自分たちにはつかまえられないだけなのだと思いこんでしまうのです[12]）」。

ヤコービ宛の私信における辛辣なヘルダー批判は、一筋縄ではゆかない論客ヤコービを敵に回すまいとするカントの配慮による面もあるだろうが、もちろんそれだけではない。『神』が対話篇のかたちで概要を示すにとどまっており、本来のかたちでの議論をもっと展開する必要があることは、第一版の序文でヘルダー自身も認めているとおりである。その点では、「まるで幻灯機のように、驚くべき物を一瞬見せたうえで、すぐに永久に消し去ってしまう」というくだりは、『神』の叙述の弱点を衝いていると言ってよい。そもそも新たに批判哲学という境地を拓いていたカントにとって、本書の「第3の対話」や「第4の対話」で、ヘルダーが『神の存在の唯一可能な証明根拠』のような過去のカントの著作を、それと名指さないまでも援用しているのは愉快なことではなかっただろう。さらに想像をたくましくすれば、かつてはみずからもシャフツベリ（一六七一―一七一三年）らの影響を受けてモラリストふうの華麗な文章を書いたこともありながら批判哲学の構築にあたってはそれを封印してしまったカントにとって、ヘルダーの著作は直視したくないおのれの半身のように思えて、いわば同族嫌悪の対象のようなものだったのかもしれない(13)。

ヤコービからの批判

ヤコービもまた、ヘルダーの『神』にたいしては不満を隠さなかった。『スピノザ書簡』の第二版（一七八九年）で加えられた付録四（JW. 219-222. 邦訳二五九頁以降）と付録五（JW. 223-231. 邦訳二六四頁以降）で、ヤコービは『神』から長い引用をおこないながらそれを批判する。

付録四では、ヤコービはヘルダーが神には知性はあっても人格性はないと考えた（八六／二六六頁以降）ことを批判する。神を人格ではなく「有機的な力」として捉えなおすヘルダーの一貫した姿勢にたいして、ヤコービとしては当然の批判である。ヘルダーは、後述するように「出エジプト記」における神の名――文語訳では「われは有りて在る者なり」となっている――のはらむダイナミックな開放性に注目し、神を有機的な力と結びつけている。だが、その神の名が「われ」という一人称を含むものだとすれば、それを非人称的な「有機的な力」に直結させることには、やはり無理があるし、すくなくとももっとふみこんだ説明が必要なのではないか。この点で、ヤコービからの批判には一理あると訳者は考える。

付録五では、ヤコービはヘルダーが説いているのは目的因の体系と作用因の体系の中間をなすような体系だが、そんな体系はありえないと批判する。

目的因や作用因という言葉については説明が必要であろう。目的が原因となってなんらかの行動や出来事を生じさせたと考えられるとき、その目的は目的因と呼ばれる。たとえば、大学合格のような特定の目的を設定してその実現のために受験勉強をするばあい、大学合格は受験勉強の目的因である。ここには目的を設定しその実現のために行動する人間の自由がある。ここから、ヤコービは目的因の体系を理性的な自由の体系とも言いかえる。これにたいして作用因とは、ある出来事A（たとえばタバコの火の不始末）が原因となって、べつの出来事B（たとえば火災）を結果として引き起こしたというような因果関係における原因を言う。ヤコービに言わせれば、作用因の体系にあっては、すべては機械的で必然的な因果関係のうちで決定されるから自由はありえない。

こうしたヤコービの立場からすれば、自然法則の必然性や理性の必然性（ヤコービからみれば作用因の体系）にあえて身をゆだねることこそが真の意味での自由の実現だと考えるヘルダーの立場が認められないのは当然であろう。もとより作用因の体系と目的因の体系が両立するかどうかというこの困難な問題に、単純な決着がつくはずもない。同様の議論は、汎神論と人間の根源的な自由との両立可能性を論じるシェリングの論文「人間的自由の本質について」（一八〇九年）に、そしてこの問題をめぐるヤコービとシェリングの論争にも引き継がれることになろう(14)。

もうひとつ、これは内容的には『スピノザ書簡』の付録五だけでなく付録六（JW. 232-246. 邦訳二七七頁以降）にも関係する話題だが、ヤコービが見過ごせなかったのは、スピノザの延長概念についてのヘルダーの理解不足だった。ヘルダーに言わせれば、スピノザは物質を生命なき延長と見なすデカルトの誤りを十分に克服できないまま、延長を神の属性とみなす誤りを犯してしまった（四〇／二〇八頁以降）。またヘルダーは、スピノザにおける思考と延長はたがいにかかわりあわないと考えている（四一／二〇九―二一〇頁など）。だが、ヤコービの見るところ、これらはどちらも誤りである。

第一に、「付録六」のヤコービに言わせれば、スピノザは「延長が神的な自然のひとつの属性として存在するように、その根底にたえず活動する力と現実的な実在を置いた」のであり、スピノザによれば、「そもそも力なるものは神の生きた実在そのもの」なのである。[15] 第二に、ヘルダーは『エティカ』第三部定理二註解の「精神と身体は同一のものであって、それがあるときには思考という属性で、またあるときには延長という属性で考えられる」というスピノザの言葉を理解していない。『スピノザ書簡』の邦訳者である田中光氏は、ヤコービがメンデルスゾーンに送ったスピノザ解説のための四四のテーゼのうち第三四テーゼ「魂は身体の直接の概念にほかならず、身体と同一のものである」を挙げたうえで、「ヤコービは『エティカ』第二部定理一三「人間精神を構成する観念の対象は身体である」の重要性に気づいていた」と指摘しておられる。[16]

第一の点について言えば、ヘルダーはあれほど「力」の概念を重視していながら、スピノザ本人において延長と力が密接な関係にあることを見逃していたことになる。これはたしかにヤコービに分がある。第二の点についても、ヤコービの論難のとおり、ヘルダーは心身関係をめぐるスピノザの議論を十分に理解していないように思われる。じっさい、ヤコービの批判を離れてみても、スピノザにおける心身問題をめぐる本書のヘルダーの言葉には不可解なところがある。たとえば、「第5の対話」では、テオフロンが「私たちの身体は魂の道具、魂を映しだす鏡にすぎ」ないと発言し、その直後にはフィロラウスが、スピノザは「身体概念を人間の魂の本質的な形式にし」たと発言している（一三六―一三七／三三〇頁）。ヘルダーの念頭にあるのは、おそらく田中氏も挙げたスピノザの「人間精神を構成する観念の対象は身体である」という言葉であろう。だが、すくなくともテオフロンの発言から読みとれるのは身体にたいする魂の主導性とでも言うべきものであって、これはスピノザの考えではありえない。心身問題というスピノザ哲

学の根本的な問題にかんして、ヘルダーはヤコービほどの透徹した理解には達していないようである。(17)

『神』の第二版

ヘルダーは大幅な改訂をほどこした第二版を一八〇〇年に出版している。巻末には増補として、レッシングの遺稿「神の外部の事物の現実性について」とシャフツベリの『モラリストたち』（一七〇九年）の一部を自由に要約して詩のかたちにした「自然への讃歌」が置かれている。第一版の序文で予告され、本書のテーマをさらに展開するはずだった『アドラステア』の代わりとして、第二版では「自然への讃歌」を配したものである（一六三頁）。本書はもともと『スピノザ、シャフツベリ、ライプニッツ』というタイトルで構想されていたことからすれば、われわれ読者にとって「自然への讃歌」は、第一版以来の本書におけるヘルダーのスピノザ理解、ライプニッツ理解の背景にあった考えかたをうかがうための貴重な手がかりである。レッシングの遺稿とシャフツベリの「自然への讃歌」については、それぞれの冒頭の訳註に簡単な解題を付したので、そちらをごらんいただきたい。

対話篇への改訂は、ズプハン版では合計一〇〇〇箇所におよぶ脚註で示されている。その内実は、ひとつの単語を削除したりほかの単語に置きかえたりするものから、数行から十数行の箇所を削除したり差しかえたりするもの、さらには数頁におよぶ対話や長い註を新たに増補するものまでさまざまである。第一版ではときとしておおげさだった修飾語が第二版では削除され、いくぶん抑制のきいた文章になっただけでなく、多くの箇所で説明不足が補われてわかりやすくなっている。ヤコービをはじめとする他人へのあてこすりととれる箇所も、すべてではないにせよ、すくなからず削除されている。ただし、全体をつうじて基本的な主張に変わりはなく、第二版の改訂は第一版以来の基本的な主張をより鮮明にするものだったと言ってよい。

ヤコービは『スピノザ書簡』の第三版（一八一九年）で付録四に新たにくわえた註で、ヘルダーの『神』の第二版に言及し、ヘルダーによる改訂にもかかわらず、付録四と五におけるヘルダー批判の変更は不要である旨を述べている。[18] ヤコービの批判は第二版にもそのまま向けられている。

本書の魅力

だが、こうした批判があっても本書の価値が損なわれるわけではない。ここでふたつの版をふくむ本書全体をとおして、訳者にとって興味ぶかい点、あるいは注意すべきと思われる点を三つ挙げておきたい。

第一に注目したいのは、ヘルダーが、「私たちは神のうちに生き、活動し、存在しています。私たちは神の種族です」というパウロの言葉（「使徒言行録」一七・二八）を本書でくりかえし引用していることである。第一版では「第2の対話」末尾（五五頁）の一か所だけだが、第二版になると序文（一六三頁）にも引用があるし、「第5の対話」の増補部分にも、

「スピノザは人間の身体の長所や人間の魂の能力を規定し、万物を生かしているあのかた、つまり私たちがそのなかで生きてもいれば、「私たちは、意識によって、つまり私たちにもっとも固有のものとも強力な力によってその種族である」とも言えるようなあのかたへと万物を連れもどしました」（三五七頁）

という、ほぼ同じ趣旨の言葉がある。さらに、「第2の対話」で増補された原註（二〇四―二〇五頁）でヘ

ルダーが引用するスピノザのオルデンブルク宛書簡（書簡二一〔現在では七三〕）にも同じパウロの言葉を念頭に書かれた箇所がある。この箇所ではスピノザ自身が、「すべての事物は神のなかにあり、神のなかを動いている」というみずからの基本主張をパウロのさきの言葉を示唆しながら語っている。スピノザは、「神はすべての事物の内在的な原因であって、一時的〔超越的〕な原因ではない」（『エティカ』第一部定理一八。なお本解説四二四頁を参照）というおのれの主張が聖書にそくしたものであることを示そうとしているのである。

『スピノザの生涯』を書いたコレルスは、スピノザのこの書簡を引用したうえで、スピノザがパウロの言葉を不当に利用していると批判している[19]。ヘルダーがパウロのこの言葉を幾度も引用するのは、コレルスへの反論のためでもあろうが、それ以上にヘルダー自身がこのパウロの言葉に自分とスピノザの接点を読みとっていたからにちがいない。スピノザはこの書簡の同じ文脈で、スピノザが神と自然を同一視していると批判する人びとは、「自然」を「一定の量をもつものや物体的な質料」と理解している点でまったく誤っていると反論している。神はすべての事物に内在する原因であり、そのような事物は「物体的な質料」であるどころか、「神のなかを動いている」生けるものだと言いたいのだろう。これはそのまま、本書におけるヘルダーの考えにほかならない。ヘルダーがスピノザと異なるのは、「私たちは神の種族です」という箇所もパウロの言葉としてひとまとめに引用している点である。これについてはまたあとで立ちかえろう。

第二に注目したいのは、旧約聖書「出エジプト記」（三・一三―一四）で神がモーセにおのれの名を告げる箇所――さきにもふれたように、わが国の文語訳では「われは有りて在る者なり」となっている――のドイツ語訳の仕方である。第二版では若干の変更があるが、いまは第一版を引いておく。

「彼ら〔ユダヤ人〕の神はエホヴァと呼ばれました。これは、私は〈私がそうであるもの〉であり、また〈私がそうであるだろうもの〉であろう（ich bin der ich bin und werde seyn, der ich seyn werde）という意味です。〔…〕スピノザはこの気高い唯一の概念にあくまでも忠実でした。だからこそ、彼は私にとってもも大切なのです。人間理性において、これ以上に絶対的で純粋で実りゆたかな概念はありません。なにしろ、すべてがそれによって設定され、すべてがそのうちに与えられているような、それ自身で存立する完全無欠で永遠の存在となれば乗りこえようがありませんからね」。（一一一―一一二頁）

ドイツ語原文を示した箇所は、ルター訳の聖書（一五四五年最終版）では未来形をもちいて、Ich werde sein der ich sein werde[20]（私は〈私がそうであるだろうもの〉であろう）となっている。これだけでも奇異な表現だが、ヘルダーは現在形と未来形をならべて、さらに奇異な表現をしている。神は、現在のうちにありながらも同時に未来に開かれているような開放的なありかたをしているということであろう。もうひとつ注意すべきは、ヘルダーがこの神のありかたを「すべてがそれによって設定され、すべてがそのうちに与えられているような、それ自身で存立する完全無欠で永遠の存在」と捉え、神の存在をすべての被造物の存在とそのまま結びつけて考えている点である。

ヘルダーは、一七八四年二月六日付のヤコービ宛の手紙[21]で、ヤコービや反スピノザ主義者にとっての神は、「偉大なるもっとも卓越した存在（ens entium）であり、すべての現象において活動しているその実在原因でありながら、零（0）であり、われわれが形成するがままの抽象的な概念[22]」だと捉える。ヤコービの神は「もっとも卓越した存在」とは言っても、「零」と同じような「抽象的な概念」だというのであろう。こうしたヤコービの神に、ヘルダーはみずからが理解するスピノザの神を対置する。

「スピノザによれば神は、このうえなく実質的でこのうえなく能動的な一なるものであり、この一なるものは、もっぱらおのれ自身に向かってこう語りかけるのです。「私は〈私がそうであるもの〉であり、私の現象がどれほど変化しようとも〈私がそうであるだろうもの〉であろう」と。これらの変化は、神に結びつくのではなく、たがいにかかわりあう現象に結びついています[23]」。

「出エジプト記」からさきにみたのと同じ箇所が引用されている。「もっぱらおのれ自身に向かって〔…〕語りかける」という箇所がなにを意味しているのかうまく理解できないが、いまは措く。ここでいう「私の現象」とは、被造物のことであろう。この書簡でのヘルダーのスピノザの神概念への理解は、『神』の前掲箇所と軌を一にしている。

ところで、「出エジプト記」のこの箇所は、原文のヘブライ語では ’ehyeh ’ᵃsher ’ehyeh（エヒェー・アシェル・エヒェー）となっている。有賀鐵太郎によれば、エヒェーは hāyāh（ハーヤー）という動詞の一人称単数の未完了形である[24]。未完了形とは、たんなる現在でもたんなる未来でもなく、そのニュアンスを生かすなら、「エヒェー」とはおおよそ「私はハーヤーする（であろう）」といった日本語表現に置きかえられる。また、アシェルは関係代名詞とも接続詞ともとることができ、前者なら神の名は、「私はハーヤーする、その私はハーヤーする」となり、後者であれば「私はハーヤーするのだから、私はハーヤーする」となる[25]。神の名は、一種の同語反復的な表現でありながら、完結した自己同一性とはおよそ対極の開放性をあらわしていると言ってよい。

では、そもそもハーヤーとは、どういう意味か。有賀によれば、それは「werden〔生成する〕、sein〔存在する〕、wirken〔活動する〕等」を同時に意味し、どれかひとつの動詞では汲みつくせない多義性がある。さらに有賀によれば、神の名とされるYahwehは「彼はハーヤーせしめる」という使役の表現と解することができ、「みずからハーヤーすることによって創造者である絶対的主体は、また一切のハーヤーをしてハーヤーせしめる主体と考えられている」のだという(26)。

こうした有賀の所論をヘルダーにそのまま読みこむつもりはない。語学の才能に恵まれてヘブライ語も身につけていたヘルダーではあるが、ヘルダーが有賀と同じことをハーヤー動詞に読みとっていたと確証する材料は、すくなくとも訳者にはない。

だが、テクストにそくして考えれば、ヘルダーにとってのユダヤ教の神が、現在形と未来形を併用して表現されるべき開放的なありかたをしており、しかも、神自身のそのありかたが同時に被造物を存在させると考えられていることはあきらかである。ヘルダーが神の「力」や「活動」を強調することも、同じ文脈で捉えることができよう。神の開放的な存在はそのまま「力」の「活動」そのものなのである。たとえば、ヘルダーはレッシングが明確には語らなかった「もっと高次の力」を、本書第一版では「存在」と捉えなおしており（九〇頁）、この「存在」を第二版では「現実であり、実在であり、能動的な存在」（二七五頁）だと書きかえている。ヘルダーとしては、第一版の「存在」という表現にすでに開放性や活動性のニュアンスがあることは『神』を通読すればおのずからあきらかになると考えていたのだろうが、第二版ではそれを明確にするために書きかえたのであろう。

だが、さきにものべたように、ユダヤの神が「私」という一人称で語っている以上、そこに人格性を認めるのは自然なはずだが、ヘルダーはその点についてなにも語らない。ヘルダーに寄りそって考えれば、彼としては、そうした人称性にとらわれて神の「人格」を考えるのは、神を擬人的なイメージで捉えようとすることであり、「図像禁止」の戒律に抵触すると言いたかったのだろうが、それにしてももうすこし説明が欲しい。このままでは、ヘルダーは旧約聖書の神を、非人称の生きた自然全体の開放性や活動性にいつのまにか短絡させていると言われても仕方がないのではないか。ここは訳者としては不満が残るところである。

こうした留保はつくにせよ、ヘルダーが旧約聖書の神を、ひいてはスピノザの神を開放的で活動的なありかたとして捉えていたことはまちがいない。ここからふりかえると、さきに問題にしたパウロの言葉にも新たな意味が見えてくる。「私たちは神のうちに生き、活動し、存在しています」とは、人間もあくまで神の内部においてではあるにせよ、たんに「存在」としてあるのではなく、「生き、活動している」ということであろう。神と同じく人間もまた「活動」的なありかたをしている。これにつづけてヘルダーが、「私たちは神の種族です」という言葉をまとめて引用するのは、神と人間のこうした共通性を言いあてるためだったのであろう。

なお、「私たちは神の種族です」という言葉が引用されるのは第一版では一回だけだが、実質的には同趣旨の主張は第一版でもくりかえされている。たとえば「第5の対話」でテアノが、人間の自己形成はじつは当人自身によるものではなく神によるものであり、それによって人間は神に似ると語っている（一四八―一四九／三四二―三四三頁）ことや、同じく「第5の対話」でテオフロンが挙げた前述の十のテーゼのうち第二テーゼも同じ趣旨のものと捉えることができる。

第三に、訳者が翻訳作業を進めていて、目立たないながら大切な読みどころと感じた点を紹介しておく。それは、この対話篇のあちこちに、詩をはじめとするもろもろの芸術が組みこまれており、しかも、そのいずれもがたんなる添えものではなく、そのつどの議論に有機的に編みこまれている点である。

たとえば、「第1の対話」の末尾におけるヴァニーニの引用は、無神論者として処刑された人物による神への讃歌を紹介することで、無神論というレッテルが、それによって非難される当人の真の思想とはどれほど無関係で浅薄なものにすぎないかを読者に告げている。あるいは、「第2の対話」の末尾には、さきほど話題にしたパウロの言葉を先頭に、新旧の聖書やイスラム詩人の言葉がならべられている。ヘルダーにとって、これらの言葉はどれも当面の主題であるスピノザの精神と響きあうものなのであろう。『賢者ナータン』で寛容の精神にもとづくユダヤ教とキリスト教とイスラム教の和合をうたったレッシングへのささやかなオマージュとして、ヘルダーはスピノザの精神にもとづく三つの宗教の和合を小さなアンソロジーによって提示したかったのではないか、とさえ思える。

それ以上に注意したいのは、「第4の対話」の途中でフィロラウスがクライストの詩にメロディをつけて歌ったり、「第5の対話」ではテアノが刺繍をしながら対話に加わったりする場面である。それぞれの場面につづく対話のなかで、フィロラウスの歌はそのまま神の存在証明の手がかりとなり、テアノの刺繍は「自然の技巧」の模倣の実例となる。フィロラウスの歌もテアノの刺繍も、それぞれに修練を経たものではあろうが、専門の芸術家による職業的な芸術活動ではない。それらはあくまでも日常のなかの素人芸術であり、鶴見俊輔の言葉づかいを借りれば、日常とも芸術ともつかない境界（限界）的な領域で営まれる「限界芸術」である。[27] 神をめぐる哲学的な対話にこうした「限界芸術」的な営みを意識的に組みこむ筆の運びからは、われわれの日常そのものと神（的なもの）への連続性に注がれるヘルダーの繊細かつ確固としたまなざしが読みとれる。

ヘルダーにとって、われわれがそのなかで生きており、われわれがその種族であるような神のありようは、学問的な議論で汲みつくせるものではない。それどころか、学問的な探究が抽象的な言葉の操作として完結するようでは、かえって神との本来的な結びつきを見失いかねない。むしろ学問的な探究をときには中断して日常のなかで芸術を楽しむことも、われわれが神のうちに生きていることをあらためて確認するよすがだと言うのであろう。ヘルダーのこうしたまなざしは、哲学が文学をふくむ芸術や宗教から分離し、さらには日常生活からも分離した大学内部での営為として制度化されるうちに忘れ去られたものである。本書のヘルダーは、日常のうちなる哲学の根とでも言うべきものをあらためて想起させてくれるように思われる。(28)

（1）　カント、ハーマン、ゲーテとヘルダーのかかわりについては登張正実責任編集『ヘルダー　ゲーテ』（世界の名著38）、中央公論社、一九七九年）の解説および年譜を参照した。とくにハーマンとのかかわりについては、川中子義勝『ハーマンの思想と生涯――十字架の愛言者』（教文館、一九九六年）一三七頁以下を参照。ゲーテからみたヘルダーとの出会いやその辛辣でとっつきにくい人柄について、また後述するヤコービとの交流や汎神論論争の一端については、ゲーテ『詩と真実』（山崎章甫訳、岩波文庫、一九九七年）の第二部・第三部に描かれている。

（2）　以下の記述には、Heinrich Scholz, *Die Hauptschriften zum Pantheismusstreit zwischen Jacobi und Mendelssohn* (Berlin: Reuter & Reichard, 1916); Frederick C. Beiser, *The Fate of Reason: German Philosophy from Kant to Fichte* (Cambridge, Mass.: Havard University Press, 1987)、安酸敏眞『レッシングとドイツ啓蒙――レッシング宗教哲学の研究』（創文社、一九九八年）、栗原隆「ヤコービ／ヘルダー」（加藤尚武責任編集『哲学の歴史』第七巻「理性の劇場」、中央公論新社、二〇〇七年）、中井真之『ゲーテ『親和力』における「倫理的なもの」――F・H・ヤコービの「スピノザ主義」批判との関連において』（鳥影社、二〇一〇年）、同「スピノザの「神」

をめぐって――ヘルダーの『神』、ヤコービ、ゲーテ」（『思想』第一一〇五号、二〇一六年五月）を参照した。
（3）仲介をしたライマールスはレッシングとメンデルスゾーンとヤコービの共通の友人だった。彼女の父親はハンブルク大学教授で東洋学者のヘルマン・ザムエル・ライマールス（一六九四―一七六八年）である。父ライマールスは、キリスト教のドグマに啓蒙的理性の見地から批判的な検討を加える「神の理性的崇拝者のための弁護」を遺した。この遺稿に感銘を受けて、一七七四年九月からこれを「無名氏の断片」としてつぎつぎに活字化したのが、ほかならぬレッシングである。
この「無名氏の断片」は伝統的なキリスト教を擁護する人びとの批判を浴び、とりわけルター派の正統的信仰の立場からこれを批判するハンブルクの牧師ゲーツェとの論争は、最終的に官憲の介入を招き、レッシングは論争から身を引くことになる。その後、この論争にたいしてレッシングが劇詩のかたちで応答したのが『賢者ナータン』である。以上については、市川明訳『賢者ナータン』（松本工房、二〇一六年）の「解題」を参照した。
（4）Beiser, *The Fate of Reason*, p. 75ff. この論点については、安酸・前掲書二八五頁以下で詳述されている。汎神論論争の政治的・社会的背景については、バイザーの前掲書のほか、同じくバイザーの『啓蒙・革命・ロマン主義――近代ドイツ政治思想の起源 1790-1800』（杉田孝夫訳、法政大学出版局、二〇一〇年）を参照されたい。
（5）書誌情報及び邦訳については凡例を参照。
（6）メンデルスゾーンの最期についてはハーバート・クッファーバーグ『メンデルスゾーン家の人々――三代のユダヤ人』（横溝亮一訳、東京創元社、一九八五年）を参照。また、この時期メンデルスゾーンの死がヤコービとの論争に起因するかどうかをめぐって論壇において小競りあいがあった。これも汎神論論争の一部をなしている。この点については『カント全集』第二一巻「書簡Ⅰ」（北尾宏之・竹山重光・望月俊孝訳、岩波書店、二〇〇三年）の四四八―四五〇頁の訳註（7）を参照。

（7）以下の記述には、『カント全集』第二一巻「書簡Ⅰ」の邦訳と詳細な訳註を大いに参照した。

（8）「L・H・ヤーコプの『メンデルスゾーンの「暁」の検討』に対する二、三の覚え書き」および「思考の方向を定めるとはどういうことか」円谷裕二訳、『カント全集』第一三巻「批判期論集」、岩波書店、二〇〇二年。なお、ヤコービは『スピノザ書簡』の第二版では、カントの空間論について、「全面的にスピノザの精神で書かれている」と評した個所を訂正し、逆にカントとスピノザの結びつきを否定する文に書きかえている。F・H・ヤコービ『スピノザの学説に関する書簡』（田中光訳、知泉書館、二〇一八年）、一七一および三四三頁（以下、同書を『スピノザ書簡』とする）。

（9）第一版の序文における、「私はわが青春の祭壇に数滴ばかりのしずくを奉納したかったのであって、その意図からすれば、スピノザにはその奉納のさかずきの取っ手になってもらうだけでよかった」という文言は、おそらく額面どおりに受けとってよい。また、濱田真「一七八〇年代「スピノザ論争」の思想背景――J・G・ヘルダー『神についての対話』を手がかりにして」（『モルフォロギア』第三五号、二〇一三年）からも教示を得た。濱田氏は本書をとりわけカントとのかかわりにおいて捉え、興味ぶかい議論を展開しておられる。

（10）ゲーテ『イタリア紀行』下巻（相良守峯訳、岩波文庫、二〇〇七年）、八三頁。

（11）ゲーテ同書三七六頁の訳註を参照。

（12）前掲の『カント全集』第二一巻「書簡Ⅰ」、三七二頁。

（13）前掲の濱田論文「一七八〇年代「スピノザ論争」の思想背景」によれば、カントはヘルダーのうちに、おのれの批判哲学から排除しなければならないものを見ぬいていらだち警戒していたと推測されるという。同論文によれば、カントが一七九〇年に公刊した『判断力批判』で論敵として念頭においていたのはヘルダーだった可能性もあるという。同論文六一頁を参照。

（14）この点について簡潔な概観をあたえてくれるものとして、伊坂青司「ヤコービとシェリングの交錯――スピノザ汎神論の復活とロマン主義の発酵」（『モルフォロギア』第一八号、一九九六年）を参照されたい。

（15） JW. 240-241. ヤコービ『スピノザ書簡』邦訳二八三頁。

（16） 以上については、ヤコービ『スピノザ書簡』邦訳の二七四—二七五頁、訳註（四）における田中光氏の簡潔なまとめに教示を受けた。

（17） 『旅日記』（一七六九年ごろ）のヘルダーは「身体なくして魂はまったく用をなさない」と書いている（『ヘルダー旅日記』（嶋田洋一郎訳、九州大学出版会、二〇〇二年）、一二五頁）。嶋田氏の訳註によればここでのヘルダーは、『エティカ』第三部定理二註解の「身体が活動力を欠いているならば、やはり精神には思索する力が不足する」といった箇所を念頭に置いていると推測される。一七六九年ごろに心身問題についてスピノザにもとづきつつこのような認識に到達していたとすれば、さきに引用したような本書での書きぶりにはヘルダーの混乱、あるいは後退のようなものが読みとれるように思われる。

（18） ヤコービ『スピノザ書簡』邦訳二六二頁。

（19） リュカス、コレルス『スピノザの生涯と精神』（渡辺義雄訳、学樹書院、一九九六年）、一二四—一二五頁。

（20） つづりは現代ドイツ語に合わせて変更した。原文はインターネット上の www.bibel-online.net でも読める。

（21） これはヤコービがメンデルスゾーン宛のレッシングとの対話の記録を、一七八三年十一月二十二日付でヘルダーにも送ったことへの返事である。*Johann Gottfried Herder Briefe*, Bd. 5, *September 1783-August 1788*, bearbeitet von Wilhelm Dobbek und Günter Arnold, Weimar: Herman Böhlaus Nachfolger, 1986, S. 27-29.

（22） *Johann Gottfried Hrder Briefe*, Bd. 5, S. 28f. 原文は "daß Gott, als das große Ens entium, die in allen Erscheinungen ewig wirknde Ursache ihres Wesens ein 0, ein abstrakter Begriff sei, wie wir ihn uns formieren;" となっている。als には「〜でありながら」という逆接的なニュアンスがこめられているものと読む。

（23） *Johann Gottfried Hrder Briefe*, Bd. 5, S. 29.

（24） 有賀鐵太郎『キリスト教思想における存在論の問題』（創文社、一九六九年）を参照。有賀は、完結した同一性を重視するギリシア的なオントロギア（存在論）とは異質の存在理解として、本文でふれるようなヘブライ的なハーヤーの開放性に立脚する存在理解を提唱している。ハヤトロギアはその後、山田晶『在りて在る者』（創文社、一九七九年）における一定の批判を経て、現在では宮本久雄のエヒイェロギアに継承され展開されている。たとえば宮本久雄編『ハヤトロギアとエヒイェロギア――「アウシュヴィッツ」「FUKUSHIMA」以後の思想の可能性』（教友社、二〇一五年）を参照。

(25) 有賀・前掲書一八四頁。

(26) 以上、有賀・前掲書一八八―一九〇頁。

(27) 鶴見俊輔『限界芸術論』（ちくま学芸文庫、一九九九年）。

(28) ヘルダーのこうした態度は、スピノザの『エティカ』第四部定理四五系二註解のつぎのような言葉を連想させる。

「適量で、しかも味のよい食事や飲物によって体を活気づけ、英気を養うこと、また芳香や青々と萌えいずる若芽の魅力、装飾、音楽、スポーツ、観劇、またそのほかどんなものであれ、だれもが他人に迷惑をかけることなしに利用することのできるものによって、力と英気を養うのは、私の言う思慮ある人にふさわしい生きかたである」。

同じ事態を「芸術（art）」という観点から捉えなおせば、日常生活のなかの芸術（art）はそのまま生きかた（art of living）の問題に直結していると言ってもよい。こうした論点と関連するものとして、小田部胤久「「生の技術」としての芸術――晩年のヘルダーの美学的思考の帰趨」（『思想』第一一〇五号、二〇一六年五月）を参照されたい。

訳者あとがき

本書の翻訳作業の大半は、訳者の奉職先の在外研究期間（二〇一六年四月から二〇一七年三月）に進めたものです。この間、受けいれさきになっていただいたテュービンゲン大学哲学科の豊富な蔵書にはおおいに助けられました。ホスト教授となってくださり、ヘルダーのドイツ語にかんする質問にも懇切に応じてくださったウルリヒ・シュレッサー先生に感謝申しあげます。

「第1の対話」末尾のヴァニーニのラテン語の詩の翻訳にあたっては、吉田のおぼつかない試訳を朝日大学の出雲孝さんに検討していただき、徹底的な修正をたまわりました。最終責任は吉田が負いますが、正確で読みやすい訳になったのはひとえに出雲さんのご協力のたまものです。ここに記してあつく感謝いたします。

中央大学の村岡晋一先生には、出版社への仲介の労をとっていただきました。長年にわたる学恩とあわせて、この場を借りてあらためて感謝申しあげます。

法政大学出版局の岡林彩子さんには、原稿の遅延につぐ遅延で多大なご迷惑をおかけしたことをお詫びし、一貫して編集者の鑑とも言うべき見事なサポートをいただいたことを心より感謝いたします。

二〇一八年四月

吉田　達

リーザベト（Reimarus, Margarete Elisabeth）（1735-1805年） ヘルマン・ザムエル・ライマールスの娘。レッシングの友人。 418-420, 442

ラヴァーター、ヨハン・カスパー（Lavater, Johann Caspar）（1741-1801年）スイスの神学者・観相学者。 405

ラスペ、ルドルフ・エーリヒ（Raspe, Rudolf Erich）（1736?-94年） ドイツの思想家・作家。ライプニッツの遺稿を発見して出版した。「ほら吹き男爵の冒険」のもとになった物語の英語版も出版している。 73, 251, 271

ランベルト、ヨハン・ハインリヒ（Lambert, Johann Heinrich）（1728-77年）ドイツの天文学者・数学者。 60-61, 234-236, 396, 425

リンボルフ、フィリップス・ヴァン（Limborch, Philippus van）（1633-1712年）オランダのアルミニウス派の神学者。 14, 176

ルソー、ジャン＝ジャック（Rousseau, Jean-Jacques）（1712-78年）フランスの哲学者。 10, 15, 170

ルター、マルティン（Luther, Martin）（1483-1546年）ドイツの神学者。宗教改革の指導者。 87, 271, 400, 408, 423, 436, 442

レイ、ヨハン・ドゥ（Raey, Johann de）（?-1702年）オランダの哲学者。 25, 187

レギウス、ヘンリクス（Regius, Henricus）（1598-1679年） オランダの哲学者。 25, 187

レッシング、ゴットホルト・エフライム（Lessing, Gotthold Ephraim）（1729-81年）ドイツの劇作家・思想家。 73, 82-92, 94-95, 98-99, 112, 114, 120, 225, 251, 261-263, 265-269, 271-272, 274, 276-281, 286-287, 302-305, 311, 365, 367, 400-401, 403, 406, 410-412, 418-421, 426-428, 433, 438, 440-442, 444

ロック、ジョン（Locke, John）（1632-1704年）イギリスの哲学者。 9, 73, 170, 251, 268-269, 271

［ワ　行］

和辻哲郎（1889-1960年）日本の哲学者・倫理学者。 416

（Melanchton, Philipp, 本名はフィリップ・シュヴァルツエルト（Philipp Schwarzerd））（1497-1560年）ドイツの神学者。ルターとともに宗教改革を推進。 400
メンデルスゾーン、モーゼス（Mendelssohn, Moses）（1729-86年）ドイツ系ユダヤ人の哲学者でレッシングの親友。作曲家のファニー・メンデルスゾーン＝ヘンゼルおよびフェーリクス・メンデルスゾーン・バルトルディの祖父。 96, 99, 389, 395, 401-402, 408, 418-422, 426-427, 432, 442-444
モーセ（Moses）（前13世紀ごろ）旧約聖書に登場するイスラエルの指導者。 111, 301, 402, 435
モーリッツ、カール・フィリップ（Moritz, Karl Philipp）（1756-93年）ドイツの小説家・美学者。 428
モルテイラ、サウル・レヴィ（Morteira, Saul Levi）（1596?-1660年）オランダのユダヤ教ラビとしてスピノザを指導し、のちに彼に破門を言いわたした。 300
モレリ、ルイ（Moreri, Louis）（1643-80年）フランスの学者。『歴史大辞典』（1674年）の著者。 7, 167
モンテーニュ、ミシェル・ド（Montaigne, Michel de）（1533-92年）フランスの思想家。 413

[ヤ　行]

ヤコービ、フリードリヒ・ハインリヒ（Jacobi, Friedrich Heinrich）（1743-1819年）ドイツの哲学者。「汎神論論争」の火付け役。 82, 96-99, 120, 174, 261, 266, 287, 311, 389-391, 393, 395, 399-403, 410, 417-422, 424, 426-434, 436-437, 441-444
ヤーコプ、ルートヴィヒ・ハインリヒ・フォン（Jakob, Ludwig Heinrich von）（1759-1827年）ドイツの哲学者。モーゼス・メンデルスゾーンを批判。 422, 443

[ラ　行]

ライプニッツ、ゴットフリート・ヴィルヘルム（Leibniz, Gottfried Wilhelm）（1646-1716年）ドイツの数学者・哲学者。 3, 10, 34-37, 42-43, 50-53, 60, 63-64, 69-74, 79, 91-94, 96-97, 99, 109, 111, 132, 135, 147, 157-158, 170, 187, 201-204, 212, 220-225, 234, 238-239, 246, 248-253, 258, 268-271, 276-280, 282, 298, 301, 325, 329, 341, 351-352, 396-398, 400, 404, 412-413, 419, 424-425, 427-428, 433
ライマールス、ヘルマン・ザムエル（Reimarus, Hermann Samuel）（1694-1768年）ドイツのプロテスタント神学者・東洋学者。 442
ライマールス、マルガレーテ・エ

プロティノス（Plotin）（205?-270年）ヘレニズム時代の哲学者。新プラトン主義の始祖とされる。 402
プロテウス（Proteus）ギリシア神話に登場する海神。予言の能力をもち、さまざまな姿に変身する。 50, 220
ヘーゲル、ゲオルク・ヴィルヘルム・フリードリヒ（Hegel, Georg Wilhelm Friedrich）（1770-1831年）ドイツの哲学者。 395, 422
ヘニングス、アウグスト・アドルフ・フリードリヒ（Hennings, August Adolf Friedrich）（1746-1826年）ドイツの著作家。 47, 217
ヘムステルフイス、フランツ（Hemsterhuis, Franz）（1721-90年）オランダの哲学者。 389
ベリマン、トルビョルン（Bergman, Torbern-Olof）（1734-84年）スウェーデンの化学者。 406
ベール、ピエール（Bayle, Pierre）（1647-1706年）フランスの思想家。 6-10, 71, 92, 166-168, 170, 249, 253, 277, 390, 398, 423
ヘルツ、マルクス（Herz, Marcus）（1747-1803年）ドイツ系ユダヤ人の医師。モーゼス・メンデルゾーンの友人でカントの弟子。 421
ヘルメス・トリスメギストス（Hermes Trismegistos）ヘルメス思想の始祖とされる伝説上の人物。「三倍に偉大なヘルメス」の意味。 394
ボスコヴィチ、ルジェル・ヨシプ（Boscovich, Roger Joseph）（1711-87年）現在のクロアチア出身の物理学者。 43, 212-213
ホッブズ、トマス（Hobbes, Thomas）（1588-1679年）イギリスの哲学者。 9, 50, 170, 221, 391, 396-397
ホラティウス（Horaz, クィントゥス・ホラティウス・フラックス（Quintus Horatius Flaccus））（前65-前8年）ローマ時代の詩人。 162, 408
ポリュペモス（Polyphem）ギリシア神話に登場するひとつ目の巨人。 66, 161, 243

[マ　行]

マサニェロ（Masaniello, 正確にはトマソ・アニェロ（Tomasso Aniello））（1623?-47年）。イタリア・ナポリの漁師。スペイン・ハプスブルク家にたいする反乱のリーダー。 14, 176
マールブランシュ、ニコラ・ド（Malebranche, Nicolas de）（1638-1715年）フランスの哲学者。 51, 222, 392
ミネルヴァ（Minerva）ローマ神話の女神。芸術と手仕事、とりわけ織物仕事の守護神と考えられていた。 123, 315, 403
メランヒトン、フィリップ

ハーシェル、フリードリヒ・ヴィルヘルム（Herschel, Friedrich Wilhelm）（1738-1822年）ドイツ出身でイギリスで活躍した天文学者・作曲家。　394
ハーバート、チャーベリーの（ハーバート男爵）（Herbert of Cherbury, Edward Herbert, 1st Baron）（1582-1648年）イギリスの哲学者。イギリスにおける理神論の始祖とされる。　391
ハーマン、ヨハン・ゲオルク（Hamann, Johann Georg）（1730-88年）ドイツの哲学者。ヘルダーの師で、ヤコービにも強い影響をあたえた。　415-416, 418, 420, 441
ハラー、アルブレヒト・フォン（Haller, Albrecht von）（1708-77年）スイスの自然科学者・詩人。　97, 115, 127-128, 305, 320, 392, 397, 399, 403, 411
ハルトゼーカー、ニコラス（Hartsoeker, Nicolas）（1656-1725年）オランダの自然科学者。人間の精子には小人の姿の人間がすでに含まれているという説（前成説）を唱えた。　94, 277
ビースター、ヨハン・エーリヒ（Biester, Johann Erich）（1749-1816年）『ベルリン月報』の創刊者。モーゼス・メンデルスゾーンの友人。　422
ピュタゴラス（Pythagoras）（前582?-前497?年）古代ギリシアの哲学者・数学者。　403
ヒューム、デイヴィド（Hume, David）（1711-76年）スコットランドの哲学者・歴史家。　413
ビルフィンガー、ゲオルク・ベルンハルト（Bilfinger, Georg Bernhard）（1693-1750年）ドイツのプロテスタント神学者。　91-92, 277
フェラー、ヨアヒム・フリードリヒ（Feller, Joachim Friedrich）（1673-1726年）ライプニッツの弟子で共同研究者。　187
プファフ、クリストフ・マティアス（Pfaff, Christoph Matthias）（1686-1760年）ドイツのプロテスタント神学者。　91-92, 276-277
プファルツ、エリーザベト・フォン・デア→「エリーザベト・フォン・デア・プファルツ」をみよ
プファルツ選帝侯→「ルートヴィヒ、カール1世」をみよ
プラトン（Platon）（前428?-前348年）古代ギリシアの哲学者。　150, 157, 344, 351, 407, 413
フリース、シモン・ド（Vries, Simon de）（1633-67年）スピノザの友人。　391
ブルゲ、ルイ（Bourguet, Louis）（1678-1742年）フランスの自然科学者・考古学者。　400
ブルッカー、ヨハン・ヤーコプ（Brucker, Johann Jakob）（1696-1770年）ドイツのプロテスタント神学者・哲学史家。　11

が、イカロスは太陽に近づきすぎたため翼のろうが溶け、墜落死する。　27, 189
タウエンツィーエン、フリードリヒ・ボギスラフ・フォン（Tauentzien, Friedrich Bogislav von）（1710-91年）ドイツ・プロイセンの軍人。1760年から65年にかけて、レッシングを秘書としていた。　411
ダルベルク、カール・テオドル・フォン（Dalberg, Karl Theodor von）（1744-1817年）カトリック神学者・政治家。　148, 342
鶴見俊輔（1922-2015年）日本の哲学者。　440, 445
デカルト、ルネ（Descartes, Renè）（1596-1650年）フランスの哲学者・数学者。　8, 13, 24-25, 36-37, 41, 43, 49-53, 63-64, 67, 72, 80, 82, 137, 158, 168-169, 175, 186-188, 202, 204, 209-213, 220-223, 225-226, 239, 245, 259, 300, 302, 330, 352, 391-392, 394, 400, 424-425, 431
デ・ボス、バルトロマイウス（Des Bosses, Bartholomaeus）（1668-1738年）フランスのイエズス会士。ライプニッツとの往復書簡がある。ライプニッツ『弁神論』をラテン語訳した。　223
ドゥタン、ルイ（Dutens, Louis）（1730-1812年）フランスの文献学者・歴史家。1768年に6巻本のライプニッツ全集を刊行した。　91-92, 277
ドリュアス（Dryade）木に宿る精。　138, 331

[ナ　行]

ネメシス（Nemesis）ギリシア神話に登場する「義憤」の女神。　59-60, 63, 233-235, 237-238, 389, 425
ノヴァーリス（Novalis, 本名はフリードリヒ・フォン・ハルデンベルク（Friedrich von Hardenberg））（1772-1801年）ドイツ・ロマン派の詩人・作家。　390

[ハ　行]

ハイデンライヒ、カール・ハインリヒ（Heydenreich, Karl Heinrich）（1764-1801年）ドイツの哲学者。　174, 391
バウムガルテン、アレクサンダー・ゴットリープ（Baumgarten, Alexander Gottlieb）（1714-62年）ドイツの哲学者。ヴォルフ学派のひとり。「美学」という分野の創始者。　34, 201, 412
パウロ（Paulus）（1世紀はじめごろ-65?年）キリスト教の使徒。　55, 163, 205, 229, 299, 395, 434-435, 439-440
バークリー、ジョージ（Berkley, George）（1685-1753年）アイルランド出身の哲学者・神学者。　34, 201

ロジー』やライプニッツとクラークの往復書簡をドイツ語訳した。 404
ゲーリンクス、アルノルト（Geulincx, Arnold）（1624-69 年）デカルト主義を批判的に継承したオランダの哲学者。 51, 392
コーゼガルテン、ルートヴィヒ・テオブル（Kosegarten, Ludwig Theobul）（1758-1818 年）ドイツのプロテスタント神学者・詩人。 194
コルトホルト、クリスティアン（Korthold, Christian）（1633-94 年）ドイツのプロテスタント神学者。 11-12, 173, 391
コレルス、ヨハネス・ニコラウス（Colerus, Johannes Nicolaus）（1647-1707 年）。ドイツのプロテスタント神学者。 12, 16, 174, 177, 391-392, 435, 444
コロンブス、クリストファー（Kolumbus, Christoph）（1451-1506 年）イタリアの航海者。 46, 52, 217

[サ　行]

サーディ（Sadi）（1184?-1291? 年） イランの詩人。 230-231, 396
シェリング、フリードリヒ・ヴィルヘルム・ヨゼフ・フォン（Schelling, Friedrich Wilhelm Joseph von）（1775-1854 年） ドイツの哲学者。 408, 422, 431, 443
ジャガナート（Jagrenat） ヒンドゥー教の神。 84, 264-265
シャフツベリ、アンソニー・アシュレー・クーパー（シャフツベリ伯爵）（Shaftesbury, Anthony Ashley Cooper, 3rd Earl of）（1671-1713 年） イギリスの哲学者。 3, 9, 34, 99, 157, 159, 163, 170, 201, 351, 364, 367, 412-413, 430, 433
シュラー、ゲオルク・ヘルマン（Schuller, Georg Hermann）（1651-79 年）ドイツ出身でアムステルダムで開業した医師。スピノザの文通相手の一人。 393
スピノザ、ベネディクトゥス・デ（Spinoza, Benedictus de）（1632-77 年） オランダの哲学者。 3, 5-17, 24-26, 33-37, 39-43, 45-46, 48-55, 63-68, 71-74, 80-82, 84-85, 87, 90-96, 110-113, 137, 139-140, 157-159, 161-163, 165-171, 173-179, 186-189, 198-204, 206, 208-214, 216, 218-228, 238-246, 248, 250-252, 259-266, 270-272, 274-277, 279-287, 299-304, 307, 330-331, 333, 351-354, 357-360, 362-364, 389-397, 399-405, 408-413, 417, 427, 429-437, 439-441, 443-445

[タ　行]

ダイダロス（Daedalus） ギリシア神話に登場する名匠。ろうで固めた翼をつけて息子のイカロスとともに空を飛び、幽閉場所を脱出する

エホヴァ（Jehovah）ユダヤ教の神の名とみなされていたもの。現在では「ヤハウェ」のほうが正しいとされる。　111, 436
エリーザベト・フォン・デア・プファルツ（Elisabeth von der Pfalz）（1618-80年）ドイツのプファルツ＝ジンメルン家の公女。デカルトとの往復書簡がある。　391
オシリス（Osiris）古代エジプト神話の神。　354
オルデンブルク、ハインリヒ（Oldenburg, Heinrich）（1618?-77年）ドイツ出身でイギリスで活躍した自然科学者。スピノザの文通相手。　435

［カ　行］

カエサル、ガイウス・ユリウス（Caesar, Gaius Iulius）（前100–前44年）ローマの政治家・文人。　54, 228
カッシーラー、エルンスト（Cassirer, Ernst）（1874-1945年）ユダヤ系ドイツ人の哲学者。　413
ガリツィン、アーデルハイト・アマリア・フォン（Gallitzin, Adelheid Amalia von）（1748-1806年）ガリツィン侯爵夫人。ヘルダー、ヤコービら同時代の知識人と交流があった。　399
カール1世 ルートヴィヒ（Karl I. Ludwig）（1617-80年）プファルツ選帝侯。ハイデルベルク大学へのスピノザ招聘を計画した。　16, 178, 391
カント、イマヌエル（Kant, Immanuel）（1724-1804年）ドイツの哲学者。ケーニヒスベルク大学時代のヘルダーの師のひとり。　73, 251, 294, 320, 389, 391, 395, 398-399, 401-403, 405, 407, 411, 413, 415-416, 421-422, 427-430, 441-443
クライスト、エーヴァルト・クリスティアン・フォン（Kleist, Ewald Christian von）（1715-59年）ドイツの詩人。　103, 289, 401, 427, 440
グライム、ヨハン・ヴィルヘルム・ルートヴィヒ（Gleim, Johann Wihelm Ludwig）（1719-1803年）ドイツの詩人でレッシングとヘルダー共通の友人。　120, 308, 311, 419
クラウベルク、ヨハン（Clauberg, Johann）（1622-65年）デカルト派の哲学者。　25, 187
クラーク、サミュエル（Clarke, Samuel）（1675-1729年）イギリスの哲学者。ニュートンの死後、その代弁者としてライプニッツと論争した。　74, 94, 97, 398
ケストナー、アブラハム・ゴットヘルフ（Kästner, Abraham Gotthelf）（1719-1800年）ドイツの数学者・詩人。　99, 111, 301-302
ケーラー、ハインリヒ（Köhler, Heinrich）（1685-1737年）ドイツの哲学者。ライプニッツの『モナド

人名・神名索引

＊原語の表記については、原則としてヘルダーの原文に従った。

［ア　行］

アコスタ、ウリエル（Acosta, Uriel, 正しくはウリエル・ダ・コスタ（Uriel da Costa））（1585?-1640年）オランダのユダヤ思想家。　13-14, 175-176

アドラステア（Adrastea）ギリシア神話に登場する運命の女神。　4, 63, 123, 163, 237, 316, 389-390, 433

有賀鐵太郎（1899-1977年）日本のプロテスタント神学者。　437-438, 444-445

アルキュタス（Archytas）（前428?-前347?年）古代ギリシアの哲学者・政治家。　162, 408

アレクサンドロス大王（Alexander der Große）（前356-前323年）ギリシアからインドにいたる帝国を築いた。　411

アンドレーエ、ヨハン・ヴァレンティン（Andreae, Johann Valentin）（1586-1654年）ドイツのプロテスタント神学者。　406

イエス（Jesus）（前6?-30?年）キリスト教の創始者。　394

イシス（Isis）古代エジプト神話の神。　411

ヴァニーニ、ルチーリオ（Vanini, Lucilio）（1585-1619年）イタリアの哲学者。　54, 103, 189, 228, 292, 395, 425, 440

ヴァハター、ヨハン・ゲオルク（Wachter, Johan Georg）（1673-1757年）ドイツの文筆家。　110, 300-301, 401-402, 427

ヴィシュヌ（Wistnu）ヒンドゥー教の神。　84, 264-265

ヴォルテール（Voltaire, 本名フランソワ・マリ・アルーエ（François Marie Arouet））（1694-1778年）フランスの作家・思想家。　7, 9-10, 167, 170

ヴォルフ、クリスティアン（Wolff, Christian）（1679-1754年）ドイツの哲学者。ライプニッツの哲学を大学むけに体系化した。　43, 50, 96, 99, 212, 282, 412, 419

ウーツ、ヨハン・ペーター（Uz, Johann Peter）（1720-96年）ドイツの詩人。　247, 397, 425

エーヴァルト、シャク・ヘルマン（Ewald, Schack Hermann）（1745-1822年）ドイツのザクセン＝ゴータ家の宮内官・出版人。スピノザ哲学著作集を出版した。　171

エピクロス（Epikur）（前341-前271年）古代ヘレニズム時代の哲学者。　72, 250, 398

《叢書・ウニベルシタス　1087》
神　第一版・第二版
スピノザをめぐる対話

2018年10月30日　初版第1刷発行

ヨハン・ゴットフリート・ヘルダー
吉田 達 訳

発行所　一般財団法人　法政大学出版局
〒102-0071　東京都千代田区富士見 2-17-1
電話 03（5214）5540　振替 00160-6-95814

組版 村田真澄　印刷 平文社　製本 誠製本

ISBN978-4-588-01087-3　Printed in Japan

著　者
ヨハン・ゴットフリート・ヘルダー（Johann Gottfried Herder）
1744年、プロイセン王国東部のモールンゲン（現在はポーランドのモロンク）に生まれ、1803年にヴァイマル公国に没した。当時のドイツ語圏の各地で教師やプロテスタントの聖職者として働きながら展開した文筆活動は詩作、評論、言語学、哲学、歴史、宗教、教育、自然科学、各国の民謡採集、洋の東西にわたる詩の翻訳など多方面におよぶ。
主な邦訳書に『言語起源論』（宮谷尚実訳、講談社学術文庫、2017年ほか）、『ヘルダー旅日記』（嶋田洋一郎訳、九州大学出版会、2002年）などがある。

訳　者
吉田　達（よしだ とおる）
1964年生まれ。東北大学大学院国際文化研究科博士後期課程中退。博士（国際文化）。中央大学理工学部准教授。専門は思想史。
著書に『ヘーゲル 具体的普遍の哲学』（東北大学出版会、2009年）、訳書にG・W・F・ヘーゲル『ヘーゲル初期論文集成』（共訳、作品社、2017年）などがある。

―――― 叢書・ウニベルシタスより ――――

（表示価格は税別です）

1059 ハイデガー『存在と時間』を読む
S. クリッチリー，R. シュールマン／串田純一訳 4000円

1060 カントの自由論
H. E. アリソン／城戸淳訳 6500円

1061 反教養の理論　大学改革の錯誤
K. P. リースマン／斎藤成夫・齋藤直樹訳 2800円

1062 ラディカル無神論　デリダと生の時間
M. ヘグルンド／吉松覚・島田貴史・松田智裕訳 5500円

1063 ベルクソニズム〈新訳〉
G. ドゥルーズ／檜垣立哉・小林卓也訳 2100円

1064 ヘーゲルとハイチ　普遍史の可能性にむけて
S. バック＝モース／岩崎稔・高橋明史訳 3600円

1065 映画と経験　クラカウアー、ベンヤミン、アドルノ
M. B. ハンセン／竹峰義和・滝浪佑紀訳 6800円

1066 図像の哲学　いかにイメージは意味をつくるか
G. ベーム／塩川千夏・村井則夫訳 5000円

1067 憲法パトリオティズム
J.-W ミュラー／斎藤一久・田畑真一・小池洋平監訳 2700円

1068 カフカ　マイナー文学のために〈新訳〉
G. ドゥルーズ，F. ガタリ／宇野邦一訳 2700円

1069 エリアス回想録
N. エリアス／大平章訳 3400円

1070 リベラルな学びの声
M. オークショット／T. フラー編／野田裕久・中金聡訳 3400円

1071 問いと答え　ハイデガーについて
G. フィガール／齋藤・陶久・関口・渡辺監訳 4000円

1072 啓蒙
D. ウートラム／田中秀夫監訳 4300円